中國工業
企業制度變遷

寇綱、楊石磊、劉忠、胡國平、劉暢
編著

出版說明

文承千秋史，潮引萬水東。

1949年中華人民共和國的成立，是中國有史以來最偉大的事件，也是20世紀世界最偉大的事件之一，中華民族的發展開啟了新的歷史紀元。1978年，在中國共產黨歷史上，在中華人民共和國歷史上，實現了新中國成立以來具有深遠意義的偉大轉折，開啟了改革開放和社會主義現代化的偉大徵程，推動了中國特色社會主義事業的偉大飛躍。中國特色社會主義道路、理論、制度、文化，以雄辯的事實彰顯了科學社會主義的鮮活生命力，社會主義的偉大旗幟始終在中國大地上高高飄揚，中華民族正以嶄新姿態屹立於世界的東方！

習近平總書記指出：「哲學社會科學研究要立足中國特色社會主義偉大實踐，提出具有自主性、獨創性的理論觀點，構建中國特色學科體系、學術體系、話語體系。」「70年砥礪奮進，我們的國家發生了天翻地覆的變化。」「無論是在中華民族歷史上，還是在世界歷史上，這都是一部感天動地的奮鬥史詩。」深刻反應70年來黨和人民的奮鬥實踐，深刻解讀新中國70年歷史性變革中所蘊含的內在邏輯，講清楚歷史性成就背後的中國特色社會主義道路、理論、制度、文化優勢，是新時代中國哲學社會科學工作者的歷史責任。

從新中國成立到改革開放之前，中國共產黨領導人民進行社會主義革命和建設，探索適合中國實際情況的社會主義建設道路，雖然經歷過曲折，但總體上看，全面確立了社會主義基本制度，實現了中國歷史上最深刻最偉大

的社會變革，取得了獨創性理論成果，成就巨大，為當代中國的一切發展進步奠定了根本政治前提和制度基礎，為開創中國特色社會主義提供了寶貴經驗、理論準備、物質基礎。改革開放以來，從開啓新時期到跨入新世紀，從站上新起點到進入新時代，中國特色社會主義迎來了從創立、發展到完善的偉大飛躍，中國共產黨在理論、實踐、制度等方面全面推進科學社會主義進入新階段，科學社會主義在中國煥發出強大的生機和活力。可以說，中國共產黨對社會主義理想百折不撓的追求、堅持不懈的實踐，以及取得的舉世矚目的成就，為5,000年的中華文明注入了新的基因，使中國由貧窮落後走上小康之路，同時也極大地影響和改變著世界歷史的發展進程。

經濟社會比較落後的國家在革命勝利後如何建設社會主義，是社會主義發展史上的重大歷史性課題；而新中國成立70年來，中國共產黨建設社會主義的實踐探索，是對這一歷史性課題的成功「解題」。從「出題」到「解題」，中國每時每刻都在發生變化，我們必須要在理論上跟上時代，不斷認識實踐規律，不斷推進理論創新、制度創新，在聆聽時代聲音中展現出更有說服力的真理力量。

「制度是關係黨和國家事業發展的根本性、全局性、穩定性、長期性問題。」中國特色社會主義制度，是當代中國發展進步的根本制度保障，集中體現了中國特色社會主義的特點和優勢。我們堅持完善和發展中國特色社會主義制度，不斷發揮和增強中國的制度優勢，在經濟、政治、文化、社會等各個領域形成一整套相互銜接、相互聯繫的制度體系。

時代是思想之母，實踐是理論之源。在回顧中國共產黨引領中國人民繪就這一幅幅波瀾壯闊、氣勢恢宏的歷史畫卷的同時，如何以馬克思主義為指導，有分析、有選擇地吸收和借鑒新制度經濟學中的合理成分，站在新的歷史起點，肩負起新時代的歷史使命，系統梳理新中國成立以來中國經濟社會制度的發展脈絡，全面探究新中國經濟社會制度的演進路徑，以使我們更加清醒地認識新時代中國特色社會主義的歷史方位，更加自覺地增強對中國特色社會主義經濟社會制度的價值認同，從而構建基於中國自身偉大實踐的具有深刻解釋力的中國特色社會主義經濟社會制度理論體系，是一個偉大而艱鉅的時代課題。對「興學報國」90餘載的西南財經大學來說，關注國計民生、破解經濟現象、剖析社會迷局、貢獻西財方案，本是「題中應有之義」；

對「經世濟民，孜孜以求」的西財經濟學人來說，能夠站在學術高地，以理論和智慧主動服務國家戰略，更是光榮使命，責任重大。

「成為中國高等財經教育的主要引領者、國際商科教育舞臺上的有力競爭者、實現中華民族偉大復興中國夢的重要貢獻者」，這是西南財經大學在新時代的歷史使命。圍繞著「深化學術創新體系改革，增強服務國家發展能力」，西南財經大學第十三次黨代會報告指出：「深入貫徹落實加快構建中國特色哲學社會科學的意見，瞄準學科前沿和國家重大需求，以廣闊視野、創新精神大力推進學術創新，在服務國家發展中彰顯西財價值。」這就要求我們，要以原創理論成果和服務國家、行業及區域重大戰略需求為主線，加快推進中國特色社會主義政治經濟學等理論體系建設，產出一批具有時代影響力的原創性成果，彰顯西財學術影響力。

西南財經大學是教育部直屬的國家「211工程」和「985工程」優勢學科創新平臺建設的全國重點大學，也是國家首批「雙一流」建設高校，理應在構建中國特色哲學社會科學學科體系、學術體系和話語體系，深刻解讀新中國70年歷史性變革中所蘊含的內在邏輯，講清楚歷史性成就背後的中國特色社會主義經濟制度與社會變革的關係等方面有所作為。

西南財經大學結合自身學科專業特色、優勢和「雙一流」建設要求，組織相關學科專業學者梳理新中國成立以來經濟社會制度的變革與實踐，總結過往取得的成就和經驗與教訓，積極探索未來的發展方向與路徑，策劃了這套「新中國經濟社會制度變遷叢書」並成功入選「十三五」國家重點圖書、音像、電子出版物出版規劃（新廣出發〔2016〕33號）。該套叢書包括《新中國經濟制度變遷》《新中國貨幣政策與金融監管制度變遷》《新中國保險制度變遷》《新中國社會保險制度變遷與展望》《新中國審計制度變遷》《新中國統計制度變遷》《新中國工業企業制度變遷》《新中國財政稅收制度變遷》《新中國經濟法律制度變遷》《新中國對外貿易制度變遷》《新中國衛生健康制度變遷》《新中國社會治理制度變遷》《新中國行政審批制度變遷》《新中國農業經營制度變遷》《新中國人口生育制度變遷》共計15冊。

西南財經大學黨委和行政高度重視這套叢書的編撰和出版，要求每本書的研究、編寫團隊要堅持以習近平新時代中國特色社會主義思想為指導，把學習、研究、闡釋當代中國馬克思主義最新成果作為重中之重；要扎根中國

大地,突出時代特色,樹立國際視野,吸收、借鑑國外有益的理論觀點和學術成果,推進知識創新、理論創新、方法創新,提升學術原創能力和水準;要立足中國改革發展實踐,挖掘新材料、發現新問題、提出新觀點,提煉標示性學術概念,打造具有中國特色和國際視野的學術話語體系,形成無愧於時代的當代中國學術思想和學術成果,立足自身研究領域,為推動中國經濟學、管理學學科體系建設做出貢獻;要堅持用中國理論闡釋中國實踐、用中國實踐昇華中國理論,推動學術理論中國化,提升中國理論的國際話語權,並推動研究成果向決策諮詢和教育教學轉化。

本套叢書以習近平新時代中國特色社會主義思想為指導,力求客觀真實地揭示新中國經濟社會制度變革的歷程,多維度、廣視角地描繪新中國經濟社會制度演進的路徑,較為全面系統地總結中國共產黨帶領全國各族人民為實現國家富強、民族振興和人民幸福的「中國夢」所進行的中國特色社會主義經濟社會制度變革的偉大實踐和理論探索。

歷史車輪滾滾向前,時代潮流浩浩湯湯。歷史是營養豐沛的最好的教材,70年來中國共產黨帶領中國人民走過的路,是一部感天動地的奮鬥史詩,是獨一無二的實踐經驗,也是滋養理論研究的取之不竭的現實沃土。新中國70年的光輝歷程,「積聚了千里奔湧、萬壑歸流的洪荒偉力」。我們應深深飽吸這70年波瀾壯闊的變革中所蘊藏的豐饒的學術營養,立足當下,並在21世紀全球經濟一體化的世界格局中觀照中國改革開放的深化發展,以及經濟社會和諧發展的本質要求,通過對經濟社會最深層次、最具價值、最本質和最急迫問題的挖掘、揭示與探索,從波瀾壯闊的歷史回溯中提煉學術成果,提升理論自信;我們在解析歷史的同時,也是以高度負責的敬業精神,用奮進之筆在書寫著一部「當代史」。

當然,本套叢書只是對新中國經濟社會制度變革問題進行系統性探索的開始,我們希望並相信本套叢書能夠引起更多的哲學社會科學工作者,尤其是相關經濟、管理學界的學者的關注,從而推動新中國經濟社會制度變遷的縱深研究,為中國特色社會主義制度變革和創新提供更多更好的理論依據和決策支持。因歷史資料搜集等方面存在的差異,書中的觀點和方法還有許多不完善、不成熟之處,敬請讀者批評指正。

前言

　　縱觀新中國的經濟發展歷程，國家經歷了從新紀元開啟，到一個個歷史性跨越，再到進入新時代的過程，工業企業經歷了制度學習、制度探索、制度自信的變遷演進過程。1949年中華人民共和國成立，中華民族開啟了建設、發展新國家的歷史新紀元。在中國共產黨的堅強領導與數代勤勞智慧的中華兒女的不懈努力下，中華民族實現了「從站起來到富起來再到強起來的歷史性跨越」。國家精神文明建設與物質發展取得重大成就，人民生活水準和幸福感有了極大提高，新中國也成為世界格局中的重要一員。中國特色社會主義制度逐步成熟與定型，工業企業制度也更趨成熟與先進。新中國工業企業制度變遷研究，既是對中華人民共和國成立以來工業經濟發展及工業企業制度建設經驗的總結與凝練，也是對中國未來經濟發展與企業制度演進的展望與探索。

　　中華人民共和國成立70年來，中國從一窮二白、百廢待興，發展成為世界第二大經濟體，年度國內生產總值突破90萬億元。其中，工業經濟同樣取得了歷史性成就，中國經濟逐步進入工業化後期，並將進入後工業化階段。中國工業體系從無到有，逐步建立了門類齊全、獨立完整、具有相當規模的現代工業體系。工業產值總量不斷提升，在世界工業產值總量中占比超過30%。工業內部結構和工業佈局不斷優化，高技術產業、戰略性新興產業發展迅速，工業企業全要素生產率不斷提升。工業發展逐步由以要素密集型為

主的產業體系轉變為以知識和技術型為主的產業體系。

中國工業經濟能夠取得今天的發展成就，離不開經濟制度的不斷改革和完善，可以說，中國工業經濟的發展史也是一部工業制度的改革與變遷史。中國經濟制度的變遷，在宏觀上表現為從高度集中的計劃經濟體制，到有計劃的商品經濟體制，再到社會主義市場經濟體制的大致轉變；在微觀上則表現為國有企業的市場化以及民營企業逐步壯大的過程。在整體經濟制度的改革與變更過程中，中國工業企業制度的穩步、「漸進式」的改革，激發了各市場的要素活力，助推了中國特色社會主義市場經濟體系的建立與完善，也為中國社會主義工業化道路跨越式發展奠定了基礎。

黨的十八大以來，國家經濟進入「由高速增長轉向高質量發展」的階段，以習近平同志為核心的黨中央對社會主義初級階段的經濟、政治、文化、社會和生態文明建設方面都進行了全新的探索和改革。治國理政戰略思想也進一步強化馬克思主義與中國實際的結合，提出將「全面建成小康社會、全面深化改革、全面依法治國、全面從嚴治黨」作為黨和國家開展各項工作的戰略佈局。全國經濟發展進入新常態，供給側結構性改革深入推進，作為實體經濟重要組成部分的工業經濟，仍是「立國之本」「財富之源」。工業經濟發展與工業制度改革是新時代貫徹落實「五位一體」總體佈局和「四個全面」戰略佈局的重要任務。

在黨的領導下，新時代工業企業制度改革的探索和推進又取得了嶄新的成績。由於工業經濟的特殊地位，黨和國家高度重視工業經濟發展和工業企業制度改革，並將其作為全面深化改革的重點內容。黨和國家制定了一系列關於完善國有資產監管體制、健全現代企業制度、推進新一輪混合所有制改革以及加強國企黨建的政策方針，指導完善中國特色國有企業制度。在這個過程中，黨的領導核心和政治核心作用充分發揮。新時代工業企業制度改革的探索和推進，使得中國企業制度改革的理論成果得到了更大的豐富與發展。國企改革頂層設計基本完成，國有資本投資、營運公司以及混合所有制改革等多項試點鋪開，工業企業堅持走綠色發展和創新驅動發展道路。工業企業活力、核心競爭力、抗風險力不斷提高，為中國綜合實力的提升、中華民族

偉大復興的實現提供更堅強的保障。

在全球經濟秩序加速變革的新時代，黨中央始終秉承「創新、協調、綠色、開放、共享」的發展理念，中國經濟發展的動能和制度建設的經驗，將有力推進全球經濟的健康發展和全球經濟秩序的穩定與變遷。中國工業企業制度改革及變遷的理論總結和實踐成果，可為「一帶一路」沿線國家以及與中國形成區域經濟合作的國家提供工業發展路徑與改革範式參考；在全球工業經濟發展、貨物貿易及全球治理中，也將貢獻「中國智慧」。

2020年是中國全面建成小康社會的決勝年以及實現中華民族偉大復興的關鍵年，同時也將迎來學校（西南財經大學）建校95週年。學校精心組織了「新中國經濟體制變遷系列叢書」的編撰，《新中國工業企業制度變遷》是系列叢書中的重要組成部分。本書由西南財經大學工商管理學院產業經濟研究所負責。產業經濟學科的前身為工業經濟，是學校辦學歷史悠久、師資力量雄厚的學科之一。產業經濟研究所深耕於中國產業經濟實踐及理論前沿，希望通過本書回顧和總結中華人民共和國成立以來中國工業企業制度的變遷，鞭策師生們不忘初心，牢記使命，發奮進取，有所作為，為中國特色社會主義建設貢獻力量。

在中國共產黨領導下，在馬克思列寧主義、毛澤東思想、鄧小平理論、「三個代表」重要思想、科學發展觀、習近平新時代中國特色社會主義思想指引下，新中國的工業企業制度不斷完善和發展。本書按照辯證唯物主義和歷史唯物主義的觀點，遵循歷史和邏輯的統一，力圖反應新中國工業企業制度的變遷。在回顧改革開放前中國工業企業制度的基礎上，本書重點總結和闡述了改革開放後中國工業企業制度的變遷。改革開放後中國工業企業發展的特點是國有企業改革和非國有企業的發展壯大。因此全書包含兩個骨幹篇章：其一為國有工業企業制度變遷，其內容按照黨的十一屆三中全會、鄧小平南方談話、中國加入世界貿易組織和「經濟新常態」四個關鍵節點分五個歷史時期加以組織；其二為非國有企業工業制度變遷，分集體工業企業制度變遷、民營企業制度變遷及外資和合資企業制度變遷三部分。各部分也基本按照上述五個歷史時期加以闡述，但依照其變遷特點，其重點安排在其中的一個或

多個歷史時期。

　　解放思想、實事求是是中國共產黨的思想路線。在改革開放的偉大實踐中，在馬克思主義政治經濟學和科學社會主義理論指導下，新中國工業經濟制度在變遷過程中，吸收了西方的一些經濟思想，尤其是有關激勵、產權和績效的一些觀點。有關激勵、產權和績效的思想、觀點和方法，與體系、制度一起構成了新中國工業經濟制度變遷的重要組成部分。因此，本書各章節，其內容主要圍繞著體系、制度、激勵、產權和績效五個方面分析與闡述了相關的制度變遷，並依各章特點在寫作過程中對這五個方面各有側重。

　　本書第一章概括了新中國工業企業發展70年的戰略定位、發展歷程和主要成就。從企業制度改革的方法論、邏輯體系及歷史變遷展開分析，並總結了新中國工業企業發展70年的成功經驗，包括堅持黨的領導，實現政策供給的連續性，堅持以人民為中心的發展理念，實施「漸進式改革」、堅持對外開放的基本國策，充分發揮後發優勢、比較優勢，充分發揮政府、企業和市場的各自功能，充分發揮國有企業和非國有企業的優勢和實施創新驅動戰略等。

　　本書第二章至第五章以重要歷史節點為依據，分階段闡述了改革開放前、黨的十一屆三中全會至鄧小平南方談話前、鄧小平南方談話後至中國加入世貿組織前、加入世貿組織後至「經濟新常態」出現前四個關鍵節點五個階段的國有工業企業制度變遷。各章分別從階段背景、戰略定位及改革內在邏輯、制度變遷過程、改革成效及遺留問題四個方面進行闡述。其中改革開放前中國工業企業的制度改革包括改造資本主義工業、收回管理權和「工業七十條」、試辦聯合企業、整頓工業管理體制、改革國有企業領導體制等。黨的十一屆三中全會至鄧小平南方談話前這一階段的制度改革則以放權讓利為核心，擴大企業自主權，進行兩權分離。鄧小平南方談話後至加入世貿組織前中國國有工業企業以「建立現代企業制度」為改革目標，推進了一系列的公司治理改革，使得現代企業制度逐步完善，國有企業經營績效顯著改善，同時改革也促進了國民經濟的發展。加入世貿組織後至「經濟新常態」出現前中國國有工業企業改革的「規範治理」得到了深入推進，國有工業企業公司制股份制改革不斷深化，這是在國有資產管理體制改革帶動下，企業改革的重要

階段。國有工業企業從經濟體制、政企關係、產權及公司治理等方面進行了一系列的制度改革,國民經濟在這一時期進入高速發展階段。

本書第六章至第八章對非國有工業企業進行劃分,分別梳理了集體工業企業、民營企業及外資與合資企業的制度變遷。各章分別從企業的概念界定、戰略定位,企業的管理體制、產權與公司治理制度變遷,企業的歷史成就等幾個方面進行分析。其中集體工業企業制度變遷以黨的十一屆三中全會及鄧小平南方談話為歷史節點進行了分階段的闡述。民營企業制度變遷進行了五個階段的劃分,並闡述了具有中國特色的蘇南模式、溫州模式及珠江模式三類民營企業發展方式。外資與合資企業制度變遷則以改革開放、20世紀90年代初以及2008年金融危機為時間節點分階段闡述其管理體制、產權和公司治理制度的變遷。

本書第九章主要內容為新時代工業企業制度的新趨勢、新發展。本章總結了新發展階段下工業企業制度改革面臨的問題,厘清了新時代國有工業企業的發展定位和改革思路,現階段的國有工業企業從完善國有資產監管體制、健全現代企業制度、創新企業股權和管理制度三個方面進行的制度改革。新時期的企業制度和體制改革解決了許多歷史遺留問題,並在重點、難點環節取得了不少實質性的突破。但同時,在改革探索的過程中也不可避免地出現了一些新的問題。堅持問題導向、鼓勵探索創新一直是企業改革的原則,對於新問題的梳理將有助於改革路上攻堅克難,開創企業發展的新局面。

本書是團隊合作的成果。西南財經大學工商管理學院為此成立了由寇綱(執行院長、教授、博士、博導)、楊石磊(副院長、教授、博士、博導)、劉忠、胡國平、劉暢組成的編委會。在編委會的領導、組織和協調下,西南財經大學工商管理學院產業經濟研究所劉忠(教授、博士、博導)、邱奕賓(副教授、博士、博導)、張雯雯、杜蕾(副教授、博士、碩導)、冉勝男、李棗、劉暢(講師、博士、碩導)、王旭冉、張美娟、袁鵬(副教授、博士、博導)、丁玉蓮(教授、博士、博導)、孫陽陽、董大鑫(副教授、博士、碩導)、餘紅、趙豔芳、胡國平(副教授、博士、碩導)、彭楠、郭寧(以上排名按章節為序,下同)以及鄭州大學的牛文濤(副教授、博士、碩導)、徐真

真和四川省社會科學院的虞洪（副研究員、博士、碩導）、陳東、林玉書等教師及研究生組成了編寫小組。編寫小組成員主體為西南財經大學工商管理學院產業經濟研究所的在任教師及研究生，少數為西南財經大學工商管理學院產業經濟研究所培養的博士研究生及他們畢業從教後在所在單位指導的研究生。本書具體分工如下：第一章：劉忠、牛文濤、徐真真；第二章：邱奕賓、張雯雯；第三章：虞洪、陳東、林玉書；第四章：杜蕾、冉勝男、李棗；第五章：劉暢、王旭冉、張美娟；第六章：袁鵬；第七章：丁玉蓮、孫陽陽；第八章：董大鑫、餘紅、趙豔芳；第九章：胡國平、彭楠、郭寧。最後由胡國平和劉暢負責全書統稿。

  西南財經大學出版社編輯對本書的出版做了大量細緻的工作，深表感謝。西南財經大學工商管理學院的教師、行政人員、研究生為本書編寫提供了諸多的幫助，感謝許陶、張蕊、邢明慧、張河雄、陳諾、周天涯、周浩等所做的資料收集、數據處理及其他相關工作。我們深知所做的努力不夠，不足之處，望讀者指正。

編者
2019 年 6 月於成都

目錄

第一章　體制、制度、激勵、　權和績效 …… 1

　第一節　新中國工業企業發展 70 年 …… 2

　第二節　新中國工業企業制度變遷的方法論、內在邏輯及基本路徑 …… 19

　第三節　新中國工業企業制度的基本體系、歷史變遷及其運行效率 …… 22

　第四節　新中國工業企業發展 70 年的成功經驗 …… 27

　第五節　主要結論 …… 41

　參考文獻 …… 42

第二章　改革開放前的工業企業制度 …… 45

　第一節　階段背景 …… 46

　第二節　戰略定位的改革思路 …… 49

　第三節　改革及制度變遷 …… 51

　第四節　改革成效及問題 …… 75

　參考文獻 …… 77

第三章　黨的十一　三中全會至鄧小平南方談話前的工業企業制度 …… 79

　第一節　放權讓利改革的時代背景 …… 80

　第二節　放權讓利改革的歷程及內在邏輯 …… 85

第三節　放權讓利改革成效及存在的問題 ………………… 103

　　第四節　總結 …………………………………………………… 112

　　參考文獻 ………………………………………………………… 113

第四章　鄧小平南方談話後至加入世貿組織前的工業企業制度 …… 115

　　第一節　「建立現代企業制度」的企業改革目標 ……………… 116

　　第二節　國有企業建立現代企業制度的實踐 ………………… 121

　　第三節　中國國有工業企業的制度變遷 ……………………… 127

　　第四節　理論背景與改革成效 ………………………………… 137

　　參考文獻 ………………………………………………………… 148

第五章　加入世貿組織後至「經濟新常態」出現前的工業企業制度 …… 151

　　第一節　階段改革背景 ………………………………………… 152

　　第二節　改革思路和戰略定位 ………………………………… 154

　　第三節　國有工業企業改革與制度變遷 ……………………… 158

　　第四節　改革成效和遺留問題 ………………………………… 174

　　參考文獻 ………………………………………………………… 190

第六章　集體工業企業制度變遷 ……………………………………… 193

　　第一節　概念界定及戰略定位的演變 ………………………… 194

　　第二節　管理體制的變遷 ……………………………………… 201

　　第三節　產權制度的變遷 ……………………………………… 209

　　第四節　組織形式與管理制度的變遷 ………………………… 217

　　第五節　歷史成就 ……………………………………………… 226

参考文獻 ………………………………………………………… 236

第七章　民營企業制度變遷　239

第一節　民營經濟的概念界定、戰略定位及發展成就 ……… 240
第二節　民營企業管理體制的變遷 ……………………………… 254
第三節　民營企業的發展模式 …………………………………… 265
第四節　民營企業的產權及管理制度 …………………………… 268
第五節　改革開放 40 餘年來民營企業發展的總結和思考 …… 275
參考文獻 ………………………………………………………… 278

第八章　外資與合資企業制度變遷　281

第一節　外資與合資企業的歷史成就和發展現狀 …………… 283
第二節　外資與合資企業管理體制變遷 ……………………… 293
第三節　外資、合資企業產權及公司治理制度變遷 ………… 300
參考文獻 ………………………………………………………… 307

第九章　新時代工業企業制度的新趨勢新發展　309

第一節　新時代下的發展形勢 …………………………………… 310
第二節　新時代下的發展定位和改革思路 …………………… 316
第三節　改革及制度走向 ………………………………………… 320
第四節　改革成效及新問題 ……………………………………… 332
參考文獻 ………………………………………………………… 339

第一章
體制、制度、激勵、產權和績效

　　如何從落後的「農業國」轉變為先進的「工業國」，中華民族進行了艱苦卓絕的長期探索。1949年新中國成立時，中國幾乎沒有現代工業，工業體系更是無從談起。1949年至今的70年間，幾代人篳路藍縷，奉獻青春和熱血，使中國工業體系從無到有，主要工業品產能位居世界前列，同時中國工業企業也從弱到強，並在諸多工業品國際市場中，成長為行業規則的制定者和市場領導者，鑄就了共和國工業化進程的瑰麗畫卷，堪稱人類工業史的奇跡。70年來，通過不斷的制度變革、反思、調整和優化，中國在社會主義工業化道路上不斷探索，累積了大量的經驗，為中國工業的進一步發展奠定了堅實的基礎。

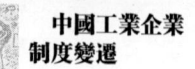

第一節　新中國工業企業發展 70 年

一、戰略定位

工業是社會分工不斷發展的產物，同時也是社會分工演化的重要表現形式。18 世紀 60 年代，伴隨著蒸汽機的發明和改良以及其他的技術變革，所謂的「工業革命」開始出現於英格蘭中部地區，並逐步實現了機器生產對手工勞動的替代，這標誌著工業生產真正從農業中分離，成為獨立的物質生產部門。這場發源於英格蘭中部地區的工業革命，逐步從英國擴散到整個歐洲，並在 19 世紀傳播至美洲，最終蔓延至世界其他國家和地區，成為世界範圍內各國工業化、城市化、經濟發展、社會變革以及國際秩序重構的重要力量。工業革命在英格蘭中部出現時，中國尚處於閉關鎖國的晚清政府時期。因工業革命而獲得快速發展的英美等資本主義列強，打著自由通商的幌子，憑借工業革命所武裝的堅船利炮，徹底擊碎了晚清政府的大國幻象，進入了中國人民飽受欺凌、尊嚴淪喪的黑暗時期，持續了逾百年之久。工業革命的技術成果和先進理念，也在此後擴散至中國，並為中國工業發展帶來了積極影響。1840 年鴉片戰爭至 1949 年中華人民共和國成立前的逾百年時間中，中國嘗試建設了一些工廠，但由於既無技術知識，又無技術工人，這些工廠的營運基本依賴外國技術和管理，因此，這一期間中國幾乎沒有現代工業，更無工業體系。

長期以來，農耕文明對中國社會秩序的構築產生了深遠影響。特別是在中華人民共和國成立前，農業生產活動構成了國民經濟的核心組成部分，中國屬於典型的「農業國」。作為「農業國」，中國在與這些因工業革命而迅速發展的工業國列強相遇時，深刻感受到工業的重要性。毛澤東同志早在 20 世

第一章　體制、制度、激勵、產權和績效

紀40年代就已經對工業和工業化的重要性進行了深刻表述①，工業化之於國家富強、民族獨立和人民幸福均具有重要意義。中華人民共和國成立初期，致力於改變中國長期落後的局面，毛澤東同志深知一個落後的農業大國要真正實現工業化，必然是任重而道遠的，「中國民族和人民要徹底解放，必須實現國家工業化，而我們已作了的工作，還只是向這個方向剛才開步走」。自1949年中華人民共和國成立起，中國工業從無到有，實現了從偏「重」向「重輕協調」，從「外部依賴」到「自力更生」，從「基礎薄弱」到「體系完備」等的顯著轉變。自1978年改革開放起，伴隨改革開放釋放的巨大制度紅利，中國迎來了引領世界的快速工業化進程，並與城市化一起，成為「中國奇跡」的重要組成部分。

基於國內學者的已有研究結論，中國目前已經進入工業化的後期階段，這構成了關於中國工業化階段的基本共識，但關於中國工業化階段的具體劃分及不同階段的實現年份，則依然存在諸多爭論。與工業化的階段②劃分存在的爭議類似，關於「工業化」本身的概念界定也存在不同認識。按照《新帕爾格雷夫經濟學大辭典》的界定，「工業化首先是國民經濟中製造業活動和第二產業所占比例的提高，其次是製造業活動和第二產業在就業人口的比例也有增加的趨勢，還包括人均收入的增加，生產方法、新產品式樣在不斷變化，城市化提高、資本形成、消費等項開支所占比例發生變化」。按照現代化建設的戰略部署，中國工業發展的首要任務即基本實現工業化，並繼續努力從工業大國向工業強國轉變，在中華人民共和國成立一百年之時為建成富強民主文明和諧的社會主義現代化國家提供有力保障。因此，對於新中國而言，工

---

① 毛澤東曾指出，日本帝國主義為什麼敢於欺負中國，就是因為中國沒有強大的工業，它欺侮我們的落後。要中國的民族獨立有鞏固的保障，就必須工業化。我們共產黨是要努力於中國的工業化的。中國社會的進步將主要依靠工業的發展。沒有獨立、自由、民主和統一，不可能建設真正大規模的工業。沒有工業，便沒有鞏固的國防，便沒有人民的福利，便沒有國家的富強。
② 工業化階段劃分理論主要有霍夫曼定理、錢納里標準模式、羅斯托階段劃分理論以及庫茲涅茨模式。霍夫曼定理忽視了各國在發展過程中必然存在的產業之間生產率的差異，並將衡量工業發展局限於工業內兩大部類產業的比例關係，其適用性非常有限，鹽野谷一認為它只適用於工業化初期。比較上述幾種工業化階段劃分理論，錢納里標準模式在定量分析方面更為有效（許居如等，2011）。

3

業化不僅表現為從落後的農業國轉變為先進的工業國,更重要的是其所帶來的經濟增長和結構變化為中國經濟社會發展所提供的重要支撐,這構成了中國工業及工業化在國民經濟中的戰略定位的基本描述。

實際上,工業和工業化同樣成了中國農業現代化、高質量城市化、科技創新以及國際地位等實現的重要驅動力。

(一)工業的快速發展和工業化的高質量實現,是中國農業現代化有效實現的重要基礎

長期以來,農業部門向中國工業部門輸送了大量物質生產資料,並通過「價格剪刀差」,使得生產要素和國民收入從農業向工業流動,為中國工業化初期階段的快速發展提供了重要基礎。儘管如此,伴隨著「工業反哺農業」的政策取向,以及農業生產活動對工業產品及外部技術的依賴,農業生產活動越來越需要來自工業領域的直接支持。因此,伴隨著工業化道路從「數量偏好」向「質量偏好」的合理迴歸,農業和工業的內在關係逐步趨於「平等」,兩者皆從彼此的快速發展中獲得「正」的外部性。農業現代化和偏好「質量」的新型工業化通過協同發展將助力中國現代化戰略的最終實現。

(二)工業的快速發展和工業化的高質量實現,是中國高質量城鎮化實現的重要基礎

改革開放以來,工業增加值占中國國民經濟的比重長期保持在40%左右。工業的快速發展不僅推動了國民經濟的顯著增長,同時也成為城市規模擴張及城鎮化進程加快的重要力量。工業通過吸納就業和投資,成為資本、勞動力等要素向城市區域進行集聚的重要動力。伴隨著勞動力等要素從鄉村地區向城市地區的流動,所謂的「要素的非農化」開始出現,最終使得城市空間規模擴張和常住人口城鎮化水準顯著提升。因此,工業構成了城鎮化實現的重要產業基礎,而城市空間的擴張則為工業發展提供了潛在的空間載體,兩者的協同發展帶來了工業化和城市化在某一空間區域的耦合,並為區域經濟的高質量發展提供了動力。

同時,伴隨著工業發展的衰退,就業機會的相對減少,從鄉村流向城市的常住城鎮人口將會選擇從城市向鄉村回流,出現所謂「逆城鎮化」現象。

第一章　體制、制度、激勵、產權和績效

因此，城市化的高質量實現需要堅固的「產業基礎」，與服務業類似，工業在這一「產業基礎」中扮演了關鍵角色。工業的快速發展和工業化的高質量實現，推動中國高質量城鎮化的有效實現；工業化和城鎮化的協同發展，助力中國現代化戰略的最終實現。

（三）工業的快速發展和工業化的高質量實現，構成了技術創新和技術強國實現的重要動力

技術創新具備顯著的外部性，通過在工業領域的普及和應用，將為推動整個社會經濟的持續發展提供重要的外部激勵。作為一個後發的工業化國家，中國在工業化初期階段具備顯著的後發優勢，特別是以勞動力價格偏低、勞動力數量規模巨大為顯著特徵的「人口紅利」。同時受益於中國特色的「城鄉二元」的土地制度體系，通過「集體土地的國有化」，中國工業企業和工業化發展獲得了大量優質低價的建設用地；地方政府也通過在城鄉二元的土地要素市場，借助於土地的徵購和出讓，實現了巨大規模的土地財政收入，為城市建設和工業發展提供了可能的資金儲備。

此外，較低程度的環境保護標準，也構成了中國工業化初期階段快速發展的外部條件，但也對工業結構優化和工業化質量產生了顯著負面約束。儘管如此，伴隨著相關紅利的持續消耗，特別是中國工業化進入中後期階段，技術創新在工業發展和工業化進程實現中的作用趨於強化。因此，自主科技創新尤其是核心技術上的突破，已成為推動中國工業化發展的決定性因素。基於這一內在邏輯，工業化的快速發展和高質量實現，將為技術創新和技術強國的實現提供顯著的外部約束與內在激勵。

（四）工業的快速發展和工業化的高質量實現，是實現工業強國和提升中國國際地位的重要基礎

工業是國際舞臺上不同國家間展開競爭的重要基礎。世界範圍內，經濟強國往往是工業強國。1949年中華人民共和國成立以來，特別是1978年改革開放以來，中國工業領域實現了迅速發展，並助力中國在2011年超越日本，成為世界第二大經濟體。受益於工業的快速發展和工業化進程的加快實現，中國國際地位顯著提升，中國同世界其他國家之間的聯繫更加密切，也為中

國國民經濟發展打造了更為廣闊的潛在發展空間。因此，工業的快速發展和工業化的高質量實現，是實現工業強國和經濟強國，提升中國的國際地位和在國際舞臺的話語權的基礎。

二、發展歷程

1949年至今，中國的工業化進程為我們勾勒了波瀾壯闊的歷史畫卷，帶我們見證了中國從落後的農業國向先進的工業國邁進的歷史演進過程。工業企業的成長、工業體系的培育以及工業化進程的推進在某種意義上也是中國特色社會主義市場經濟體系孕育的邏輯起點。1949—1972年，在外部援助（主要是蘇聯）的基礎上，基本完成工業化的原始資本累積，並逐步建立了較為完備的工業體系。1972—1978年，是中國工業打破外部封鎖，借助外部資本獲得發展的關鍵歷史階段。1971年秋，中國恢復聯合國常任理事國地位。次年，美國總統尼克松到訪中國。此後，中國與英國、加拿大、日本、德國等國家建立了外交關係。中國的外部環境獲得了實質改善，並徹底擺脫了在國際舞臺上的孤立困境。

1978年改革開放、1992年鄧小平南方談話至2001年中國加入世界貿易組織（WTO），則是中國工業體系結構優化和工業化進程加速的關鍵階段。1978年黨的十一屆三中全會後，國家實施了諸多經濟體制改革。過去以「重」為偏好的工業化戰略調整為「工業全面發展、對外開放和多種經濟成分共同發展」。通過工業化內部的結構調整，工業增加值構成中，重工業的比重逐步下降，輕工業的比重開始上升。受益於輕工業的快速發展，這一歷史時期普通大眾的生活水準獲得了顯著改善。「賣方市場」向「買方市場」的轉變也在這一歷史時期得以完成。

2001年至今，中國製造融入全球。伴隨2001年中國加入WTO，中國工業化進程獲得了重要的外部激勵，但同時工業企業則亟待進行自我革新以適應激烈的國際競爭。這一時期的政企關係、公司治理等獲得了顯著優化，中國的產品競爭力開始被世界認可，中國製造逐步走向全球市場。中國工業化

進程也在這一時期進入後期階段。

與此類似，如果按照工業化道路的基本特徵，則又可將新中國的工業發展歷程劃分為如下兩個重要的時期，即傳統社會主義工業化道路時期和中國特色社會主義工業化道路時期。

（一）傳統社會主義工業化道路時期（1949—1978年）

1949年中華人民共和國成立至1978年改革開放，為中國傳統社會主義工業化道路時期。基於工業經濟的發展狀況，這一階段又可細分為如下三個具體的歷史時期：

（1）1949年至1957年的國民經濟恢復時期。

這一時期工業產出實現了迅速增長。1949年至1952年，工業生產總值由140億元增加到343億元，年均增長34.8%，其中最為突出的標誌是建成了工業領域的「156項工程」[1]。這些重點工業項目此後迅速投產，奠定了中國工業的部門經濟基礎，以這些項目為核心，並以900餘個限額以上大中型項目配套為重點，初步建起了工業經濟體系，並為社會主義工業化道路奠定了關鍵基礎。

（2）1958年至1965年的國民經濟調整時期。

1957年9月，中共八屆三中全會通過了《農業發展綱要四十條（修正草案）》，實質是農業「大躍進」的綱領文件。同年11月，《人民日報》發表

---

[1] 「156項工程」是中國「一五」計劃時期（1953—1957年）由蘇聯對中國工業領域援建的156項重點工程項目。這些重點工程項目涉及各個工業領域，並分佈於中國的各個區域。中國東北地區共有57項，其中遼寧省24項，吉林省11項，黑龍江省22項，包括鞍山鋼鐵公司（今鞍山鋼鐵集團）、沈陽飛機製造公司、長春第一汽車製造廠等均在這一時期建成投產。29項分佈於華北地區，其中北京3項，河北省10項，山西省11項，內蒙古自治區5項，這29項重點項目包括華北製藥廠（現為華北製藥集團有限責任公司）、承德鋼鐵公司（現為承德鋼鐵集團有限公司）、太原製藥廠（現為山西太原藥業有限公司）、大同市焦煤礦有限責任公司等。華中地區分佈約21項，華東地區分佈較少。考慮到資源約束和交通運輸條件，「一五」時期將156項重點工程項目佈局於工業基礎相對薄弱，但礦產資源豐富，能源供應充足，靠近原材料產地的中西部地區，同時由於當時較為嚴峻的外部國際環境，這一工業佈局方式同樣具有重要的戰略意義。四川長虹電子集團公司、西飛集團、中國航空工業第一集團公司均在這一時期建成。「156項工程」及其900餘項配套項目的建設，奠定了中國工業體系和工業化進程的重要基石，也見證了數代人篳路藍縷，在共和國的陽光下，追逐青春夢想的華美人生樂章。

社論，提出了「大躍進」的口號。1958 年 5 月，黨的八大二次會議正式通過社會主義建設總路線，號召全黨和全國人民，爭取在 15 年或者更短時間內，在主要工業產品的產量方面趕上和超過英國。由於對社會主義經濟運行客觀規律的認識不足，以及國民經濟迅速恢復和「一五」計劃的順利完成所滋生的「驕傲自滿」，政策決策者過分誇大了主觀意志的作用，在社會主義建設總路線出抬後，即貿然發動了「大躍進」①。「大躍進」過程中，以高指標、瞎指揮、浮誇風和共產風為主要標誌的「左」傾錯誤嚴重泛濫，產生了嚴重的經濟後果，也導致了工業生產內部比例關係的嚴重失調。1958—1960 年，3 年間的工業增加值共增長 110%，但隨後則大幅度下降。1961 年中國開始實行「調整、鞏固、充實、提高」的八字方針，嘗試對國民經濟進行綜合治理，並最終實現了國民經濟的部分恢復。

(3) 1966 年至 1978 年為國民經濟的波動時期②。

受到政治因素的負面衝擊，新中國的國民經濟在這一歷史時期出現嚴重波動。在工業領域，1967 年全國工業增加值比上年下降 15.1%。1968 年又比 1967 年下降 8.2%。1967 年和 1970 年的工業增加值均出現超過 30%以上的下降幅度。1976 年再次下降 3.1%。國民經濟的劇烈波動對國民經濟質量產生了顯著的負面效應，經濟增長給予普通公眾的福利水準弱化。實際上，在這一歷史時期居民物質文化生活水準處於停滯、徘徊的情形。儘管如此，也有諸多領域的重大成果在這一歷史階段實現，包括：人工合成結晶胰島素 (1966 年)，第一顆氫彈爆炸成功 (1967 年)，發射第一顆人造地球衛星 (1970 年) 等。

---

① 有種觀點認為，朝鮮戰爭結束後中國獲得了短暫的和平發展時期。當時預計這一和平發展時期約為 15 年。政策決策者認為通過 15 年的快速發展，將為未來的國家實力奠定重要基礎，並在 15 年和平發展時期結束時，獲得足夠的綜合實力與外部力量進行有效抗爭。因此，「大躍進」運動的提出，既與中華人民共和國成立初期的快速經濟恢復所引致的「自信」有關，也和所處的特殊歷史階段緊密關聯。這一觀點為深刻認知「大躍進」提供了新的註解。儘管如此，無論從任何角度進行討論，「大躍進」運動可能都是一場經濟發展的災難。

② 基於經濟增長率，有學者將這一時期劃分成了四個經濟週期，包括：1966—1970 年，1970—1973 年，1973—1975 年，1975—1978 年。1967 年、1968 年和 1976 年均屬於絕對負增長年份。同時由於過分追求總量產出增長水準，擴大再生產的方式簡單粗暴，引致了這一時期經濟增長質量的低水準。工業在這一歷史時期相比較於其他產業，富有活力，但其勞動生產率年均增長也僅為 1.5% (1966—1978 年)。

1976年10月粉碎「四人幫」後，中國進入關鍵的「歷史轉折」時期，開始出現「在徘徊中前進」的局面。否定「兩個凡是」，肯定「解放思想，實事求是」，開展「真理標準的討論」，實施撥亂反正，中國經濟社會的基本秩序逐步恢復，並伴隨1978年開始實施的改革開放，中國工業企業和工業化進程進入全新的加速增長階段。

(二) 中國特色社會主義工業化道路時期 (1978年至今)

1978年5月11日，《光明日報》發表評論員文章《實踐是檢驗真理的唯一標準》[1]，並在全國範圍內引發了關於真理標準的大討論。1978年12月18日至22日，黨的十一屆三中全會召開，會議做出了以經濟建設為中心、實行改革開放的重要戰略部署，這標誌著中國工業經濟發展的動力機制發生了根本改變，開始由完全的計劃經濟轉向政府干預下的市場經濟，並進入改革開放和社會主義建設的新時期。1978年改革開放後，中國開始進入中國特色社會主義工業化道路時期，並可劃分為如下三個演化階段：1979—1997年的結構糾偏、輕重工業同步發展階段，1998—2001年的結構優化升級、重化工業加速發展階段，2002年至今的探索「新型工業化」道路階段。

第一個階段為結構糾偏、輕重工業同步發展階段 (1979—1997年)。1978年，中國工業總產值中重工業占比已達到了56.9%，這一較高的重工業化率也是中國此前長期實施的「偏重」工業化戰略的直觀體現。「偏重」的工業化戰略在特殊的歷史階段之於國家穩定、國民經濟發展均具有重要的戰略意義，卻也使得輕工業發展相對滯後，影響普通公眾日常生活。同時工業經濟的結構調整和優化，實現重工業、輕工業的協調發展，也是中國工業經濟發展和工業化高質量實現的重要基礎。因此，1979年中國開始對工業道路

---

[1] 文章指出理論與實踐的統一是馬克思主義的基本原則，檢驗真理的唯一標準是社會實踐。「兩個凡是」的錯誤認知被根本否定。《實踐是檢驗真理的唯一標準》一文為中國共產黨重新確立馬克思主義思想路線、政治路線和組織路線構築了重要的理論基礎。1978年6月，鄧小平在全軍政治工作會議上，針對當時的形勢再次精闢闡述了毛澤東的實事求是、一切從實際出發、理論與實踐相結合的馬克思主義的根本觀點和根本方法。1978年6月24日，《解放軍報》發表評論員文章《馬克思主義的一個最基本的原則》，從理論上系統地回答了對於堅持實踐是檢驗真理的標準所提出的種種責難。

進行戰略調整，逐步放棄了原本優先發展重工業的基本思路，轉向優先發展輕工業，實行對外開放以及多種經濟成分共同發展的工業化戰略。通過在關鍵歷史節點年份的結構糾偏，工業總產值中重工業的比例在 1997 年已降至 51.0%，而輕工業比例則從 1978 年的 43.1% 上升至 1997 年的 49.0%。普通公眾的獲得感也伴隨輕工業的快速發展實現了顯著提升。

第二個階段為結構優化升級、重化工業加速發展階段（1998—2001 年）。這一階段開始於 1998 年。中國城市化進程的加快發展，以及公共交通等基礎設施投資的增加促進了重工業的進一步發展。與此同時，伴隨中國經濟的快速增長，普通公眾的可支配收入出現了顯著上升，中國社會群體消費結構升級。人民群眾不再簡單滿足於食品、服裝等低層次生活用品的基本需求，而逐步開始追求住房、汽車等耐用消費品需求。這種消費需求結構的變化構成了中國工業經濟內部結構調整和升級的重要驅動力。與此同時，國家先後進行了利改稅、撥改貸、企業承包制和股份制改革等相關政策變革，所釋放的政策紅利進一步激活了國有工業企業。到 2000 年年底，國家重點監測的 14 個行業已有 12 個實現了扭虧為盈或持續增盈。1997 年虧損的國有大中型企業 70% 以上均擺脫了虧損的困境，一大批骨幹工業企業集團湧現出來，國有工業企業重新煥發出生機。

第三個階段為探索「新型工業化」道路階段（2002 年至今）。2001 年中國正式加入世界貿易組織，這是中國改革開放和社會主義現代化建設的重要里程碑，也是中國工業發展進入全球化的重要轉折點。2002 年，根據中國的國情，黨的十六大提出「堅持以信息化帶動工業化，以工業化促進信息化，走出一條科技含量高、經濟效益好、資源消耗低、環境污染少、人力資源優勢得到充分發揮」的新型工業化道路。黨的十七大全面總結實踐，進一步提出「發展現代產業體系，大力推進信息化與工業化融合，促進工業由大變強，振興裝備製造業，淘汰落後生產能力」，從而進一步豐富了新型工業化道路的內涵。黨的十八大再次明確「堅持走中國特色新型工業化、信息化、城鎮化、農業現代化道路，推動信息化和工業化深度融合、工業化和城鎮化良性互動、城鎮化和農業現代化相互協調，促進工業化、信息化、城鎮化、農業現代化

第一章　體制、制度、激勵、產權和績效

同步發展」。在 2001 年至 2010 年的 10 年中，中國工業增加值達到年均增長 11.4%，對國民經濟增長的年均貢獻率超過 45%。同時，新型工業化道路的關鍵詞是「新」和「型」，「新」表明「否定和變革」[①]，「型」則表明「轉型和升級」。因此，新型工業化道路是對傳統工業化道路的反思和優化，既注重工業化系統內部要素的結構優化，也更注重工業化系統與其他外部因素（如城市化、鄉村振興等）的協同發展。

三、主要成就

自 1949 年中華人民共和國成立至今 70 年來，數代人篳路藍縷，投身國家工業化建設之中。中國工業體系從無到有，逐步建立了門類齊全、獨立完整、具有相當規模的現代工業體系。翻天覆地的變化，堪稱人類工業史的奇跡。70 年來，中國工業領域取得了巨大成就，既包括工業產值的總量增長、工業經濟內部結構的優化，也包括工業生產相關要素配置效率的不斷提升等。

（一）工業產值總量及其比重逐年提高，高新技術產業發展迅速

1978 年，中國工業增加值為 1,621.5 億元，其在國內生產總值（GDP）中的占比為 44.1%。2017 年，中國工業增加值增長至 279,996.9 億元，在中國當年 GDP 中的占比為 33.9%（見表 1.1），但其已占據全世界工業產值總額的近 40%。

表 1.1　1978—2017 年中國工業增加值及其占 GDP 的比重

年份	工業增加值/億元	占 GDP 比重/%	年份	工業增加值/億元	占 GDP 比重/%
1978	1,621.5	44.1	1998	34,134.9	40.1

[①] 否定了傳統工業化道路的「數量擴張」偏好，新型工業化道路逐步實現了從「數量觀」向「質量觀」的合理迴歸。工業增加值構成中排名第一位的行業，也逐步從紡織業（1983 年）、化學原料及化學製品製造業（1995 年）向電子及通信設備製造業轉變（2003 年）。這一轉變過程本質上構成了工業結構不斷高加工化、知識化和高附加價值化的過程，即所謂工業結構優化升級的過程。與此相伴隨的是，中國工業技術創新逐步從追隨者演變為引領者，工業企業產品的國際市場競爭力不斷提升，也是「中國製造」不斷擁抱「中國創造」的歷史演進過程。

11

表1.1(續)

年份	工業增加值/億元	占GDP比重/%	年份	工業增加值/億元	占GDP比重/%
1979	1,786.5	43.6	1999	36,015.4	39.8
1980	2,014.9	43.9	2000	40,259.7	40.1
1981	2,067.7	41.9	2001	43,855.6	39.6
1982	2,183.0	40.6	2002	47,776.3	39.3
1983	2,399.1	39.8	2003	55,363.8	40.3
1984	2,815.9	38.7	2004	65,776.8	40.6
1985	3,478.3	38.2	2005	77,960.5	41.6
1986	4,000.8	38.6	2006	92,238.4	42.0
1987	4,621.3	38.0	2007	111,693.9	41.3
1988	5,814.1	38.3	2008	131,727.6	41.2
1989	6,525.7	38.0	2009	138,095.5	39.6
1990	6,904.7	36.6	2010	165,126.4	40.0
1991	8,138.2	37.0	2011	195,142.8	39.9
1992	10,340.5	38.0	2012	208,905.6	38.7
1993	14,248.8	39.9	2013	222,337.6	37.4
1994	19,546.9	40.2	2014	233,856.4	36.3
1995	25,023.9	40.8	2015	236,506.3	34.3
1996	29,529.8	41.1	2016	247,877.7	33.3
1997	33,023.5	41.4	2017	279,996.9	33.9

資料來源：歷年《中國統計年鑒》。

註：工業增加值基於當年價格計算得出。

1978年改革開放至今，中國工業產值年均增長速度達到8%以上，工業在中國經濟體系中長期扮演著核心部門這一角色（見圖1.1）。儘管工業產值占GDP的比重存在顯著的波動，但其整體上均處於35%以上的水準，部分年份這一指標值的下降主要來自其他產業（諸如第三產業）的快速發展。1978年改革開放以來，工業領域的高新技術產業[1]也得到了快速的發展，這一產業的

---

[1] 第二產業中科技含量較高的產業，諸如軟件開發、電子研發等。

從業人員規模、主營業務收入以及利潤總額均逐年提升。同時伴隨中國政府不斷提出加強高新技術發展的國家戰略,高新技術產業及其相關聯產業獲得了巨大的政策紅利,其發展速度和規模不斷擴張,逐步演化為中國工業實力強弱和發展質量的重要因素。

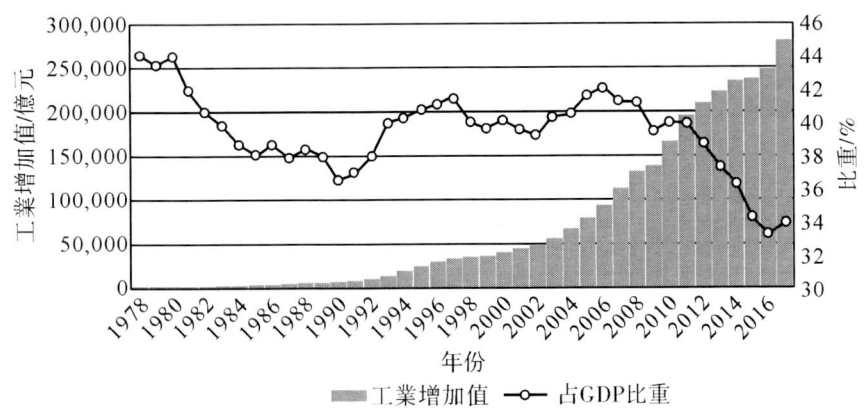

圖 1.1　1978—2017 年中國工業增加值及其占 GDP 的比重

資料來源:歷年《中國統計年鑒》。

(二) 工業經濟的內部結構持續優化

基於重工業和輕工業的比例關係特徵,中國工業經濟的內部結構經歷了如下五個典型的演化階段,並呈現典型的結構優化態勢。

第一階段,從 1949 年到 1978 年,為了適應中華人民共和國成立之初的局面,國家決定走優先發展重工業的道路,工業經濟內部重工業和輕工業的比例關係發生改變,重工業比重不斷擴大。1957 年,重工業所占的比例為 55%。此後,工業總產值的重工業比例持續上升,1963 年達到 55.2%。儘管此後經歷了短暫的重工業比例的下降,但自 1969 年開始,中國工業總產值中重工業的比例呈現持續增長態勢①,並在 1978 年達到 56.9%(見表 1.2)。

---

① 這一歷史時期,中國工業總產值中重工業比例最高值在 1972 年實現,達到 57.1%。此後年份略有下降,但整體上這一指標值均保持在 55% 以上。

表 1.2　中國工業生產總值中重工業和輕工業的比重

年份	輕工業比重/%	重工業比重/%	年份	輕工業比重/%	重工業比重/%
1952	64.5	35.5	1987	48.2	51.8
1957	55	45	1988	49.3	50.7
1963	44.8	55.2	1989	48.9	51.1
1964	44.3	55.7	1990	49.4	50.6
1965	51.6	48.4	1991	48.4	51.6
1966	49	51	1992	46.6	53.4
1967	53	47	1993	46.5	53.5
1968	53.7	46.3	1994	46.3	53.7
1969	50.3	49.7	1995	47.3	52.7
1970	46.2	53.8	1996	48.1	51.9
1971	43	57	1997	49	51
1972	42.9	57.1	1998	49.3	50.7
1973	43.4	56.6	1999	49.2	50.8
1974	44.4	55.6	2000	39.8	60.2
1975	44.1	55.9	2001	39.4	60.6
1976	44.2	55.8	2002	39.1	60.9
1977	44	56	2003	35.5	64.5
1978	43.1	56.9	2004	31.6	68.4
1979	43.7	56.3	2005	31.1	68.9
1980	47.2	52.8	2006	30	70
1981	51.5	48.5	2007	29.5	70.5
1982	50.2	49.8	2008	28.7	71.3
1983	48.5	51.5	2009	29.5	70.5
1984	47.4	52.6	2010	28.6	71.4
1985	47.4	52.6	2016	31.6	68.4
1986	47.6	52.4	——		

資料來源：歷年《中國工業經濟統計年鑒》。

註：2016 年數據基於重工業和輕工業銷售產值數據計算得出。

第二階段包括兩個典型的歷史時期。第一個時期，從 1978 年到 1981 年。工業生產總值中輕工業和重工業的比例關係特徵開始發生變化，輕工業發展持續加快，而重工業的發展速度則趨於放緩。1978 年，中國工業生產總值中重工業和輕工業的比例分別為 56.9% 和 43.1%。1979 年，兩者則分別為 56.3% 和 43.7%，輕工業所占比例逐步上升。1981 年，工業總產值中輕工業比例所占份額達到 51.5%，重新超過重工業所占份額 48.5%（見表 1.2）。中國工業經濟在這一歷史時期出現了從「重」向「輕」的階段演化特徵。伴隨著中國輕工業生產能力的不斷提升，廣大人民群眾的日常需求和獲得感得到顯著改善。第二個時期，從 1982 年到 1990 年。1982 年，中國工業總產值中重工業和輕工業的比例分別為 49.8% 和 50.2%，而 1990 年兩類工業的份額則分別是 50.6% 和 49.4%，這一歷史時期中兩者在中國工業生產總值內部的比例關係基本穩定在 1：1。同時在這一歷史時期，國家亦加大了對重工業的投資，使得重工業也獲得了足夠的資金投入並實現了持續發展，最終中國輕工業和重工業出現了均衡發展的良好局面。

第三階段，從 1991 年到 1997 年，中國工業生產總值內部的輕工業和重工業的比例關係開始出現新的演化趨勢。1991 年，工業生產總值中重工業的比例達到 51.6%，1992 年這一指標值繼續上升至 53.4%，1997 年則達到 51%（見表 1.2）。因此，在第二個階段實現重工業和輕工業均衡發展之後，在新的歷史時期人民群體消費需求結構的演化和升級，特別是對家用電器、汽車等耐用消費品需求的持續增長，客觀上刺激了部分重工業的發展。同時國家在這一歷史時期，亦出抬了相應政策，為重工業的快速發展提供了政策激勵。因此，這一歷史時期工業經濟從「輕」向「重」的迴歸在某種意義上來自人民群眾的消費需求升級。

第四階段，從 1998 年到 2007 年，中國工業生產總值中重工業比例顯著增長，工業經濟呈現持續的「重工業化」過程。1998 年，重工業和輕工業的比例分別為 50.7% 和 49.3%。2003 年，兩者則分別變為 64.5% 和 35.5%。2007 年，工業生產總值中的重工業份額持續增長至 70.5%（見表 1.2）。實際上，在這一歷史階段，中國加入了 WTO，國內外形勢發生了顯著變化，同時

國內工業企業開始面臨來自國際市場的激烈競爭，但同時也獲得了廣闊的國際舞臺的參與機會。在市場環境劇烈變革的歷史時期，中國不斷對工業領域進行結構調整和優化升級，淘汰落後產能，不斷探索有中國特色的適應國際市場競爭的工業化模式。

第五階段，2008 年至今。黨的十七大以來，中國持續加快轉變工業發展模式，不斷推動工業經濟的內部結構優化升級；實施積極的財政政策和貨幣政策，持續擴大國內有效需求；積極轉變經濟增長方式，實現從「數量」向「質量」的合理迴歸；積極培育工業經濟增長點，科技進步、勞動力素質提升和管理創新已經成為工業發展的重要驅動力。黨的十八大以來，中國堅持走新型工業化道路，通過資金、技術、創新等方面的政策激勵，並結合「中國製造 2025」和「互聯網+行動」等戰略的有效實施，助力中國工業化道路進入以「技術」「創新」和「人工智能」為顯著特徵的新時代。

這五個階段的演化過程，是中國工業化進程不斷從初級階段到高級階段的實現過程，也是中國對中國特色社會主義工業化道路不斷探索的過程，同時豐富了工業化的相關理論。

（三）1949 年以來，特別是 1978 年改革開放以來，中國工業的空間佈局不斷優化

1949 年中華人民共和國成立後，大力發展工業成為國家的重要政策取向。通過實施分階段的五年計劃，中國初步建立了獨立完整的工業體系。同時由於所處歷史階段的外部環境較為惡劣，中華人民共和國成立初期工業的空間佈局集中於原材料豐富和較為偏遠的東北地區、西南和中西部區域，中國東部沿海分佈較少，也在一定程度上導致了這一時期東部地區工業發展相對滯後。1978 年改革開放以後，人均可支配收入水準顯著提升，同時整個市場競爭環境發生了巨大變化，逐步從「賣方市場」向「買方市場」轉變，人民群眾消費需求的多樣性和消費能力的增長，為各個類型的工業企業均提供了參與市場的機會。同時伴隨市場規模的擴張，以及技術進步所引起的最小有效規模的下降，在一個較小的區域市場環境中，工業企業依然獲得了生存的機會。

第一章　體制、制度、激勵、產權和績效

　　此後，由於對外開放的政策傾斜以及自身優越的基礎條件，中國東部沿海和長江沿岸區域的工業獲得了快速發展，逐步形成了滬寧、杭州、珠江三角洲等大型工業基地。整體來講，中國工業企業的空間佈局也存在典型的空間區域的差異性，尤其是中國東部沿海和中西部的工業佈局極為不同，這也是歷史選擇的結果。東部沿海地區，由於其在政策、市場、技術等層面的顯著優勢，使其在電子、通信、信息產業等輕工製造業以及鋼鐵、石化等原材料和重工業領域實現了快速發展。中西部地區則由於其資源稟賦優勢，主要在煤炭、石油和天然氣、水電等基礎性產業方面獲得了大力發展。總的來說，中國東部較為發達的省份主要發展的是技術含量較高的工業領域，而中西部地區，則由於自身優越的自然資源發展的是基礎性的粗放型工業。

　　（四）1978 年改革開放以來，中國工業的全要素生產率不斷上升

　　要素投入層面，1978 年改革開放以前，中國工業發展相對滯後，同時處於工業化進程的初期階段，勞動力成本相對廉價。因此，較長時期內，中國經濟增長的動力來源主要是趨近於「無限供給」又極為低廉的優質勞動力，但改革開放之後，伴隨勞動力成本的上升，所謂「人口紅利」逐步弱化，資本投入這一因素慢慢成為中國經濟增長的關鍵要素。伴隨經濟增長動力逐步從簡單的廉價勞動力向資本轉換，中國工業經濟的增長方式也逐步從勞動密集型向資本密集型轉變，同時伴隨著要素投入中資本勞動比率的不斷提高。在工業化進程的初期階段，勞動和資本等要素投入是中國工業發展的重要驅動力，但到了工業化進程的中後期階段，勞動和資本等要素投入逐漸降低，技術創新成為中國工業化進程高質量實現、工業快速發展以及各類型工業企業市場競爭力提升的新動力。伴隨工業化模式逐步從「數量偏好」向「質量偏好」迴歸，中國工業化系統的內部要素結構及其全要素生產率趨於優化。

　　全要素生產率層面，效率提高和技術進步構成了經濟增長實現的關鍵內容。中國工業發展初期階段主要依靠勞動和資本等要素，通過這些要素的規模投入，中國工業實現了迅速發展，並初步形成了較為完備的工業體系。1949 年至今的 70 年來，初期主要依靠技術引進及模仿實現技術升級，在後期則通過自主創新提高技術水準，並與世界一流工業化國家的差距不斷縮小。

黨的十八大以來，中國全面實施了創新發展戰略，國家財政繼續加強對科技創新的支持力度。中國研發經費投入逐年增加，先後超過了德國和日本，目前中國研發費用投入量已成為世界第二，原始創新能力得到不斷提升。近年來，企業創新活力不斷得到激發，企業研發經費、企業研發人員規模都有顯著提升。區域創新也有了新的發展局面。環渤海地區協同創新不斷深入向前推進，長三角經濟帶技術轉型不斷升級，一大批具有創新能力的省份和城市不斷湧現出來，區域創新不斷向前推進。中國各地區的創新活動都有其自身的特點，區域創新模式正在逐步形成，中國工業的創新局面得到了前所未有的發展，創新正日益成為中國工業全要素生產率重要的因素之一。

　　總的來講，1949年至今的70年，中國工業企業在工業產值總量、工業經濟的內部結構、工業的空間佈局以及工業生產的全要素生產率等方面均實現了巨大突破，成為人類工業史的奇跡。共和國工業化發展的歷程，已然是數代人的精神家園，伴隨「三線」建設進行跨區域遷徙的先輩及其後來者均可從中找到情感慰藉。各類型的工業企業提供了大量的就業崗位，起到了維護社會穩定和提供公眾福祉的重要作用。同時由於工業具備顯著的產業關聯性，其成為引領和推動其他相關產業快速發展的重要驅動力，並在國民經濟增長中發揮著不可替代的重要作用。

第二節　新中國工業企業制度變遷的方法論、内在邏輯及基本路徑

一、制度變遷的方法論

馬克思認為，制度變遷是指新制度產生，並否定、揚棄或改變舊制度的過程。制度是動態發展的，所有的制度都有產生發展和消亡的過程。按照經濟學方法論的層次可以將制度變遷的方法論劃分為三個層次：一是基本的方法論，即哲學基礎或意義上的世界觀方法論，是哲學思潮對經濟學家意識影響的反應，也是不同經濟學之間最本質的區別之所在；二是經濟學的思維原理和方法，或者經濟學家觀察經驗事實、從事理論研究、構建理論體系的方法，例如歸納法、演繹法、綜合分析法、制度分析法等，經濟學基本方法論是作為經濟學家的潛意識在起作用；三是經濟學的技術性方法，即為了使經濟學理論精確化、趨於完善，而對特定研究對象或理論所採用的具有技術性的具體方法，如邊際分析法、均衡分析法、成本收益分析法等。本小節在這三個層次的基礎上著重從馬克思主義基本方法辯證唯物主義和歷史唯物主義的角度分析制度變遷的方法論。

歷史唯物主義作為馬克思主義哲學的重要組成部分，也稱唯物史觀，是哲學中闡述人類社會發展規律的理論。歷史唯物主義為馬克思主義制度分析提供了一元論歷史觀的思維方式，也為理解和解釋人類社會制度的產生與發展提供了兩條基本規律：生產力決定生產關係，經濟基礎決定上層建築。人與物的關係為生產力，在生產中形成的人與人的關係為生產關係，上層建築則是屬於思想意識以及以一定思想意識為指導的政治、法律生活方面的關係。辯證唯物主義作為研究政治經濟學的根本方法之一，是把唯物主義和辯證法聯繫起來的科學的世界觀。在辯證唯物主義和歷史唯物主義的指導之下馬克思提出了一系列研究制度經濟理論的方法論，矛盾分析法便是其中之一。馬克思認為，在制度變遷中，生產力的發展是社會制度變遷的根本動力，生產

力和生產關係的矛盾是根本矛盾，在生產力的發展中，生產資料所有制的關係體現著人們之間最本質的社會關係，社會經濟制度的內在矛盾推動著工業企業的制度變遷。

同時，科學的實踐觀也是馬克思制度分析的基礎，是制度產生和發展的起源。馬克思認為「全部社會活動的本質是實踐」，制度是在人類實踐活動中產生和發展的，人民群眾在制度變遷中發揮主導作用，人民群眾的物質生產為工業企業制度變遷創造了前提，人民群眾尤其是知識分子的精神活動，為工業企業變遷創造了思想文化條件，人民群眾通過生產力的發展不斷要求變革生產關係，進而變革制度，不斷螺旋式上升，促進制度變遷趨於完善。以上制度變遷的方法論，也是中國工業化道路不斷調整和優化過程中的重要指導思想，特別是1978年改革開放政策實施前夕，《實踐是檢驗真理的唯一標準》一文的發布，即是對這一方法論的較好說明。

二、制度變遷的內在邏輯

任何制度的變遷都是有邏輯可循的，制度變遷的內在邏輯可以從以下三個方面來簡化分析：

首先是政府、企業、市場三者之間的關係。馬克思沒有專門研究企業的著作，從生產的角度來看，由於生產力的發展而出現的分工和協作是企業制度起源和演進的根本原因，分工和協作是生產關係的表現形式；科斯在其論文《企業的性質》（1937）中認為企業的產生是為了減低交易費用，企業是作為通過市場交易來組織生產的替代物而出現的。企業在產品市場減少一系列交易的同時，往往市場要素上就要增加另外一系列交易。政府是一個特殊的企業，能夠通過行政決定來影響生產要素的使用，政府還可以依靠法律執行機構以確保其變革的有效性。

其次，改革開放促進生產力的發展，生產力的發展又促進企業制度的變遷，企業尤其是經濟特區的出現，是技術進步的主體，而技術進步又促進社會分工，社會的分工又會促進勞動生產效率的提高，因此新的生產關係也出

現了。生產力、生產方式、生產關係之間的矛盾是人類社會發展的普遍規律，也是企業制度變遷的動力機制。

最後，還有西方經濟思想的影響。西方經濟思想對中國工業企業制度變遷也起到了促進作用，諸如信息經濟理論、產權理論、現代公司理論、委託代理理論等。產權不是人與物之間的關係，而是由物的存在以及關於它們的使用所引起的人們之間相互認可的行為關係。產權形成的方式有自我強制方式（內生）以及國家暴力和政治的方式（外生）。根據中國工業企業所處的階段，其主要矛盾也不盡相同，同時放開市場、引入競爭、規制及放鬆規制，企業產權也將發生變化，生產力提升，需要產生與其相適應的生產關係，進而上層發生改變，促進工業企業變遷的發生。基於以上制度變遷的內在邏輯，通過不斷優化工業化相關要素的內在結構，釐清相關利益主體的收益特徵，改善政府與市場的關係特徵，為中國工業發展和工業化進程實現提供重要制度激勵。

三、制度變遷的基本路徑

制度變遷的路徑是指制度創新主體為實現一定的目標而創立制度、變更制度所採取的形式。從不同的角度看，制度變遷的路徑也不同。

馬克思制度經濟學認為，從制度變遷的主體和誘因來看，制度變遷可分為強制性變遷和誘致性變遷；從制度變遷的速度來看，制度變遷可以分為激進式變遷和漸進式變遷；從制度變遷的範圍來看，制度變遷可以分為局部變遷和整體變遷；從主體的態度來看，制度變遷又可分為主動式變遷和被動式制度變遷。不管怎麼分類，它們之間都是相互聯繫的。例如，誘致性變遷通常是漸進的、主動的變遷；強制性變遷通常是激進和被動的變遷。無論是強制性變遷還是誘致性變遷，都包含了局部變遷和整體變遷。馬克思主義的制度變遷理論是以社會形態依次更替理論為背景，重點是要說明根本制度的革命或變遷。根據馬克思主義制度變遷的特點，社會制度變遷主要表現為兩種方式：一種為激進式制度變遷，即根本制度的更替，一種經濟制度被另一種

經濟制度所替代；另一種為漸進式制度變遷，即總體制度不變的前提下，各種制度的微調和創新。

新制度經濟學領域率先對制度變遷基本路徑做出闡述的是諾思，他認為「有兩種力量會規範制度變遷的路線：一種是收益遞增，另一種是由顯著的交易費用所確定的不完全市場」。因此，一方面制度變遷的多樣性是由偶然性的因素、收益遞增及顯著交易費用所決定的；另一方面交易費用還會導致大量非績效的制度變遷的長期存在。制度變遷的路徑及其運行機理可以概括為條件給定、變遷啟動、形成狀態、退出鎖定四個階段或者過程。條件給定即啟動並決定路徑選擇的外部偶然性事件發生，如戰爭；變遷啟動是指隨著條件的給定，開始啟動變遷；形成狀態是指在變遷啟動以後，企業組織結構或者系統形成一個穩定的狀態或者結果；退出鎖定是指通過政府干預和行動實現路徑替代。制度變遷的路徑選擇，尤其是中國工業企業制度變遷路徑的選擇情況更為複雜，應根據工業企業發展狀況選擇合適的發展路徑，並在工業化進程的不同階段，選擇差異化的制度變遷的路徑。

第三節　新中國工業企業制度的基本體系、歷史變遷及其運行效率

一、工業企業制度的基本體系

企業制度的形成受到國家經濟體制及經濟背景的深刻影響。中國的經濟體制大致經歷了高度集中的計劃經濟體制、計劃經濟體制向有計劃的商品經濟體制轉變、社會主義市場經濟體制三個階段，體現了國家與經營者之間的權利博弈及利益分配，再加上經濟全球化的影響，來自世界經濟要素流動、分配及管理方式的衝擊，中國逐漸建立起了較為完善的工業企業制度的基本體系。在特定經濟體制背景下，這個體系主要包括治理結構、企業管理制度

以及產權制度三個方面,其中企業管理制度主要體現為激勵制度。

經濟體制屬於經濟運行中的制度安排,是指所有制和產權結構與資源配置方式的統一。按照資源配置的方式劃分,可將經濟體制劃分為權力高度集中的計劃經濟體制和權力高度分散的市場經濟體制。產權結構決定企業經營的核心,明晰的產權邊界有利於企業生產積極性及生產效率的提高,而政企不分則是造成企業生產效率低下的重要原因。企業治理結構體現在政企關係、企業經營方式等方面,而企業管理制度主要體現在考核及激勵制度上,是提高企業及其工人生產效率的重要方式及路徑。

特定的經濟體制決定了企業產權結構、治理結構、激勵機制等管理制度。高度集中的計劃經濟體制下企業的所有權歸國家所有,企業缺失完全獨立的自主權,包括財政權、人事權、管理權等方面,因此在治理結構、企業內部激勵機制等方面也帶有濃厚的計劃經濟色彩。在高度集中的計劃經濟體制之下,形成了政企不分、以完成行政層級上上級所下達的計劃指標為考核標準的治理結構和激勵機制,嚴重影響企業及其工人的生產積極性及生產效率。而市場經濟體制下則形成了產權明晰、以公司制為主要形式的治理結構及以年薪制、股權激勵制等為代表形式的激勵機制。企業產權結構的確立是治理結構及激勵機制等管理制度確立的前提。

產權結構的確立意味著企業各項權利在所有者之間的有效分配,如果相關權利高度集中於政府,企業將缺乏一定的自主權,則其治理機構及激勵機制的運行將會受到行政機制的影響,從而不能實現資源的有效配置。與此不同,如果相關權利呈分散式下放,企業擁有一定的自主權,則其治理結構及激勵機制將會具備很大的靈活性,可以通過借鑑世界各國的經驗及結合自身實際情況來調整治理方式和考核、激勵手段等。企業的治理結構和管理制度是相輔相成的,擁有一定自主權的企業能夠在一定範圍內自主確立自身的管理制度,尤其是績效考核及激勵機制,可以根據自身的經營情況確立激勵機制從而提高企業工人的生產積極性。而科學合理的企業管理制度能夠進一步促進企業治理方式的優化,有效的激勵懲罰制度能夠規範企業內部人員行為,提高整個企業內部運行的科學性、合理性,從而促使經營者進一步優化治理方式。

二、工業企業制度的歷史變遷

中國的工業化發展萌芽於清末的洋務運動時期，這一時期創辦了許多帶有封建性質的近代軍事企業。自中華人民共和國成立至今，中國工業企業制度經歷了大致四個時期的歷史變遷，體現在經濟體制、治理結構、企業管理制度及產權變遷四個方面。由於歷史及現實的原因，中國工業企業制度變遷主要是以強制性制度變遷為主，誘導性制度變遷為輔，總的來看是較為緩和的層層遞進式的制度變遷，呈現出了從增量改革逐漸向存量改革過渡、從局部改革逐漸向整體性改革推進、採取先易後難的方式逐步推進三個特點。

第一個時期是改革開放前（1978年以前）。中華人民共和國成立之初，為了恢復和發展因戰爭破壞的國民經濟，黨中央制定了優先發展重工業的戰略。為了集中全國範圍內的人力物力財力，在適應計劃經濟體制的背景下創立了大批的國營企業。由此，國營企業完全成為政府的附屬機構。工業企業的所有權和經營權（產權）完全統一歸於代表全國人民的政府。在這一體制下，工業企業的激勵和約束機制有著濃厚的計劃經濟色彩。由於企業廠長是具有行政級別的國家幹部，因此其唯一的考核標準則是對上級所分配的計劃指標的完成度，其激勵因素體現在工資及政績兩個方面。

第二個時期是黨的十一屆三中全會至鄧小平南方談話前（1978—1992年）。這一時期中國的經濟體制開始由傳統的計劃經濟體制向有計劃的商品經濟體制過渡。為了糾正權力過於集中的傳統計劃經濟體制弊端，中國在這一時期採取了一系列改革措施，諸如「利改稅」、承包經營責任制等簡政放權的制度改革，給工業企業注入了強大的活力。然而，儘管這一時期中國給予了企業一定的自主權，但仍然是在舊有的計劃經濟體制之下，產權之間的界限仍然較為模糊。而激勵機制相較於之前而言，允許企業在完成國家的計劃指標基礎之上獲得一部分比例的利潤提成，大大提高了廠長及工人的生產積極性。

第三個時期是鄧小平南方談話後至中國加入世貿組織前（1992—2001年）。這一時期是中國經濟體制由傳統的計劃經濟體制向社會主義經濟體制轉軌的關鍵時期。中國共產黨十四屆三中全會指出，應建立「產權明晰、權責明確、

政企分開、管理科學」的現代企業制度。至此，中國確立了企業法人財產權的概念。而與此同時，企業法人治理結構也正逐步得以建立。在激勵機制方面，年薪制、股權激勵等新型激勵方式開始出現，大大提高了經營者的生產積極性。

第四個時期是中國加入世貿組織至今（2001年至今）。中國加入世貿組織後受到經濟全球化下資源流動、要素分配等的影響，在社會主體市場經濟體制基本確立、現代企業制度基本建立等背景下發展混合經濟，致力於改革產權制度，繼續發展股份制；不斷探索國有資產管理新模式，完善國有資產管理體制；而在激勵機制方面，則繼續深化年薪制、股權激勵制改革，取得了較大的成效。

三、工業企業制度的運行效率

自中華人民共和國成立以來，中國工業企業進行了漸進式的制度變遷，至今初步形成並持續探索社會主義市場經濟體制下以建立現代企業制度為核心的工業企業制度。制度變遷理論認為，制度的變遷能夠對經濟效率產生較大的影響。在中國工業企業整個發展歷程中，工業企業的運行效率確實受到制度變遷的深刻影響，具體而言，隨著制度的變遷，中國產業績效呈現不斷提高的態勢。所謂制度變遷，是指制度在一定時期內的創立、變更及打破重建。根據制度變遷的主體不同可以分為政府、團體、個人主導的制度變遷。

新制度經濟學按照不同的標準劃分了不同的制度變遷路徑，其中把制度變遷按其變遷的主體和誘因劃分為強制性變遷和誘致性變遷是最典型的一種劃分方式。林毅夫認為，誘導性制度變遷指的是一群（個）人在回應由制度不均衡引致的獲利機會時所進行的自發性變遷；強制性制度變遷指的是由政府法令引起的變遷。中國工業企業的制度變遷的顯著特點是以強制性制度變遷為主，誘導性制度變遷為輔，即以政府為主體，利用行政手段強制性地推動制度變遷。工業企業制度的運行效率與產權結構、治理方式等制度有著密切的關係。最優效率的資源配置方式是市場，而中國工業企業制度的變遷就

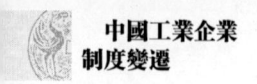

是在高度集中的計劃經濟體制向社會主義市場經濟體制轉軌過程中進行的一系列的變遷，其目的為優化資源配置，提高企業運行效率。

中國工業企業制度變遷的顯著特徵是放鬆產權管制，這是企業經濟運行效率提高的直接原因和重要原因。其重點在於在原本高度集中的計劃經濟體制中引入市場機制，加入市場競爭元素，從而提高資源配置效率，同時改革原有的計劃部門，形成特色社會主義市場經濟，提高經濟效率。產權管制放鬆主要體現在事權、財權、人事權等方面。首先在事權方面，給予企業一定的自主權，節約了因內部交易成本過高而產生的資源浪費，同時激發企業活力，使其不再是政府機關的附屬機構，而具有一定的獨立性，促使企業因時制宜地更新內部治理方式、經營方式，從而提高效率。其次，在財權方面，在變遷過程中，企業由原來的統收統支的方式逐漸向保留一定的利潤額、再到具備財產權等方向進行轉變，這大大激發了企業的生產積極性。最後，對於人事權的管制放鬆，則使得企業的人事安排擺脫行政束縛，能夠根據市場的變化更加科學合理地實現分工與專業化的不斷深化，從而提高人力資源的合理配置。同時，年薪制、股份激勵制等較為先進的考核激勵機制也增強了企業員工的生產積極性，從而提高整個工業企業的運行效率。

第四節　新中國工業企業發展 70 年的成功經驗

一、堅持黨的領導，實現政策供給的連續性

回首中國的工業化道路，中國人民前赴後繼，不斷摸索，直至中華人民共和國成立，才建立獨立完整的工業體系和國民經濟體系。1949 年以來，中國工業發展取得了世界矚目的成就，從傳統工業化道路到新型工業化道路，中國工業化進程持續加速。目前，中國已成功進入工業化進程的後期階段，這與堅持黨的領導，以及國家宏觀政策的正確引導密不可分。

在不同的社會背景以及發展時期，中國工業企業在黨的領導下持續改革，不斷創新。中華人民共和國成立後，經過 3 年的國民經濟恢復，黨明確提出了過渡時期總路線，把實現國家工業化的任務提上了日程。在當時，中國處於「一窮二白」的處境，「趕超戰略」是當時的工業化發展理論來源，這是社會主義進程初期的一個重要戰略選擇。此背景下，中國選擇了符合當時國情的高度集中的計劃經濟體制、重點發展重工業和國防工業的道路。但是隨著工業發展形勢的變化，計劃經濟體制的缺點逐漸暴露出來，中華人民共和國成立初期建立的這種工業體系沒有轉化為國家現代化的引擎。在此關鍵節點，中國共產黨在 1978 年召開十一屆三中全會，根據中國的群眾實踐創新和對外開放的需要，探索符合國情的社會主義經濟發展道路，提出了社會主義市場經濟理論和對外開放政策，啓動了工業化新進程並不斷按照工業發展的需要推進改革直到當前。

目前，中國經濟發展已實質性地進入新階段，中國工業化在「新常態」時期轉向穩中求勝。黨中央與時俱進地提出了供給側改革理論並用於指導實踐。工業領域作為實體經濟的主體、技術創新的主戰場，已成為供給側結構性改革的重要領域，在黨的領導下，合力推進新型工業化發展和「中國製造 2025」的全面實現。

中華人民共和國成立 70 年來中國工業企業的發展經驗表明，中國的工業化道路，關鍵還是中國共產黨的領導。中國共產黨緊緊抓住以工業化為核心

的經濟建設，在工業化進程中不斷根據現實狀況和具體實踐，尋找創新發展和改革的可能性，持續推動經濟社會健康發展。

二、堅持以人民為中心的發展理念

堅持以人民為中心的發展理念，也是中國工業企業發展壯大和工業化進程快速實現的重要經驗。自中華人民共和國成立之初起，中國共產黨始終把人民的利益放在首位，一直秉承為廣大人民謀利益的基本原則，引導中國特色社會主義建設事業。中華人民共和國成立以來，圍繞著社會主要矛盾的變化，中國的發展觀念也經歷了從「經濟增長論」「經濟社會發展觀」「可持續發展觀」，到「以人為中心的發展觀」的變化，且始終朝著更系統、更深層、更科學的方向不斷演變。儘管中國共產黨在不同歷史階段對社會主要矛盾的判斷有所不同，但在對社會主要矛盾以及發展方向的把握上始終貫穿著一條主線，那就是堅持把人民利益放在首位。這一原則也堅定不移地運用在中國新型工業化道路發展中。

在經歷從高度集中的計劃經濟體制到充滿活力的社會主義市場經濟體制的偉大歷史轉折後，工業和信息化事業一直在不斷創新與開放融合中跨越式前進，一直踐行發展為了人民、發展依靠人民、發展成果由人民共享的發展理念。黨的十六大報告中指出，「堅持以信息化帶動工業化，以工業化促進信息化，走出一條科技含量高、經濟效益好、資源消耗低、環境污染少、人力資源優勢得到充分發揮的新型工業化道路。黨的十八大報告提出「四化同步」[1]，堅持走新型工業化道路。進入新時期以後，工業化發展確定了以科技創新為核心，打造製造強國的戰略目標。

黨的十九大報告指出，「加快建設製造強國，加快發展先進製造業，推動互聯網、大數據、人工智能和實體經濟深度融合，在中高端消費、創新引領、綠色低碳、共享經濟、現代供應鏈、人力資本服務等領域培育新增長點、形成新動能」。至此，中國工業和信息化在新發展觀的理論指導下，秉承「創

---

[1] 堅持走中國特色新型工業化、信息化、城鎮化、農業現代化道路，推動信息化和工業化深度融合、工業化和城鎮化良性互動、城鎮化和農業現代化相互協調，促進工業化、信息化、城鎮化、農業現代化同步發展。

新、協調、綠色、開放、共享」的新發展理念，以人民為中心，始終把人民福祉、促進人的全面發展作為發展工業的出發點和歸宿，讓億萬人民在工業發展成果上有更多的獲得感。

三、「改革只有進行時，沒有完成時」

中華人民共和國成立70年來，中國的工業領域發生了翻天覆地的變化，取得了巨大成就，其成功的關鍵在於中國1978年開始實施的對內改革、對外開放的偉大戰略。正如習近平總書記2016年7月1日在慶祝中國共產黨成立95週年大會上的講話所指出的，「改革開放是當代中國最鮮明的特色，是我們黨在新的歷史時期最鮮明的旗幟。改革開放是決定當代中國命運的關鍵抉擇，是黨和人民事業大踏步趕上時代的重要法寶」。中國的工業企業快速發展，同樣離不開改革的深化、開放的快速推進。

「時代是出卷人。」① 每個時代都有自己的關鍵矛盾和歷史使命。這些關鍵矛盾的破解和歷史使命的完成，迫切需要我們緊隨時代的浪潮，在其永恆與歷史變遷中，持續進行自我變革。「只有順應歷史潮流，積極應變，主動求變，才能與時代同行。」② 1978年，改革開放這一關鍵歷史選擇，改變了中國和中國人民的歷史命運，逐步打破了中國經濟社會發展的制度桎梏，孕育了「經濟增長的中國奇跡」，並探索出一條有中國特色的經濟發展道路。中國改革開放現已40餘年，中國特色社會主義已經進入新時代。改革永遠在路上，沒有完成時，只有進行時。實際上，當代中國正經歷著中國歷史上最為廣泛而深刻的社會變革，也正在進行著人類歷史上最為宏大而獨特的實踐創新。

「漸進式改革」為新中國工業企業的發展提供了至為重要的穩定發展環境。中華人民共和國成立初期，中國完成社會主義改造後工業基礎極為薄弱，在當時的大背景之下，實行計劃經濟體制、重點發展重工業的工業化道路是

---

① 習近平總書記在學習貫徹黨的十九大精神研討班開班式上發表重要講話，提出「時代是出卷人，我們是答卷人，人民是閱卷人」的精闢論述。
② 習近平同志在慶祝改革開放40週年大會上的講話中指出：「『行之力則知愈進，知之深則行愈達。』改革開放40年累積的寶貴經驗是黨和人民彌足珍貴的精神財富，對新時代堅持和發展中國特色社會主義有著極為重要的指導意義，必須倍加珍惜、長期堅持，在實踐中不斷豐富和發展。」

符合當時中國國情的。此後,伴隨著中國工業領域的快速發展,計劃經濟體制所引致的輕重工業發展不均、輕工業產品匱乏、供不應求等市場現象日益嚴重。致力於緩解上述各種矛盾點,1978年12月28日[1]召開的十一屆三中全會做出了改革開放的偉大戰略。中國經濟體制改革並未採用蘇聯、東歐等國家和地區所採取的「激進式改革」模式,即所謂的「休克療法」[2],而是強調

---

[1] 習近平同志在慶祝改革開放40週年大會上的講話中指出:「這一天,我們黨召開十一屆三中全會,實現中華人民共和國成立以來黨的歷史上具有深遠意義的偉大轉折,開啓了改革開放和社會主義現代化的偉大徵程。」

[2] 「休克療法」於20世紀80年代中期由美國經濟學家傑弗里·薩克斯(Jeffrey Sachs)引入經濟領域。傑弗里·薩克斯也被稱為「休克療法」之父。20世紀80年代中期,由於長期政治局勢動蕩不安,政策決策者又出現嚴重決策失誤,最終引發了嚴重的經濟危機,南美國家玻利維亞已陷入經濟崩潰的邊緣。面對玻利維亞嚴峻的經濟形勢,美國經濟學家傑弗里·薩克斯臨危受命,開創性地提出了一整套經濟綱領和經濟政策,其核心內容包括:緊縮性財政和貨幣政策;有效壓縮政府各類開支,取消相關補貼;實施貿易自由化政策;推動貨幣貶值,並實現外匯匯率的相對穩定;改革行政和稅收制度;部分公營部門和企業民營化;重新安排債務和接受外援;等等。傑弗里·薩克斯在玻利維亞所實施的「休克療法」,在政策實施後的初期即取得了顯著效果。實際上,在政策實施一週之後,玻利維亞的惡性通貨膨脹即獲得了有效遏制,整體物價水準開始趨於穩定。實施「休克療法」一年之後,玻利維亞基本克服了嚴重的債務危機,並在此後數年實現了年均約2.5%的經濟增長。傑弗里·薩克斯的「休克療法」在玻利維亞一戰成名,並為其贏得了良好聲譽,被稱為「國家金融界的金童」。儘管「休克療法」在南美國家玻利維亞取得了成功,但其卻不乏失敗的現實例子。1991年年底,蘇聯解體,俄羅斯聯邦獨立。葉利欽認為20世紀50年代以來的改革,「零打碎敲,修修補補」,幾乎葬送了蘇聯的大好前程,唯有「大刀闊斧地深刻改革」方可重振俄羅斯的大國雄風。此時,年僅35歲的葉戈爾·蓋達爾投其所好,在美國經濟學家傑弗里·薩克斯的點撥下,炮製了一套激進的經濟改革方案,被葉利欽破格提拔為政府總理。1992年年初,一場以「休克療法」為模式的激進改革,在俄羅斯聯邦全面鋪開。葉戈爾·蓋達爾的「休克療法」主要分為三個階段:第一個階段,1992年1月2日起,改革物價管控政策,全面放開物價。同時放開收入增長限制,改革初期公職人員的工資增長了約90%。至1992年4月,受益於價格放開和收入增長限制放開,俄羅斯市場中產品供需的失衡狀態得以顯著改善。儘管如此,但物價水準很快失去控制,消費品價格比1991年12月上漲了65倍。同時由於燃料、原料價格過早放開,企業生產成本驟增,到1992年6月,工業品批發價格則上漲了14倍。高昂的消費品價格抑制了市場需求,需求下降則反過來束了產品供給的增長,產品供給和需求陷入惡性循環。致力於應對嚴重的通貨膨脹,葉戈爾·蓋達爾政府開始「休克療法」的第二階段,出拾了緊縮性財政政策和緊縮性貨幣政策,以及物價改革政策。稅收優惠政策全部取消,所有商品均徵收28%的增值稅。由於稅負過重,約束了企業生產活動,並引致了大規模失業,葉戈爾·蓋達爾政府嘗試通過救濟、補貼以及直接投資等方式刺激生產和消費,但卻帶來了政策財政赤字的顯著上升。最終,第二階段的「休克療法」也在印鈔機的轟鳴聲中走向了失敗。葉戈爾·蓋達爾將前述失敗歸結為「國有企業並非真正的市場主體,自由競爭的價格機制無法有效發揮作用」,在「休克療法」的第三階段,大規模私有化被葉戈爾·蓋達爾政府寄予厚望。致力於快速推進私有化改革,俄羅斯政府採取了「無償贈送」的方法。每個俄羅斯公民在這場私有化進程中,均領到了一張面值為1萬盧布的私有化證券,但在私有化改革真正開始的1992年10月,1萬元盧布的購買力嚴重下降,僅可以購買一雙皮鞋。私有化改革使得大批國有企業落入俄羅斯特權階層和暴發戶手中。企業生產無人問津。1992年12月,葉戈爾·蓋達爾政府宣布解散,同時也意味著「休克療法」在俄羅斯的徹底失敗。這場失敗的改革重創了俄羅斯經濟,GDP規模減少了50%,僅有美國GDP的10%。俄羅斯普通公眾的生活水準一落千丈。與俄羅斯一樣,東歐諸國的「激進式改革」也相繼走向了失敗。

在處理好「改革、發展與穩定」三者關係的前提下進行「漸進式改革」。結合中國國情，中國逐步形成了「漸進式改革」的基本策略。

首先，採取「先部分試點，後全面推行」的改革思路。改革過程如同「摸著石頭過河」，潛在的改革風險需要通過改革試點進行反饋、評估和矯正。最終通過以點帶面的方式，根據中國國情穩步推廣相關改革，在工業經濟改革中始終堅持公有制經濟的主體地位。其次，採取「先易後難，逐步進入深水區」的改革策略。所有改革均在保持經濟社會穩定的前提下進行，改革路徑應當遵循從「淺水區」到「深水區」的思路，不斷累積相關改革經驗，充分識別相關改革風險，並先易後難實行增量式改革策略。

中國工業企業領域的「漸進式改革」主要表現為國有和非國有工業企業改革兩個層面。

其一為國有工業企業的「漸進式改革」。國有企業改革在中國經濟體制整個改革進程中扮演著「中心環節」這一關鍵角色，而國有工業企業則是國有企業改革的參與主體。基於相關改革內容的差異性，中國國有工業企業改革的重點領域主要集中在如下三個方面：

（1）積極推進「政企分開」，實現國有工業企業的獨立法人地位和真正市場主體屬性的迴歸。在管理體制上，嘗試逐步剝離國有工業企業與相關政府部門的行政隸屬關係，使國有工業企業轉變為自主經營、自負盈虧、權責對等的獨立法人，以及可以與非公有制企業進行公平競爭的市場主體。

（2）積極開展國有工業企業的股份制改造，建立現代企業制度。通過破除所有制偏見、有效推進股份制改革的方式逐步改善國有工業企業的公司治理能力，並逐步建立現代企業制度，最終顯著提升國有工業企業的經濟活力和市場競爭力。

（3）強化國有工業企業在國民經濟中的關鍵引領作用。逐步調整、優化和明確國有工業企業的相關功能定位，遵循「有所為有所不為」的基本要求，逐步從一般競爭性行業積極退出，轉向關係國民經濟命脈的重要行業和關鍵領域，諸如涉及國家安全、公共物品與服務提供的行業，支柱性及戰略新興產業，以及具備一定自然壟斷屬性等行業，在市場競爭中扮演主導者和引導

者等關鍵角色，並為新常態背景下中國經濟轉型和社會發展提供必要的引領作用。

基於相關改革目標的差異性，中國國有工業企業改革進程又可大體劃分為如下三個階段：①「放權讓利」，激發國有工業企業的潛在活力，構成國有工業企業改革進程的第一個階段。這一階段中國國有工業企業改革以「放權讓利」為基本原則，嘗試通過承包經營等方式，賦予企業更大的經營自主權，以提高國有工業企業的自身活力和生產積極性。這一時期的相關探索提高了中國國有工業企業的潛在競爭意識，並為其在下一階段改革中真正走向市場，成長為獨立市場主體奠定了必要基礎。②構建現代企業制度，改善國有工業企業的公司治理績效，構成中國國有工業企業改革進程的第二個階段。這一階段中國國有工業企業改革，以建立符合「產權清晰、權責明確、政企分開、管理科學」等特徵的現代企業制度為關鍵目標，從產權制度、公司治理、組織管理及收入配置等方面展開了全方位的制度變革與實踐創新，並取得了預期效果。③深化國家管理體制機制變革，助推國有工業企業改革與發展，這構成了中國國有工業企業改革的第三個階段。這一階段以 2003 年成立國家國有資產監督管理委員會為基本標誌，自此中國國有工業企業改革開始進入以基本體制機制變革推動國有工業企業改革與發展的全新階段。國家國有資產監督管理委員會的設立和營運，意味著各級政府逐步從管理體制上實現了公共管理職能與出資人代表職能的有效分離，並為實現「政企、政資和資企」分開，繼而為推動國有工業企業擁有真正獨立的市場主體地位奠定了重要的制度基礎。黨的十八大以來，伴隨著《中共中央、國務院關於深化國有企業改革的指導意見》等相關意見的出抬，國有工業企業改革的步伐進一步加快，國資管理體制也逐步從監管企業層面為主向監管資本層面為主轉變，並通過有效落實國有工業企業的法人財產權和經營自主權，進一步激發了國有工業企業的潛在活力、創造力和市場競爭力。中國國有工業企業也逐步從國內市場走向國際市場，並在諸多工業產品市場，扮演著市場領導者等關鍵角色。

其二為非國有工業企業的「漸進式改革」。非國有企業是國民經濟的重要

組成部分，也是國家稅收和勞動力就業的重要來源。① 非國有工業企業同樣構成了非國有企業的重要組成部分，其相關改革成效集中表現在改革初期中國鄉鎮企業的「異軍突起」以及20世紀90年代後私營工業企業的快速崛起，這兩種非國有工業企業形式為推進中國工業化進程做出了獨特貢獻，並持續推進了中國工業化進程。1978年至今，中國通過穩步推進國有工業企業的相關制度變革，不斷發展壯大民營企業來增加整體經濟活力，並逐步形成了國有、民營、「三資」工業企業三足鼎立的市場競爭格局。與此同時，中國不同所有制工業企業間實現了取長補短、相互融合的良好互動，最終形成了獨具中國特色的混合所有制經濟蓬勃發展的良好勢頭。

四、堅持對外開放的基本國策

開放是國家繁榮發展的必由之路。在經濟全球化背景下，對外開放給中國經濟帶來了巨大的發展機遇。1978年以來，中國順應經濟全球化的發展趨勢，改革開放的進程不斷推進；到2001年加入世界貿易組織，深度融入世界經濟，形成全方位、多層次、寬領域的對外開放格局，為中國經濟增長提供了鮮活的動力；再到黨的十八大以來更大力度地實施對外開放，積極推進「一帶一路」建設，形成東西雙向開放、陸海內外聯動的開放新格局，發展更高層次的開放型經濟。開放競爭是經濟發展壯大的有效途徑，是建設社會主義現代化強國的必由之路。

實踐證明，「引進來」與「走出去」日益成為中國對外經濟貿易合作的

---

① 實際上，《中華人民共和國憲法》第六條關於國家基本經濟制度的描述，已經確立了民營經濟在國民經濟中的重要地位：中華人民共和國的社會主義經濟制度的基礎是生產資料的社會主義公有制，即全民所有制和勞動群眾集體所有制。社會主義公有制消滅人剝削人的制度，實行各盡所能、按勞分配的原則。國家在社會主義初級階段，堅持公有制為主體、多種所有制經濟共同發展的基本經濟制度，堅持按勞分配為主體、多種分配方式並存的分配制度。儘管如此，2018年9月開始流傳的「民企離場論」引發了民營經濟從業者的悲觀預期。2018年11月1日，中共中央總書記、國家主席、中央軍委主席習近平同志在京主持召開民營企業座談會並發表重要講話。習近平同志指出「民營經濟是中國經濟制度的內在要素，民營企業和民營企業家是我們自己人」「所有民營企業和民營企業家完全可以吃下定心丸、安心謀發展！」

两大支柱,也有力地推动了中国工业化进程,增强了中国经济的国际竞争力和在世界经济中的影响力。中国经济开放的第一阶段强调单方面的「引进来」,当时单纯追求对外国资本和技术的引进。而后确定了「引进来」与「走出去」并重的发展战略,在继续追求资本、技术、人才、管理等方面「引进来」的同时,实施中国企业「走出去」的投资举措,对外开放进入第二阶段。当前,中国在深入推进对外开放的经济发展的同时,强调「自主创新」的新战略,建立起「低损耗、高效益、双向互动、自主创新」的「精益型」对外开放模式,成为贯彻党中央关于「发展更高层次的开放型经济」的关键。① 这为中国新型工业化发展提供了更深层的理论指导。新时期的工业发展需要统筹国内经济与对外开放的关系,实现国际分工从较低端向中高端迈进,积极提升对外开放的质量,促进工业企业创新型发展。

通过 40 多年的对外开放,中国的经济发展与工业化道路取得了令人瞩目的成就。在大量吸引外资、引进先进的技术与管理理念的同时,利用国外市场资源,实现大量出口,不断促进中国的产业发展与工业化进程。同时,顺应全球价值链的分工合作共赢趋势,为世界制造业发展和全球经济增长做出了巨大贡献。「对外开放」的基本国策,已经成为中国工业企业参与国际市场竞争,维护国际市场秩序,同时推动中国工业化进程的重要制度基础。

五、充分发挥后发优势和比较优势

如何从落后的「农业国」转变为先进的「工业国」,中华民族进行了艰苦卓绝的长期探索。1949 年中华人民共和国成立时,中国几乎没有现代工业。1949 年至今的 70 年间,历经数代人的不懈奋斗,中国工业体系逐步从无到有,主要工业品产能也已位居世界前列。70 年来,中国工业企业亦从弱到强,并在诸多工业品国际市场中,已经成长为行业规则的制定者和市场领导者,实现了真正意义上的「跨越式发展」,堪称人类工业史的奇迹。中国完备工业

---

① 程恩富. 改革的初心 [M]. 北京:中信出版集团, 2019.

第一章　體制、制度、激勵、產權和績效

體系的快速構建和工業企業的跨越式發展均離不開所謂「後發優勢」[①] 的充分發揮。後發優勢這一範疇最早由經濟學家格申克龍在 1968 年出版的《經濟落後的歷史透視》這一著作中所提出，但關於後發優勢的思考則早已有之。實際上，後發優勢理論淵源於古典經濟學家李嘉圖的「國際分工」理論以及德國經濟學家李斯特的「動態比較費用」學說。後發優勢理論自 20 世紀 60 年代提出後，受到了廣泛的關注，但關於後發優勢的關鍵來源則存在爭議，並未形成基本共識。儘管如此，後發優勢的來源基本上涵蓋了如下四個方面：其一，資源稟賦優勢所釋放的資源紅利；其二，國際產業轉移過程中的產業承接優勢；其三，技術引進節約了技術研發成本，引致了與先行者技術差距的加快收斂，並在未來實現技術引領；其四，經驗教訓的借鑑選擇和發展戰略的優化。需要說明的是，落後者所具備的後發優勢僅屬於潛在的發展可能性，並不存在落後者通過這一潛在可能性超越先行者的必然過程。處於落後地位的國家和地區，唯有充分發揮後發優勢所蘊含的潛在可能性，才能最終實現所謂跨越式發展。

對於中國工業化進程和工業企業發展而言，我們所具備的後發優勢集中體現在如下三個方面：

（1）基礎制度的後發優勢。基礎制度設計提供了經濟運行的基本規則，並對行業競爭和企業發展產生重要影響。作為工業化進程的後發國家，中國可以充分學習先行國家的相關制度和管理經驗，並有可能降低自發探索的成本和所謂「出錯」的風險。儘管如此，中國在對先行者借鑑制度設計和管理經驗時，嚴格遵循了「有選擇地學習」這一規則，並非簡單的「拿來主義」。先行國家的制度設計和管理經驗是否適用於中國國情，需要審慎對待，並在

[①] 格申克龍（1968）在研究「工業化的後來者如何追逐工業化的先行者，並最終實現趕超」這一命題時，提出了「後發優勢」這一概念。如同工業化的先行者存在所謂先行劣勢，工業化的後來者也擁有所謂後發優勢。在格申克龍對這一問題的討論中，其認為經濟發展相對落後的國家和地區，通過充分汲取發達國家和地區的經驗和教訓，可以降低決策錯誤和失敗發生的可能性，減少並縮短「分娩的痛苦」，較快實現從「落後者」向「先進者」的華麗轉變。美國社會學家 M. 列維（1966）在其著作《現代化與社會結構》中也提出了「後發式現代化」等範疇，與格申克龍（1968）的「後發優勢」一起構成了關於後發優勢理論的最早闡釋。

出現「不適」情形時，及時有效地進行矯正。通過基礎制度後發優勢的充分發揮，以及持續的摸索，中國逐步構建了中國特色社會主義市場經濟的制度體系，為中國工業化進程實現和工業企業發展提供了顯著的制度激勵。

（2）生產要素供給的後發優勢。相比於工業化先行國家，中國擁有數量極為豐富的勞動力，同時勞動力成本相對低廉，這一比較優勢直接降低了中國工業產品的可變成本，也是國際資本湧入中國市場的重要誘因。與此相反，中國的資本存量與工業化先行國家相比較為短缺，考慮到資本邊際收益遞減規律，較小規模的資本存量意味著資本邊際收益尚處於較高的階段，因此有助於形成所謂資本後發優勢，吸引外部資本不斷湧入。除勞動力和資本等生產要素之外，中國在土地要素供給層面也存在顯著後發優勢。土地要素是工業生產活動的重要空間載體，也是工業產品固定成本的重要組成部分。與工業化的先行國家相比，中國工業化進程的前期階段可用於工業生產用途的土地容量相對豐富，同時考慮到中國城鄉二元的土地制度安排，農村集體土地用於工業用地時，並未支付所謂「真正的市場價格」，也在某種意義上引致了中國工業產品這一固定成本的降低。儘管如此，考慮到中國18億畝耕地紅線的基本政策，以及城市二元土地制度的逐步破解，可用於工業生產活動的土地容量將趨於下降，這一要素的單位成本必將上升，土地要素的後發優勢也將趨於弱化。總的來講，中國勞動力、資本和土地的後發優勢，為中國工業化進程的加快推進和工業企業的發展壯大提供了關鍵基礎。

（3）產業結構的後發優勢。中華人民共和國成立初期，作為典型的「農業國」，中國產業結構在產值和就業兩個層面上均以第一產業為主，第二和第三產業的相關指標比重較低。1952年，中國三次產業的產值比重分別為50.5∶20.9∶28.6，而就業比重則分別為83.5∶7.3∶9.2。因此，這一時期的第二產業在就業結構和產值結構層面均處於末位，但其同時構成了中國工業企業發展和工業化進程推進的重要後發優勢。產業結構演化存在自身的規律。作為工業化的後發國家，通過有效實施結構轉換策略，處於第一產業的勞動力將不斷流入第二和第三產業，第一產業的產值比重也將被第二產業和第三產業超越。伴隨著大量勞動力從鄉村向城市的空間流動，中國的城市化

第一章　體制、制度、激勵、產權和績效

進程被迅速推進，而勞動力逐步從第一產業向受讓預期較高的第二和第三產業流動，中國整體產業結構逐步從「一三二」「一二三」「二三一」向「三二一」轉變，2017年，中國三次產業的產值結構比重為51.6∶40.5∶7.9，就業結構比重為44.9∶28.1∶27.0，通過這一結構轉換的過程，中國工業企業實現了快速發展，中國工業經濟也實現了高速增長。[①] 需要說明，中國工業化進程和工業企業發展水準與先進的先行國家尚存在差距，通過實施產業結構優化升級等結構轉換政策將依然可為中國工業企業發展提供重要外部激勵。

六、充分發揮政府、企業和市場的各自功能

新中國工業發展70年的巨大成就是政府、企業和市場共同合力的結果，三者在中國工業化發展的道路上發揮著各自不同但均極為重要的作用。

政府在中國工業化發展的各個階段均發揮著主導性的作用。中華人民共和國成立之初，黨和政府制定了「五年計劃」來指導中國工業的發展，最初，優先發展重工業，建立中國工業的初步規模，改變了中國工業「一窮二白」的局面。隨後，黨和政府逐步調整、優化中國工業發展目標，從重工業優先發展到注重輕重工業協調發展。改革開放以後，黨和政府根據當時的國內外形勢，提出了改革開放的偉大創舉，堅持「走出去」和「引進來」相結合的發展道路，使得中國逐步建成現代工業體系，工業產品的生產種類不斷增多，規模不斷擴大，實力不斷增強。黨的十八大以來，黨和政府高度重視工業企業的發展，不斷推進中國的工業企業轉型和製造業強國建設，以習近平同志為核心的黨中央不斷推動中國特色新型工業化道路建設，始終把創新作為首

---

① 基於中國統計年鑒數據，按照產值結構這一指標，中國產業結構經歷了如下演變過程：1952—1957年，「一三二」；1958—1960年，為「二三一」；1961—1965年，「一二三」；1966年，「二一三」；1967—1969年，「一二三」；1970—1984年，「二一三」；1985—2011年，「二三一」；2012—2017年，「三二一」。按照就業結構這一指標，中國產業結構經歷了如下演變過程：1952—1969年，「一三二」；1970—1993年，「一二三」；1994—2010年，「一三二」；2011—2013年，「三一二」；2014—2017年，「三二一」。因此，無論從產值結構還是就業結構，中國產業結構整體上都實現了合理化、高級化和服務化等。

要驅動力，推進信息化和產業化的深度融合，不斷推進工業結構的優化升級，全面激發工業發展的巨大潛能。

　　企業是新中國工業發展的重要載體。中華人民共和國成立之初，黨和人民政府通過沒收官僚資本等，建立起了強大的國營經濟，也產生了強大的國有企業。中國工業發展的基礎正是依靠國營企業才得以奠定，國有企業成為中國工業的中堅力量，不斷提升中國的工業實力和地位。改革開放以來，國有企業改革發展取得巨大成就，進一步為國家建設和民生改善做出了重大貢獻，與此同時中國的中小企業也開始發展起來，在國民經濟和社會發展中的地位與作用日益增強。黨的十八大以後，中國的企業總量快速發展，中小企業大力發展，市場活力不斷提升，這些企業的發展和壯大為中國工業發展提供了重要的載體，使得中國的工業實力進一步得到了提升。

　　市場在新中國的工業發展中發揮著基礎性的作用。中華人民共和國成立之初，中國工業的發展不太注重市場的作用，依賴政府的計劃。改革開放以後，黨和政府重視市場的基礎性作用，中國打開國門，讓中國的工業參與國際競爭，市場的活力進一步得到激發，正是巨大的國際國內市場，使得中國工業得到了更深層次的發展，參與國際競爭為中國培育了許多實力雄厚的大企業，中國的工業發展迅猛提升。黨的十八大指出，使市場在資源配置中起決定作用的基礎是建設統一開放、競爭有序的市場體系。以習近平同志為核心的黨中央，進一步深化改革，促進更深層次的改革和開放，讓中國市場得到全方位開放，這在很大程度上激發了中國工業的發展潛力。擁有廣闊的國內和國際市場環境使得中國工業發展更加迅速。

七、充分發揮國有企業和非國有企業的各自優勢

　　新中國70年來的工業化實踐表明，充分發揮中國國有企業和非國有企業的各自優勢，構成了中國工業化道路不斷優化，以及中國工業企業發展和壯大的重要基礎。國有企業是中國國民經濟的中堅力量，也是中國公有制的重要實現載體和維護者。發揮中國社會主義市場經濟體系的優勢，也需要不斷

第一章　體制、制度、激勵、產權和績效

做強做大國有工業企業。致力於有效促進新中國工業化進程的實現，應當有效發揮中國國有企業的顯著優勢和核心地位，並在技術創新上由專門機構來積極引導。一方面，可以通過建立相關產業鏈、培育技術人才、創新人員溢出方式，以市場為主導、政府來引導創新資源的合理流動，繼續鞏固和強化國有企業在國家技術創新上的主體地位，努力發揮國有大型企業的骨幹作用，間接激發中小型企業的技術創新活力，以期促進中小微等企業協調發展，同時培養應用型技術人才、發展研發機構，促進企業合理化、市場化，推進大中小型企業共同發展。另一方面，有效發揮國有工業企業的資金優勢，通過將生產要素重新組合配置，憑借科技進步、管理制度的改善等無形生產要素來促進經濟的增長。同時也需要增強國有企業的資金經營意識，避免國有企業資金流失，拓寬國有企業資產的運用途徑，進一步提高國有企業資產的運行效率。

非國有企業作為中國特色社會主義市場經濟的重要組成部分，也為中國工業經濟70年的快速發展注入了重要動力。一方面，通過發揮非國有企業在管理職能結構中的相對優勢，利用企業經濟效益充分調動員工生產工作的積極性，在面對外資和個體私營企業中，顯示充分活力，並提高中國工業企業在國際市場的競爭能力；另一方面，非國有企業根據自身的發展需要，積極構建內部員工激勵機制和人才選拔任用機制，通過發揮精簡高效的組織結構優勢，在某種意義上對中國整個工業組織的市場績效改善提供了重要激勵。

因此，加快推進中國工業化進程，發展壯大中國工業企業，既要發揮國有工業企業在維護公有制經濟方面的作用，又要積極發揮其資金優勢、企業制度優勢；非國有工業企業也應發揮自身企業組織結構優勢，有效激勵員工產出更多經濟效益，同時非國有工業企業也需要積極與政府合作，顯著提高科技創新能力，並為彰顯中國社會主義的制度優勢增添色彩，特別是各類型工業企業的協同發展，最終將有助於中國工業企業國際市場競爭力的提升和中國工業化進程的高質量實現。

八、創新驅動發展戰略的成功實施

70年來中國工業企業發展的巨大成就，同樣也離不開創新驅動發展戰略的深入實施。通過將工業經濟發展的核心驅動力從勞動力、土地等生產要素，逐步轉變為「科技進步」「知識」等具備倍增效應的生產要素，通過不斷「創新」衍生出新的知識和技術變革，為實現中國工業化進程高質量實現和中國工業企業參與國際市場競爭，提升國際市場地位的提供了重要條件。無法迴避的現實是，中國至今尚有諸多工業領域在國際產業鏈和價值鏈中均處於中低端水準，在產品價值分配和產品標準制定等層面均受制於人，談判能力相對缺失。2012年，黨的十八大明確指出，「科技創新是提高社會生產力和綜合國力的戰略支撐，必須擺在國家發展全局的核心位置」。同時特別強調要堅持走中國特色自主創新道路、實施創新驅動發展戰略。創新驅動發展戰略的有效實施，已經成為推動中國工業化道路實現和工業企業發展壯大的重要制度安排。

伴隨著中國創新驅動發展戰略的深入實施，中國工業企業發展獲得了重要的外部政策激勵。實施創新驅動發展戰略，有助於加快中國工業企業的技術改革進程，並最終提高工業企業的技術創新能力。高端科技手段在中國工業企業中的採用，將帶來相關污染排放和能源消耗的顯著降低，對中國工業企業的傳統產業鏈優化和價值鏈提升將產生顯著正面激勵效應，並有助於逐步改變和優化以「高強度能源消耗、大規模廉價勞動力供給和環境污染治理缺失」為顯著特徵的傳統工業企業發展模式。實際上，只有中國工業企業擁有強大的自主創新能力，才能夠在國際市場競爭中不斷培育市場優勢，並形成真正的核心競爭力。

創新驅動發展戰略的成功實施表明，發展壯大中國工業企業，應該構建以企業自身為主導、市場發展為導向，以產品研發與科技創新為依託，將企業的自身優勢資源與戰略目標相結合的發展模式，並在各個工業領域以及相關關鍵技術層面實現突破，讓工業企業既可以在原有工業領域中不斷進行創新，又可以對現有工業領域展開集成創新行為。需要說明的是，這一戰略的

成功實施既要有效厘清政府和市場的「功能邊界」，又須將政府與市場進行有機結合，有效發揮自由競爭的價格機制即所謂市場的關鍵調節作用，還要發揮政府在資源配置過程中的重要引導、支持作用。此外，也需要進一步矯正阻礙創新的體制機制等各類因素，逐步完善企業創新的制度體系，並為營造良好的市場環境提供關鍵制度支持，以優化工業企業的內部和外部兩個層面的創新激勵機制，同時不斷增強工業企業進行創新的自主意願，引導工業企業之間實現協同創新發展。與此同時，政府也應當積極提供與創新驅動發展戰略相關的制度安排，為中國成功進入創新型國家行列提供關鍵制度保障，並為中國工業企業的發展壯大提供政策溢出。因此，伴隨創新驅動戰略的深入實施，中國工業化進程的高質量實現獲得了重要制度給予，同時中國工業企業的發展和壯大也必將進入全新時代。

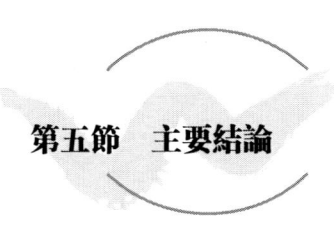

第五節　主要結論

從 1949 年至今的 70 年來，數代人篳路藍縷，奉獻青春和熱血，鑄就了共和國工業化進程的瑰麗畫卷，造就了人類工業史的奇跡。1978 年 5 月 11 日，《實踐是檢驗真理的唯一標準》一文在《人民日報》發布，馬克思主義的思想路線、政治路線和組織路線開始被重新確立。1978 年 12 月，黨的十一屆三中全會召開，會議做出了以經濟建設為中心和改革開放的重大戰略部署，中國開始進入社會主義工業化道路的新時期。2002 年以來，中國開始進入中國特色的社會主義「新型工業化道路」階段。1949 年至今的 70 年來，通過不斷的制度變革和否定、反思、調整與優化，中國在社會主義工業化道路上不斷探索，是否最終回答了「中國工業將向何處去？」這一歷史與現實命題，依然要留給過去的歷史與未來的現實去評價。

參考文獻

［1］國家統計局「國有大中型企業研究」課題組. 對大中型國有工業企業擺脫困境的戰略思考［J］. 中國工業經濟, 1999（1）: 24-31.

［2］郭祥才. 馬克思主義跨越發展理論與中國新型工業化道路［J］. 中國社會科學, 2003（6）: 4-13.

［3］何國勇, 徐長生. 比較優勢、後發優勢與中國新型工業化道路［J］. 經濟學家, 2004（5）: 16-22.

［4］黃速建, 肖紅軍, 王欣. 論國有企業高質量發展［J］. 中國工業經濟, 2018, 367（10）: 21-43.

［5］簡新華, 向琳. 新型工業化道路的特點和優越性［J］. 管理世界, 2003（7）: 139-139.

［6］簡新華, 向琳. 論中國的新型工業化道路［J］. 當代經濟研究, 2004（1）: 32-38.

［7］金碚. 資源約束與中國工業化道路［J］. 求是, 2011（18）: 36-38.

［8］劇錦文. 企業的比較優勢與企業制度的選擇和變遷: 以中國私營有限責任公司的發展為例［J］. 中國工業經濟, 2008（3）: 67-75.

［9］劉戒驕, 徐孝新. 改革開放40年國有企業制度創新與展望［J］. 財經問題研究, 2018, 417（8）: 5-13.

［10］喬曉楠, 何自力. 馬克思主義工業化理論與中國的工業化道路［J］. 經濟學動態, 2016（9）: 17-28.

［11］許君如, 牛文濤. 改革開放三十年中國工業化階段演進分析［J］. 電子科技大學學報: 社會科學版, 2011（1）: 43-49.

［12］吳敬璉. 中國應當走一條什麼樣的工業化道路？［J］. 管理世界, 2006（8）: 1-7.

［13］武力.中國工業化道路選擇的歷史分析［J］.教學與研究,2004（4）：71-77.

［14］餘靜文.企業國有化中的政府角色［J］.中國工業經濟,2018.

［15］張勇.國有工業企業的效率究竟提高沒有？——市場壟斷、政府投資對國企效率的影響［J］.經濟社會體制比較,2017（4）：27-37.

［16］張濤,徐婷,邵群.混合所有制改革、國有資本與治理效率：基於中國工業企業數據的經驗研究［J］.宏觀經濟研究,2017（10）：115-128.

［17］鐘小敏,鐘宗暢.毛澤東對中國工業化道路的艱辛探索［J］.毛澤東思想研究,2003,20（1）：72-74.

第二章
改革開放前的工業企業制度

　　本章主要介紹中華人民共和國成立至改革開放前中國工業企業管理制度的建立、改革和發展。這一時期的「三大改造」「大躍進」及「文化大革命」等事件對中國的工業企業管理體制產生了深遠的影響，同時也促進了中國對工業企業管理體制的有益探索。在這一時期，確立了國營經濟在全國經濟的主導地位，建立了計劃管理體制，隨後，不斷地改革和發展計劃管理體制，包括管理權下放和收回，建立協作區，頒布「工業七十條」，試辦聯合企業，改革國有企業領導體制和利潤分配制度等。本章將結合時代背景，分析中國工業企業管理制度初步建立和發展的歷程。

第一節　階段背景

　　新中國的國營企業主要通過四種方式建成。一是繼續發展軍工企業。這些企業主要來自解放區，將中華人民共和國成立前的革命根據地、陝甘寧邊區和解放區建成的政府企業在原有的規模上繼續發展。在經濟建設的實踐中，我黨對國有經濟的探尋是以土地改革時期為起點的。1924年第一次國內革命爆發，到1927年第一次國內革命戰爭失敗後，我黨吸取革命失敗的教訓，將黨的工作重心由城市轉向農村，依次創建了具有中國革命時期特色的根據地，其中著名的有井岡山、贛西南、湘贛等。為扼殺新政權，敵人對根據地進行了經濟封鎖，為打破困境，保護新生政權的萌芽，我黨調動當地農民積極進行經濟建設，使根據地經濟得到很大發展。我黨一方面推行土地改革，另一方面大力興建公營經濟並促進其發展，軍需民用工業和商業逐漸建立與發展起來。其中，1933年，在中國共產黨中央國民經濟部的推動下，國有企業管理局成立，主要負責管理和監督國有資產。1934年，湘鄂贛蘇區有33家兵工廠，共有2,000多名工人。1935年，川陝根據地具有的公營工業規模已經相當大，共有10個行業，5,000多名工人。抗日戰爭時期，在「發展經濟、保障供給」思想的指導下，陝甘寧邊區政府致力於進一步發展公營經濟。1937年10月，中共中央成立經濟委員會，領導統籌邊區工商業發展，一邊著手籌建工業體系，一邊大力發展公營商業。解放戰爭時期，發展側重點在解放地區的各類經濟產業方面，如工商業以及金融業等，目的是為解放戰爭做好後勤工作，保障戰爭的勝利。中華人民共和國成立後，黨對這類公營經濟繼續給予大力支持，不斷發揚光大。二是將官僚家的資本充公，沒收和接管國民黨政府與官僚資本家的企業。中華人民共和國成立初期的國有企業也主要來自這些企業。解放戰爭後期，各大中城市逐漸被解放，國家將官僚資本全部收繳歸國有，國營經濟逐步在中國經濟中佔據重要地位，成為國家經濟的命脈，為中華人民共和國成立後中國共產黨領導整體國民經濟的建設和發展提供了

第二章　改革開放前的工業企業制度

充分的物質保障。1949年年底，全國一共接收官僚資本所屬工業企業2,858家，按照固定資產原值估算約合150億元人民幣，當時職工有129萬人。民國政府時的「四行兩局」（中國銀行、交通銀行、中國農民銀行、中央銀行，郵政儲金匯業局、中央信託局）系統收歸國有，另外還有2,400家由國民黨控制的地方系統銀行，10多家壟斷性貿易公司和所有交通運輸企業，有100億~200億美元的價值。此次行動使國有經濟的占比和實力大大增強。三是「三大改造」中對具有資本主義性質工商業進行改造。為將民族資產階級的企業轉變為國有企業，中國政府主要採取和平贖買的方式對資本主義工商業進行社會主義改造。中華人民共和國成立初期，在國家經濟艱難的時刻，一些不法商販囤積緊俏的生活物資、哄抬物價，導致物價水準劇烈波動。為了解決這一問題，進一步保障中國的工業化建設，對資本主義工商業的社會主義改造從1953年開始，之後在全國範圍內大規模進行。至1954年年底，重要的大規模工業企業大部分由私營性質轉變為公私合營性質的工業企業。1956年第一季度末，全中國所有行業公私合營的工業和商業占比分別達99%和85%，對資本主義私有制的改造基本完成，確立了公有制經濟的主導地位。四是在各階段用國家財政資金出資成立企業。中華人民共和國成立初期國家投資興建形成了一批國有企業，主要包括重工業企業和國營專業公司。其中，著名的重工業企業包括鞍山鋼鐵公司、第一汽車製造廠、瀋陽第一機床廠、瀋陽飛機製造廠、富拉爾基第一重型機械廠、北京電子管廠等，並建立了東北重工業基地。國營專業公司包括中國糧食公司、中國花紗公司、中國百貨公司、中國鹽業公司、中國工業器材公司等。「一五」建設時期，蘇聯還援助建設了100多個項目，涉及礦業、冶金、電力、機械、航空等關乎國民經濟命脈的若干行業，形成了主導國家經濟的國有企業群。

　　中華人民共和國成立初期，為把新中國扼殺在搖籃中，西方國家採取經濟封鎖、政治孤立、軍事包圍等手段打壓中國。以毛澤東同志為主要代表的中國共產黨人，把經濟建設和恢復生產當作當前要務，帶領全國各族人民循序漸進地進行建設工作。一方面，致力於解決民主革命的遺留問題，另一方面，有計劃地準備從新民主主義過渡到社會主義。因此，中華人民共和國成

立後的頭三年迅速恢復了在舊中國遭到嚴重破壞的國民經濟，全國工農業生產於 1952 年已經達到歷史最高水準。

1953 年，我黨提出包括過渡時期的總路線在內的一系列正確的指導方針和基本政策，帶領基層群眾先是在農村進行社會主義改造，然後又對個體手工作坊以及具有資本主義性質的工商業分別進行改造，到 1956 年年底，基本完成對這三方面的社會主義改造。與此同時，順利完成「第一個五年計劃」，國營經濟在全國經濟中的主導地位開始初步確立。到了 20 世紀 50 年代後期，黨的指導思想開始出現「左」的偏差，「大躍進」時期經濟建設冒進，使中國的經濟建設遭到了重大的挫折，國民經濟混亂，表現為在大部分地方建立了很多不適當的工業體系。從 1958 年 11 月起，我黨開始糾正「大躍進」中的「左」傾錯誤。隨著「左」傾錯誤的糾正，到 1960 年冬，停止了浩浩蕩蕩的「大躍進」運動，同年 7 月，中共中央在北戴河召開工作會議，對當時的經濟指標和國內任務做了重新調整和規劃，提出了同時重視工業和農業的發展，以農業為基礎，鼓勵中小企業發展等具有建設性的意見。隨後，1961 年，為了盡快恢復經濟建設，彌補損失，中共八屆九中全會提出了八字方針，努力克服當時的經濟困難。「大躍進」時期對工業企業權力下放過多，導致權力極其分散，出現了生產中的無政府狀態。這一現象暴露了中國原有經濟管理體制的弊端，改革中國工業管理體制的任務就提上了議事日程。到 20 世紀 60 年代中期，由於對國際以及中國當時政治形勢的定位與客觀實際不符，「左」傾錯誤開始出現並在全國範圍內蔓延，給我們國家帶來了十年內亂——「文化大革命」，使人民陷入艱難處境，生活困窘，不僅對我黨還對整個國家造成了非常大的傷害，導致中國經濟體系幾乎崩潰，之前建立的國有企業的管理制度遭到嚴重破壞。

綜上所述，這一時期經過不同階段的變革和探索，中國形成了國營、集體的工業企業制度。在變遷過程中，雖然經歷了嚴重曲折，但逐步建立了獨立的、比較完整的工業體系，為在新的歷史時期開創中國特色社會主義工業化進程，建立有利於提高企業效率的工業企業管理制度提供了寶貴經驗、理論準備和物質基礎。

第二節　戰略定位的改革思路

　　為從新民主主義過渡到社會主義，國家對資本主義工業進行了改造。根據《中國人民政治協商會議共同綱領》（以下簡稱《共同綱領》）中「公私兼顧，勞資兩利」和「分工合作，各得其所」的指導原則，黨和政府對資本主義工業採取「利用、限制、改造」的政策，此階段為後來社會主義的改造奠定了堅實的基礎。此政策主要是針對資本主義企業執行的。利用，指利用其有利於國計民生和恢復經濟的積極作用，如生產工業品、滿足人民的生活和國家經濟建設的需要、培訓和培養技術與管理人才、為國家效力、累積資金等，因此在這一特殊階段內，國民經濟需要它們的存在。限制，指限制資本主義經濟對國民經濟的消極作用，如剝削工人、盲目生產經營、進行投機活動，因此國家實施一些政策和採取一些措施來約束資本家的行為，以杜絕其非法行徑；實施的政策包括勞動保護、價格和稅收等方面的政策等，以及管理企業盈餘的分配；採取的措施包括監督控制原材料市場和商品的供貨市場，管理企業開工和歇業的時間，以及經營活動的範圍。改造，指將資本家從舊中國社會中帶來的不良風氣和弊病改變為符合新中國社會的行動。黨通過管理各個級別的行政機關，以及通過國營經濟的各級領導幹部和工農群眾的監督，來保障利用、限制和改造這三個政策的有力執行。為順利實施利用、限制和改造政策，政府還提出了針對改造資本家的政策——團結、教育和改造，國家希望通過這一政策改變資本家的政治立場，提高資本家的思想覺悟，使資本家和廣大民眾團結一心搞建設，讓資本主義經濟能夠充分發揮其對國民經濟的積極作用。團結是指國家通過贖買政策將資本家的生產資料收歸國有，即通過付出一定的代價購買資本家的生產資料，逐步實現生產資料國有化。贖買政策的實施保證了資本主義社會主義改造的順利進行，減少了社會矛盾，為資本家融入新中國的經濟環境打下了良好的基礎。但有些資本家資本主義思想頑固，做法老派，對新民主主義社會和社會主義思想持抵觸態度，因此

國家決定對他們進行相關的教育和引導，提高他們的政治覺悟，改造他們的世界觀，以減少他們對社會主義改造和新民主主義社會建設的阻力。政府和各級部門主要採取兩種方式對資本家進行教育：第一種方式是帶領他們參加各類實踐活動，讓他們切實感受到新民主主義社會必得民心的歷史趨勢；第二種方式是讓他們參加各種學習，如演講、座談會等，提高他們對社會主義的認識和覺悟，使他看清資本主義社會必然會向社會主義社會過渡的客觀發展規律。改造一方面是改造資本家的生活方式，即依靠自己的雙手獲得收入，改變以往靠剝削和壓迫獲得收入的方式；另一方面是指改造資本家的思想認識以及政治立場。為了配合前面提到的針對資本主義企業的改造政策和針對資本家改造的政策，國家資本主義政策應運而生。在當時的歷史環境中，國家資本主義屬於資本主義經濟，它和國營經濟通過多種方式有著千絲萬縷的聯繫，而且上要接受政府的管理，下有人民群眾監督。根據資本主義和國營經濟雙方合作的深度和廣度，以及國營經濟在其中的占比多少，來劃分國家資本主義企業的類型，其中，合作廣度大、國營經濟占比多的為高級國家資本主義企業，此類型企業，國營經濟成分已經進入企業中，且屬於控制方，領導企業的發展，安排資本家勞動，性質為公私共有，在一定程度上改變了生產資料的所有制形式，為社會主義改造的順利完成創造了有利條件；合作廣度小、國營經濟占比少的為初級國家資本主義企業，此類型企業仍屬於資本家控制管理，國營企業通過和其簽訂合同安排其生產經營，在外部確立合作關係，此種合作並沒有改變生產資料所有制的性質。這兩種不同深度和廣度的合作方式，更有利於實現對資本家的團結、教育和改造，實現對資本主義企業的利用、限制和改造。1953年10月，過渡時期總路線在全國公布，這一總路線主要提出在未來一段時間內，完成三大改造任務（包括對農業、手工業和資本主義工商業的改造）。在這一階段，黨和政府對資本主義工業改造的方式為「公私合營」，先是採取試點的方式，對有代表性的典型企業實行公私合營，然後在各行業實現公私合營。

蘇聯是世界上第一個成功建立社會主義的國家，對國際社會主義運動具有先進的帶頭作用，革命成功後，為迅速發展經濟，蘇聯施行了計劃經濟體

制,這一體制對其他社會主義國家影響重大。中華人民共和國成立後,隨著「三大改造」的完成和「第一個五年計劃」的順利實施,以及工業化建設的迫切需要,中國共產黨效仿蘇聯的經濟模式,確立了計劃經濟體制,經濟由政府計劃和主導,社會主義國有資產逐步發展壯大。我黨實行的計劃經濟最早可以追溯到革命根據地時期統購統銷的報銷體制,這一體制的實施有利於集中控制物資,保障前方供給。中華人民共和國成立後,隨著計劃經濟體制的實施,這一制度被廣泛推行到國民經濟的各類活動中,主要的表現為,政府通過行政手段統一負責和管理各基層企業,並通過單位制的方式確定下來。由於中華人民共和國剛成立就面臨複雜的國際環境——抗美援朝戰爭和美蘇冷戰,在此內憂外患嚴峻的形勢下,中國不得不將發展軍工業和重工業放在首要位置。當時中國工業的起步差,基礎薄弱,從經濟學理論的角度來講,像中國所處的這種工業化發展初級階段,如果重工業這樣的行業要想發展,需要投入大量的資金,發展的成本極高,如果資源通過市場自由配置,資金和物資是不會流入到重工業部門的,為保障可以優先發展重工業,需要統一管理稀缺資源,因此需要採用高度集中的管理體制統一計劃分配稀缺的資金和物資,確立行政強制性的籌資手段。

第三節　改革及制度變遷

一、改造資本主義工業

為完成對資本主義工業的改造,國家以初級的國家資本主義企業為開端,先是通過簽訂合同、加工訂貨建立合作關係,然後逐漸有計劃地入股這些企業,形成一定的控制權,由國家派出的人員管理企業,按照國家的需要安排生產,實現公私合營。

此改造剛開始從單個企業入手，樹立成功的典範後，進一步擴大合營範圍，通過經濟改組等方式，最終實現全國各個行業的公私合營。輕工業方面，實現公司合營的共有8個行業，達169個工廠，6萬多名職工，其中1954年的產值近達8億元，涉及的有關乎人民生活的棉紡、毛紡以及面粉行業，此外還有其他的如卷菸、碾米、冷藏制冰等行業。重工業方面，根據產品實際的製造、生產和協作需要，不僅有依照行業進行公私合營的，還有按照產品進行合營的。1955年，全國共13個行業實現了按行業或按產品的公私合營，共有100多家工廠，6,000多名職工，涉及的行業覆蓋面廣，如船舶、電器、汽車配件、電信等。

公私合營的實現對企業內部的生產關係產生了重大的影響：①之前的企業性質是資本家所有，公私合營後變為公私共有。②公私合營後的企業由國家負責管理和生產經營決策，資本家失去曾經的管理權和控制權，並逐漸參與到勞動中去，自食其力。③公私合營前的贖買政策中，企業內出現新的分配原則，大約企業利潤的1/4需要分配給資本家，此項分配原則被稱為「四馬分肥」。④全行業實現公私合營後，國家開始實行「定息制度」，替代之前贖買資本主義私股的政策。「定息制度」即國家按照規定的比例向資本家支付利息（總資產的5%）。1966年9月，「定息制度」到期，此後不再向資本家支付利息，公私合營企業最終轉變為社會主義全民所有制企業。

另外，1954年9月2日，國務院頒布了《公私合營工業企業暫行條例》，以規範企業的行為，為資本主義工業企業的社會主義改造提供法律依據。它在企業的創立、管理體制、利潤分配和董事會的設立等方面做了相關的規定，與現代公司法的很多規定很相似，為後面公司法的頒布奠定了基礎。

隨著三大改造的順利完成，社會主義工業化建設在全國範圍內的順利發展，第一次國有資產清算工作的順利進行，隨著「第一個五年計劃」的完成，國營經濟在全國經濟中的主導地位開始初步確立。1956年，中國的國民經濟中，國營企業占32.2%，合作社經濟占53.4%，公私合營企業占7.3%，個體經濟占7.1%，奠定了以公有制為主體，多種所有制經濟共同發展的基本經濟制度。

二、建立高度集中的管理體制

1953 年以前，國家管理國有企業的方式主要有兩種：華北地區直接由中央管理，其他地區則主要採取由各地行政區直接負責管理的方式。1954 年，中央為收歸權力，將由各地區自己管理的企業收歸中央各工業部門管理，取消了大行政區管理模式。一部分劃歸各省、自治區、直轄市管理，國家投資興建的工業和一部分公私合營企業由中央有關工業部門管理。這些企業由歸口部統一編製長遠發展規劃，安排年度生產計劃，生產的產品也需統一銷售以及分配，物資的供給也由相關部門統一組織，各部直接負責企業的財務收支、職工工資以及員工數量、分配幹部等。至此，中央政府高度統一、直接管理的企業管理體制初步形成。中央直屬企業由 1953 年的 2,800 戶增加到 1957 年的 9,300 戶，各類企業的統配物資由 1953 年的 50 種，增加到 1957 年的 231 種。這些企業的生產計劃和基本建設接受指令性計劃指導，生產和物資供應大量地使用實物指標，產品和物資實行統分統配制度。

在當時特殊的歷史條件下，這一高度集中的企業管理體制，對於戰爭的後勤保障工作（如醫治傷員）、保障當時整個國家經濟的快速簡潔明瞭和發展、鞏固社會主義政權，還有促進工業體系的完整建立等方面，都發揮了舉足輕重的作用。但這一體制也存在很多缺陷：政府部門對企業的限制太多，太死板，導致國有企業缺乏生產自主權；同時，各企業不能根據市場需求設計和生產產品，導致技術進步緩慢，產品缺乏創新，還可能出現一些有用的項目成果被叫停的情況。可以看出，當時的企業只具有生產的功能，並沒有形成完善的企業組織。

三、下放管理權

黨和政府逐漸認識到了計劃經濟體制的問題，1956 年春，毛澤東發表了《論十大關係》的講話，其中直言不諱地提到了計劃經濟的諸多弊端，針對產業結構中各產業占比的問題、累積和消費、中央和地方關係以及地區之間的

差異等問題闡述了一系列新的主張。從 20 世紀 50 年代中期起，政府就不斷實施一些調整的措施，這些措施主要包括了改進工業、商業、財政管理體制，工業企業下放進一步補充，建立經濟協作區等。

（一）改進工業管理體制

1957 年，國務院頒布了《關於改進工業管理體制的規定》《關於改進商業管理體制的規定》和《關於改進財政管理體制的規定》三個規定，同年 11 月 14 日，第一屆全國人大常委會第 84 次會議批准了這三個規定，並於 1958 年正式開始實施。這三個規定從下放管理權限、擴大地方政府管理國有企業權等幾個方面入手改革，包括經濟計劃、企業管理、物資分配等權力被大範圍下放到地方，是探索改進中國國有企業管理體制的初步嘗試。

對工業管理體制的改革主要有以下兩個方面：第一是適當擴大省（市、區）管理工業的權限，根據各行業的重要性，把中央管理的企業直接下放到省、直轄市、自治區，作為地方企業；增加省、直轄市、自治區人民委員會物資分配的權限；下放的作為地方企業的利潤，按中央八成、地方兩成進行分潤；增加地方在人事方面的管理權。第二是適當擴大企業管理人員的管理權限和職責，盡量減少指令性指標，將之前的 12 個指標減為 4 個，這 4 個指標分別為主要產品產量、工資總額、職工總數以及利潤；國家和企業按成分潤；改善人事管理制度，除企業主要管理人員和核心技術人員外，其餘員工管理均由企業自主安排和管理。

1958 年 3 月，中央提出《關於改進物資分配體制問題的意見》，提出生產資料的分配以統一計劃、分級管理為原則；生產資料分配制度實行「雙軌制」，即各地區制訂地區平衡計劃，中央各工業部門制訂部門平衡計劃，國家經濟委員會加以匯總做出全國物資平衡調度計劃；規定了物資分配的價格；建立各級合理的物資儲備制度；對於超產提成，實行全額提成辦法。從這一系列的改革措施可以發現，中央開始將國有資產的管理轉移到地方政府，讓渡國家高度集中管理的權力，這激發了地方政府和企業的建設積極性；經濟管理權限的擴大，也激發了企業自主經營的主動性。

為了加快中國社會主義建設的速度，提早實現工業化，1958 年 4 月，國

務院發布了《關於工業企業下放的幾項規定》，對工業管理做了進一步的指導。由於該規定的提出，地方政府的積極性被調動了起來，除了重要的、特殊的和「實驗田」性質的企業仍歸中央繼續管理以外，其餘企業，不論輕重工業，一律下放，都歸地方管理。該規定從下放條件、企業管理、材料調度、勞動分配和分成比例等方面做出了更加具體的規定，是對國務院之前頒布的工業體制下放文件的補充。

（二）建立經濟協作區

中央大規模下放經濟權力的同時，指出了經濟協作區的發展方向。1958 年 6 月 1 日，中央發布《關於加強協作區工作的決定》，將全國劃分為東北、華北、華東、華中、華南、西南、西北七個協作區，領導機構由各個協作區委員會組成。該決定要求按照國家統一規劃，根據協作區本身的經濟和資源條件，盡快地建立起企業經濟中心，形成較為完整的工業體系。由此可看出，地方政府從企業管理權限的下放到建設協作區，都是為了改變計劃經濟體制的弊端。為加快建設，在全國形成若干個具有比較完整的工業體系的經濟區域。1958 年 4 月 11 日，黨中央提出，除重要的工業企業外，其他企業一律下放給地方管理。同年 6 月 2 日，為更快、更多地下放企事業單位，中央發布《關於企業、事業單位和技術力量下放的規定》，提出關於下放各單位的 17 條詳細辦法。1958 年年底，在辦法的指導下，下放比例為 87%，中央企業從 9,000 多個減少到 1,000 多個；中央直屬工業企業的產值占總工業產值比重從 39.7% 下降到 13.8%；中央統配物資由 231 種減少到 67 種（1959 年）。

（1）各地區經濟協作區情況。

黑龍江省是在全國範圍內比較早劃分經濟協作區的省份。從 1957 年開始，根據整個省的經濟和工業情況，黑龍江省建立了四個經濟協作區，這四個協作區分別以哈爾濱、齊齊哈爾、佳木斯、牡丹江為中心，每個城市結合附近各縣組成。至 1958 年 4 月，黑龍江全省確立長久固定協作關係的工業企業有 100 多家，同時，協作也在工業企業和農業社之間普遍開展，基本上形成了一個覆蓋整個黑龍江省的經濟協作網。

1958 年 5 月 5 日，山西省委也發出建立經濟協作區的通知，在全省範圍

內建立五個協作區，分別以太原市、陽泉市、榆次市、長治專區、晉南專區為中心，要求以這五個城市為中心，帶動周邊鄉村，形成城鄉互助的協作關係。自此到 1990 年 3 月，山西省共計有 100 多家工業企業與 60 多個縣實行廠、農業社聯動，建成協作關係。

在這一階段，成立協作區都是以帶動鄉村企業、合作社發展，加強城鄉合作關係為目的，推進經濟文化建設的「大躍進」。此時的協作範圍和深度都不夠，沒有統一的計劃和執行規定，遇到什麼難題就解決什麼，各地方只是把協作作為解決暫時難題的一種方法和措施。

（2）經濟協作區的建設在組織上加強。

1957 年 7 月 20 日，上海局召開了五省一市經濟協作會議，這五省一市分別為：江蘇、安徽、江西、浙江、福建、上海，這五省一市一直有十分頻繁的經濟往來。該會議提出，有眾多的有利條件可以推動這五省一市建立經濟協作區，因此這五省一市全部統一建立華東經濟協作委員會，該協作委員會由上海局領導。中央也於 1957 年 9 月 4 日批准成立該經濟協作委員會。同時中央認為，上海局的成功經驗可以作為全國經濟協作區劃分的樣例。該委員會有以下任務：加強各地區之間的經濟交流和工作經驗分享，增進聯繫，調節地區之間的矛盾；研究建立經濟協作區過程中出現的各種發展問題；促進各地區間的物資交流與置換，使各地區之間相互幫助，相互支援；積極挖掘各地區的潛力，組織國家計劃外物資的出口工作。

（3）協作區經濟計劃委員會機構設置和工作內容。

本書以華北經濟協作區經濟計劃委員會為樣例，介紹經濟協作區的機構設置和人員編製。協作區經濟計劃委員會辦公廳下設幾個業務組，分別為交通水利電力、農牧輕貿、冶金、煤油化建、綜合等，另外還有一個行政小組，以及四個地區小組，地區組按省、市、區劃分。共有幹部編製 50 餘人。

經濟計劃委員會辦公廳的主要工作為：研究建成華北地區工業體系的快速方法，以及按步驟建成各省、市、區的工業體系的方式；制訂促進華北地區經濟發展的一系列計劃；開展華北地區年度計劃的預算工作；加強各個省、市、區間的經濟協作，監督計劃和協作工作的推進情況。

(4) 經濟協作區的評價。

經濟協作區是聯繫中央與和地方的橋樑與紐帶。從綜合全面的角度來講，協作的推進有利於規避重複建設，在某種程度上確保經濟的協調平衡發展。中央與地方都把經濟協作區當成促進經濟發展的重要途徑，嘗試通過協作區的建設下放管理權力，從而提高經濟生產效率。但協作區的建立使各部門和地方逐級下放權力，導致權力過多地下放，在全國很多地方建成了過多不恰當的、完整的工業體系。除權力不恰當的下放外，另一個更突出的問題是責任的下放，通過層層下放，決策權從中央下放到省，之後又逐層下放到基層單位，權力被下放的同時也被放大。因此，很多地區為了本地的經濟利益，不惜損失整個國家的利益。加上「大躍進」時的矛盾，嚴重重複建設的現象在全國範圍遍地開花，導致了極大的資源浪費。

(三) 下放管理權的問題

管理權的下放出現了很多問題，「一陣風」式的下放導致企業權力下放過猛，加上「大躍進」運動的刺激，企業之間的生產協作關係直接被打亂，工業生產和整個國民經濟未能充分有效地組織起來，中國工業管理上出現「散」的突出問題。

一方面，用行政辦法管理經濟、按行政區劃劃分經濟區域，使同一行業的企業分屬中央和地方各級的不同部門領導，多頭管理、分散經營、重複建設十分嚴重。其中許多工廠規模小、技術落後、產品質量差、經濟效益低，本應實行「關、停、並、轉」，但在地方主義的保護下繼續運轉和生產。結果，這些工廠不僅浪費了大量的寶貴資源，影響國家對重點企業的原料供應，還造成了大量質量低劣產品的積壓。例如，1963 年，全國醫藥行業分屬於化工、衛生、商業、農墾、水產、文教、公安、手工業等各個部門及地方各級政府領導的制藥廠共有 297 個。其中 33 個藥廠的 231 種藥品因質量不合格而報廢；110 個生產片劑的藥廠只有 50% 的設備利用率，浪費現象十分嚴重。

另一方面，當時國家計劃要通過地方各級行政管理機關下達到企業，而地方各級政府都可以直接干預生產，隨時追加生產計劃，向企業層層加碼，甚至為完成計劃外任務而挪用國家統配物資和專用資金，截留上繳利稅和外

調物資，擅自動用銀行信貸資金和企業流動資金，任意增加招工人數，嚴重衝擊了國家計劃內的生產任務，影響了國民經濟的綜合平衡。以作為國家重要財政稅收來源的菸草工業為例，河南省 1962 年的國家計劃為生產卷菸 24 萬箱，由於原料不足僅能完成 20 萬箱，而計劃外的地方來料加工卻達 14 萬箱之多，破壞了國家對原料和市場的統一安排，影響了中央的財政收入。

此外，由於企業的隸屬關係不同，相互之間缺乏合理的分工和協作，從而建立了許多「大而全」或「小而全」的全能廠，不少設備和技術力量分散使用，各不配套，生產能力得不到充分發揮，技術水準和勞動生產率都難以提高，最後導致計劃失控、工業生產秩序破壞，出現混亂局面。

四、收回管理權和「工業七十條」

1961 年 1 月，中央連續發布《關於改進財政體制、加強財政管理的報告》和《關於調整管理體制的若干暫行規定》兩項規定，規定的主要內容為：經濟的管理權應該集中在中央、中央局和省、直轄市、自治區三級上，中央統一領導地區，統一進行安排；1958 年以來，各省、直轄市、自治區和中央各部將之前下放的人、財、商和工四權全部收回；根據「統一領導、分級管理」的原則，中央統一進行管理、統一分配全國範圍內需要平衡的重要物資；地方部門不允許突破中央制定的勞動計劃；財政大權不允許下放，實行「全國一盤棋」，糾正之前財權分散的現象。可以看出，針對企業過於分散和經濟協作混亂的狀況，中央收回了此前下放給地方和企業的經濟管理權限，著重強調中央對全國經濟實行統一計劃管理。這就是所謂的「一放就亂，一亂就收」，其主要原因還是無論何種管理模式，都是政治管理方法並非經濟方法，都沒有解決條塊分割、協作很差的問題。值得注意的是，關於稅收方面，規定主要指出：第一，只要屬於工商統一稅，增減稅目、調整稅率和調整鹽稅稅額都必須上報中央獲得批准。對於工商統一稅中納稅環節的調整，只要涉及在一個大區內多至兩個省、市、自治區以上的也必須上報中央局審批；而涉及兩個大區的則必須上報中央審批。第二，只要是屬於地區性稅負的徵收，

第二章　改革開放前的工業企業制度

各種稅稅目和稅率的地方性變動，包括在中央規定的所得稅的稅率範圍內根據實際情況而確定的具體稅率，都要上報中央局審批。第三，只要在工商統一稅中關於用新方式試製的產品、用代用品作為原料生產的產品、由於自然災害等原因需要給予稅收優惠或減免的，由省、市、自治區審批。各地方各稅的徵稅範圍，減免稅收，對工商小販徵收多少比例的所得稅以及所得稅起徵點確定為多少，也交由省、自治區審批。這種稅收管理體制是加強稅收管理精神的體制，一定程度上收回了部分稅收管理上的權限，是國家財政工作貫徹落實黨的「調整、鞏固、充實、提高」這一八字方針的一個重要舉措，這一稅收管理體制對於三年困難時期的國家發展有著重要作用。

「大躍進」期間，一場打破制度規章的運動在全國工業企業中開始，許多必要的規章制度都被廢除了，出現了嚴重的無政府狀態和黨政不分的混亂局面，由此造成了嚴重的後果：企業生產秩序混亂，產量大幅下降，指標難以完成，機械設備被損壞，工人擅離崗位，事故發生率居高不下，生產部分處於癱瘓狀態。嚴峻的形勢讓工業管理方面的規章制度孕育而生。1961年9月，中央頒布《國營工業企業工作條例（草案）》（又稱「工業七十條」），條例對當前工業管理和企業內部管理做出了指導規定。該條例共10章70條，具體對工業企業的計劃管理、技術管理、勞動管理、工資管理、獎勵和職工福利、經濟核算、企業財務、生產協作、責任制度、黨委領導下的廠長負責制、工會和職工代表大會、黨的工作等重大問題進行了說明，對改進國家、地方、企業關係及恢復、建立企業正常的生產秩序提供了必要的條件。該條例的要點主要有：第一，國家對企業制定「五定」，即定方案、規模，定人員機構，定原材料定額和供應來源，定固定資產和流動資金，定協作關係。企業進行「五保」，即保證產品的品種、質量、數量，保證不超工資總額，保證完成計劃，保證完成上繳利潤，保證設備使用期限。「五定五保」的提出，確保了政府對企業的控制權，企業則沒有獨立的決策和投資權。第二，關於企業協作問題，企業必須取得其他單位的協作，同時自己也要協作其他企業，才能使工業生產正常進行。第三，對企業的各個方面、各個環節的責任制度、技術管理、經濟核算及財務管理等做出了具體的規章制度，反覆說明社會主義企

業經營管理的根本原則是節約。在草案中,對職工的各項收入福利專列了一章,始終貫徹按勞分配的原則,反對平均主義。第四,規定企業的核心領導者,是中國共產黨在企業中的黨委會;規定了每個企業在行政上只能由一個主管機關管理,不能多頭領導。「工業七十條」是中國工業企業管理的第一個總章程,總結了中華人民共和國成立以後,特別是三年「大躍進」中正反兩方面的經驗教訓,對於貫徹執行八字方針,清除「左」傾思潮的影響,提高工業管理和企業管理水準,加快工業發展,充分調動職工積極性等都發揮了重要的指導作用。

到 1962 年第一季度檢查,第一批試點的企業大都在不同程度上理順了企業內部管理,企業的管理也有了不同程度的加強,生產有了好轉。工業調整、企業整頓兩線同行,到了 1965 年,在「大躍進」運動中受到破壞的國營企業也開始慢慢恢復元氣,工作有了較大的進步。這些措施的實行,改善了國有企業的傳統管理方法,其實主要還是調整中央和地方之間的企業權限,本身管理的方式則沒有多大區別,導致這些調整和相關措施效果收益不大。

五、試辦聯合企業

建立工業、交通聯合企業的設想,產生於 1963 年年初。20 世紀 60 年代初期,在劉少奇的倡導下,中國對工業管理體制進行了一次改革試驗,試辦了一批工業、交通聯合企業,為探索社會主義國家工業發展的道路累積了經驗。1966 年 5 月,全國開始了「文化大革命」,聯合企業試點工作也被迫中斷。

針對「大躍進」後中國工業管理體制出現的問題,中央對經濟工作按經濟合理的原則進行集中統一領導,成立按行業和經濟協作關係劃分的工業、交通聯合企業,進而設想通過發展聯合企業的形式,把全國工業以至整個國民經濟按經濟渠道組織起來。1962 年 1 月,劉少奇在擴大的中央工作會議上的報告中強調,「只要是在全國範圍內統一調度產品的重點工業企業」都應由中央統籌管理,過去已經給予地方的,應逐步收回。1963 年 3 月,為解決菸

第二章　改革開放前的工業企業制度

草行業中存在的爭原料、爭市場等問題，中央決定對菸草工業實行集中管理，從而建立了中國菸草工業總公司，這是第一個具有集中統一管理性質的聯合企業。1963年9月和1964年年初，中央又先後批准成立了兩個類似的聯合企業——中國鹽業公司和華東煤炭工業公司，進一步擴大了聯合企業試點工作。經過不斷的實踐和探討，中央有關部門大體上有了一致認識，他們認為聯合企業是「按照經濟原則實行科學的高效率的集中統一領導，免除工業管理機關化和官僚主義、分散主義流弊」的組織管理形式，這種組織管理模式有很多優點：在經濟領導方法上，變行政領導為經營管理；在工業管理體制上，變多頭管理為集中領導；在生產組織管理上，變分散經營為統一管理；在政府經濟職能上，廢除政府部門直接領導生產的舊管理體制，由聯合企業具體負責管理企業和指揮生產。

1964年8月17日，中共中央和國務院批復了《國家經委黨組關於試辦工業、交通托拉斯的意見的報告》，正式決定：除已建立起來的菸草工業公司、鹽業公司和華東煤炭工業公司完全按照聯合企業的辦法進行管理之外，再行試辦汽車工業公司、拖拉機內燃機配件公司、紡織機械公司、制鋁工業公司等九個聯合企業。聯合企業試點工作從此鋪開。同時，該報告對聯合企業的性質和範圍做了規定：聯合企業性質的工業和交通公司是經濟組織，這種經濟組織是社會主義全民所有制的，並且是集中統一管理的，聯合企業性質的工業和交通公司也是在國家統一計劃下的獨立的經濟核算單位和計劃單位。聯合企業管理的廠（礦）和事業單位，主要應當是：生產本行業產品的或同綜合利用資源直接有關的廠（礦），作為聯合企業的技術後備的專業機械修理廠、專用工具模具廠，以及同生產密切相關的科學試驗單位、設計單位、專業學校。另外，對於聯合企業的管理辦法，該報告從計劃管理、基本建設、科學技術、產供銷、財務管理、勞動管理等方面做了規定。從這幾項規定中可以反應出，聯合企業的基本特點是對外實行行業全面壟斷性經營，對內則實行管理的高度集中，同時也使地方各級政府的經濟管理職能被極大地削弱了。聯合企業具有企業性質同時推行行業全面統一經濟核算，這與以往的行政性專業公司或是專業部是不同的。

經過一年多的實踐，試辦聯合企業的工作取得了一些成績，累積了大量的經驗，首批試辦的中央和地方的聯合企業大都取得了較好的經濟效果。以菸草工業為例：在成立聯合企業後不到兩年的時間內，由總公司統一合理化調整其所屬的企業以及所屬企業的產品結構。菸草總公司將全國共計 104 家卷菸廠整合為 62 家，減少員工達 13,800 多人，而卷菸生產效率卻得到提升，年產達 480 萬箱，而過去的數據是 330 萬箱。年全體員工勞動生產率提高了 42.4%。同時，卷菸牌號由過去的 900 多種減少到 270 多種，一些雜牌劣質菸停產，甲級菸產量增加了 1 倍。此外，如醫藥工業公司、汽車工業公司、鹽業公司、華東煤炭工業公司、長江航運公司等企業也都獲得了可觀的經濟效益。在取得很大成績的同時，聯合企業試點工作中也產生了問題和偏差。首先，因為沒有很好地解決全國性聯合企業與地方之間存在的關係問題，兩者對於企業歸屬的劃分以及協作關係建立等方面存在很多不同之處。其次，聯合企業收走地方的廠（礦），減少了地方的財政收入，打亂了地方原有的經濟協作體系，因此受到一些地區的抵制，導致不能上收一些應收的企業，從而使聯合企業在全行業中的主導性地位受到影響。另外，在已經建立起來的聯合企業中，又開始表現出過度集中和統得過死等方面傾向，甚至合併了一些不應該被一起並入的企業。

　　為解決聯合企業試點工作中出現的問題，中央規定除辦好已經成立的聯合企業外，暫不急於建立新的全國性聯合企業，只試辦一批區域性的聯合企業，以進一步取得經驗。原來決定在 1965 年內試辦儀器儀表、石油、木材加工、黃金四個全國性聯合企業，現在決定只繼續保留已經建立的黃金工業公司、儀器儀表公司等，其餘則延緩試辦。對於決定 1965 年開始做試辦準備工作的電力機械等三個全國性聯合企業，也重新決定先建立區域性的聯合企業。

　　試辦工業、交通聯合企業，是中國的一次經濟管理體制改革，這一改革是達到一定規模和水準的經濟發展後進行的，也是一種優化配置資源的方式，而這種方式是在計劃經濟體制的前提下進行的。聯合企業在本質上是解決盲目性和分散性的經濟工作，進一步合理化中國的經濟結構。聯合企業是經濟發展上一個大的進步，相對小生產式的經營管理分散模式來說，聯合企業在

解決這一時期經濟的突出問題上有積極的作用。但從其內在實質看，它仍是在堅持計劃經濟體制下而出現的，這也一定程度表明它是強化這一體制的舉措，這使它不僅受到該體制的制約，也會帶來新的相關問題。

六、整頓工業管理體制

1966—1976 年的「文化大革命」使中國經濟遭受到重大的損失，之前經濟調整做出的所有努力和成果毀於一旦，並且也不能按期推進「三五」計劃。「文化大革命」期間，全國上下專注於政治鬥爭，造反狂潮全面擴展到工農業領域，大部分國企員工離開各自的工作崗位，熱衷參與「革命」，「工業七十條」等不再是企業日常運作所執行的制度章程，而是被當作修正主義進行「管卡壓」，同時，具有創新性的制度，如廠長責任制、按勞分配製等被當作「資產階級」法權，由於此種無政府主義狀態的持續，工業企業多次陷入癱瘓狀態。

1970 年，中國對工業企業管理體制進行了放權改革，3 月，根據《「四五」計劃綱要（草案）》的精神，國務院擬定了《關於國務院工業交通各部直屬企業下放地方管理的通知（草案）》，明確指出向地方下放部分屬於中央的企業管理權限，這意味著地方政府又重掌了曾經收回的管理權。此次實施的放權改革仍是在計劃經濟體制約束下進行的，並沒有改變計劃管理體制的內在特徵，只是暫時緩解了由於高度集中管理體制產生的中央和地方、國家和企業之間的矛盾。同時，由於「左」傾錯誤思想浪潮的影響，雖然國民經濟的支柱仍是國有經濟，但在某種程度上，國有經濟的發展也是需要為政治服務的。

1975 年，第四屆全國人民代表大會第一次會議在北京舉行。周恩來在政府工作報告中重申，在 20 世紀內全面實現農業、工業、國防和科學技術四個現代化的宏偉目標，把全國人民的注意力再次引到發展經濟、振興國家的事業上來。中央關於國營企業的整頓從鋼鐵企業開始，同年 5 月中央召開了全國鋼鐵工業座談會，並頒布調整鋼鐵生產計劃的 13 號文件。國務院還成立了

專門的工作小組帶頭整頓鋼鐵工業，在歷經大約一個月的努力之後，整個行業的生產狀況開始朝好的方向發展。為了解決整個工業的根本問題，國務院於 6 月 16 日召開相關會議，會議決定全面整頓工業並頒發相關文件。7 月，國家計委起草《關於加快工業發展的若干問題》，即後來的「工業二十條」，這成為「文化大革命」期間解決工業領域混合體制的一個綱領，在經濟整頓和工業發展過程中，產生了非常積極的影響。

至「文化大革命」結束，1977 年中共中央又著手對工業管理體制進行了局部性的調整，將「文化大革命」中下放的一批關係整個國家經濟命脈的大型工業企業不斷收回，實施雙重領導的模式，即採取中央為主導、企業部門為輔的方式；對仍然歸由地方管理的未收回的大中型企業則規定應服從國家統一計劃，保證產品配套和調出任務的完成，國有企業又陸續收歸中央管理。

七、改革國有企業領導體制

（一）改革工業管理的一長制

俄國革命勝利後，列寧提出採用一長制替代工業管理方面過去實行的集體管理制，以此改變革命時期經濟建設的混亂局面。列寧的主張當時並沒有得到支持甚至受到各方面的反對乃至批評，也引發了黨內的一場大爭論。一直到俄共九大，才正式確定了列寧的這一提議。俄共九大決議《關於經濟建設的當前任務》表示：「工業管理方面必須逐步採用一長制，即在生產行政機構的中上層環節建立簡化的集體領導體制，在各工廠管理處推行一長制，在各工廠和各車間必須建立完整的、絕對的一長制。」政府通過任命或委派的形式，讓幹部擔任企業的領導者，同時，政府通過制訂各種生產計劃指導企業生產，企業領導者的生產經營和管理必須遵從國家的意願，以保證當時國家的經濟政策能夠順利實施。「一長制」的領導管理體制運用行政管理的方式，具有高度的集權性、組織性和政府性。

1949 年中華人民共和國成立後，中國各級企業開始在企業內部推行一長制的管理體制，這也是中國進一步全面借鑑和學習蘇聯的成果。事實表明，

第二章　改革開放前的工業企業制度

一長制的管理體制在逐步向全國推廣實行的過程中效果日益顯著，如：生產責任制的落實，不斷明確和細分了各個職能部門的職責；企業內黨、政、工、團關係進一步理清，明確分工，提高效率；企業內管理制度不斷修改完善，行政方面的力量逐步加強。但也隨之產生了一系列問題，如：廠長等領導幹部由於文化以及業務水準低在廠內不能樹立威信；一長制由於無法有效結合民主管理而導致群眾不能積極參加企業管理和企業建設；一長制常相悖於黨委領導，黨委領導工作不能開展。鑒於以上問題，黨中央也快速進行調研，黨中央意識到生產建設在規章制度和專家指導的基礎上，更需要廣泛參與並提出建議的人民群眾，最終總結出「兩參一改三結合」管理制度。

1958年4月18日，黨中央審批並準允了黑龍江省委的《關於企業幹部參加勞動工人、參加管理及實行業務改革的報告》，黨中央指出北安國慶慶華工具廠的管理改革，是從社會主義新時期企業管理原則及制度出發進行的改革，這一管理改革具有深遠的意義。從全國角度看，所有具備這種改革條件的企業都應該借鑑慶華工具廠的經驗，在企業內部逐步施行相關改革。具體來看，慶華工具廠的管理改革是抓住關鍵、逐步展開的。第一步，對於廠內的經營管理科施行業務方面的改革。經營管理科領頭，廠內其他科室的業務改革逐步展開，一時期形成了全廠的改革熱潮。第二步，定機構和人員。有了先前的業務改革，機構和人員的重新確定也更加順利，用時很少但收到了非常明顯的效果。整個工具廠減少也簡單化了在原有表報中占據50%的共計263種表報。而在權力分配上，對於一些車間能夠解決的問題便將這一權力給予車間。同時，關於廠內的規章制度也進行了相應修訂。「經營管理服務生產」思想逐步在廠內樹立，創造了材料、資金和醫藥直接送上門的方法，也得到了群眾的極大認可。此外，其他企業還實行幹部工人化、勞動經常化、生活群眾化；同吃、同學習、同勞動、同娛樂、同住。「三化五同」也更加完善了這一改革經驗。

1958年9月，黨中央和國務院聯合發布了《關於幹部參加體力勞動的決定》。這一決定提出：自黨中央去年5月10日發布的《關於各級領導人員參加體力勞動的指示》和今年2月28日發布《關於下放幹部進行勞動鍛煉的指

示》這兩個指示之後，全國各地有將近百萬幹部去到農村以及工礦業企業參與體力勞動鍛煉。與此同時，對於在職幹部，則在下班或者業餘時間主動去參與各種體力勞動。運用這種方式，從黨、政府、軍隊和人民團體，到企業和事業機關，與勞動群眾之間的聯繫愈發加強了，幹部的思想作風方面也有了很大的改進。正是因為幹部以一個普通勞動者的身分參與勞動群眾的體力勞動，幹部和勞動群眾關係更加緊密了，更能從勞動群眾的角度出發，這也使群眾更加相信和愛戴幹部，勞動群眾的革命積極性自然也提高了。基於此，黨中央、國務院指出，對於剩下的還未到農村以及工礦業企業進行體力勞動的所有在職幹部，之後要逐步地每年空出一段時間去參與農業等相關方面勞動生產。1958年11月，吉林長春第一汽車廠開始實行讓工人參與廠內行政管理、全面參與設計以及技術方面管理，同時，對於設計生產工作和技術方面不符合當前實際的規章制度等進行修訂。所謂「兩參一改」，這種方式讓管理人員、生產工人和技術職員聯合起來，使他們之間的關係更加密切，逐步形成了「兩參一改三結合」這一黨委統一領導下的管理制度。

隨後，鞍鋼也創造出了自己的一套新經驗，不僅能適應國家倡導的「大躍進」精神，而且能展現鞍鋼工人的政治思想覺悟，被譽為「鞍鋼特色」。具體來看，例如取消津貼和基建工資等，鞍鋼工人也提出了多達幾十萬條的「合理化建議」，這些建議都致力於技術上的革新或技術革命，被譽為「鞍鋼憲法」。此後，中國許多大型企業開始陸續試行了「兩參一改三結合」制度，這一制度快速地在全國各地的工礦業企業中推行開來。而在推行的過程中，全國各地結合實際情況對這一制度進一步地加以調整，企業的管理工作也進入一個新階段。但又因為後期「大躍進」運動，這些全國推行總結的改革經驗或改革探索取得的成果也受到了很大的影響。

1960年10月4日，將「兩參一改三結合」運用在企業中進而提高企業管理效率的指示也由黨中央正式發布。「兩參一改三結合」，是在改革中國沿用的蘇聯企業管理制度的過程中提出的，是中國國營企業一次生產力的革命。

（二）廠長負責制

1956年中共八大召開，正式公布中國國營企業領導體制的新選擇，即黨

第二章　改革開放前的工業企業制度

委領導下的廠長負責制，這一制度替代了以往的一長制。廠長負責制是以國家為領導核心，並結合個人負責的領導體制。該制度要求，集體討論生產經營中的重大問題，並共同做決定，以保證決策的有效性；同時，生產中的每部分工作都由專人負責，將每部分責任落實到個人頭上。1957年，黨中央決定，除實行廠長責任制外，又主張實行職工代表大會制度，其前身為工會主持的職工代表會議。職工代表大會具有一定的職權，是通過職工群眾的力量對企業進行管理和監督的制度，為行政組織的一種形式。

廠長負責制是一種新型的領導體制，由廠長對企業的生產、經營、行政管理進行統一領導。廠長在企業的生產經營活動中，作為總的領導人和負責人，要對企業進行負責，不僅是對職工負責，同時也要對國家進行負責。廠長對企業進行領導，並且行使企業的權利和義務，根本就是為了讓企業在社會中增加相應的經濟活力、保障企業的基本運行。根據當時中國的企業領導體制的狀況，可以說，實行廠長責任制，可以劃清黨政不同職能，可以做到廠長全面負責、黨委進行監督和職工民主管理。實行廠長責任制，不僅僅是當時經濟體制改革的重要內容，更是政治體制改革的重要內容。其主要原因有：第一，廠長責任制，是和企業經濟行為相關的，同時也是為了使黨政分離的一種改革。黨政的分離，一定程度上可以起到一種良好的監督作用，同時使工作的效率提高和企業責任感增強。第二，廠長負責、黨委監督，這已經實現了黨政分離，也是制度上的合理分工。第三，實行廠長責任制之後，廠長便是企業的法人代表，代表了企業的基本利益和基本責任，加強了法律在企業的地位和作用。第四，廠長責任制和企業職工民主管理相輔相成，職工可以以主人翁意識參與到民主管理中來，方便了企業的管理，因為職工的主人翁意識必須通過階級的意志和領導者的權威來實現，這是社會主義民主在企業中的充分體現。第五，廠長對於企業的所有經濟生產活動導致的後果負責，可以實現統一的指揮系統，企業的凝聚力會由此提高，同時，企業的工作效率也會由此提高，企業的活力也會由此上升，這和權力下放、克服官僚主義是一致的，都能夠提高生產效率。

但在「大躍進」行動中，由於受到「左」傾思想的嚴重影響，各企業並

沒有真正貫徹執行由黨委領導的廠長負責制和職工代表大會制度，而是各種生產經營中的各種事務都強調「書記掛帥」，因此，實際上形成了「書記一長制」的企業領導體制。另外，由於對企業管理制度不恰當的改革，廢除了很多合理有效的管理制度和責任制度，各個黨委委員承包了行政工作，稱為「分片包干」，廠長不再負責生產的統一指揮和管理，也停止了正要全面實行的職工代表大會制度。

1961年的《國營工業企業工作條例（草案）》重申了實行黨委領導下的行政管理上的廠長負責制，把黨的集體領導和個人負責結合起來，黨政主要領導一般由一人兼任，規定黨委是企業的領導核心，由企業黨委討論並決定企業的重大問題。所有幹部都按照黨政機關幹部的單一模式進行集中管理，國有企業領導人員同樣如此，具有高度的集權性、組織性和政府性。

另外，該草案對黨委領導廠長負責制進行了總結，做出了一系列的具體規定。為了克服企業日常事務被黨委包攬的現象，草案明確了黨委在生產、行政上的工作、領導責任：①貫徹黨的路線、方針和政策。將國家計劃及上級行政機關布置的任務充分、全面、超額地完成。②討論解決企業工作中暴露出來的重大問題。③監督、檢查各級領導對於國家計劃、上級任務、企業黨委下達的命令的執行。草案中還明確了哪一些問題屬於重大問題。規定了廠長、副廠長、總工程師等，完全負責企業的日常指揮工作及生產行政工作。為了讓廠長貫徹執行廠長負責制，草案還規定了本單位的生產行政工作的完成受車間、工段、支部委員的監督。車間和工段，不實行車間主任、工段長責任制。

「文化大革命」期間，在黨委領導下的廠長責任制也被迫中斷。地方和企業都必須成立「革命委員會」，「革命委員會」將各種規章制度視為猛獸，進行「管、卡、壓」，在這種強壓下，規章制度蕩然無存。沒有規章制度的企業，實際由「革命委員會」主任一個人負責，而在大中型企業裡，相當多由軍代表負責。「文化大革命」結束後，廠長責任制得以恢復。當時，中央政府頒發了《中共中央關於加快工業發展若干問題的決定（草案）》，草案總結了中國企業管理的優缺點，指出必須在企業中建立、健全黨委領導下的廠長

分工責任制和黨委領導下的職工代表大會制。但是在當時，由於「左」傾思想沒有完全得到糾正，制度中依舊存在黨政不分、以黨為政的諸多問題。具體的生產中，雖然強調所謂的「廠長分工責任制」，但是實際上是廠長、副廠長各自工作，都是直接對黨委負責，沒有形成以廠長為首、統一指導的指揮系統。

1978年，黨中央召開了十一屆三中全會，會議糾正了經濟工作中的「左」傾錯誤思想，中國的企業制度開始走上了健康發展的道路。3年後，也就是1981年，黨中央連續頒布了一系列暫行條例。這些暫行條例，著重規定了企業中依舊需要貫徹執行黨委領導下的廠長責任制和職工代表大會制，強調黨委在企業生產行政上，要抓重大問題，對於生產和行政事務不能直接指揮，這也是為了避免執行中出現以黨代政的傾向。暫行條例的頒布，對企業中進行撥亂反正、恢復秩序、發展生產起到了積極的作用。黨委領導下的廠長責任制在中國企業發展中，是實行最久的一種領導制度。分析這種制度、總結相關的經驗，對於探討中國進一步發展企業領導制度的方向，有著相當重要的啓發。

從國有企業領導體制改革的歷程來看，由於經濟以公有制為主以及實施計劃經濟體制的影響，企業領導的選拔任用機制具有強烈的政治干預傾向，進入企業擔任領導的前提是要有國家或地方幹部的身分，這種情況下，由於領導幹部不一定對企業有充分的瞭解，以及不對稱的權力和責任，很難保證領導任命的最優化。隨著改革開放後現代企業制度的建立和完善，這一問題逐步得到瞭解決。

舊的領導制度不再適應經濟體制改革的新形勢。雖然黨委領導下的廠長責任制對於中國企業的發展起到了一定的積極作用，但這種體制和以前的「以階級鬥爭為綱」「政治掛帥」的形式是相適應的。而在黨的十一屆三中全會之後，黨、國家的工作重心進行了轉移，黨委領導的廠長責任制弊端暴露了出來，經濟體制的改革已迫在眉睫。其存在的主要問題有：第一，黨對企業思想、政治工作的領導在一定程度上被削弱。企業的黨委直接管理企業裡面的所有事務，這樣反而形成了「黨不管黨」「以黨代政」的反常情況，而且

當時黨組織也沒有足夠的時間和精力去做思想政治工作和組織建設工作，結果就導致了這種現象的出現。這也是當時各大企業反饋的普遍存在的現象。第二，企業的管理不利於當時職工的民主管理。當時，國家的企業管理政策為黨委領導下的廠長責任制和職工代表大會制，這兩者在一些問題上面有較大的分歧。雖然按照規定，職工代表大會是企業的權力機構，但是在當時，黨委對企業的一切重大問題都有決策權，職工代表大會只能流於表面，做做樣子。「黨委決議、廠長報告、職工舉手」就是當時的真實寫照，職工沒有了民主，廠長沒有了權力，就成了一切問題的根源。儘管當時這兩個制度在 20 世紀 50 年代就被提出來了，但是礙於社會的流程和體制本身的弊端，過分地強調了要在企業中發展黨的群眾路線基礎，這讓職工的民主管理難以實現。第三，無法建立一個真正意義上的統一生產經營指揮系統。雖然名義上是黨委領導下的廠長責任制，但是在真實的管理過程中，廠長沒有權力、說不上話，黨委實際上既起到了決策作用，又起到了組織指揮作用，還要發揮監督保證作用，權力的沒有下放和政策的沒有良好實施，使得在當時的企業裡面，一直沒有建立一個統一的生產經營指揮系統，往往都是把決策、指揮、監督混淆、雜糅到一起，形成了多頭領導、多頭管理、多頭指揮的混亂局面。儘管規章強調廠長責任制必須有統一的指揮系統，但是由於這一制度的本身缺陷和本身的問題所在，統一的指揮系統一直無法建立起來。廠長和黨委書記分工不明確、做事不徹底、監督沒方向。書記和廠長的關係一般有三種情況。第一種是交替性，書記、廠長不明確分工，誰有精力誰去抓、誰有能力誰出馬。第二種是替代性，書記和廠長雖然有明確的分工，但是一旦出現問題，書記就會以一把手的身分插手，讓廠長使不開拳腳。第三種是包攬性，企業的管理中，無論什麼事情，都需要向書記請示，書記不拍板，事情就辦不了。這三種情況在當時非常普遍，使得大大小小的企業效率低、生產能力低。這也充分證明了，這種制度難以滿足現代大型工業生產的基本要求，難以保證生產經營的統一指揮。第四，無法實現內行和專家來管理。企業的黨委作為黨的基層組織，有其自己的政治標準和組織原則。雖然可以從技術專家和管理專家裡面選拔合適的人才來擔任黨組織書記，但是由於黨委組織的特殊性

第二章　改革開放前的工業企業制度

和背景意義，不可能把黨委組織成一個專家團隊，這是不符合政治標準和組織原則的，這樣黨委基層的性質就變了，由一個政治組織變成了經濟組織，工作任務也將帶來新的變化，由政治任務變成了經濟任務。同時，由於制度上實行的是黨委領導下的廠長責任制，就充分表明了，幹部的管理在黨委，生產任務在廠長。使用人和管理人進行了分離。這種情況，是無法實現由內行和專家來進行管理生產的。第五，企業難以實現以法人的身分進行自主經營。隨著經濟體制的改革，企業的自主權有了一定程度的擴大，同時，企業對於國家和人民的義務與責任也有了擴大。在當時的生產活動中，既然已經很明確地知道企業是法人，那麼企業的領導人就應該承擔相應的法律責任。在當時的制度下，黨委領導下的廠長責任制，權利和責任是分離的，黨委可以行使決策權，卻不能夠以政治組織去承擔經濟活動的法律責任，而對於黨委書記來說，雖然是黨委基層組織的負責人，但是也不能夠成為企業的法人代表。所以在當時的制度下，難以找到相應的承擔責任的對象，這種情況下，把廠長拉出來作為法人代表來承擔企業經濟活動中應該承受的法律責任，這是相當不合理的，就是變相地代人受過，實際上這也是不可能實現的。然而，企業要在社會中進行生產經營活動，就必須明確其相應責任的承擔方，企業才能夠在真正意義上實現自主經營。第六，企業難以開展橫向經濟聯繫。根據客觀經濟規律，隨著體制改革的深入，企業將不由自主也開展橫向經濟的聯繫，這也是客觀經濟規律決定的。跨部門、跨區域的企業組建成集團，對於當時的經濟體制有了新的要求和新的需求。如果依舊沿用舊制度──黨委領導下的廠長責任制，勢必會要求黨委成為一個跨部門、跨地區的更大集合的「聯合黨委」，這當然是不可能實現的，因為作為黨的基層組織，只能夠隸屬於某個地方的黨委組織，「聯合黨委」的上級是無法確定的。更何況，企業的這種橫向經濟聯繫，在市場中更多的是為了生存和發展，部分只具備了相對的穩定性，「聯合黨委」的隸屬關係無法確定，內部矛盾產生之日，就會是企業的崩塌之時。

八、改革利潤分配制度

(一) 獎勵基金制度和超計劃利潤分成

中華人民共和國成立之初，國有企業所獲取的利潤，首先提取出一小部分作為獎勵基金，餘下部分則全部交予國家財政，這一分配制度也稱為「統收統支」。在這一制度下，國有企業生產所需要的投資資金和生產中所產生的資金等方面虧損均由國家財政全權負責。進一步地，1950 年國家頒布了《中央人民政府政務院關於統一國家財政經濟工作的決定》，這一決定中明確指出中央或地方政府負責經營的工廠企業，其提取的折舊金和實現的利潤必須按照規定時間定期上繳國家財政。在這一規定的嚴格和逐步實施下，國家財政收入中國有企業繳納的利潤所占比重日益增加，國企上繳的折舊金和利潤也成為中國投資各個重點建設項目所需資金的主要來源。這一階段，國家對國有企業實行的這一利潤分配體製表現為高度集中統一，該利潤分配體制框架的最初形成也表現為「統收統支」。

在高度集中統一的利潤分配體制下，雖然國企所實現的利潤很大一部分都上繳國家財政，但為了提高企業員工生產的積極性和主動性，獎勵基金制度開始逐步在國有企業中實行，獎勵基金制度是企業內部進行計劃，上繳財政的同時留取部分利潤，留取的這部分利潤主要用在員工集體福利方面的投資、個別貧困員工的補助以及給予優秀員工的獎勵等。這一獎勵基金的留取比例也有相關的規定，不同類型的企業，其留取獎勵基金的比例也是不一樣的，這一比例的範圍為 2.5%~15%。按這一比例範圍，企業所提取的獎勵基金並不多，但從這一時期來看，留取獎勵基金一定程度上是在集中統一的利潤分配體制下國企擁有部分自主權的有效舉措。獎勵基金在提高員工工作積極性、增加員工生活幸福感以及增強員工對企業的責任感等方面有重要的作用。

進一步地，高度集中的利潤分配體制下，國企生產營運中逐漸出現弱化甚至缺乏激勵機制的情形，為了解決這一問題，國務院頒布了《國營企業 1954 年超計劃利潤分成和使用辦法》，這一辦法中明確規定將 1954 年 60% 的超計劃利潤解除上繳國家財政預算，剩下的 40% 部分留在企業各主管部門使用。這部分資金主要用在修建企業辦公樓、置辦辦公設施、修建企業員工宿

舍和購買家具、修建員工俱樂部以及補充企業的流動資金等。1956 年，國務院繼續頒發了《關於 1956 年國營企業超計劃利潤分成和使用的規定》，這一規定旨在對於超計劃利潤分成的計算和使用上進行進一步規範化。

總體來看，這一階段國有企業利潤分配體制是適應於「一五」期間中國的經濟狀況的。在這種利潤分配體制下，國家在企業中佔據著主導地位，國家掌握著企業的投資權、累積權、財產權以及分配權，國家的這種集權或主導地位是適應於這一歷史階段的，它一方面有利於集中資金等各種資源進行大規模的經濟建設，確保國家主要建設項目的有序進行，另一方面，它也使國有經濟在中國經濟中的主導地位得到了進一步鞏固和強化，國企利潤在短時間內實現快速增長的同時，企業以及內部員工的物質利益也得到了保障。但是，從更長遠角度來看，這種利潤分配體制對於員工生產積極性的調動是不利的，對於企業本身來說也不利於其創新機制的生成。這也主要歸因於國有企業只是實現國家經濟計劃的一個工具，國企生產營運並沒有壓力，企業出現的虧損由國家承擔，所以，國企員工也缺乏積極主動工作的有效激勵，這種現象長期對企業發展不利，必須進行進一步調整和加以完善。

（二）利潤全額留成制度和企業獎勵基金制度

（1）利潤全額留成制度。

1958 年 2 月，國務院頒布了《關於實行企業利潤留成制度的幾項規定》。這一規定的主要內容如下：第一，主管部門結合各自企業的實際情況各自確定留成比例，而且這一留成比例保持 5 年不變。第二，允許主管部門可按一定程度提取部分留成，集中把握並可隨時調整。企業留成的計算是將 1957 年作為基期，並結合應規定提取的社會主義競賽資金、預算撥付的技術組織措施費用和勞動安全保護費用以及超計劃利潤留成部分來計算。第三，企業留成不能用於企業的行政關係方面支出，而是主要用於生產，同時也兼顧職工福利。具體來說，這一部分資金主要用在四個方面，即流動資金緊缺時補充、基礎設施建設費用、競賽和職工福利。但用於競賽和職工福利的留成部分不能超過總職工工資的 5%。第四，結合企業的利潤、價格和稅率，企業最初確定的留成比例可以相應進行調整，但調整的幅度也有一定限制。

在這期間，中國的國有企業利潤留成制度改革方向是正確的。事實證明，

這一制度進一步促進了各地方政府和企業的自主經營管理，使管理模式從以往的高度集中開始轉變，進而提高了職工的生產積極性。但因為中國又處於「大躍進」這一特殊歷史時期，為了做出成績和超額完成指標，各地方政府對於中央允許的管理權限使用混亂，進行大量基礎設施建設以及一些不必需的投資，對於國家資金過度佔用，進而動用企業的利潤留成，導致了企業管理上的混亂，給企業的經濟效益帶來負面影響，進一步使中國的經濟形勢嚴峻程度加劇。統計數據顯示，中國國有企業1961年的虧損額達到103.2億元，其中工業企業總虧損額為46.5億元。這一巨大虧損主要歸咎於特別時期經濟建設的指導方向錯誤，與國企利潤留成制度改革沒有關係，錯在地方政府和企業的落實和執行上。

（2）企業獎勵基金制度。

從1961年開始，中國進入國民經濟調整時期，對於過去給予國有企業的管理權限中央也再一次收回，企業獎勵基金制度替代了企業利潤全額留成制度。1961年國家財政部發布《關於調低企業利潤留成比例加強企業利潤留成資金管理的報告》，報告指出將國營企業留成資金在利潤中所佔比例調整為6.9%，而過去這一比例平均在13.2%。1962年1月，國家財政部和國家計委聯合公布《國營企業四項費用管理辦法》，其中對企業利潤留成方面給出了新的規定：利潤留成只在商業部門中實行，其他部門則開始採用提取企業獎金的方式。此外，過去企業留成資金用在企業生產和職工福利相關四個方面的費用，統一通過國家財政撥款來解決，結合國家撥款範圍的分配，各企業的主管部門來確定具體的撥款指標。同月，國家財政部和國家經委聯合發布《1962年國營企業提取企業獎金的臨時辦法》，這一辦法的發布也是恢復企業獎勵基金制度的標誌。新恢復的企業獎勵基金制度和「一五」時期實行的制度存在一些差別。具體來看，規定提取企業獎勵基金的比例在工資總額中只能占3.5%，這較過去有一定降低，而且各企業如果不能完成制定的計劃指標，獎勵基金還要減提1/6。對於提取的企業獎金的使用，首先用在發放各類獎金包括先進集體獎金、勞動競賽獎金和先進工作者個人獎金，隨後再用於員工集體福利設施建設方面。

「文化大革命」時期，國有經濟遭到嚴重破壞，國企實行的利潤分配制度

有的被破壞，有的被簡化，有的被直接取消，國家與國企的利潤分配變得紊亂。1967 年，國務院發文規定，國有企業擁有的固定資產及其基本折舊基金不再上繳給國家預算，而是將其全都留在企業以及主管部門。但兩年後國企的獎勵基金制度就被取消了，而又開始實行企業利潤全部上繳國家。過去用來解決職工福利的獎勵資金開支也開始由國家財政部統一撥款，由中央提取作為福利基金，提取按照總工資的相應比例（3%、8%）進行，用於醫療衛生費用和福利費用。1973 年，國家財政部頒發《國營工業交通企業若干費用開支辦法》，其中也再一次強調要從生產成本中計提員工的福利基金，而對於福利基金的使用上，主要涵蓋直系親屬醫藥費、開展農副業生產和建設職工浴室以及購買食堂炊具等。至此，國企的利潤分配走向了「統收統支」。

1978 年 7 月，中央開始著力收回以往給予各地方企事業單位的經濟管理權限，目標在於為快速發展國民經濟集中力量。此外，中央也發布了《中共中央關於加快工業發展若干問題的決定（草案）》，規定重新實行企業獎勵基金制度和計件工資制度，對於國家統一分配的物資產品範圍也進一步擴大了。

第四節　改革成效及問題

1956 年年底，全國基本完成了對具有資本主義性質的工商業的社會主義改造。在生產資料由私有制變為公有制的同時，當時的工業化建設在全國範圍內也如火如荼地進行，順利完成「第一個五年計劃」，國營經濟在全國經濟中的主導地位開始初步確立，形成計劃經濟體制，恢復了國民經濟，保證了這一時期繁重的經濟、社會任務的順利完成。為調整「大躍進」時期建立的很多不適當的工業體系，同時為了解決計劃經濟體制的弊端，中國進行了一系列的探索，出抬相關條例改進計劃管理體制，幾收幾放管理權，改革企業利潤分配制度和企業領導體制，建立協作區，試辦聯合企業等，收到一定成

效。「文化大革命」後，為重建國有企業的管理制度，1975年開始，中國對工業領域管理進行重新整頓，恢復經濟戰線，發展工業，使社會主義中國進入新的歷史發展時期。

總體上看，改革開放前，在權力高度集中的計劃經濟體制下進行的國有企業制度調整，經歷了嚴重曲折。雖然中央出抬了不少政策，也進行了很多相關探索，對於國有企業的發展有收有放，但在計劃經濟下又受當時「左」傾思想和政治運動的影響，這些調整始終沒有觸及政府與企業關係的改革，加之宏觀管理體制排斥市場機制，因而否定了國有企業作為經濟活動主體的基本屬性，截至1978年之前，政府在企業中實行的統一計劃、統一收支、統一分配和直接管理體制在力度上不斷增強，國有企業沒有獨立的權力、沒有獨立的利益，經營機制僵化而效率低下，且員工積極性和主動性缺乏。國企成為政府部門的附屬，本來應該生機盎然的社會主義經濟在很大程度上失去了活力。只有發展社會主義市場經濟，讓市場對資源配置起基礎性作用，同時國家進行宏觀調控，才能突破以往改革中「一管就死」「一放就亂」，循環往復，永無盡頭的歷史怪圈，找出社會主義國家經濟體制改革方面的根本方法或根本出路。

國家與國企之間的這種財政分配關係是與政治經濟發展形勢和經濟管理體制相適應而產生的，這種制度的頂層設計可能更多還是當時「左」傾思想和政治運動的產物，或者說是經濟形勢嚴峻之下的無奈舉措，而不是考察和衡量經濟發展而必需的。所以，管理權限可以給予後又重新收回，企業獎金制度可以實行了而又被取消。這個階段，國有企業沒有獨立的投資政策、沒有獨立的管理制度、沒有利潤分配政策，有的只是低效率且高成本的經營模式，以及在政治鬥爭下的朝令夕改，這也是這一歷史時期而出現的特殊局面。

在這一特殊的歷史局面下，高度集中的計劃經濟體制抑制了企業的生產積極性、主動性和創造性，從而阻礙了生產力的快速解放和發展，導致生產力水準低下。因此，要想徹底改變這種尷尬的局面，解放和發展生產力，需要進一步進行體制的改革，以鄧小平為核心的黨的第二代中央領導集體吸取這一時期的經驗教訓，積極推行社會主義市場經濟體制，發展有計劃的商品經濟，並在企業制度的建立方面進行了一系列有利的、影響深遠的探索。

參考文獻

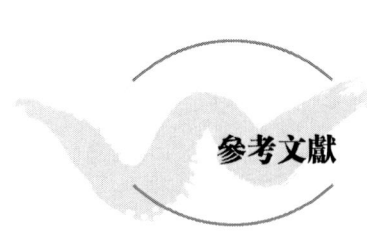

［1］杜育華. 中國國有企業公司治理制度變遷研究［J］. 行政事業資產與財務, 2014（11）：11-12.

［2］顧龍生. 中國共產黨經濟思想史（1921—2011）［M］. 太原：山西經濟出版社, 2014：396-402.

［3］郭錦杭. 論建國初期中國現代企業制度的建構：《公司合營工業企業暫行條例》的公司法結構［J］. 嘉應學院學報, 2017, 35（9）：37.

［4］韓奇. 毛澤東對計劃經濟的改革探索及其價值審視［J］. 現代哲學, 2018（3）：56-58.

［5］胡晶. 企業一長制：「興」與「廢」的變奏曲［D］. 北京：中共中央黨校, 2011.

［6］林裕宏. 改革開放前國有企業利潤分配制度的演進［J］. 產權導刊, 2013, 2013（7）：36-40.

［7］劉岸冰. 公司合營後中國企業制度的歷史性轉折：上海工業企業的產權、治理結構與經營［D］. 上海：上海社會科學院, 2011.

［8］劉仲蔡. 新中國經濟60年［M］. 北京：中國財政經濟出版社, 2009.

［9］毛澤東. 毛澤東選集：第四卷［M］. 北京：人民出版社, 1991：1431.

［10］彭華崗. 國有企業改革前景及治理模式［J］. 經濟導刊, 2017（1）：65-66.

［11］上海社會科學院經濟研究所. 上海資本主義工商業的社會主義改造［M］. 上海：上海人民出版社, 1980：59-60.

［12］田毅鵬, 苗延義. 單位制形成過程中的蘇聯元素：以建國初期國企一長制為中心［J］. 吉林大學社會科學學報, 2016（3）：80.

[13] 汪海波. 中國現代產業經濟史 [M]. 太原：山西經濟出版社，2006：13.

[14] 王永華.「工業七十條」爭論始末 [J]. 黨史博採（紀實），2010（2）：17-20.

[15] 蕭冬連. 篳路維艱：中國社會主義路徑的五次選擇 [M]. 北京：社會科學文獻出版社，2014：34-36.

[16] 張宏志. 六十年代初中國試辦工業、交通托拉斯的歷史回顧 [J]. 黨的文獻，1993（2）：22-28.

[17] 張樹德. 列寧斯大林關於「一長制」思想的理論與實踐 [J]. 當代世界與社會主義，2008（1）：144.

[18] 鄭有貴. 中華人民共和國經濟史（1949—2012）[M]. 北京：當代中國出版社，2016：60-61.

[19] 周樹立. 建國初期經濟發展模式的回顧和認識 [J]. 洛陽師範學院學報，2001（3）：42.

第三章
黨的十一屆三中全會至鄧小平南方談話前的工業企業制度

　　1978年黨的十一屆三中全會開啓了改革開放歷史新時期，中國開始從計劃經濟體制向社會主義市場經濟體制轉變，上一階段工業企業制度所遺留的問題也隨著改革開放逐步得到解決，從黨的十一屆三中全會至鄧小平南方談話前這段時期是工業企業制度改革的起步期。在此階段，國有資本幾乎涵蓋國民經濟特別是工業經濟的各個方面，工業企業制度的改革實質上就是國有企業制度改革的初步探索。國家主要通過「放權讓利」來探索工業企業制度改革的路徑，具體改革措施則包括：擴大企業自主權、實行經濟責任制、兩步利改稅、承包經營責任制、租賃經營制、股份制試點、發展企業集團等。

　　根據改革深度的不同可將「放權讓利」改革劃分為兩大階段：一是擴大工業企業自主權階段（1978—1984年），這一階段改革的層面尚淺，下放的權、出讓的利都還不夠，只是一個讓國營工業企業從國家計劃的執行者向市場競爭主體轉變的過渡階段；二是兩權分離階段（1984—1992年），這一階段以承包經營責任製作為推進改革的主要形式，給予了企業比較完全的經營權和一定意義上的收益權，使國有工業企業的責、權、利三者也得到了有效的結合。

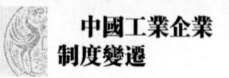

第一節　放權讓利改革的時代背景

　　正如上一章節所說，截至 1978 年前，政府在企業中實行的統一計劃、統一收支、統一分配和直接管理體制在力度上不斷增強，國有企業沒有獨立的權力和利益、經營機制僵化，進一步導致企業效率低下以及員工缺乏積極性和主動性，國企成為政府部門的附屬。在進行「放權讓利」改革前，國有工業企業在具有以上問題的同時表現出三個主要特點：一是統一領導、分級管理的管理模式；二是政府指令、嚴格執行的生產經營模式；三是統收統支、高度集權的分配制度。在中央對國有工業企業進行高度統一管理的制度下，國有工業企業的生產成本被限定在一定範圍內，並且企業沒有辭退員工與增加工資的權力，利潤不歸企業，虧損也不用企業承擔，國有工業企業扮演的角色只是政府經濟計劃的實現工具。總的來說，中央管得過多、統得過死的制度隨著社會與經濟的發展暴露出愈發嚴重的弊端，導致國有工業企業的活力與生產積極性都大打折扣。因此，隨著黨和國家將工作重心轉移到經濟建設上來，經濟體制逐漸由計劃經濟體制向市場經濟體制過渡，占據經濟半壁江山的國有工業企業成為關注的焦點，「放權讓利」改革應運而生。

一、放權讓利改革前國有企業的主要特徵

（一）管理模式：統一領導，分級管理

　　在 1949—1957 年的社會主義改造階段，中央對國有企業實行高度集中管理，截至 1957 年年末，由中央管理的國有企業已有 9,000 多家，其工業總產值已經占到全國工業總產值的半壁江山。但這種取自蘇聯的高度集中計劃經濟管理體制和國營企業制度，在隨著其規模日益擴大的同時，也為日後產生的一系列問題埋下了隱患。

　　1957 年年底，社會主義改造基本完成，由中央進行高度統一管理的制度

第三章　黨的十一屆三中全會至鄧小平南方談話前的工業企業制度

逐漸暴露出了它的弊端，中央不得不將國家高度集中管理的權利讓渡給地方政府，擴大地方和企業的權限，國有工業企業的管理權力向地方政府轉移。這本是一個正確的探索方向，然而在1958年開始的「大躍進」時期，普遍存在的高指標、瞎指揮等問題使得權力下放並未取得預期的成效，這些下放的管理權限不僅沒有起到調動國有工業企業活力的作用，反而為地方政府「搞躍進」提供了便利，最終的結果是國企的管理體系與歸屬關係越來越難理清，企業的活力與生產積極性也大打折扣，大大拖了經濟的後腿。

1960年，中央收回了大部分下放到地方政府的管理權限，這一次的改革以中央重新集中統一管理企業而畫上句號。1970年，新一輪的權力讓渡又開始在中央政府與地方政府之間進行，相比之前，此次的權力讓渡範圍更廣而且力度更大。但這次放權改革仍然是在計劃經濟體制基本框架內進行的，雖然中央高度集中管理的狀況有所緩解，但是很難有根本性的改變。

總的來說，1949年至1978年，兩次的權力下放都僅是改變了中央與地方政府在管理國有工業企業方面的關係，並沒有真正改變政府和企業之間的關係，更沒有改變國有工業企業的基本制度。並且由於特殊的歷史時期與計劃經濟體制背景，國家向地方政府進行的兩輪權力讓渡未能提升國有工業企業的績效。但不可否認的是，下放權力的改革方向是正確的，為之後的擴大企業自主權、兩權分離改革指明了方向。

（二）生產經營：政府指令，嚴格執行

事實上，在計劃經濟時代，國有企業這個叫法是不準確的。計劃經濟時期沒有真正的企業，只有所、廠、局、部、生產聯合體等。在這個時期，國有企業嚴格按照國家下達的十二項指令性生產指標安排生產活動，即總產值、主要產品產量、新種類產品試製、重要的技術經濟定額、成本降低率與降低額、職工總數、年底工人到達數、工資總額、平均工資、勞動生產率、利潤。

從這十二項指令性生產指標中可以看出，政府對企業的指令不僅僅局限於生產管理方面，還包括了成本管理、人事管理方面。企業的生產成本被限定在一定範圍內，而且企業沒有辭退員工與增加工資的權力，都由國家進行統一調配、統一管理。

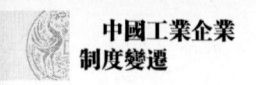

（三）分配制度：統收統支，高度集權

統收，是指國有企業實現的利潤，除提取一小部分作為企業的獎勵基金留存之外，其餘部分全部上繳給國家。而其中留存下來的獎勵基金，用於給員工發放獎金，從而調動員工的生產積極性，這部分獎勵基金按照企業的類別不同，提取的比例從2.5%到15%不等。統支，是指國有企業生產活動所需資金由政府全額撥款。在這樣的統收統支制度下，當國有企業發生虧損時由國家財政全額補貼，這也是統收統支制度最大的一個弊端。

中華人民共和國成立初期國有工業企業的高度集權型利潤分配制度依託於當時的基本國情。依靠著國有企業特別是國有工業企業大量的利潤上繳，國家進行了大範圍的基礎項目、重點項目的建設，對中華人民共和國成立初期的經濟發展起到了良好的推動作用，與此同時，企業留存下來的獎勵基金也兼顧了企業和員工的利益。在當時看來，這是一條正確的道路，但從長遠的角度來看，其弊端逐漸顯現。對於國有工業企業來說，利潤不歸自己，虧損也不用自己承擔，其承擔的角色只是政府經濟計劃的實現工具。激勵不足導致「吃大鍋飯」的現象嚴重。因此，隨著時代的進步和經濟的不斷發展，這種統收統支制度需要進一步調整。

遺憾的是，在接下來的近30年裡，雖然政府對統收統支制度的改革進行了多方位的探索，如「大躍進」時期的利潤分成制度、國民經濟調整時期的新一輪企業獎勵金制度、「文化大革命」時期的收支包干制度等，但均未達到預期的改革效果。直至1978年，中央發布了《中共中央關於加快工業發展若干問題的決定（草案）》，恢復企業獎勵基金制度，兜兜轉轉而又回到原地，始終都沒有跳出統收統支制度的框架。

二、放權讓利改革的必要性與可行性

（一）舊時代向新時代轉變

1949年至1978年，中國政府雖然也一直積極地在進行國營工業企業的改革與轉型，但由於兩個特殊歷史時期的存在，其努力未發揮出成效，並且使

第三章　黨的十一屆三中全會至鄧小平南方談話前的工業企業制度

得國民經濟蒙受損失。

第一個特殊時期是「大躍進」時期，這一時期，中國所實行的國營企業利潤留成制度是有其內在合理性的，但「大躍進」時期的高指標、瞎指揮等行為嚴重妨礙了其有效性的發揮。最終不僅造成企業管理、生產效率低下，還造成中國經濟的倒退。

第二個特殊時期是「文化大革命」時期，其間，國家工作重心轉移到階級鬥爭上，大批國營工業企業的員工離開崗位，投身於「革命」，一些正確的制度反而被打壓，使得國營工業企業的管理與生產一度停滯，國民經濟甚至到達崩潰的生死邊緣。好在1976年，「四人幫」被粉碎，10年動盪結束，挽救了危難中的黨和國家。在這樣的背景下，經濟恢復成為中國的絕對重心，而占據中國經濟半壁江山的國營工業企業成為調整與改革的核心。

(二) 社會主義市場經濟制度開始建立

1978年12月，黨的十一屆三中全會召開，針對社會主義經濟體制提出「計劃經濟和市場經濟相結合」的建設目標。特別是社會主義市場經濟理論的逐步創立，打破了原本的「計劃經濟等於社會主義，市場經濟等於資本主義」的傳統教條，進一步向人們揭示了社會主義與市場經濟之間的關係和邏輯聯繫，人們的思想束縛得到解放。如此一來，嚴格遵循計劃經濟體制，並按照國家指令性計劃進行生產的國營工業企業也必然跟隨經濟體制的改革而改革。正是由於此次的改革開放浪潮，從最初的放權讓利試探性調整到1992年開始建立現代企業制度，國有工業企業制度改革步伐逐漸加快。改革的關鍵在於將國家牢牢緊握的權力下放給企業，發揮企業的市場主體作用，這樣才能真正讓國有工業企業煥發活力。

(三) 市場開放初期供不應求格局

國民經濟的恢復與調整、經濟體制的轉型構成了擴大企業自主權改革的必要條件，而改革開放初期國內市場的逐步形成也為工業企業擴大生產奠定了基礎。1978年以來，改革開放為國內市場發展開闢了前所未有的廣闊空間，消費需求強勁，購銷活躍，消費總量持續擴大。當時賣方市場主導著國民經濟，市場供求格局還未發生根本性轉變，直到20世紀90年代以後供求關係

才實現由賣方市場向買方市場的轉變。隨著市場經濟的進一步擴大，在計劃經濟體制下人們被壓抑的需求紛紛爆發出來，這就決定了當時是一個供不應求和對企業擴大生產極為有利的市場。如此一來，當時只要是企業現有的生產能力能夠生產出來的產品，就能在市場上找到需求，企業還可以根據市場的需求情況去不斷拓展自己的生產能力。將足夠的、合理的經營自主權下放給企業，便是給企業注入了活力，企業就能在市場上煥發生機。

三、制度變革的外部環境

（一）世界掀起國企改革浪潮

20世紀80年代左右，世界各國都掀起一股國有企業改革的浪潮。包括美國、英國、法國、德國等西方國家以及日本、新加坡、馬來西亞等在內的亞洲國家都陸續開始根據國內具體情況對國有企業進行改革。例如，美國政府通過放鬆規制、凍結有關規制法令頒布的方法使國有企業從過度規制的沉重枷鎖中解脫出來，重新恢復活力；日本政府逐步開始進行國有企業的民營化改革，一是將部分國有企業轉為民營企業，二是放鬆規制，有效解決了國有企業的虧損問題。普遍來說，這些國家此時進行的改革都或多或少解決了國有企業的部分弊端，提高了經濟效益，緩解了政府的財政壓力。中國的國有企業在20世紀80年代之前也存在諸多弊端，在世界範圍內的國企改革浪潮席捲下，中國國有企業也迎來了改革的成熟時機。

（二）經濟全球化與貿易一體化程度加深

20世紀80年代以來，世界貿易發展到了一個新的高度，世界各國的貿易關係以及經濟的相互影響進一步加深。隨著改革開放的啓動，中國經濟更開放，貿易壁壘也逐漸削減，已成為世界經濟與貿易的一個重要組成部分。在這樣開放經濟的條件下，中國國有企業必然受到國際貿易競爭的衝擊。首先，走在世界前列的跨國公司的進入，把全球化的競爭帶給了中國企業，給國有企業帶來了很大的衝擊與壓力；其次，20世紀80年代中國的生產水準有限，中國國有企業在開放貿易條件下直接面臨與發達國家先進生產水準的競爭，

而且政府能給予的保護有限，其經營發展面臨異常艱難的困境。總而言之，中國的國有企業必然需要進行各方面的升級，提高自身的競爭力。因此，一場國有企業的改革迫在眉睫。

第二節　放權讓利改革的歷程及　在邏輯

一、擴大企業自主權（1978—1984 年）

1978 年 10 月，四川的 6 家國營工業企業試點工作的展開，標誌著放權讓利第一階段——擴大企業自主權改革正式開始。在試點工作順利展開的基礎上，國家跟進推行經濟責任制，實行利改稅，並且開始對國有資產進行管控。這一階段的擴大企業自主權改革使國有工業企業開始發生兩方面的轉變：一是從國家計劃的執行者向真正的市場競爭主體轉變；二是從獨立生產逐漸向橫向經濟聯合轉變。但這兩方面的轉變也存在較大的局限性：首先，改革層面尚淺，企業仍受到國家計劃與市場關係的雙重調節，下放的權、出讓的利都還不夠；其次，權責不統一阻礙了改革的步伐，原有的黨委領導下的廠長負責制難以與現在的改革背景相適應；最後，下放的自主權落實存在偏差，出現下放給企業的權力被地方政府截留和企業濫用自主權等問題。

（一）擴大企業自主權改革的內涵

擴大國有工業企業自主權的改革最早始於 1978 年黨的十一屆三中全會，1979 年 7 月，國家頒布了《關於擴大國營工業企業經濟管理自主權的規定》，旨在改變過去國家在國有工業企業生產經營方面管得過多、統得過死等弊端。同時把獨立處理人、財、物等問題的權利逐漸下放給企業，提高企業的生產和管理效率與職工的積極性，增強企業活力和經濟效益。擴大國有工業自主權改革的具體內涵可從以下兩個方面理解：

1. 國有工業企業從國家計劃的執行者向真正的市場競爭主體過渡

在計劃經濟體制下，企業沒有生產經營的自主權，從產量、成本到人員管理全部嚴格按照國家的指令安排。1978年召開的黨的十一屆三中全會，確定了改革開放政策，標誌著中國由計劃經濟開始逐步向市場經濟轉變。相對應地，國有工業企業也從國家計劃的執行者開始逐漸向真正的市場競爭主體進行轉變。

擴大企業自主權改革過程中，一部分權力被下放到了企業，但國家仍然保留了一部分決策權。可見企業享有的自主權是不充分的，主要體現在三個方面：一是在生產過程中，一部分產品的生產完全由工業企業自行安排，不必再受國家指令性計劃的約束，但還有一部分產品的生產仍然參照以前的模式，由國家指令進行安排；二是在投資決策上，工業企業能自行決定一部分中小項目的投資，但大型項目的投資需要上報給相關部門，得到批准後方可進行；三是在資金來源上，一部分是工業企業自籌，另一部分仍然依靠國家的撥付。

2. 國有企業從獨立生產逐漸向橫向經濟聯合轉變

在國有工業企業嚴格按照國家指令進行生產經營的年代，各個企業獨立生產，相互之間不會發生任何的交易關係。在擴大企業自主權改革後，市場機制參與進來，各個工業企業之間開始發生橫向的交易關係，這給企業的生產效率帶來大幅度的提升，於是各種形式的經濟聯合便逐漸誕生。如原材料生產企業與加工企業的聯合、生產企業與生產企業的聯合、生產企業與銷售企業的聯合，這些經濟聯合正是日後形成的各種企業集團的雛形。

在企業向橫向經濟聯合轉變的過程中，不僅僅是市場在發揮著作用，更重要的是政府也在不斷推動。1980年，國務院發布《關於推動橫向經濟聯合的暫行規定》，肯定了企業之間的經濟聯合行為。1981年5月，在國家的推動下，東風汽車聯營公司成立，成為一個跨省、區的大型汽車工業聯合體；同年11月，由7家工廠與1家研究所聯合而成的上海高橋石油化工公司成立，成為中國第一個跨行業大型企業聯合體，這在中國國有工業企改革歷程中是一個重要的里程碑。

第三章　黨的十一屆三中全會至鄧小平南方談話前的工業企業制度

（二）擴大企業自主權改革的具體實施

擴大企業自主權改革的序幕隨著黨的十一屆三中全會的召開而正式拉開，這一次改革的具體實施可以再細分為以下三個階段：擴大企業自主權改革的試點、推行經濟責任制和實行兩步利改稅。

1. 擴大企業自主權改革的試點

在此次改革中率先走上試點之路的不是中央企業，而是地方企業。1978 年 10 月，經過國務院批准，包括四川重慶鋼鐵公司在內的 6 家四川國營工業企業①在全國範圍內率先實行試點工作；1979 年 2 月，四川省政府又將試點企業從 6 家擴大到 100 家；1979 年 7 月，國務院就逐步擴大國營工業企業經營自主權連續下達了包括《關於擴大國營工業企業經營管理自主權的若干規定》等在內的 5 個文件②，對擴大企業經營自主權後企業擁有的責權利進行了較為明確的說明，並且又在全國範圍內 1,590 家企業推行了試點工作。至 1980 年年底，全國範圍內的試點工作已經初具規模，加入試點的國營工業企業已有 6,000 多家，雖然只占全國工業企業總數的 15%，但產值占比高達 60%，利潤占比甚至達到 70%。

試點工作中除了要將生產經營的自主權下放給企業，還有一個重要的內容——利潤留存。每一個試點企業都有一個年度考核指標，這個指標與企業年度的產值、收入和利潤等掛鉤，當企業完成了當年的指標，就被允許留存少量利潤給員工發放獎金。從試點工作的實踐來看，這樣的利潤留存方式一方面取得了良好的激勵作用，當員工的獎金收入直接與企業生產經營活動的好壞掛鉤，員工的生產積極性大大提高，企業的盈利效率也得到進一步的改善；但另一方面，弄虛作假、濫發獎金等問題暴露出來，利潤留成辦法仍然亟待完善。

---

① 四川 6 家試點企業包括：四川重慶鋼鐵公司、成都無縫鋼管廠、寧江機械廠、四川化工廠、新都縣氮肥廠、南充鋼鐵廠。
② 5 個文件分別是：《關於擴大國營工業企業經營管理自主權的若干規定》《關於國營企業實行利潤留成的規定》《關於開徵國營工業企業固定資產稅的暫行規定》《關於提高國營工業企業固定資產折舊率和改進折舊費使用辦法的暫行規定》《關於國營工業企業實行流動資金全額信貸的暫行規定》。

1978年至1980年的擴大企業自主權改革試點工作，確實取得了較為顯著的經濟成效。據1980年對5,777家試點工業企業的統計，當年實現總產值增長6.89%，利潤增長11.8%，上繳國家的利潤增長7.4%，國家、企業、員工都實現了收入的增加。

2. 推行經濟責任制

隨著擴權改革的進一步深化，「工業經濟責任制」在試點工作的基礎上發展起來。山東省率先在一部分工業企業中將「利潤留成制度」轉變為「利潤包干制度」，即企業只要完成國家上繳利潤任務，餘下的部分即可全部在企業留存下來或者在國家與企業之間進行分成。這種制度彌補了一部分試點工作中利潤留成制度的不足，並且對彌補財政赤字、增加政府收入起了較大的作用，因此被各個地區廣泛採納，經濟責任制由此漸漸演變而來。

國務院建立和實行「工業經濟責任制」的要求第一次被明確提出，是在1981年4月召開的全國工業交通會議上；同年10月，國家經貿委和國家體改辦下達了《關於實行工業生產經濟責任制若干問題的意見》，經濟責任制的要求及內容得到進一步明確與完善，並且在全國範圍內迅速推廣。至1982年年底，全國已經有80%的國營工業企業實行了經濟責任制。

國家對企業實行的經濟責任制，從分配方面可以分成三種類型：一是利潤留成；二是盈虧包干；三是以稅代利，盈虧自負。[①] 當經濟責任制落實到企業內部，則表現為將員工的工資收入與一定的崗位考核指標掛勾，實行按勞分配。經濟責任制的推行取得了較好的效果，企業的生產經營效率得到提高，職工的積極性得到促進，解決了一部分平均主義、「吃大鍋飯」的問題，使企業恢復了生機。

3. 實行兩步利改稅

（1）第一步利改稅。在1978年至1980年的擴大企業自主權試點階段，企業採取利潤留成制度，這種制度本身的缺陷導致「鞭打快牛」[②] 現象的出

[①] 出自國務院〔1981〕159號文件《關於實行工業生產經濟責任制若干問題的意見》。

[②] 「鞭打快牛」，是因為不同企業利潤增長的潛力不同。原來利潤交得多的企業，增長潛力就小，留成也少；原來利潤交得少的企業，增長潛力大，留成反而多。

第三章　黨的十一屆三中全會至鄧小平南方談話前的工業企業制度

現，即企業盈利越多則上繳得越多，這就導致企業隱匿利潤，最終造成1980年中國財政出現了大額赤字，利改稅制度便是在這樣的背景下被提出來的。1980年開始，已有400多家工業企業實行了以稅代利試點，總體上來看取得了良好的效果。在此基礎上，1983年4月，以稅利並存制度為主要內容的第一步利改稅開始在全國範圍內廣泛推行。稅利並存制度的具體內容，則是指對盈利的國營企業徵收所得稅或地方稅，即將企業過去上交的利潤改為稅收的形式上交給國家。對於稅後剩餘部分的利潤，再採取合理的方式在國家與企業之間進行分配。至1983年年底，已有26,500家國營工業企業實行了第一步利改稅。

相比之前的利潤留成、利潤包干等制度，稅利並存制度在國家與企業的利潤分配上顯得更為合理和穩定。「國家得大頭、企業得中頭、個人得小頭」的原則得到充分體現。但不可否認，第一步利改稅制度仍然存在很多弊端，其對於虧損的企業仍然實行補貼政策，使得企業難以成為自主經營、自負盈虧的責任主體；稅後利潤國家仍然要求分成，難以對企業與職工起到較大的激勵作用。因此，雖然利改稅制度的提出是國家為了緩解財政赤字，提高財政收入，但結果並不如國家預期的那樣，不僅沒有緩解赤字，反而加劇了財政的緊張程度。

（2）第二步利改稅。1984年10月，第二步利改稅正式試行，其核心是由第一步利改稅中的「稅利並存」轉向完全的「以稅代利」。據此，其主要的實施辦法是：大中型國企按55%的比例繳納所得稅，並根據具體情況徵收調節稅；小型國企則按新的八級超額累進稅繳納所得稅；大中小型國企的稅後利潤都歸自己所有，不再上繳國家。第二步利改稅的初衷，本是對第一步利改稅的進一步完善，將所有權與經營權進行分離，提高國家的財政收入，但實際運行時並沒有取得期待中的效果。無論是第一步利改稅還是第二步利改稅，都混淆了稅利的概念和功能，且無法從根本上解決政企不分的問題。從結果來看，55%的所得稅稅率過高，加上調節稅等各項稅種，導致企業大部分營收還是上繳給了國家，降低了企業的生產積極性，企業盈利下降，又導致國家財政收入下降。這樣的連鎖反應隨著時間的推移日益嚴重。總之，

兩步利改稅期間，國家財政收入持續低迷，改革沒有取得好的成果。

4. 國有資產管理開始起步

除了以上三個階段的主要改革外，國有資產管理也開始起步。國有工業企業經營自主權的一定程度下放，使得國家對國有資產管理無法做到之前的統一、嚴密。為適應改革的步伐，國家開始想辦法在企業獲得一定自主權的基礎上對國有資產進行管控。

1979 年，國家開始對國營工業企業的固定資產實行有償調撥，目的在於解決企業資產使用效率低下、閒置和浪費等問題。1980 年，國家開始對國營工業企業徵收固定資產占用費。這些措施力度較小、不夠完善，且明顯滯後於企業體制的改革，最終還是導致了一部分國有資產受到侵蝕。但其顯示出國家管理國有資產的決心，為後期國有資產管理改革奠定了基礎。

二、兩權分離（1984—1992 年）

放權讓利改革的第二階段是「兩權分離」改革，這是從 1978 年開始的幾十年裡貫穿國有工業企業改革的主線，也是放權讓利改革的最終目標之一。兩權分離改革階段的重點是轉換工業企業經營機制，圍繞著這個重點，國家開始實行「承包經營責任制」與「租賃經營責任制」。同時，其他改革也開始進行試點和推動，包括股份制企業試點、推動發展企業集團、黨委領導下的廠長負責制轉變為廠長（經理）負責制以及推動國有資產管理體制改革起步等。

但兩權分離改革在取得成效的同時始終存在一定的困境：一是在以承包責任制為基礎的兩權分離模式下，企業的經營權只是一定時期內對企業資產的使用權，意味著這種經營權是有限的，同時也是不穩定、不統一、不充分的；二是國家這個股東擁有所有權與行政權雙重職能，是一個抽象的主體，這意味著所有權的行使往往依附於行政權的行使，並且在官員或經營者代理的過程中，外部性的問題也難以避免。

第三章　黨的十一屆三中全會至鄧小平南方談話前的工業企業制度

(一) 兩權分離改革的內涵

擴大企業自主權的改革，其核心是在保持國家對國營工業企業所有權不變的同時，將經營自主權下放給工業企業，這本來也是一種對所有權與經營權的分離，只是程度尚淺。中國的兩權分離改革實踐早在 1978 年 10 月四川的 6 家國營工業企業開始擴大經營自主權的試點時，就已經開始了，並在接下來的幾十年裡一直是貫穿國企改革的一條主線。但在中國的國企改革中，「兩權分離」上升到制度層面是 1984 年《中共中央關於經濟體制改革的決定》中首次提出——「所有權同經營權是可以適當分開的」。

從理論淵源上講，兩權分離理論最早可以追溯到馬克思在《資本論》中對資本的論述：「資本可以分離為法律上的所有權與經濟上的所有權」。19 世紀 30 年代，美國經濟學家阿道夫・A. 伯利和加德納・C. 米恩斯又對公司所有權與經營權分離進行了明確闡述：「公司制度的興起，以及伴之而來的由於工業在公司形式下的集中而產生的所有權與管理權的分離，乃是 20 世紀中頭一個重要變化。」[1] 然而中國長期的國企改革實踐，無法照搬、套用馬克思的論述或者西方公司的結論，中國兩權分離改革的重點是轉換企業的經營機制。在第一階段的擴大自主權改革中，國家在保持對國營企業所有權不變的前提下，對企業的經營自主權開始試探性地下放，並取得了較好的效果。因此，在此基礎上，國家應該更大膽地前進一步，轉變企業的經營機制，實行承包經營責任制。

(二) 兩權分離改革的困境

1. 有限的經營權

從生產資料的視角看，經營權與所有權的分離是從最基本的生產資料——土地開始的。封建社會中，地主擁有土地的所有權，佃戶租賃地主的土地後可以進行生產經營活動，便擁有了土地的經營權，這種經營權具體表現為一定時期內的使用權。但這樣的經營權按照權利範圍劃分為兩種模式：

---

[1] 阿道夫・A. 伯利，加德納・C. 米恩斯. 現代公司與私有財產 [M]. 甘華鳴，羅銳韌，蔡如海，譯. 北京：商務印書館，2005.

第一種是有限的經營權,即佃戶只能在地主要求的範圍內進行生產經營活動,如地主要求只能在土地上種植水稻,那麼佃戶便不能進行其他諸如種植果樹、建設房屋等經營活動,且租金通常以上繳部分水稻收成的實物方式來體現,同時租賃的期限時效性短;第二種可以稱為無限的經營權,即租賃者只要交給地主足額的租金,地主就無權對租賃者的生產經營活動進行限制,即租賃者可以在土地上進行任何活動,可以種植水稻也可以種植果樹,還可以蓋房子、挖渠、開採等,這種經營權對應的租賃期限時效性往往很長,租賃者有絕對的權力和時間對土地進行經營。

類似地,在以承包責任制為基礎的兩權分離模式下,企業的經營權則是一定時期內對企業資產的使用權。那麼企業擁有的經營權是傾向於有限的還是無限的呢?答案顯而易見,企業擁有的經營權更傾向於第一種有限的經營權。原因在於:一是20世紀80年代,計劃經濟還沒有實現向市場經濟的完全過渡,企業仍處於計劃與市場的雙重調節下,難以完全自主地進行經營決策;二是當時承包經營中實行的「包死基數,超收全留」和「超收分成」的制度意味著其「租金」仍與「收成」掛鉤,這與第一種有限經營權的租金上繳方式異曲同工;三是企業的承包時間往往也較短。

這樣的有限經營權意味著這樣的改革措施是不穩定、不統一、不充分的。所謂不穩定,是指國家到期收回或隨時收回的權力使得國有工業企業擁有的經營權隨時面臨喪失的風險,並且極其不穩定,妨礙了工業企業的經營決策,特別是長期的生產決策。不統一,則是指不同規模、不同類型、不同地方的國有工業企業,簽訂的承包合同都是不同的,國家沒有一個統一的規範,而且主動權幾乎全部掌握在國家的手裡。不充分,是指國家相對於國有工業企業而言擁有更大的話語權,經營權給與不給、給多少都是由國家決定,而且國有工業企業的生產經營仍然受到國家的干涉,難以擁有充分的經營權。

2. 股東的抽象性

在兩權分離改革中,政府與國有工業企業都是組織機構而非可以思考的自然人。在現實生活中政府具體化為工作人員,其所有權的職能行使也是由相應的工作人員來行使。這會導致兩方面的弊端:一是由於國家在經濟活動

第三章　黨的十一屆三中全會至鄧小平南方談話前的工業企業制度

中同時擁有國有工業企業的所有權和行政的管理權,政府工作人員往往會混雜使用政府的行政管理職能和所有者職能,最後導致的結果是所有權的行使依附於行政權的行使。二是政府與國有工業企業這樣無生命、無意志的組織機構無法直接進行決策,而需要政府工作人員或經營者這樣的自然人進行代理。在「委託-代理」的過程中,代理人難免會面臨組織利益與個體利益相悖的局面,這就產生了外部性的問題。

(三) 兩權分離改革的具體實施

1. 承包經營責任制

(1) 承包經營責任制的實施過程。1987年3月,國務院在六屆全國人大五次會議上發布的《政府工作報告》中提出,改革的重點要放在完善企業經營機制上,根據所有權與經營權適當分離的原則,認真實行多種形式的承包經營責任制。同年4月,在全國承包經營責任制座談會上,原國家經委決定從該年6月起,在全國範圍内推行承包經營責任制。8月,《關於深化企業改革、完善承包經營責任制的意見》發布,重申了實施承包經營責任制「包死基數、確保上交、超收多留、欠收自補」的原則,以及兼顧國家、企業、職工三者利益的要求。1988年2月,國務院又發布了《全民所有制工業企業承包經營責任制暫行條例》,進一步規範了國有工業企業實施承包經營責任,並且引進了企業的盈虧機制、風險機制及承包責任人的競爭機制和獎懲機制,促進了企業承包經營制的進一步發展。該年已經有9,021個大中型國有工業企業實行了承包經營責任制,超過了總數的90%。至1990年,第一批實行承包經營責任制的企業普遍面臨三年承包期到期,第二輪承包合同的簽訂工作要馬上開展銜接的局面。1991年年初,簽訂了新一輪承包合同的國有工業企業達到了95%。第二輪承包合同對承包經營責任制度進行了再一次的完善,包括對承包指標體系的調整和各項機制的加強。

(2) 承包經營責任制的主要形式。對於國有工業企業來說,承包經營責任制的主要形式是「兩保一掛」。「兩保」中的第一「保」主要保證的是國家的利益,即保證國有工業企業上交的利潤和應納的稅額。其中利潤的上交額以承包經營合同中規定的為準,並且按照「包死基數、確保上交、超收多留、

欠收自補」的原則，無論國有工業企業完成多少利潤，甚至虧損，都必須上交規定的利潤基數額給國家。「兩保」中的第二「保」是國有工業企業保證完成國家下達的技術改造任務，而在技術改造的過程中企業必然面臨資金的問題，這樣一來，銀行的角色便被引入了。企業技術改造的資金，一小部分是自籌，更大一部分通過銀行貸款，而這些貸款都需要企業自己償還。「一掛」是針對企業而言的，即國有工業企業的工資總額與其經濟效益掛勾。

「兩保一掛」的形式有利有弊。從利的方面來講，第一，在「超收多留、欠收自補」的原則下，不管國有工業企業自身盈利與否或者盈利多少，國家的財政收入都是持續穩定的。第二，國家除下達上繳利潤的任務給國有工業企業外，還下達了技術改造的任務，這對於企業、社會甚至國家的長遠發展都具有積極作用與重大意義。第三，在國有工業企業技術改造任務中，銀行加入進來，一方面，企業的技術改造有了一個龐大而有力的資金支持者，使得企業能夠按時而圓滿地完成改造任務；另一方面，銀行通過貸款獲得一定的利息收入，打破了原有的只有國家與國有工業企業兩方的利潤分配機制，使利潤分配機制更加合理、有效。第四，企業的工資總額與經濟效益掛勾，並且即使虧損也要保證完成利潤上交任務，這使得「混吃等死」「吃大鍋飯」等局面被打破，國有工業企業的管理體制趨於合理，生產積極性與活力進一步提高。從弊的方面來講，第一，在上繳利潤與技術改造的雙重任務下，規模較大或較成熟的國有工業企業尚能承受，但對於規模稍小或剛起步的國有工業企業，難以做到兩頭兼顧，反而阻礙了企業的發展。第二，國家只明確規定，無論國有工業企業的盈利狀況如何都必須完成一定數額的利潤上交任務，但對是否必須按時償還銀行貸款並沒有做明確規定，這樣一來，若國有工業企業在上繳利潤後沒有多餘的利潤留成，銀行的利益就難以得到保證。第三，銀行的利益不僅僅是在國有工業企業沒有多餘利潤留成的情況下難以保證，即使國有工業企業在完成上繳利潤任務後仍有留成，其利益也很難得到保證。因為當企業有利潤留成時，它必然面臨兩個選擇：發工資還是還貸款。當國家對是否必須按時償還銀行貸款沒有明確且硬性的規定時，或者有其他國有工業企業開了不還貸款、拖欠貸款的先河時，很多國有工業企業都

第三章　黨的十一屆三中全會至鄧小平南方談話前的工業企業制度

會選擇滿足自己的利益，將利潤留成用於發工資而拖欠銀行貸款。

2. 租賃經營責任制

租賃經營責任制主要是針對小型國有工業企業的改革，與大中型國有工業企業承包經營責任制的主要區別在於企業獲得的自主權的大小。小型國有工業企業的優勢就在於「小」而「輕」，因此其盈利給國家帶來的收入或者其虧損給國家帶來的損失都是相對「小」而「輕」的。這樣一來，國家可以比較放心大膽地給予其相比於大型國有工業企業更多的自主權，讓其成為先鋒，為大中型國有工業企業改革探路。小型國有工業企業租賃經營責任制的推行與大中型國有工業企業承包經營責任制的推行幾乎是同步進行的。至1987年年底，實行租賃經營承包制的小型國有工業企業達到了40,000個，占總量的46%，總體上看都取得了良好的效果。

3. 相關改革試點

（1）進行股份制企業試點。中國股份制企業的雛形，是一部分通過「以資代勞、帶股就業」等形式籌措資金建立起來的鄉村企業。股份制企業按持股類型不同可分為三類，分別是社會公開持股、法人相互持股、企業內部員工持股。中國第一家規範的工業行業股份制企業是上海飛樂音響股份公司，該公司於1984年11月向社會公開發行股票，籌集組建企業的資金。1990—1991年上海證券交易所和深圳證券交易所分別成立並開始營業，標誌著中國股票市場正式建立。1991年年底，全國各種類型的股份制試點企業已經突破3,220家，這3,000多家股份制試點企業按行業劃分，工業企業有1,700多家，占到了一半以上，成為股份制試點的主力軍。從成果來看，中國兩權分離改革中的股份制試點工作取得了良好的效果。首先，股份制的出現，國家這個大股東的股權被稀釋，不再一家獨大，有利於進行兩權分離；其次，員工持股等方式使得其收入分紅與企業經營成果密切相關，大大提高了員工積極性與企業活力；最後，企業股權被劃分成較小的份額，不僅容易在社會上流通，企業籌措資金更容易，還使企業從只受政府的監督與鞭策擴大到受到全社會範圍的監督與鞭策，對企業的生產經營也有促進作用。

（2）推動發展企業集團。國有工業企業間橫向經濟聯合的工作，國家在擴大國有工業企業自主權階段就已經開展，而且取得了一定的成效。在此基礎上，1986年3月出抬的《關於進一步推動橫向經濟聯合若干問題的規定》，第一次提出了「企業集團」的概念。由此，國有工業企業間的橫向經濟聯合逐步向國有工業企業集團方向發展。1987年4月，國務院批准了《關於大型工業聯營企業在國家計劃中實行單列的暫行規定》。同年，一批實現從研發、生產到貿易一體化的穩定工業企業聯合體在全國範圍內出現，國有工業企業橫向經濟聯合再次取得實質性的進展。1987年年底，國務院發布《關於組建和發展企業集團的幾點意見》，提出了企業集團的含義、組建原則、組建條件、內部管理原則、發展的外部條件五項內容，企業集團迅速發展。1989年年底，國家體改委在企業集團組織與管理座談會上，再次充分肯定了發展國有工業企業集團的重大意義。1991年年底，國務院開始對55家企業集團進行試點。組建國有工業企業集團，對於生產力的發展和進行兩權分離改革都具有重要的促進作用。首先，在發展生產力方面，國有工業企業集團有利於促進企業結構合理化，形成合理的規模經濟和範圍經濟效應，並且有利於將科學技術迅速轉化為生產力。其次，在促進改革方面，國有工業企業集團有利於實行政企職責分開，轉變政府管理經濟的職能，深化國有工業企業內部改革，完善企業經營機制。

　　（3）黨委領導下的廠長負責制轉變為廠長（經理）負責制。1984年，黨的十二屆三中全會通過了《關於經濟體制改革的決定》，提出「只有實行廠長（經理）負責制，才能適應現代企業生產經營特點的要求」。該決定同時提出「要積極支持廠長行使統一指揮生產經營活動的職權，保證和監督黨和國家各項方針政策的貫徹執行，加強企業黨的思想建設和組織建設，加強對企業工會、共青團組織的領導，做好職工思想政治工作」。廠長（經理）負責制的推行使黨的職能、作用等產生了明顯的變化，從以前的領導生產行政工作開始轉變為監督工作生產和組織思想建設等。1986年9月發布的《中國共產黨全民所有制工業企業基層組織工作條例》和1987年10月黨的十三大報告中，

第三章　黨的十一屆三中全會至鄧小平南方談話前的工業企業制度

都對黨委的思政、監督職能和廠長的生產行政職能做了明確的說明和規定。1988年,《全民所有制工業企業法》頒布,廠長（經理）負責制正式在國有工業企業中實行。事實上,黨委領導下的廠長負責制,從1961年通過《國營工業企業工作條例（草案）》後就一直作為中國國有工業企業管理的根本制度,在擴大企業自主權改革期間也沒有改變過,這樣的制度早就難以與改革的背景相適應。廠長（經理）負責制實現了國有工業企業權責的統一,是推動經濟體制和國有工業企業兩權分離改革的一個重要保證。

（4）國有資產管理體制改革起步。兩權分離改革期間,隨著國有工業企業經營自主權的進一步擴大,國有資產的管控問題也變得日益複雜。為避免國有資產被進一步侵蝕,國有資產管理體制改革開始展開。1988年11月,國有資產管理局正式成立,從此國有資產管理職能從政府一般經濟管理職能中分離出來,由國有資產管理局單獨進行管理①。國有資產管理局的成立是中國國有資產管理體制改革中的里程碑事件,對國有資產的良好運用與保值增值有重要意義。但國有經濟主導地位的進一步加強卻使得國有工業企業的市場性進一步弱化,這與改革初衷是相悖的。因此,國有資產管理體制的改革亟待尋找一條新的出路。

三、放權讓利改革的內在邏輯

工業企業制度改革的歷程是隨著市場經濟制度的演進和發展,工業企業逐漸成長為市場獨立主體的一個過程。從制度變遷的過程來看,「放權讓利」這一誘致性因素,促使政府推行經濟責任制、利改稅和承包經營責任制等舉措,並隨著政府「強制性因素」的推動,工業企業制度變遷逐漸加速。從產權制度演變邏輯來看,改革開放初期的國企產權制度改革分為兩大階段：一是在1978年至1986年,國家開始承認國有企業的使用權與收益權；二是

---

① 國有資產管理局擁有的具體權利包括國有資產所有者的代表權、國有資產監督管理權、國家投資和收益權、國有資產處置權等。

1987年至1992年，國有企業具有較為完全的使用權和不完全的收益權。從績效評價變化路徑來看，相比改革開放前僅以「產品產量」為中心的單一企業績效評價制度，「放權讓利」階段的績效評價開始將企業利潤、技術進步、經濟效益以及質量安全等指標納入在內，取得了較大的進步。從激勵機制的發展來看，對工業企業的激勵機制由改革開放前的注重精神激勵到改革開放初的偏重物質激勵轉變。

（一）制度變遷過程

在經濟學家諾斯（2001）看來，制度變遷的誘致因素是，經濟主體期望通過制度創新來獲取在已有制度安排中無法取得的最大的潛在利潤，潛在利潤越大，驅動制度變遷的啟動時間越短。而在現實經濟制度變遷的過程中，都會受到來自誘致性因素和強制性因素[①]的影響。而由這兩個因素推動的工業企業制度改革過程，也是一個企業經營者和政府多次博弈的過程，從均衡博弈向另一個均衡不斷演進。計劃經濟時代工業企業生產效率低下，政府不僅要負擔企業的全部盈虧和承擔高昂的監督成本，還要獲得更多的財政收入，原本制度無法取得的潛在利潤可以通過企業改革來獲取。於是「放權讓利」遂成為誘致性因素，促使政府推行經濟責任制、利改稅和承包經營責任制等舉措。而隨著政府「強制性因素」的推動，國有工業企業制度變遷逐漸加速。

初期的「放權讓利」只是國家開始承認國有工業企業的使用權與收益權，企業也並未得到完全的使用權和確定的收益權。隨著這一改革措施的邊際效用快速遞減，政府只好進一步擴大企業自主權，如開始推行經濟責任制，並不斷轉換改革的手段和思路。而擴大企業自主權並沒能夠劃清企業和政府的利益界限，企業亂發獎金等短期尋租行為經常出現。為確保足夠的財政收入和降低企業的監督成本，之後陸續出抬了「兩步利改稅」「撥改貸」和「承包經營責任制」等措施。這一階段的改革措施在使國有工業企業經營者獲得部

[①] 誘致性變遷指新制度安排的創造，它由個人或一群人在回應獲利機會時自發倡導、組織和實行，是一種自下而上的制度變遷；強制性變遷是由政府命令和法律引入來施行，它是一種自上而下的依靠國家權威來實現的強制性要求。

第三章　黨的十一屆三中全會至鄧小平南方談話前的工業企業制度

分剩餘索取權和經營自主權的同時，也增加了國家的財政收入。但是，這種局部性的探索改革很容易就暴露出問題，如企業苦樂不均和「鞭打快牛」、工資侵蝕利潤、自發漲價、獎勵及福利基金侵蝕企業發展基金等。因此，「抓大放小」、股份制改造等措施順其自然地成為下一階段的策略選擇，同時也要求建設現代企業制度。

(二) 產權制度演變邏輯

在改革開放初期，中國工業企業制度改革歷程也就是國有企業改革的過程，而國有企業改革的實質是產權制度的改革。為解決國有企業運行低效率和「委託-代理」等問題，中國逐漸調整國家與企業責、權、利的關係，如推行廠長負責制、經濟責任制、利改稅和承包經營責任制等。這一時期的放權讓利兩階段「擴大企業自主權」和「兩權分離」便成為委託人在面臨代理人參與約束和激勵相容約束條件下最優化效用的明智選擇。由於現實實踐中資產專用性和機會主義的存在，確定一個「委託-代理理論」所講的完全契約很困難。在一定程度上，解決剩餘索取權與剩餘控制權①兩者之間的矛盾成為放權讓利兩階段的根本性問題。一方面，剩餘索取權的擁有者是作為全民代理人的政府，而實際的剩餘控制權則被國企高管或上級主管官員掌控。兩權分離造成的結果便是，國企高管沒有足夠的動力去努力工作來獲得剩餘收益，與此同時業績壓力缺失，實際激勵不相容。另一方面，執行成本過高的名義剩餘控制權和剩餘索取權進一步強化了兩權分離的負面效果，國企產權制度改革迫在眉睫。

具體來講，改革開放初期的國企產權制度改革分為兩大階段：一是在1978年至1986年，國家開始承認國有企業的使用權與收益權。此階段主要實行的舉措包括前面第二節所講的「擴大企業自主權」、實行「利潤留成制」「經濟責任制」等。第一階段的放權讓利對企業的資源使用權和收益權開始逐

---

① 剩餘索取權：對扣除補償性成本之後的剩餘的要求權，其對於促進資產的所有者充分發揮工作潛能，避免團隊中的偷懶現象具有較強的激勵；剩餘控制權：事後可更改的對企業資產任意處置的權利，有利於鼓勵資產的所有者開展專用性投資。

步承認，可是這種資源使用權是有限制的，企業並未得到完全的使用權和確定的收益權。此次的國企產權制度改革也只是對所有權和經營權的分離進行了初步的探索，關於企業的產權關係未能取得實質性的進展。第二階段是1987年至1992年國有企業具有較為完全的使用權和不完全的收益權。在這個階段主要推行的措施則包括承包經營責任制、租賃經營責任制、股份制改革等。從產權經濟學理論來看，承包經營責任制在明確企業的責權利的同時，使企業擁有了較為完全的資源使用權和不完全的收益權，增強了企業的經營活力。但是，在承包制實際運行中，承包基數和利潤分成比例等指標的確定，取決於政府發包部門和承包的國有企業間的一對一談判，操作起來不但缺乏科學依據和統一標準，而且也不能夠對市場進行快速的反應。如此一來便增加了企業與國家之間的交易成本，不完全收益權則造成企業的實際收益取決於努力生產和談判。

總的說來，從1978年開始的中國工業企業制度改革，在產權方面是先界定國家與企業的使用權與收益權，並未觸動所有權。但是「放權讓利」「利改稅」和「承包責任制」等措施帶來的如「鞭打快牛」的負面影響沒有得到根本改變。此種情況誘發了企業與政府討價還價來增加收益的尋租行為，同時還導致了交易成本的增加。由於這些問題的產生和取得的經驗成果，到了1993年，「產權清晰」被首次提出來，中國工業企業改革開始進入現代企業制度階段。

（三）績效評價變化路徑

在改革開放之前，也即計劃經濟時期，中國主要通過核定實物產量來對企業績效進行考核和評價。從前文提及的計劃經濟時代的「十二項指令性生產指標」和1975年國家制定的「工業企業八項技術經濟考核指標」[①] 來看，工業企業績效考核的主體內容便是產量和產品質量，考核的方法則是實際產出與計劃產出/行業生產技術標準進行比較。而到了「擴權讓利」和「兩權分

---

① 該指標包括產量、品種、質量、成本、利潤以及勞動生產率、流動資金、原材料燃料動力消耗等。

第三章　黨的十一屆三中全會至鄧小平南方談話前的工業企業制度

離」的階段（1978—1992 年），對於工業企業績效考核重點強調的是企業所取得的經濟效益，包括企業實際產值和利潤。於是，注重利潤創造的承包指標成為企業績效評價的主要內容，該指標具體包括：①指令性計劃中產品調撥指標、出口任務指標；②工資總額與經濟效益掛鈎指標；③科技進步、技術改造；④上繳利潤和實現利潤；⑤物耗降低率；⑥資金利潤率；⑦質量指標；⑧安全指標等。除此之外，1982 年原國家經濟委員會、國家計劃委員會等六部委聯合制定了「企業 16 項主要經濟效益指標」，考核的內容在常規的產值產量基礎上增加了資金使用情況等多項評價指標，評價指標變得多樣。

相比改革開放前僅以「產品產量」為中心的單一企業績效評價制度，1978 年至 1992 年這一階段的績效評價開始將企業利潤、技術進步、經濟效益以及質量安全等指標納入在內，取得了較大的進步。同時，這階段的績效評價改革也為以後的綜合型績效評價（1992—2003 年）、價值型績效評價（2003—2013 年）和分類績效評價（2013 年至今）做出了有益的探索。[1] 但總體而言，科學系統的企業績效評價體系依舊沒能建立起來，相對而言還是較為單一。為了能跟上國企改革的進程，探索並建立更為科學、系統、全面的工業企業績效評價體系勢在必行。

（四）激勵機制的發展

縱觀中國改革開放 40 多年，對於工業企業的激勵機制經歷了從注重精神激勵到偏重物質激勵，再到兼顧精神激勵和物質激勵的綜合激勵階段的發展過程。在改革開放之前，工業企業屬於政府機構的附屬物，沒有獨立的經濟生產經營能力。對於企業經營者的考核通常按照行政幹部的考核標準進行，如此一來企業經營者的激勵內容也和行政幹部一樣：注重精神激勵，以職務

---

[1] 國有企業績效評價體系的改革特點：單一型績效評價（1978—1992 年），以單一指標（實物量承包指標）考核為核心；綜合型績效評價（1992—2003 年），從單一評價到多指標評價，績效評價體系首次實現系統化，形成財務指標與非財務指標相結合的綜合績效評價體系；價值型績效評價（2003—2013 年），「橫向到邊、縱向到底、激勵有力、約束有方」的對企業負責人經營業績的考核方式，充分體現企業價值增長的價值型績效評價體系；分類績效評價（2013 年至今），基於企業功能定位進行分類評價，更具針對性和有效性。

晉升為主，評選先進工作者。在實際薪酬方面，企業經營者與企業員工按照各自的級別等級和制定的工資標準享受相應的工資水準和福利，但是取得的最終報酬和福利差別不大。

到了「放權讓利」階段，隨著利潤留成制和承包責任制等措施的施行，企業經營者擁有部分剩餘索取權和資源使用權，其生產經營積極性得以調動起來。在這個階段，對企業經營者的激勵呈現出以下四個特點：①偏重物質激勵，政治職務晉升等精神激勵和物質激勵同時存在。②激勵的實際內容具有一定透明度，如「承包經營責任制」的「包死基數、確保上交、超收多留、欠收自補」原則，使經營者可預先知道該交多少，自己該留多少。企業經營者與職工的收入水準逐漸拉大，參照《全民所有制工業企業承包經營責任制暫行條例》（以下簡稱《暫行條例》）第三十三條，「企業經營者的年收入，視完成承包經營合同情況，可高於本企業職工年平均收入的 1 至 3 倍，貢獻突出的，還可適當高一些。企業領導班子其他成員的收入要低於企業經營者。」如此一來，企業經營者的生產經營積極性被激勵起來。④企業經營者的實際收入與企業經營效益掛勾。《暫行條例》第三十三條還補充道：「完不成承包經營合同時，應當扣減企業經營者的收入，直至只保留其基本工資的一半。企業領導班子其他成員也要承擔相應的經濟責任。」

但是這一階段的激勵機制過於偏重對承包經營者的物質激勵，缺乏與之對應的約束限制機制，從而造成企業經營者的短視化行為，只關心企業短期利潤的最大化，忽視企業的長期利益。從現實實踐效果來看，該階段的激勵機制並未達到預期目標，成效不大。

第三節　放權讓利改革成效及存在的問題

1978—1992 年的國有工業企業改革只是在原有計劃經濟體系框架下，對建立現代企業制度的初步探索。通過「擴大企業自主權」和「兩權分離」的制度改革，國有工業企業發展取得了一定的成效。然而，兩階段的放權讓利改革在給工業企業帶來了諸多新變化的同時仍存在很多問題。

一、放權讓利改革取得的成效

改革開放釋放出巨大的生產潛力，使國有企業經營者和生產者從高度集中的計劃經濟中解放出來，生產積極性和主動性得到明顯的釋放，企業經營開始向良好的方向轉變。在 1978 年至 1992 年這 10 多年改革期間，國企的生產力得到提升，國家與企業間的權利分配格局得到改善，稅收制度得以施行，中小企業的經營效益也不斷提高，並且股份制的有益探索為 1993 年之後建立現代企業制度體系奠定了基礎。

如圖 3.1 所示，中國 1992 年的工業總產值達到 10,284.5 億元，是 1978 年的 1,607 億元的 6.4 倍，年均增速達到 14.18%。隨著國有工業企業制度改革的不斷深入，工業企業的生產效率得以提升，放權讓利改革釋放出的企業生產能力是顯而易見的。分階段來講，擴大企業自主權、推行經濟責任制、兩步利改稅、實施承包經營制和租賃經營制等改革措施都在不同時期給國有工業企業帶來了巨大的變化，取得了相應的成效，具體情況如下：

（一）擴大企業自主權試點，初步刺激國企的生產力

作為國有工業企業改革的啓動環節，「放權讓利」使國有工業企業獲得了一定的自主權，並能保持部分份額的留利，對於企業盈利及發展意識的提高、國家生產計劃的完成、職工增產增收積極性的激發等都發揮了顯著作用。在

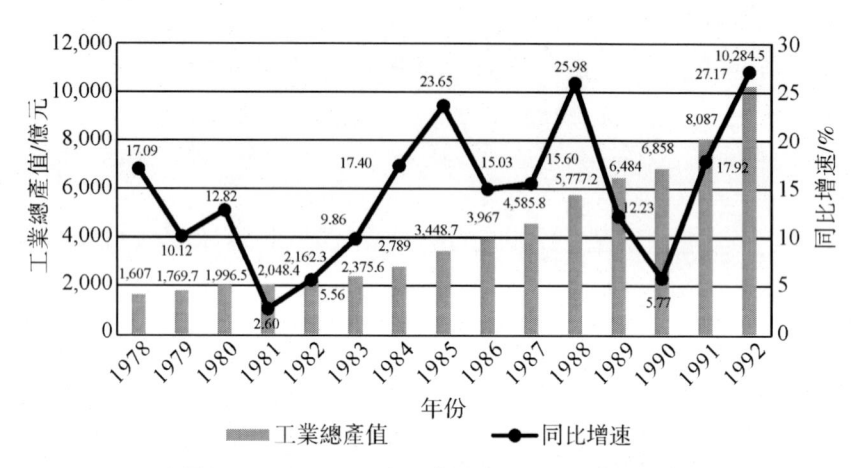

圖 3.1　1978—1992 年工業總產值及增速變化情況

資料來源：中華人民共和國國家統計局. 新中國六十五年 [M]. 北京：中國統計出版社，2014.

最初進行擴大企業自主權試點工作的四川省，試點開始後的第一年，統計中的 84 家地方國有工業企業，經營效益很明顯地高於非試點工業企業，其工業總產值比上年增長近 15%，利潤實現 33% 的增長，同時上繳利潤也比上年增長 24% 左右。隨著四川國有工業企業試點成功經驗在全國範圍內的推行，以及「擴權十條」[①] 的出抬，國有工業企業經營者和生產者從高度集中的計劃經濟中解放出來，生產積極性和主動性得到明顯的釋放，企業經營開始向良好的方向轉變。據 1980 年對 5,777 家試點工業企業（自負盈虧的試點企業不包含在內）的統計，當年實現工業總產值增長 6.89%，利潤增長 11.8%，上繳國家的利潤增長 7.4%。具體來講，在全部實現的利潤中，上繳國家的利潤占比為 87%，企業留利占比為 10%，而剩下 3% 的利潤則用於歸還貸款和政府補貼等。

總的說來，初期的國有工業企業制度改革，以企業自主權的擴大和利潤留成為突破口，讓在原本計劃經濟體制約束下的國有企業，特別是以國有工業企業為典型代表的企業超額完成規定計劃任務和增收增產，同時使企業的自我累積、自我發展的能力得到不斷提升。在初期放權讓利的刺激下，國家、

---

① 「擴權十條」具體包括：補充計劃權、企業利潤留成權、企業拒絕隨意抽調企業人員、資金、物資權、機構設置權、新產品試製權、產品出口權、擇優錄取工權、懲罰獎勵權、折舊基金使用權、企業經營狀況優秀，職工提升工資可略高於行業平均水準等。隨後，試點地政府讓渡了生產自主權、產品銷售權等十四項經營權。

第三章　黨的十一屆三中全會至鄧小平南方談話前的工業企業制度

企業、員工都實現了收入的增加，這也為未來的工業企業制度進一步改革提供了初步的經驗。

（二）全面推行經濟責任制，進一步改善國家與企業的權利分配格局

工業經濟責任制的推行，是為了解決「擴權讓利」初期產生的財政赤字和通貨膨脹等問題。其主要內容包括如下兩個方面：一是推廣工業經濟責任制度，是國家為處理和調整與國有工業企業兩者間的利益分配等關係而產生的。以利潤留成、盈虧包干、自負盈虧和以稅代利等做法來實現權、責、利的統一，確保企業利潤上繳的任務。二是建立起工業企業內部的經濟責任制度，處理好企業和職工間的關係，從而解決職工吃企業「大鍋飯」的問題。其中激發職工工作積極性的方式包括：經濟責任制分解、計件工資、浮動工資、定包獎和超產獎等。工業經濟責任制從1981年4月開始提出試點意見，六七月逐漸在全國推廣，八九月便達到了高潮。據相關資料統計，在全國範圍內的工業企業之中，實行工業經濟責任制的企業達到70%左右，截至1981年年底實行工業經濟責任制度的工業企業總計達到4.2萬家。隨著工業經濟責任制的推行，國家財政赤字的問題短期內得到一定程度的緩解，如圖3.2所示，1981年財政收支差額從上年的-68.9億元縮減至37.38億元，實現了財政盈餘，並進一步改善了國家與企業的權利分配格局。

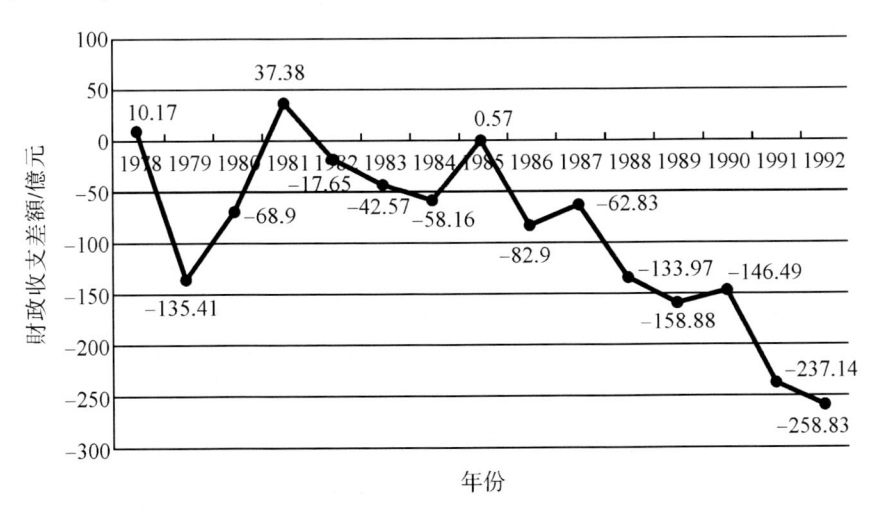

圖3.2　1978—1992年國家財政收支差額變化情況

資料來源：中華人民共和國國家統計局. 新中國六十五年［M］. 北京：中國統計出版社，2014.

（三）第一步利改稅，解決了利潤留存制度的弊端

　　稅收是國家為取得財政收入的一種具有法律強制力的形式，而「利改稅」的實行便是利用稅收的法律強制性來確定國家與國有工業企業之間的利益分配關係。這種最初想法是可行的，通過機制的改變來解決之前實行利潤留成制時出現的企業在上繳利潤比例上討價還價的問題。利改稅的實行，一方面能夠穩定國家的收入來源；另一方面，也有利於減少政府對國有工業企業的行政干預，從而進一步穩定國有工業企業的生產和經營自主權。實踐表明，第一步稅利並存的「利改稅」在確定國家和企業之間的利益分配關係、穩定國家稅收來源方面，相比工業經濟責任制中的利潤留存制度確實是一個大的進步。它改變了國有工業企業只上繳企業利潤不交納所得稅的傳統模式，並且對確定國家與企業之間的關係做出了有益的嘗試。據統計，截至 1983 年年底，實行第一步利改稅的 26,500 戶國營工業企業約占全國盈利企業總戶數的 95%；到了 1984 年，國有工業企業實現企業留利占比也逐步上升，從 1980 年的 10% 上升至 25%。①

（四）第二步利改稅，使稅收制度進一步明晰

　　1984 年 10 月開始實行的第二步利改稅是從「以稅代利」向「完全交稅」的制度改變。從兩年多的實踐情況來看，第二步利改稅取得了一定成效，主要體現在以下四個方面：一是國有工業企業上繳利潤的形式改變，突破了行政隸屬關係的限制，有利於解決中央和地方的經濟利益關係；二是國有工業企業留利增多，企業經營改善，並進一步提高了增強經濟效益的積極性；三是稅收制度進一步明晰，稅收槓桿的調節作用正不斷發揮出來，緩解了當時價格體系不合理帶來的矛盾；四是將國家和國有企業的關係以法律的形式初步固定下來，使國家財政收入與經濟發展掛鉤。

（五）承包經營責任制，大大激發企業活力且進一步完善權責利分配制度

　　作為推進兩權分離改革的主要形式，承包經營責任制從 1987 年在全國範圍內普遍推行以來，很大程度上激發了國有大中型工業企業的活力。其通過

---

① 中華人民共和國國家統計局. 中國經濟統計年鑒 [M]. 北京：中國統計出版社，1989.

第三章 黨的十一屆三中全會至鄧小平南方談話前的工業企業制度

合同的形式將國家與國有大中型工業企業雙方的責任、義務和分配關係給確定下來，給予了企業比較完全的經營權和一定意義上的收益權，從而使國有工業企業的責、權、利三者也得到了有效的結合。截至1987年年底，實行承包經營責任制的國有大中型工業企業數量已經達到8,800多家，約占國有大中型工業企業總數的78%。

從生產經營效果來看，1987年實行承包經營責任制的工業企業實現工業產值2,452億元（同比增長11%）、銷售收入2,797億元（同比增長18%），實現利潤291億元（同比增長14%），且比未實行承包經營責任制的企業高出約10個百分點，上繳財政收入同比增長5%。與之形成鮮明對比的是未實行承包經營責任制的工業企業上繳的財政收入反而比1986年下降了22%左右。1987年政府財政收入比1986年增加60多億元。到1988年年底，即全面推行承包經營責任制不到兩年的時間，全國預算內工業企業創利稅達369億元，相當於1981—1986年利改稅六年期間國有工業企業所創利稅的總和。

從生產經營活力來看，如圖3.3所示，在1978年調查統計的710家國有大中型企業中，活力較強、中等、偏弱的企業數量依次為113家（占總數比重為16%）、376家（占比53%）、221家（占比31%）。隨著承包經營責任制的推行，到了1991年，活力強的企業數量增加至157家，比重上升至22.11%；活力中等和偏弱的企業數量都趨於減少，分別為358家（占比50.42%）、195家（占比27.47%）。其中，實行承包責任制經營的600家企業的活力度由1987年的62.7%上升至1991年的64.1%，明顯好於未實施承包經營責任制的企業。以上數據較為明顯地說明，承包責任制是能夠增強國有大中型企業活力的。相關數據也進一步顯示，與國有大中型工業實施承包前四年經營狀況相比，1987—1990年，國有預算內的工業企業利稅實現增長28%，上繳利稅增長至26%，同時企業留利也增長了近28%，職工人均收入水準增長了近80%。國有大中型企業承包經營責任制調動了工業企業的生產活力和積極性，相比之前的國有工業企業改革措施，很大程度上改變了企業吃國家「大鍋飯」和職工吃企業「大鍋飯」的格局。

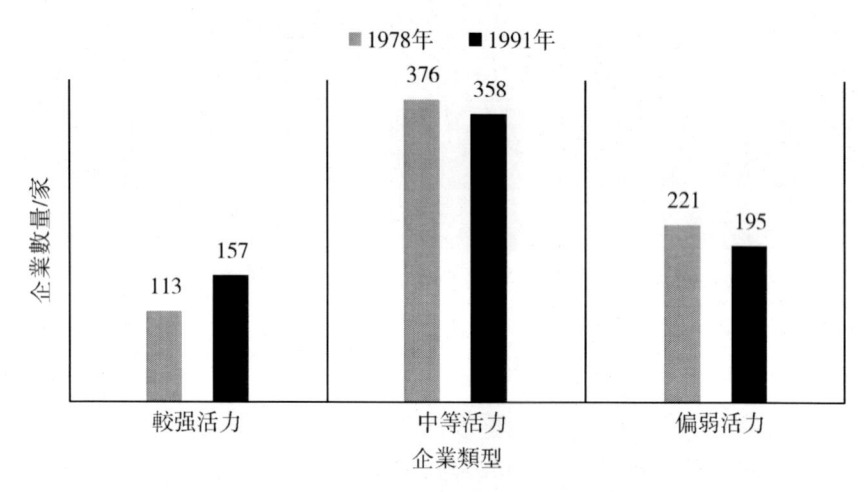

圖 3.3　1978 年與 1991 年不同活力企業數量對比

資料來源：劉樹人、張久達、張曉文. 中國企業活力定量評價［M］. 北京：中國國際廣播出版社，1995.

（六）租賃經營責任制，提高了中小企業的經營效益

相比承包經營責任制，租賃經營責任制主要是針對國有小型工業企業，使其通過租賃的形式獲得一定的經營自主權。承包制和租賃制都實現了所有權與經營權兩者在某種程度上的分離，而租賃制兩權分離的程度更大，國有小型工業企業擁有更多的自主權。實踐表明，經營租賃較好地增強了企業活力，使企業獲得了一定的經濟效益。資料顯示，1988 年年底，在對 43,935 家國有小型工業企業的數據調查中，實行租賃經營責任制和其他經營方式的國有小型工業企業數量已經接近 25,000 家，占企業總數的 56%，企業經營效益也普遍趨好。1988 年 6 月的《全國所有制小型工業企業租賃經營暫行條例》的進一步出抬，也促進了國有小型工業企業租賃經營的發展。

（七）股份制的探索，為建立現代企業制度體系奠定了基礎

除了承包責任制和租賃經營制外，部分國有工業企業在試行股份制上有了一定的探索。隨著試點的鋪開，作為實現「兩權分離」的一種改革思路的股份制，其在界定產權、明晰責任和權利以及提高管理水準等方面顯現出明顯的優越性，也預示著未來國有工業企業改革的推進方向。這一時期的股份

第三章　黨的十一屆三中全會至鄧小平南方談話前的工業企業制度

制試點探索，顯現出如下三個特點：一是實行的股份制並不規範；二是各級政府對實行股份制改革逐漸支持並開始形成共識；三是企業實行股份制多是為了籌資，較少考慮改變企業治理結構。通過這一時期的探索，堅定了推行股份制的信心，也為後來建立現代企業制度體系奠定了基礎。

二、兩階段放權讓利改革仍存在的問題

兩個階段的「放權讓利」取得了相當多的成果和經驗，但是由於很大程度上受長時間的計劃經濟體制影響，國家對企業的擴權並沒能真正有效地實現責、權、利的結合，相關制度設計和實行也有著重大的缺陷與不足。因此，兩階段的制度改革就不可避免地帶來了諸多問題。

（一）擴大企業自主權改革試點缺乏及時有效的約束機制

擴大企業自主權改革試點工作是放權讓利改革邁出的第一步，此時工業企業制度的一系列改革都還處在探索階段，初步的擴權讓利還缺乏明確清晰的邊界，放權後企業行為缺乏及時有效的機制進行約束，生產增長主要依靠投入的增加。隨之而來的問題也開始暴露出來，如企業壓低計劃指標、為擴大企業自身銷售比例而同國家討價還價、不完成財政上繳任務等。這些問題集中反應在宏觀經濟狀況上，便是財政赤字不斷增加，通貨膨脹也日趨嚴重。如圖 3.2 所示，1979 年國家財政收支差額達到 -135.41 億元，1980 年為 -68.9 億元，兩年的財政赤字達到歷史前所未有的 200 多億元。1980 年，社會零售物價總指數達到 6%。[①]

（二）全面推行經濟責任制難使企業經濟效益顯著提高

本質上講，工業經濟責任制度僅僅是國有工業企業改革初期擴權讓利的進一步深化，並不能充分保證企業獨立生產經營的權利和地位，只是在短期內使部分工業企業獲得增產增收，而大多數的企業經濟效益並未顯著提高。1983 年年初，更大範圍的利潤包干制在國內推行後，就引起了較為嚴重的物

---

① 資料來源：中華人民共和國國家統計局. 新中國六十五年 [M]. 北京：中國統計出版社，2014.

價上漲和經濟秩序的混亂。一方面，擴大企業的自主權遇到了來自原有計劃體制和上級主管部門的阻力，名義上的企業自主權的擴大，很難達到真正搞活工業企業的既定目標。另一方面，初步改革釋放出來的企業活力和生產能力與國家宏觀經濟目標發生衝突，從而造成了一定程度上的經濟混亂現象。由於工業經濟責任制推行與計劃管理結合併不好，國家與企業的利益不相一致，企業往往更多的是追求自身的利益，從而造成企業包干基數確定不合理，出現企業同國家在利潤分成基數上討價還價和缺乏科學性、「鞭打快牛」等現象。

（三）兩步利改稅仍混淆稅利，難以使企業真正成為自主經營、自負盈虧的責任主體

第一步利改稅的稅利並存制度仍然存在很多弊端，其對於虧損的企業仍然實行補貼政策，使得國有工業企業難以成為自主經營、自負盈虧的責任主體；稅後利潤國家仍然要求分成，難以對企業與職工起到較大的激勵作用。具體來講，稅利並存的第一步「利改稅」存在的問題：一是國有工業企業的盈虧責任制還不能真正體現；二是鼓勵先進、鞭策落後企業的作用效果不明顯；三是行政領導依舊是真正的掌控者，企業難以削弱政府不必要的行政干預；四是政府過於強調增加財政收入，上繳所得稅比例較高，對於國有工業企業後續進一步發展考慮不到位，從而增加了企業的發展壓力和削弱了企業的投資能力。

第二步利改稅的完全交稅制度實踐結果依然不夠理想，1984年第四季度，也即在開始實行第二步利改稅政策的初期階段，出現了三大問題：投資、消費基金和信貸快速膨脹，同時國家財政收支也不斷惡化。其中，1984年12月，銀行的各項貸款增加總額占全年增加額的48%左右；1984年全國職工工資總額比上年增加近19%；1985年，全國全民所有制單位基本建設投資比上年增長43%左右。1985年國家財政收入得到短暫盈餘後，連續22個月滑坡，財政赤字加劇。出現的這一系列問題讓人們認識到，在經濟市場化程度較低的階段，單純的稅制改革作用並不明顯。

總的說來，第一步利改稅和第二步利改稅都有混淆「利」和「稅」的不

第三章　黨的十一屆三中全會至鄧小平南方談話前的工業企業制度

同功能，對於解決政企相分離、促使國有工業企業成長為自主經營和自負盈虧的市場主體等問題還未起到根本性的作用。從實行結果來看，所得稅稅率過高帶來的國有工業企業積極性和後勁不足、國有資產流失、國家財政赤字加劇等問題使得國有工業企業改革不得不轉向在當時看來易於接受的承包經營責任制。

（四）承包經營責任制缺乏統一標準，具有短期性與不穩定性

在實行承包責任制初期，其「一包就靈」的效果確實明顯，但隨著時間的推移和承包制的加快推行，弊端也逐漸暴露出來。相比1988年，全國預算內工業企業經營狀況在1989年實現利潤下降近19%，可比產品成本上升約22%，全員勞動生產率提升幅度很小，僅為1.6個百分點。這種處於下降狀態的企業經營效益一直到了1993年建立現代企業制度後才有所改善，其間國有資產不斷流失，企業負債也在加速增加。我們不難發現，「兩權分離」階段下的承包制與「放權讓利」背景下的利改稅相比，在理論上講本質是相同的，都是通過契約的形式來合理調整政府和企業兩者間的權利分配關係，具有短期化和不穩定性。承包制只不過是將利改稅的統一稅率變成「一戶一率」，兩者都不能拿來作為長期的企業改革和規範國家與國有企業經營、分配關係的主要形式。並且「稅利合一」的承包經營責任制混淆了「稅」和「利」的不同功能；稅前還貸的方式也弱化了對國有大中型企業的約束作用。在承包制實際運行中，承包基數和利潤分成的比例等指標的確定，取決於政府發包部門和承包的國有企業間的一對一談判，操作起來不但缺乏科學依據和統一標準，而且也不能夠對市場進行快速反應。如此一來，不可避免地會產生企業苦樂不均和鞭打快牛、工資侵蝕利潤、自發漲價、獎勵及福利基金侵蝕企業發展基金等傾向。

（五）租賃經營責任制難以真正搞活企業

由於「適當分離」原則的指導，租賃經營制這種企業經營方式本身就具有難以克服的弊端。一是在實行租賃經營的時候，風險的承擔者是租賃企業而不是承租者，形成的後果就是承租者沒有足夠的動力去管理企業，特別是在企業經營不善時，將會給國家資產造成損失。二是作為出租方的行政管理

機構，無論是資產所有者還是行政管理者，租賃經營本身就隱含著受到行政干預的因素，租賃經營也並未真正解決所有權與經營權分離和搞活國有工業企業的問題。

（六）股份制的探索尚未得到足夠的重視

探索階段的股份制試點存在不少亟待解決的問題，具體來講包括如下四個方面：一是企業資產評估不到位，國有資產面臨流失的風險。如在國有工業企業內部員工持股改革試點企業中，折算股份並未計算土地使用價值、設備和廠房的重置價值以及企業無形資產等，而多是通過企業帳面淨產值進行折股。二是部分企業不按照股份制相關原則行事，如違背股權平等、同股同利等原則。三是管理方式未能及時轉變，相關部門對企業管理仍舊採取老辦法。四是供求關係的失衡導致股票發行和交易時，股價波動幅度較大，出現過度投機行為。

第四節　總結

「放權讓利」改革通過「放權」，把獨立處理人、財、物等問題的權利逐漸下放給企業；再通過「讓利」，推行經濟責任制、利改稅以及承包經營責任制等來提高企業經濟效益。這一探索改革的階段性目標，便是實現國有企業所有權與經營權的分離，讓其真正成為自主經營、自負盈虧的市場競爭主體。10多年的改革探索，取得了相應的成效：①擴大企業自主權試點初步刺激了國企的生產力；②全面推行經濟責任制，進一步改善了國家與企業的權利分配格局；③兩次利改稅使稅收制度進一步明晰；④承包經營責任制大大激發企業活力且進一步完善權責利分配制度；⑤租賃經營責任制提高了中小企業的經營效益；⑥股份制的探索為建立現代企業制度體系奠定了基礎等。與此同時，這一階段改革暴露出的問題也顯而易見：①擴大企業自主權改革試點

第三章 黨的十一屆三中全會至鄧小平南方談話前的工業企業制度

缺乏及時有效的機制約束；②全面推行經濟責任制難以使企業經濟效益顯著提高；③兩步利改稅仍混淆「稅」和「利」，難以使企業真正成為自主經營、自負盈虧的責任主體；④承包經營責任制缺乏統一標準，具有短期性與不穩定性；⑤租賃經營責任制難以真正搞活企業以及股份制的探索尚未得到足夠的重視等。

總的說來，1978—1992 年的工業企業制度改革是具有過渡性質的探索，通過「擴權讓利」和「兩權分離」兩大階段改革，以及實行擴大企業自主權、實行經濟責任制、兩步利改稅、承包責任制、租賃經營制、股份制、國有資產管理改革等一系列試點工作，在改革開放起步期總結了經驗、取得了階段性的成果，為下一階段建立現代企業制度奠定了基礎。

參考文獻

[1] 本刊編輯部. 撫脈歷程：中國改革開放 30 年大事記（1978—1982）[J]. 改革，2008（2）：16-29.

[2] 本刊編輯部. 撫脈歷程：中國改革開放 30 年大事記（1983—1987）[J]. 改革，2008（3）：19-33.

[3] 本刊編輯部. 撫脈歷程：中國改革開放 30 年大事記（1988—1992）[J]. 改革，2008（4）：15-31.

[4] 陳國恒，劉孔慶. 國企改革二十年回顧 [J]. 東方論壇（青岛大學學報），2000（1）：1-7.

[5] 程俊杰，章敏，黃速建. 改革開放四十年國有企業產權改革的演進與創新 [J]. 經濟體制改革，2018（5）：85-92.

[6] 黃速建. 國有企業改革的實踐演進與經驗分析 [J]. 經濟與管理研究，2008（10）：20-31.

[7] 劇錦文. 改革開放 40 年國有企業所有權改革探索及其成效 [J]. 改革, 2018 (6)：38-48.

[8] 汪海波. 對國有經濟改革的歷史考察：紀念改革開放 40 週年 [J]. 中國浦東幹部學院學報, 2018, 12 (3)：102-119.

[9] 汪海波. 中國國有企業改革的實踐進程（1979—2003 年）[J]. 中國經濟史研究, 2005 (3)：103-112.

[10] 項安波. 重啟新一輪實質性、有力度的國企改革：紀念國企改革 40 年 [J]. 管理世界, 2018, 34 (10)：95-104.

[11] 蕭冬連. 放權、讓利和鬆綁：中國經濟改革的起步 [J]. 中共黨史研究, 2018 (3)：19-35.

[12] 許保利. 國有企業改革的歷程（1978—2008）[J]. 國有資產管理, 2008 (9)：71-76.

[13] 袁正, 鄭勇. 培育國有資產微觀主體：國企改革 30 年回顧 [J]. 宏觀經濟管理, 2008 (12)：39-41.

[14] 張文高. 國有企業改革問題研究 [D]. 武漢：華中師範大學, 2003.

[15] 張正清. 國有企業產權制度改革研究（1978—2005）[D]. 福州：福建師範大學, 2006.

[16] 章迪誠. 中國國有企業改革的制度變遷研究 [D]. 上海：復旦大學, 2008.

[17] 趙凌雲. 1978—1998 年間中國國有企業改革發生與推進過程的歷史分析 [J]. 當代中國史研究, 1999 (Z1)：199-218.

第四章
鄧小平南方談話後至加入世貿組織前的工業企業制度

從1978年到1992年，是國企改革「摸著石頭過河」的時期，在不涉及產權改革的情況下，以「放權讓利」「自主經營、自負盈虧」等為目標的國企改革取得了一定成效，但國企產權模糊、政企不分、權責不清而帶來的效率低下的問題仍然沒有得到根本解決。

早在20世紀80年代，就有學者提出股份制，並在1984年開始了股份制企業的試點，在此基礎上，理論界提出了以現代企業制度深化國企改革的思路。但是，由於各方面條件尚不成熟，在理論和改革思想上，關於姓「資」還是姓「社」的爭論也持續不斷，股份制試點工作在較長時間內處於停滯狀態。

1992年鄧小平同志南方談話為總體改革確定了方向，推動了新時期的改革進程；之後召開的黨的十四大明確了「建立社會主義市場經濟」的目標模式；

黨的十四屆三中全會提出了「建立現代企業制度」的國企改革目標。而2001年加入WTO，標誌著中國社會主義市場經濟體制的基本建立，並更全面地融入全球經濟體系中。1992年到2001年，這十年是中國再次明確改革開放的大方向，大刀闊斧地進行經濟體制改革，加速從計劃經濟體制轉向市場經濟體制，從而帶來國民經濟高速增長的十年。在這個過程中，除了民營企業的快速崛起和發展以外，中國經濟體制改革的中心環節仍然是國有企業改革。這一時期國有企業改革有了重大突破，主要體現在：國有重點企業中基本建立現代企業制度框架，以產權制度為重點的股份制改革逐步推進，國有經濟結構和佈局有了較大調整，國有企業整體效益得到提高。

第一節　「建立現代企業制度」的企業改革目標

一、確立「建立和完善社會主義市場經濟體制」的經濟改革目標

1992年1月18日至2月21日，改革開放的總設計師鄧小平，先後赴武昌、深圳、珠海和上海視察，在改革開放的前沿陣地，小平同志發表了重要談話。3月26日，《深圳特區報》發表了「東方風來滿眼春——鄧小平同志在深圳紀實」的長篇通訊，集中闡述了鄧小平南方談話的要點內容。南方談話，從上至下，確定了堅持改革開放不動搖，乃至繼續加快和深化經濟體制改革的信念，標誌著中國的經濟改革進入新的階段。

鄧小平南方談話中提出很多重要思想，包括：

「社會主義基本制度確立以後，還要從根本上改變束縛生產力發展的經濟體制……所以改革也是解放生產力。」

第四章　鄧小平南方談話後至加入世貿組織前的工業企業制度

「不堅持社會主義，不改革開放，不發展經濟，不改善人民生活，只能是死路一條。」

「改革開放膽子要大一些，看準了的，就大膽地試、大膽地闖。對的就堅持，不對的就趕快改。」

「計劃經濟不等於社會主義，資本主義也有計劃；市場經濟不等於資本主義，社會主義也有市場。計劃和市場都是經濟手段。」

「社會主義要贏得與資本主義相比較的優勢，必須大膽吸收和借鑑人類社會創造的一切文明成果，包括資本主義發達國家的一切反應現代社會化生產規律的先進經營管理方式。」

針對建立證券市場和股票市場的爭論，他指出：「允許看，但要堅決地試。」

小平同志的講話，明確了堅持經濟體制改革和繼續深化改革的總體思想，明確了長久以來大家爭論不休的一些核心問題，指出市場是經濟手段，計劃經濟與市場經濟的區別，並非社會主義與資本主義的區別；對於發達國家的先進經營管理方式，要吸收和借鑑；改革中要敢於試和闖；等等。小平講話，對於統一思想、凝聚信心、深化改革，無疑具有極大的作用。

1992年10月12日至18日，中國共產黨第十四次全國代表大會在北京舉行。十四大報告題為《加快改革開放和現代化建設步伐，奪取有中國特色社會主義事業的更大勝利》，報告中明確提出了「建立和完善社會主義市場經濟體制」的目標。

報告指出：「我們要建立的社會主義市場經濟體制，就是要使市場在社會主義國家宏觀調控下對資源配置起基礎性作用，使經濟活動遵循價值規律的要求，適應供求關係的變化；通過價格槓桿和競爭機制的功能，把資源配置到效益較好的環節中去，並給企業以壓力和動力，實現優勝劣汰。」

黨的十四大報告，確立了中國從計劃經濟體制向市場經濟體制轉軌的根本改革目標，確立了社會的基本資源配置方式將從行政計劃轉化為市場，企業將從被動執行和服從經濟計劃轉變為市場經濟中自主配置資源和參與競爭的主體。為此，誕生和服務於原計劃經濟中的國有企業也必須盡快改革，以成為適應市場經濟的獨立主體，並通過自身的改革促進市場經濟體制的建立。

二、以建立現代企業制度為國企改革目標

鄧小平南方談話,解放了思想,加快了經濟體制改革的步伐,鄧小平提出「要大膽吸收和借鑑資本主義發達國家的一切反應現代社會化生產規律的先進經營管理方式」,對於股份制改革,「允許看,但要堅決地試」。這在很大程度上也解除了國企改革的思想束縛。

1992年10月,黨的十四大報告指出了要加速改革開放,推動經濟發展和社會全面進步,明確了建立社會主義市場經濟體制的改革目標,而國有企業改革是建立社會主義市場經濟體制的中心環節。

報告提出,要理順產權關係,政企分開,使企業成為「自主經營、自負盈虧、自我發展、自我約束」的法人實體和競爭主體。報告明確提出產權問題,表明國企改革將不再僅限於經營權的調整,而將進入更深層次的產權層面,以產權改革來增強企業活力,使其成為真正的市場主體。報告提出要積極試點股份制,從而總結經驗,使其有序健康地發展。另外,報告鼓勵兼併聯合,提出可出租或出售國有小企業,反應出對國有經濟存量調整的思路。

實際上,1988年頒布的《中華人民共和國全民所有制工業企業法》就正式確立了國有企業的法人地位,結束了全民所有制企業法律地位和市場地位不明確的狀況。而黨的十四大報告,又著重提出「法人財產權」的概念,還將過去「國營企業」的稱呼改為「國有企業」,體現出「產權清晰、政企分開」、將國有企業的資本所有權與經營權加以區分的思路。

黨的十四大報告為國企改革下一步的深化消除了思想和政策障礙,同時也對國企改革提出了更高的要求。因為只有計劃經濟體制下的國有企業轉變成為真正的、獨立的市場經營主體,中國才可能完成計劃經濟向市場經濟的成功轉軌。

1993年11月,黨的十四屆三中全會通過了《中共中央關於建立社會主義市場經濟體制若干問題的決定》,指出「建立現代企業制度,是發展社會化大生產和市場經濟的必然要求,是中國國有企業改革的方向」。該決定提出現代企業制度的特點是「產權清晰,權責明確,政企分開,管理科學」,認為國有

第四章　鄧小平南方談話後至加入世貿組織前的工業企業制度

企業實行公司制，是建立現代企業制度的有益探索。具備條件的國有大中型企業，單一投資主體的可以改組為獨資公司，多個投資主體的可依法改為有限責任公司或股份有限公司。該決定為國有企業改革提供了綱領性指導。

三、建立現代企業制度的重要法規、政策與市場環境

（一）1992—1994 年

1990 年 11 月和 1991 年 4 月，國家先後批准了上海和深圳兩市開辦證券交易所，雖然到 1991 年年底，滬深交易所上市公司只有 13 家，但也為其後國企股份制改制的推進提供了市場條件與動力。

1992 年開始，國家體改委會同有關部門制定並發布了《股份制企業試點辦法》《股份有限公司規範意見》《有限責任公司規範意見》以及股份制企業財會制度、人事管理制度等 14 個引導性文件，加強了對股份制試點工作的規範和推動。

1993 年 12 月《中華人民共和國公司法》（以下簡稱《公司法》）頒布，為建立現代企業制度提供了法律依據和規範。在 1993 年《公司法》中，第一條就指出，其頒布是「為了適應建立現代企業制度的需要，規範公司的組織和行為，保護公司、股東和債權人的合法權益，維護社會經濟秩序，促進社會主義市場經濟的發展」。

《公司法》將公司分為有限責任公司和股份有限公司，並指出有限責任公司和股份有限公司是企業法人，公司以其全部法人財產，依法自主經營，自負盈虧。國有企業改建為公司，必須依照法律、行政法規規定的條件和要求，轉換經營機制，有步驟地清產核資、界定產權、清理債權債務、評估資產，建立規範的內部管理機構。

1993 年 12 月，國務院建立了現代企業制度試點工作協調會議制度，國家經貿委和國家體改委等 14 個部委、局參加，並由有關部委起草試點方案。

1994 年 7 月，《中華人民共和國勞動法》頒布，為國有企業改革配套的內部人事制度、分配制度、保險等改革以及勞動力市場的發展提供了重要依據。

1994年11月，國務院出抬了《關於選擇一批國有大中型企業進行現代企業制度試點的方案（草案）》，以此為標誌，國有企業公司制改革的試點在中國全面推開。該方案提出：「國有企業實行公司制，是建立現代企業制度的有益探索。公司制企業以清晰的產權關係為基礎，以完善的法人制度為核心，以有限的責任制度為主要特徵。」方案將試點的時間定為兩年，分為三個階段，要求從1995年1月開始實施，到1996年下半年總結完善。試點包括以下內容：①完善企業法人制度；②確定企業國有資產投資主體；③確立企業改建為公司的組織形式；④建立科學、規範的公司內部組織機構；⑤改革企業勞動人事工資制度；⑥健全企業財務會計制度；⑦發揮黨組織的政治核心作用；⑧完善工會工作和職工民主管理。

（二）1995—2002年

1995年9月，黨的十四屆五中全會通過了《中共中央關於制定國民經濟和社會發展「九五」計劃和2010年遠景目標的建議》，對「抓大放小」的改革戰略進行了部署。這一戰略性轉變，對於加快現代企業制度建設起到了積極的促進作用。

1997年9月黨的十五大報告提出，要把國有企業改革同改組、改造、加強管理結合起來；要著眼於搞好整個國有經濟，抓好大的，放活小的，對國有企業實施戰略性改組；要實行鼓勵兼併、規範破產、下崗分流、減員增效和再就業工程，形成企業優勝劣汰的競爭機制；要從戰略上調整國有經濟佈局。

1998年12月，第九屆全國人大常委會以高票通過了《中華人民共和國證券法》，中國的股份制改革和企業上市從此有法可依。

1998年中國的政府機構進行重大改革，國務院部委由40個減少到29個，多數專業經濟管理部門改為由國家經貿委下屬的國家局，原國務院各部門的200多項職能交給企業、仲介組織或地方承擔。2000年年底，又撤銷了輕工、紡織、冶金、機械、石化等9個國家經貿委下屬的國家局，相關職能並入國家經貿委。這些舉措為進一步轉變政府職能、實現政企分開、促進國企改革，提供了更好的制度條件。

第四章　鄧小平南方談話後至加入世貿組織前的工業企業制度

1999年9月,黨的十五屆四中全會通過了《中共中央關於國有企業改革和發展若干重大問題的決定》,該決定鼓勵解放思想,以有利於發展生產力、增強國力、提高人民生活水準為根本標準,大膽利用現代經營和組織方式,探索促進生產力發展的公有制的多種實現形式,深化國企改革;並要求到2010年,國企的改革和發展,要能適應經濟體制改革、經濟增長方式轉變和擴大開放的要求,要建立比較完善的現代企業制度,基本完成戰略性調整和改組,形成比較合理的國有經濟佈局和結構。

第二節　國有企業建立現代企業制度的實踐

一、國企建立現代企業制度的內涵

經過多年的改革探索,人們已經逐漸認識到,市場經濟才是實現資源優化配置最有效且基礎的經濟制度,而具備獨立法人資格的企業是市場經濟的微觀基礎和核心。國有企業有活力、有效率、有競爭力,才能促進資源的優化配置、國民經濟的增長和社會財富的增加,否則可能成為經濟發展的包袱,也無法實現國有資產的保值增值。

經過前階段以擴權讓利、簡政放權為主要特徵的國企改革,理論和實踐都要求國有企業必須進行更深刻、更根本的產權改革,如此,方能真正做到「權責明確、政企分開」,方能使國企成為社會主義市場經濟中真正意義上的企業。而產權改革的核心就是借鑑現代市場經濟中的企業特徵,將之前法人產權和控制權等都不清晰的國有企業按照現代企業的制度規範進行改造。

那麼現代企業制度具有怎樣的特徵呢,國企要如何改造才能成為真正意義上的企業呢?從歷史發展來看,市場中的企業有業主制、合夥制、有限責任公司和股份有限責任公司等形式。國有企業的產權特徵以及國有企業的體

量，決定了它們不可能採納業主制和合夥制，而只能是有限責任公司及股份有限公司的形式。

黨的十四屆三中全會通過的《中共中央關於建立社會主義市場經濟體制若干問題的決定》中，將現代企業制度特點概括為「產權清晰，權責明確，政企分開，管理科學」，並提出國有企業實行公司制，是建立現代企業制度的有益探索。

具體而言，「產權清晰」，就是要清理核實企業作為經營實體的財產，明確企業法人財產權的獨立和不可侵犯，明確股東的所有權份額及行為主體。「權責明確」就是根據公司制度，明確所有者的權利、義務和責任，明確經營者的權利、義務和責任，明確企業法人的權利、義務和責任。「政企分開」，是指當出資人與經營者和企業的責權利明確後，政府只作為股東依法行使其股東權利，而不能直接干涉企業的生產經營，其社會管理職能與國有資產出資者職能要分開。「管理科學」是指企業的內部管理制度和生產經營方針要科學先進，要適應市場經濟的競爭。實際上，科學的管理需要選擇優秀的管理者，而優秀的管理者要有權利和激勵保障去為股東和企業的利益而勤勉工作，同時又要受到監督，這就要求具有良好的公司治理制度。而良好的公司治理必須建立在前面三個特徵具備的基礎上。

二、國有企業建立現代企業制度試點在全國推開

（一）1992年前的股份制試點

早在1984年，中國較正式的股份制企業試點就開始了。1984年7月，北京天橋百貨股份有限公司成立，這是中國第一家正式註冊的股份公司，也是第一家由國企改制的股份制企業；1984年11月，上海飛樂音響股份公司，成為國企改制的、工業領域的第一家向社會公開發行股票的股份有限公司。截至1991年年底，全國約有3,220家不同類型的企業進行了試點，其中大部分是職工內部持股形式，占企業總數的85%；僅法人持股的企業占12%，社會公開發行股票的占3%。63%為原集體所有制企業，22%為國有企業。雖然試

點企業數目較多，但規模都不大，例如內部職工持股的企業雖然數量多，但總計金額約 3 億元。另外，許多試點公司存在諸如資產評估、股東權利、組織結構及與管理體系等方面不規範的情況。

雖然 1992 年之前的股份制試點多為集體所有制企業，且在試點中出現許多問題和不規範之處，但這為之後國企的公司制和股份制改革提供了很好的經驗，為建立現代企業制度奠定了較好的基礎。

（二）（1992—1997 年）現代企業制度試點在全國推開

1992 年隨著鄧小平南方談話、黨的十四大的召開，國企改制面臨一個思想解放、目標明確、環境寬鬆的良好局面，相關政策法規相繼推出，國有企業的股份制試點在全國相繼推開，而相關的配套環境逐漸改善，從而帶來了大範圍的以股份制改革及公司制改革為主要形式的國有企業產權改革和制度改革。僅僅在 1992 年，中國就新批准建立了近 400 家股份制試點企業，到 1992 年年底，全國股份制試點企業達到 3,700 多家，其中有 69 只股票分別在上海和深圳證券交易所公開上市。國務院還成立了證券委員會和證券監督管理委員會，加強對證券市場的統一協調和宏觀管理工作，同時批准 9 家國有企業改組為股份公司，並到境外上市。

1994 年 11 月，國務院選定了 100 家大中型國有企業進行建立現代企業制度的試點；各地方政府也分別選擇了一些企業，合計約 2,343 家地方企業，參照國務院試點辦法，進行現代企業制度的試點。1995 年 6 月，保定變壓器廠成為這百家試點企業中第一家通過方案論證的企業。

到 1997 年，百家試點企業中，由工廠制改造為股權多元化的股份有限公司的企業為 11 家；6 家改造為有限責任公司；69 家改造為國有獨資公司（其中 29 家作為投資主體將其生產主體部分改制為股份有限公司或有限責任公司）；另有一家解體，兩家被兼併。這些改制的公司中，84 家企業組建了董事會，72 家企業建立了監事會。

至 1997 年，試點改制的地方企業中，有 1,989 家轉為公司制企業，其中 540 家為股份有限公司，540 家為有限責任公司，909 家為國有獨資公司，另有 307 家沒有完成試點改造。據統計，這些轉制的企業中有 71.9% 的企業組

建了董事會，63%的企業成立了監事會，總經理由董事會聘任的占61%。

（三）現代企業制度在國有骨幹企業初步建立

一方面，數年來中央和地方現代企業制度的試點為國企改革累積了大量經驗；另一方面，隨著市場的成長、民營經濟快速發展以及對外開放，國有企業面臨的困難和壓力在加大，而1997年爆發的亞洲金融危機使經濟環境惡化，對國企改制的要求更為迫切。1997年9月黨的十五大以後，中央提出到20世紀末，要用3年左右的時間在大多數國有大中型骨幹企業初步建立現代企業制度。其後在抓大放小、國企脫困、國有經濟佈局調整等多項政策的配合下，國有重點企業建立現代企業制度的工作在全國快速鋪開。

2000年10月，黨的十五屆五中全會通過的《中共中央關於制定國民經濟和社會發展第十個五年計劃的建議》對進一步深化國有大中型企業改革進行了部署，鼓勵國有大中型企業通過規範上市、中外合資和相互參股等形式，實行股份制，同時進一步放開搞活國有中小企業。

到2001年年底，根據國家統計局調查總隊的調查，所調查的4,371家重點企業已經有3,322家企業實行了公司制改造，改制企業中有74%採用股權多元化形式，沒有採用國有獨資公司形式。

三、抓大放小、三年脫困和國有經濟戰略性調整

1997年現代企業制度試點基本完成，但相對於當時數量龐大的國有企業、集體企業，這只是很小一部分。而即使大部分企業都明晰了產權、完成了改制，但面對數量龐大的國有企業，政府部門作為管理者和產權代理人，也難以有足夠的精力和能力去有效管理所有的國有資產，使其保值增值。而國有產權作為共同產權，存在所有者缺位的問題，還可能存在國有產權代理人與國有資本利益激勵不相容的問題，從而可能帶來多層代理成本，影響國企的效率和競爭力。

實際上，隨著市場的發展與競爭的激烈，國有企業虧損問題日益嚴重。面對這個困境，政府逐漸將改革思路從搞活單個國有企業擴大到調整和搞活

國有經濟，進而提出了「抓大放小」的方針和措施，以及國有經濟佈局戰略性調整的方針，尤其「三年脫困」更是直面國企改革中的難點痛點，刮骨療傷，為解決國有企業虧損難題、促進國民經濟健康發展做出了重大貢獻，同時也極大地促進了國企現代企業制度的建立和治理機制的完善。

（一）抓大放小

1995 年 9 月，《中共中央關於制定國民經濟和社會發展「九五」計劃和 2010 年遠景目標的建議》對實施「抓大放小」的改革戰略進行了部署。

1996 年 3 月，國家經貿委《關於 1996 年國有企業改革工作的實施意見》，提出抓好一千戶國有大型企業和企業集團的改革和發展，加快國有小企業的改革改組步伐。

1996 年 6 月國家體改委發布了《關於加快國有小企業改革的若干意見》，引導和推動各地從產權改革入手，通過改制、租賃承包、兼併、破產等多種形式加快國有小企業改革。

（二）三年脫困

1997 年，中國國有及國有控股工業實現利潤 806.5 億元，年末重點監測的 14 個工業行業中有 4 個整體虧損，全國 31 個省區市有 12 個整體虧損，大中型虧損企業有 6,599 戶。這些虧損企業不僅自身難以為繼，而且給財政和銀行帶來巨大負擔及隱患。

黨的十五大和十五屆一中全會提出了國企改革與脫困的三年目標，即「從 1998 年起，用三年左右的時間，通過改革、改組、改造和加強管理，使大多數國有大中型虧損企業擺脫困境；力爭到本世紀末大多數國有大中型骨幹企業初步建立起現代企業制度」。

「三年脫困」具體的措施，包括針對特定行業和特定企業，如紡織、煤炭、有色金屬、冶金、軍工等的落後產能淘汰、債轉股、減員增效、技改貼息等，以及上百萬國有中小型企業的改制，國有困難企業的關閉破產、再就業等。

「三年脫困」也是一個抓大放小的過程。國有中小型企業、集體企業，建立現代企業制度，改造為股權多元化公司的方式有幾種，如把企業變成職工

持股、經營者持股的企業，其中經營者要多購買、持大股；或者引入外部投資者，並由其控股；或者是整體出售。而對難以繼續經營、資不抵債、扭虧無望的國有企業，包括一些大型國企，則採用了關閉破產等方式。1999 年，國務院對一些具備條件的國有企業又實施了債轉股，將銀行的債權轉為這些企業的股權，以此減輕國有企業沉重的債務負擔並化解銀行風險。

數目龐大的國有企業，大量的就業職工，要改制破掉鐵飯碗，要減員增效，或者被兼併，甚至要破產倒閉，這對國企員工、各級政府和相關人員，都是一個痛苦而困難的過程。但改革時機不能再延誤，否則病痛會更加蔓延，腐蝕更多的機體，帶來更嚴重的問題。因此即便處於市場經濟發展初期，各類配套條件尚不完善的情況下，國企脫困也是不得不面對的陣痛。為此，原國家經貿委成立了企業脫困工作辦公室主抓「三年脫困」，國務院專門成立了全國企業兼併破產和職工再就業工作領導小組，組成部門包括國家經貿委、財政部、勞動部、中國人民銀行等，來處理「脫困」中的職工保障和再就業等問題。

2000 年 12 月，時任原國家經濟貿易委員會主任盛華仁宣布中國國有企業改革與脫困三年目標基本實現。包括紡織行業在內的五個重點行業整體扭虧，全國國有和國有控股工業企業實現利潤恢復到 2,000 億元以上，重點鎖定的 6,599 戶大中型虧損企業中有 4,799 戶採取多種措施擺脫了困境。1997 年年底，國有及國有控股大中型工業企業為 16,874 戶，其中虧損的為 6,599 戶，虧損面 39.1%；到 2000 年，虧損戶減為 180 戶，虧損面下降到 2.73%。

(三) 國有經濟戰略性調整

抓大放小和國企三年脫困以及民營經濟的快速發展，都會涉及國有經濟在國民經濟中的比重相對下降的狀況。要整體提高國有經濟的整體效率、有效管理國有資產，必須直面國有經濟在國民經濟中的比重和佈局問題。

1999 年 9 月，黨的十五屆四中全會通過《中共中央關於國有企業改革和發展若干重大問題的決定》，其中提出，到 2010 年，完成國有經濟的戰略性調整和改組，形成較合理的國有經濟佈局和結構，是國企改革和發展的主要目標之一。

該決定提出了社會主義市場經濟條件下，國有經濟在國民經濟中的主導作用主要體現在控制力上，要有所為有所不為。國有經濟需要控制的行業和領域主要包括：涉及國家安全的行業，自然壟斷的行業，提供重要公共產品和服務的行業，以及支柱產業和高新技術產業中的重要骨幹企業。其他行業和領域，可以通過資產重組和結構調整，集中力量，加強重點，提高國有經濟的整體素質。在堅持國有、集體等公有制經濟為主體的前提下，鼓勵和引導個體、私營等非公有制經濟的發展。國有資本通過股份制可以吸引和組織更多的社會資本，放大國有資本的功能，提高國有經濟的控制力、影響力和帶動力。

第三節　中國國有工業企業的制度變遷

隨著改革開放戰略的不斷推進，進入 20 世紀 90 年代，中國經濟持續高速發展，人均 GDP 提前實現翻兩番的第二步戰略目標，同時工業化進程迅猛推進。作為國民經濟的支柱產業和經濟增長的主導力量，工業也是這段時期國企改革的核心領域。不論是現代企業制度的建立，還是「抓大放小」「三年脫困」、國企佈局戰略性調整，在很大程度上，改革的主要對象都是國有工業企業。

一、工業企業是國企改革的核心領域

20 世紀 90 年代，中國工業快速增長，對經濟和社會發展起到關鍵作用，工業企業的制度改革也伴隨著國企改革的推進而不斷深入。

（一）1992—2001 年，工業是中國經濟增長的主要動力

隨著改革開放的推進，國有工業企業效率逐步提高，非國有工業企業迅速發展，有力推動工業的高速增長，1992 年至 1997 年工業增加值的增速始終

高於 GDP 增速。1992 年，全年完成工業增加值 10,116 億元，比上年增長 20.8%，是改革開放以來增長幅度最大的一年，佔國內生產總值的 42.3%，而農業和服務業的增加值比重分別為 24.2% 和 27.7%。直至 2001 年，工業的增加值比重都保持在 40% 左右，在中國經濟中占據主導地位，如圖 4.1 所示。

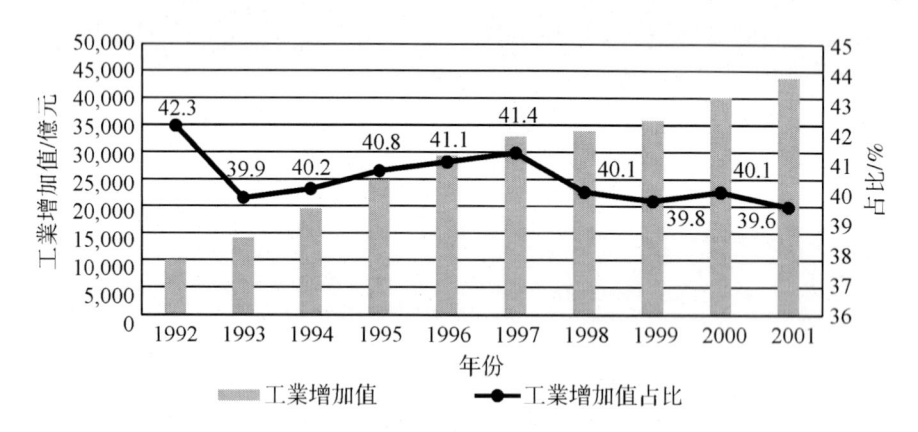

圖 4.1 工業增加值及占其 GDP 比重的變化

資料來源：國家統計局資料。

(二) 國企改革的重點領域是工業企業

1992 年，國有經濟類型的工業總產值為 17,824 億元，在全部工業總產值中所占比重達到 51.52%。參與改革的全部國有企業數量有 10 萬多家，其中國有工業企業數量就有 103,300 個，所占比重最大。在 1994 年國務院批准的第一批試點工作的 100 家企業中，除上海一百、濟南市大觀園等 13 家公司以外，其餘均為工業企業。國務院還將中國石化總公司、中國航空工業總公司、中國有色金屬工業總公司等國家控股的大型工業企業納入試點。因此，總體上工業企業是國企改革最主要的部分，國有企業的改革過程和結果也在很大程度上反應了中國工業企業的制度變遷。

(三) 抓大放小，佈局調整，國有工業企業效益較大提升

1. 抓大放小，國有工業企業佈局有較大調整

在制度改革、國企脫困、抓大放小、國有經濟戰略性調整等改革措施的推行下，工業領域國有經濟的結構也在發生較大變化。一些成功改制、競爭

力提升的國有企業效益提升，而部分長期虧損、扭虧無望的企業退出市場，從一些競爭性領域退出。國有工業企業的佈局向涉及國家安全的行業、自然壟斷性行業、提供重要公共產品和服務的行業等重要產業和重要資源方向集中，如電力、供水、石油、冶金等，形成主導力量，其他經濟類型的企業向各自具有比較優勢的方向發展壯大，如表 4.1 所示。國有企業在工業領域內的量大面廣，但效益不佳的情況得到改善。

表 4.1　2001 年分行業的國有工業企業資本占工業全部實收資本的比重

行業分類	比重/%
總計	39
一般製造業	26
石油加工及煉焦業	37
金屬與非金屬加工製造業	46
電力、煤氣及水的生產與供應業	56
採掘業	81

資料來源：由《中國工業統計年鑒 2002》數據整理所得。

註：統計對象為全部國有與規模以上非國有工業企業。

2. 國有工業企業效益有較大提升

20 世紀 90 年代中後期，國有工業企業面臨普遍虧損、負債經營的局面，但在後期針對性改革和戰略性調整之下，大多數國有工業企業的制度改革成效取得突破，經營機制得到改善，企業經營效率提高，市場競爭力增強，效益有明顯改善。

1999 年開始國有工業企業利潤總額顯著增加，虧損局面扭轉，深入改革調整取得良好成效，如圖 4.2 所示。

全國工業企業整體經營指標的變化趨勢與國有工業企業幾乎一致，如圖 4.3 所示。由於大多數國有企業在改革與調整中扭虧增盈，擺脫困境，同時私營企業與外資企業快速發展，1998 年以後，全國工業企業整體效益提高，利潤總額顯著增加，虧損逐步減少。

图 4.2　國有工業企業利潤總額與虧損總額（1992—2001 年）

資料來源：國家統計局工業交通統計司. 中國工業經濟統計年鑒［M］. 北京：中國統計出版社，2003.
註：1988 年及以後年份包括國有控股工業企業。

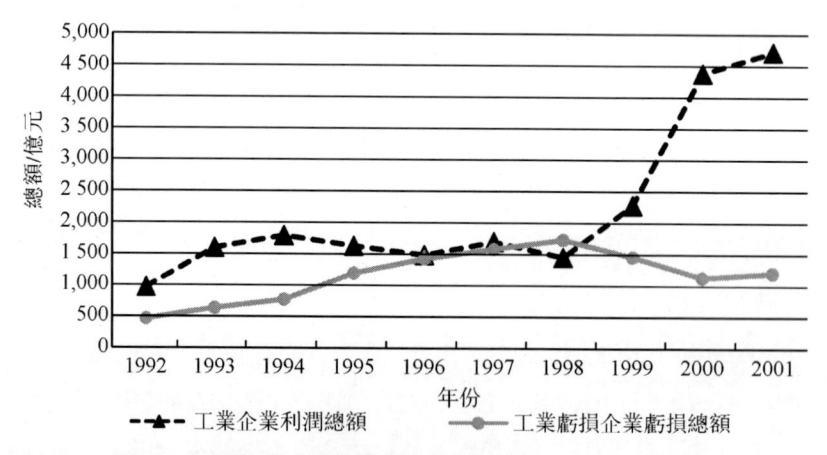

圖 4.3　全國工業企業利潤總額與虧損總額（1992—2001 年）

資料來源：國家統計局資料。

到 2000 年，國有工業企業改革和「三年脫困」的目標基本實現，全國工業企業經濟效益明顯改善，中國 GDP 超過 1 萬億元。特別是國有及國有控股工業企業的效益大幅度提升，全年實現利潤 2,392 億元，比上年增加 1.4 倍，虧損企業虧損額比上年下降 26.7%。全年工業企業經濟效益綜合指數為 117.8，比上年提高 16.1 個百分點。全年規模以上工業企業實現利潤 4,262 億元，達到 20 世紀 90 年代以來的最高水準。

二、國有工業企業的公司治理改革

當國有工業企業改制為具有獨立法人地位的有限責任公司和股份有限公司，就不可避免地要建立規範的治理結構來解決股權多元化及兩權分離帶來的委託代理問題。雖然，國有產權及其代理人之間本身就存在委託代理關係，在承包制企業中也存在所有權與經營權的分離，但是，在現代公司尤其是股份制公司中，由於股東多元化而必然出現的兩權分離（俗稱所有權與經營權分析），則是所有相關公司都必須面對，也必須規範建立和完善的。

實際上，國有企業的產權改革並不只是企業法人財產所有權的確立，或國有資本所有權轉變為股權的變化，或者私人通過購買股權而獲得原國有企業部分股權的改革，還有隨之而來的，國有股股東及其他股東以及管理層之間在企業資本及財產所有權、經營權、收益權乃至轉讓權等權利上的分割、界定和制衡，以及相應的一整套機制，即在這裡要討論的現代公司治理結構。科學規範的公司治理結構，能通過對企業產權的合理界定和分配，較有效地實現政企分開，能對大股東及管理層進行有效監督和激勵，使股東能選聘勤勉誠信有能力的管理層，使管理層能為公司的利益而勤勉誠實地工作。因此，國有企業產權改革、建立有限責任公司，其最終應形成一套合理有效的治理結構，方能使改制後的企業成為管理科學、有活力、有效益、有競爭力的市場主體，從而真正達到國企改革的目的。

因此，在重點國有大中型企業初步搭建現代企業制度架構後，1999年黨的十五屆四中全會審議通過的《中共中央關於國有企業改革和發展若干重大問題的決定》正式提出「公司治理」的概念，並提出公司法人治理結構是現代企業制度的核心，並要求形成「股東會、董事會、監事會、經理層各負其責、協調運轉、有效制衡的法人治理結構」。

公司治理機制，可以分為內部治理和外部治理。內部治理現代企業制度構建初期，公司治理的重點通常放在內部治理上，但內部治理和外部治理是相互影響、互為補充的，要使內部治理機制順利運行，彌補內部治理的不足，必須有較完善的外部治理。以下以改制為國有控股的股份有限公司為例，來

介紹本階段公司治理構建的特點。

(一) 改制國企內部治理機制的建立

此前國有企業放權讓利的改革，是國有企業所有權和經營權的逐漸分離，承包經營責任制，是企業所有者——國家將企業經營權以合同的方式，完全讓渡給承包人的一種方式。國家根據合同獲得一定的收益權，承包人根據合同獨立管理和經營國企。這種方式能激發承包人的經營積極性，因為承包者可以獲得剩餘索取權，但也帶來了較大弊端。一方面，這種產權的分配以每隔一段時期簽訂合同的方式確定，有較強的隨意性，承包人對未來的產權分配沒有確定的預期，經營行為容易短期化，而且出現盈利越多的企業承包基數越高的「鞭打快牛」的情況，不利於承包人積極性的充分發揮；另一方面，承包人不擁有企業所有權，而在承包期卻擁有完全的企業控制權，企業虧損並未損害承包人自身的財產，承包人有侵吞企業財產或者掠奪性經營等可能。核心問題實際是企業的法人財產權沒有得到切實保護，企業的各類產權安排和治理不科學、不合理，導致委託代理成本高，從而難以有效提高國企經營效率。

黨的十四大以來，國企建立現代企業制度的改革得到不斷推廣和深入，重點大中型國企紛紛改制為有限公司或股份有限公司，其中股份公司因為可以引入民間資本參股，擴大企業實力，較好地解決國企債務負擔沉重的問題，而被越來越多的國企在改制中採用。股份有限公司是現代企業制度的典型代表，有一套在全球通用的治理結構，但是不同於發達國家現代企業的治理結構是逐漸演進和發展的，中國的公司治理結構是在國企產權改革中配套建立的，雖然在形式上採納了現代公司的治理結構，但是在具體的權利分配與制衡上，包括大股東與股份公司之間、各股東之間、股東與經營者之間的權責安排上，都有一個摸索、修正、發展的過程。

1. 國有控股、股東多元化與不同的權利

國企改革，尤其大中型骨幹國企的改制，並不是為了改變其國有控制的產權屬性。為了不陷於「姓資姓社」的爭論，大多數國企的股份制改造中，都是國有股權占絕對控股地位，再吸納其他法人入股，發行內部職工股（個

人股），公眾公司可面向社會公眾發行一定的股票，上市公司首次公開募股（IPO）過程中還可面向投資者發行新股。因此股份公司通常有國有股、法人股、內部職工股，乃至社會公眾股。這些不同股東獲得股權所支付的價格不同。有些公司還有外資股，相關上市公司的外資股可以在 B 股或 H 股市場交易。

對於上市公司而言，其能在全國性的 A 股市場中流通的股權是公眾股及內部職工股，而國有股及法人股不能在 A 股市場流通，雖然 1992 年建立了法人股交易市場 STAQ 市場，1993 年建立了 NET 市場，但這兩個市場的參與機構較少，流動性差，同一家公司在法人股市場的交易價格與 A 股相差較大。

至 2001 年 9 月，中國 A 股上市公司數目 1,221 家，發行總股本為 3,800 多億元，不能在 A 股市場流通的國有股數量 1,100 多億股，法人股 1,400 多億股。

2. 形成了股東大會、董事會、監事會各司其職的治理結構

根據 1993 年 12 月頒布的《公司法》，除一人有限責任公司（包括國有獨資公司）不設股東會外，有限責任公司和股份有限公司都要設立股東會、董事會（或設 1 名執行董事）、監事會（或設 1~2 名監事）。

1997 年 12 月證監會發布的《上市公司指引章程》提出「公司根據需要，可以設立獨立董事」；2000 年 11 月上交所在《上市公司治理指引（草案）》中要求，未來的上市公司應至少有 2 名獨立董事，且獨立董事人數要占董事人數的 20% 以上；2001 年 8 月證監會頒布《關於在上市公司建立獨立董事制度的指導意見》，對滬深上市公司獨立董事的人數和比例給出了硬性要求。獨立董事制度成為中國規範上市公司內部治理的一個重要領域。

3. 董事長與總經理的委任

董事長是大股東（國有股東）的代表，代表國有資產管理部門行使對公司的控制權，因此是政府委派，由於此前的國有企業廠長（經理）也是由政府任命，改制後的董事長通常也是原國有企業的一把手，且董事長通常兼任總經理。因此，改制後國有控股公司的董事長和總經理仍然由政府委派，身分在官員和經營者之間轉換。在這樣國有股絕對控股、董事長由政府官員任

命和監督,董事長兼總經理的情況下,主要由內部職工組成的董事會和監事會的權力制衡作用無法有效發揮,公司內部人控制缺乏監督和激勵,現代公司改革希望達到的增強企業活力的目的難以有效達成,而大股東利用控制權損害公司利益及中小股東利益的行為卻時有發生。

(二) 外部治理機制的建立與發展

即使在現代公司制度不斷發展和完善的發達國家,在公司的內部治理上也存在漏洞,此時,外部治理機制就發揮了較大的作用。一個有效而完整的外部治理,應該包括一個有效的產品市場、資本市場和經理人市場,以及有效維護公司法人及股東權益的法律環境等。

在從計劃經濟向市場經濟轉軌的變革中,產品市場開始逐步建立,產品市場的競爭和公司業績對於企業經營者有一定的壓力和約束。經理人市場則尚未成型,而國企董事長和總經理也主要通過政府委派,而非通過市場競爭來選擇,因此國企經營者更為關注與大股東代表——政府相關部門的關係,而非其在市場中的經理人價值。

證券市場中公司股價的漲跌對其經營也有一定的壓力,但是由於這段時期證券市場剛剛成立,市場容量很小,股價通常遠遠高於股票本身的價值,導致市場投機氣氛濃厚,公司股價很多時候並不能反應企業的經營績效,同時,由於國有股東的持股不能上市流通,因此,股價漲跌對國有股東沒有實質性影響,除了極少數股權分散的上市公司外,股價的下跌也不會導致公司控制權的轉移,因此,資本市場對企業大股東和經營者的激勵與制衡作用難以發揮。

而在維護股東尤其中小股東權益、維護公司法人財產權等外部治理的法律法規方面,由於還處在發展初期,不論是法規本身的成熟和完備上,還是監督執行的有效和嚴格上,都還有較大的提升空間,如在上市公司信息披露、外部審計、股東隧道行為、內幕交易方面,還存在較大的不足。

這段時期,有關公司治理的重要法律法規有:1992年國家體改委發布的《股份有限公司規範意見》《有限責任公司規範意見》,1993年頒布的《公司法》,1997年證監會發布的《上市公司章程指引》,1998年證監會發布的《上

市公司股東大會規範意見》，2001年證監會頒布的《關於在上市公司建立獨立董事制度的指導意見》等。

三、國有工業企業的改制案例——東方電機股份有限公司

　　東方電機股份有限公司（2008年更名為東方電氣集團東方電機有限公司），為中央企業東方電氣集團的全資子公司，其前身為東方電機廠。東方電機廠創建於1958年，原為隸屬於國家一機部的四川德陽水力發電設備廠，到1966年發展成為中國三大發電設備生產廠家之一，並改名為東方電機廠。當時的東方電機廠作為一家全國大型發電設備製造的重點骨幹企業，不僅是一家生產經營單位，更是生活社區，包含了司法機關、醫院、學校（從幼兒園到大學）。東方電機廠改制之前，其非經營性資產與使用這部分資產進行非經營活動的員工人數占其總數的比例均超過了20%。

　　1992年9月，東方電機廠被國務院確定為全國首批在境外上市的規範化股份制改制試點企業之一，並作為獨家發起人以其主要的生產、科研和經營系統為基礎，組建東方電機股份有限公司，其餘則仍保留在東方電機廠內。於1993年12月28日實行重組分立，在上海和香港證券交易所分別發行A股與H股。改制後，原東方電機廠投入公司的資產（含土地使用權）折為22,000萬股國有法人股，由東方電機廠持有且保留法人地位，行使法人股股權。重組後，股份公司與東方電機廠簽訂一份分立協議，以保障各自根據重組而享有的權益，同時簽署服務協議，相互提供若干社會管理服務。

　　因此，東方電機廠作為存續企業（母公司），為股份公司提供與主營業務無直接關聯的經營活動，以及司法、教育、衛生等後勤和專項事務。而東方電機股份有限公司則從事發電設備的生產和經營，同時建立起現代公司的組織架構，設立了股東大會、董事會、監事會，及下屬多個分工部門。雖然新組建的股份公司建立起新的組織架構，但實際上相當多的高層任職人員與原東方電機廠存在交叉重合，12個董事中有就10位是東方電機廠的黨委成員，董事長、副董事長分別為東方電機廠的黨委書記、黨委常委，監事會主席和

工會主席均為東方電機廠的黨委副書記。東方電機股份有限公司不設立黨組織機構，仍由母公司黨委領導，但設有一個與監事會平行的企業文化部，其中包括了黨委辦公室、黨委組織部、黨委宣傳部、統戰部、共青團、武裝部等，以此彌合國有企業與現代公司間的制度差異。

東方電機股份有限公司於1994年5月19日在香港證券交易所發行1.7億股，同年6月6日H股在香港聯交所上市，扣除股票發行費用後共募集了5.18億元。1995年10月10日在上海證券交易所發行6,000萬股A股，最終募集資金2.35億元。至此，公司股權分佈如表4.2所示，東方電機廠即持有國家股48.9%，處於絕對控股地位。

表4.2　東方電機股份有限公司股權結構

股本分類	1994年	比例	1995年	比例
國家股（非流通）	2.20億股	56.4%	2.20億股	48.9%
H股（流通股）	1.70億股	43.6%	1.70億股	37.8%
A股（流通股）	—	—	0.6億股	13.3%
總股本	3.90億股	100%	4.50億股	100%

資料來源：東方電機股份有限公司招股說明書（A股）。

東方電機股份有限公司在招股說明書中表明，公司在產品銷售方面取得了良好的成績。截至1994年12月31日，已取得的國內外發電設備製造合同甚至排到了1998年，合同金額超過人民幣20億元。但是，通過改組上市以後，東方電機股份公司的經營盈利卻不容樂觀，從1999年開始出現淨虧損3,665.8萬元，2001年虧損26,134.9萬元。至2002年公司才扭虧為盈，每股收益0.045元/股，淨資產收益率2.21%。①

事實上，東方電機廠雖然改制並上市，但其當時並未完全成為真正意義上的現代企業，公司治理存在較大問題。首先，東方電機股份有限公司從東方電機廠剝離後，本應成為兩個獨立實體，但兩者的日常營運與管理實際難

---

① 數據來源於《東方電機股份有限公司2003年年度報告》。

以區分，兩個企業仍由同一批人控制，機構部門與高層管理人員相互交叉任職，而產生的費用成本則全部由股份公司支付，股份公司在財務和經營上都沒有與母公司分開，沒有成為真正獨立的法人。其次，東方電機股份有限公司為母公司東方電機廠支付了後勤管理費用、員工退休費用、醫療保健費用、運輸及維修費用造成了股份公司業績虧損而母公司東方電機廠卻盈利的局面。最後，東方電機股份有限公司實際上尚未形成市場化管理體制，在企業外部，政府的行政干預不斷；企業內部，機構設置臃腫龐雜，閒雜人員和事務眾多，造成生產與經營活動的效率損失。

因此，在公司改制的早期，東方電機股份有限公司雖然在形式上是一個股份有限公司，但其獨立法人的權利並未得到有效保護，而在一定程度上成為東方電機廠到股票市場融資的一個工具。從這個案例，我們可以看到國企股份制改革初期所經歷的探索與不足。之後，隨著中國現代企業制度改革的不斷深化和規範，東方電機股份公司逐漸成為真正意義上獨立、規範經營的國有控股股份公司。2003 年，公司新制定了《獨立董事工作條例》《董事會審計與審核委員會工作條例》《董事會戰略發展委員會工作條例》和《董事會資產管理委員會工作條例》等相關文件，進一步完善了公司治理結構。

第四節　理論背景與改革成效

一、本時期相關改革思想爭論與創新

（一）國有企業產權改革的爭論與創新

1. 產權制度、公司制與國企改革

國有企業之前被稱為「國營企業」，大家都知道國營企業的財產歸國家所有，管理人員也由政府任命，但是，如何將政府的經濟管理職能與國有資產

所有者的職能分開，哪個機構代表國家行使所有者對國有資產的管理職能，經營管理國有資產的人應是政府工作人員還是企業家，國有資產的所有權、經營權、收益權、轉讓權等是怎麼界定和分配的，國有企業自身有沒有獨立的財產權和其他法律權利，並承擔相關的責任，國有企業和其他利益相關者的關係是怎樣的，等等，這些問題，在此前的各類改革中，並沒有得到較好的解決。理論源自實踐，同時又指導實踐。對於這些問題，這段時期，理論界對此有很多重要觀點和討論。

很多學者認為國有企業活力不夠、經營效益不佳的重要原因在於產權制度。鄧子基（1992）認為國有企業特別是大中型企業活力不夠的原因有很多，但很重要的一個原因則在於國家所有制的產權關係不清，產權邊界不明，這種模糊的產權關係是搞好國有企業最深層的障礙。董輔礽（1992）認為，國有企業的經營狀況不能令人滿意主要不是管理不善造成的，而是由體制因素決定的，首先是與國有資產處於無人負責的狀態有關，因此產權制度改革是關鍵。吳敬璉（1993）認為，在計劃經濟體制下，國有企業的任務只是執行上級下達的計劃指令，準確完成各項生產指標，因此，國有企業改革必須從產權改革入手，改革國有企業的產權結構，包括推進產權重組、組建新的國有產權管理部門等。王子軍（1994）認為，由於國有企業委託層級過多，對具體企業來說，誰都可以憑藉行政權力進行干預、從企業索取收益，誰又都可以不對企業負最終的責任，企業虧損、國有資產流失無人過問。

對於如何改革產權制度，提高國企效率，學者們也提出了自己的看法。劉國光（1995）指出產權明晰可以採取多種形式，對一些極其重要的行業，如涉及國家機密和安全的尖端技術的特殊工業，以及一些壟斷性和公益性部門，國家可以採取獨資形式；其他一些重要行業如能源、基礎設施、交通運輸等都不一定要獨資，國家可以採取控股的形式；至於一般競爭性行業，國家不一定控股，可能通過投資經營公司、控制公司或企業集團的方式來經營，避免政府的干預，政府只從法律、宏觀調控上給企業創造一個良好的投資和發展環境。何誠穎（1994）認為中國公司制由於缺乏出資者所有權的約束，加上資本市場競爭，並沒有對以國有為基礎的國有股份公司經理產生任何威

脅。如果沒有所有權制度改革，企圖通過公司制來界定產權、提高效率，建立現代企業制度，是對公司制功能的誤解，明確產權關係，是國有企業實行公司化改造、建立現代企業制度的先決條件而不是結果。

也有學者對於產權明晰能否解決目前國企的弊病提出了質疑，認為一旦將國有企業的產權分配給特定的主體，可能會使國有企業的性質發生動搖。有些人認為如果說產權明晰化，國有企業歸全民所有，其明晰程度不亞於私有企業。也有人認為以科斯定理作為中國經濟體制改革的理論依據，其結果必然是使國有企業蛻變為私有制企業，使中國社會主義經濟制度蛻變為私有制的自由放任的原始資本主義制度，實際上是西方資本主義制度。

圍繞國企產權改革的爭論、試點推動相關理論和實踐的創新，並以股份制等形式在一些企業試點，黨的十四大及此後十四屆三中全會等的相關決議，確認了這些創新，並推廣到全國的國企改革中。如前所說，1992 年黨的十四大提出要建立「產權清晰、責權分明、政企分開、管理科學」的現代企業制度；1993 年黨的十四屆三中全會明確國有企業改革的發展方向是建立現代企業制度，並指出「公司制是現代企業制度的一種有效組織形式」。

2. 股份制、產權多元化與國企改革

對於如何建立現代企業制度，許多學者認為，股份制是明晰產權、責權分離，實現政企分開和管理科學的有效手段，對於大中型國有企業，更是提高企業效率和增加企業資本金的有效改革。

厲以寧在 1980 年就提出了股份制改革的初步想法，他認為，相對於「承包制」，股份制能夠較好地克服國有企業政企不分、企業「包盈不包虧」、行為短期化、國有資產易受侵蝕等缺陷。唐豐義等（1991）認為國有產權未形成商品，正是當時公有制經濟改革的障礙所在，也是公有制經濟發展成為商品經濟的障礙所在，要發展社會主義商品經濟，不能將公有產權制度創新排除在改革的視野之外，而是應該努力尋找與社會主義商品經濟發展相適應的新的公有產權制度模式。黎學玲等（1993）認為從對中國目前企業現狀及經濟生活各層面的理性分析來看，如果仍固守傳統觀念，把國家所有權作為公有制的唯一表現形式，其結果必然造成國有企業運行的低效、無序狀態，並

進而導致整個國民經濟的停滯。

但是，一部分人對於國有企業股份制改革與產權多元化仍然存在疑慮，認為社會主義不適合採用股份制。有些人從分配制度的角度出發，認為肯定勞動價值論、肯定按勞分配原則，從而去積極探索按勞分配的具體形式，這是社會主義能夠超過資本主義的最大優勢所在。股份制恰恰以按資分配的方式破壞了社會主義的這一優勢，所以對股份制的期望值不可過高，而且它不應當成為我們企業制度改革的方向。也有人指出如果對國有企業全面實行股份化是一種倒退。社會主義是資本主義發展的必然結果，資本主義許多遺產可以為我所用，但必須具體問題具體分析。

隨著現代企業制度改革試點的推進，人們逐漸意識到股份制改革是大中型國企改制的有效形式，指出股份制不是私有化，而是建立現代企業制度的基本形式。王珏（1994）指出，股份制是公有制與市場經濟結合的基本形式，股份制企業是建立現代企業制度的基本形式。實踐證明，對國有企業進行股份制改造後，效益低下的問題明顯緩解，有的企業更是步入佳境。何誠穎（1994）認為國有企業逐步改組為股份公司，不是說國有企業只要進行公司化改造就可以向現代企業制度轉變，建立現代企業制度是項複雜的工程，除推進產權制度改革外，還需要發展非國有經濟，只有在所有權多元化、產權分散的情況下，企業利益才能從原始所有者那裡獨立出來。周叔蓮（1995）認為私有化首先是一個政治概念，私有化就是反對以公有經濟為主體、以國有經濟為主導的基本制度，因此，不能籠統地將出賣國有企業稱作私有化，更不能將國有企業股份制改革當成私有化，只要改革的措施不違背公有經濟為主體國有經濟為主導的原則，不損害公有經濟在國民經濟中的主體地位和國有經濟在國民經濟中的主導地位就決不應扣上「私有化」的帽子。曉亮（1994）認為現在我們所試行的股份制改造，很多是不規範的。有些在指導思想上就有問題，例如，認為股份制必須以公有制為主，要求所有股份制企業一律是公有制為主，只在社會上或企業內部發行一點個人股作為陪襯。這會產生換湯不換藥的問題。

最終，在1997年，黨的十五大報告明確指出：「股份制是現代企業的一

第四章　鄧小平南方談話後至加入世貿組織前的工業企業制度

種資本組織形式，有利於所有權和經營權的分離，有利於提高企業和資本的運作效率，資本主義可以用，社會主義也可以用。」

（二）社會主義初級階段的所有制結構問題

20世紀80年代以前，主流觀點認為個體經濟是資本主義的產物，發展個體經濟就是與社會主義相違背，認為一切非公有制經濟與社會主義水火不容。隨著改革開放，個體和民營經濟快速成長，同時國有企業改革也繞不開產權多元化，以及經營失敗退出市場等問題，因此在這段時期對於中國應該有怎樣的所有制形式，產生了不同的觀點和爭論。

一些經濟學家認為必須明確個體和私營經濟的資產階級屬性，並且只能將其作為補充，公有制經濟必須在社會主義市場經濟中保持主體地位。蔣學模（1987）認為不管外部條件如何變化，個體經濟的寡利或虧損、興旺或失敗，仍然只是個體勞動者的私事。這就是說，個體經濟的根本性質並沒有改變，把社會主義社會中的個體經濟說成具有社會主義性質，是沒有根據的，為保證中國經濟發展的社會主義方向，從整體和長遠看，公有制經濟必須對私有制經濟保持優勢。還有一些人認為中華人民共和國憲法有明確規定，公有制為主，個體經濟是補充。而有些經濟學家利用一些輿論陣地，發表各色各樣的言論，企圖改變私營企業的補充地位，這是向「公有制為主體」進行挑戰，對於私營企業主的資產階級的屬性，必須有正確的、清醒的認識。

同時，也有不少學者認為非公有制經濟也能成為建設社會主義的力量，應該發展多種所有制形式，不能強行實施完全的公有制形式。宋瑞卿（1988）認為，所有制的改革，應該以結構變革為主，不是要徹底地摒棄完全全民所有制，而是要著重調整不同所有制經濟的比重，大力發展各種所有制包括各種公有制和各種非公有制經濟，讓各種形式的所有制在市場上相互競爭，優勝劣汰，適者生存，從而在中國形成一種適合生產力發展並隨之而改變的多層次、多形式、多元結構相互補充、相互滲透、共同發展的所有制結構新格局。王鶴（1989）認為中華人民共和國成立以來我們將私有制改造錯誤簡化為消滅勞動者個人所有制，認為共同所有制的建設是通過徹底消滅個人所有制實現的，這正是中華人民共和國成立以來經濟活動產生重大失誤的深刻根

源。因此，當前產權改革的方向和重點是要完善甚至重新塑造社會主義所有制的新格局。

1992年黨的十四大召開，明確了經濟體制改革的目標是建立社會主義市場經濟體制，1993年黨的十四屆三中全會通過的《中共中央關於建立社會主義市場經濟體制若干問題的決定》提出，堅持以公有制為主體、多種經濟成分共同發展的方針。同時，學術界對於社會主義市場經濟的所有制結構、非公經濟的發展以及股份制的所有制性質繼續進行著更深入的探討。

部分學者對於非公有制的發展還存在擔憂，擔心非公經濟的過度發展可能否定公有制主體地位，帶來兩極分化，大量的人仍然擺脫不了貧困，激發社會矛盾。有學者認為，我們必須重視非公有制經濟的負面效應，看到它對構建社會主義市場經濟體制的銹蝕作用，非公有制經濟固然在經濟轉軌過程中充當了先導，但決不能就此誤把先導作為主體，對非公有制經濟的發展應加強研究，國家要在宏觀上把握其發展的規模、速度、方向，堅持適度原則，個別地區部門可以適當加快非公有制經濟的發展，但推而廣之恐怕就未必妥當。

另一些學者認為，非公經濟和國企產權改革如果有利於發展生產力，就應屬於社會主義經濟，是建設社會主義的力量。周叔蓮和郭克莎（1993）認為社會主義的所有制結構以公有制為主體，以國有制為主導，有其客觀必然性，但是在這個前提下，各種所有制的關係、國有制和其他公有制的內部結構及其實現形式，只有根據有利於發展生產力的要求來調整和改革，包括明確國有企業的產權，才能真正有利於生產力的發展。何偉（1995）指出小平同志的社會主義本質定義是「解放生產力，發展生產力，消滅剝削，消除兩極分化，最終達到共同富裕」，這個定義是一個整體，其中任何一句話，都不能單獨理解為社會主義的本質，凡符合這一定義要求的所有制，都應屬於社會主義性質的經濟，也是建設社會主義的力量，其中就包括民辦公有經濟、私人經濟和個體經濟。

在國有經濟占主導地位這項原則上，學者們認為主導作用應體現在國有資產集中到關係到國家命脈以及關鍵的領域中。王珏（1994）的觀點是：國

第四章　鄧小平南方談話後至加入世貿組織前的工業企業制度

有企業的改革要與國有資產結構調整相結合，具體講就是：抽出非國家經濟命脈的產業、企業的國有資產，將其集中到關係國家經濟命脈的產業和企業中去，使國有企業發揮主導作用。胡鈞（1995）則認為國有企業進行資產結構的調整，逐步退出一般競爭性領域，將國有資產集中在基礎產業關鍵領域和公用事業領域，其他的實行民有民營化。

這些研究和討論，為黨的改革政策提供了很好的理論參考和依據。1997年召開的黨的十五大報告提出：「公有制為主體、多種所有制經濟共同發展，是中國社會主義初級階段的一項基本經濟制度」。報告明確了非公經濟是中國社會主義市場經濟的重要組成部分，多種所有制經濟共同發展，只要是符合「三個有利於」，非公經濟都可以為實現現代化服務。報告也指出：「只要堅持公有制為主體，國家控制國民經濟命脈……國有經濟比重減少一些，不會影響中國的社會主義性質」。

二、改革成效

（一）現代企業制度逐步完善

在1992—2001年這一輪國有企業改制過程中，國有企業的產權逐步明晰，現代企業制度在大中型國企中初步建立，改制企業法人治理結構進一步完善，上市公司運作逐步規範。據統計，截至2000年年底，2,919戶國有大中型企業中，已經按照《公司法》進行了公司制改造的企業有2,005戶，改制面達到68.7%；同時，在已完成改制的企業中，董事會按照法定程序聘任總經理的有1,144戶，占已改制企業的57.1%。

在建立現代企業制度的過程中，政府採取了一系列促進政企分開、轉變政府職能的措施，將政府的經濟政治管理職能和國有資產經營管理職能分開，部分國企轉變為不具有政府職能的經濟實體，逐步糾正政府過多干預企業經營管理的問題，政府職能向著為市場經濟創造良好運行環境的方向轉變。改制後的國有企業，也逐漸成為「四自」的獨立法人。

隨著1993年《公司法》的正式頒布和實施，改制企業開始按照要求逐步

建立健全法人治理結構，形成了股權結構較清晰，所有權和經營權較明確，股東會、董事會、經理層和監事會層次分明、各司其職、相對獨立、相互制約的架構與關係，企業內部也逐步開始建立較為規範、科學的管理體系和管理方法。國有企業權責不清、大鍋飯、鐵飯碗、行為短期化、激勵不相容等情況逐漸得到改善，改制後的國有企業逐步融入市場經濟環境中，企業活力有較大提升，效率和競爭力逐步增強。

（二）國有企業經營績效顯著改善

如前所說，「三年脫困」前，國有企業不能適應市場經濟的發展，國有資產低效運轉，國有企業陷入大面積虧損，不僅造成國有資產持續損失，財政和銀行承受沉重負擔，而且降低社會的資源配置效率，給國民經濟的增長帶來較大的負面影響。隨著國有企業建立現代企業制度的改革，隨著「三年脫困」「抓大放小」「國有經濟佈局戰略性調整」等戰略的實施，到2000年年底，通過資產重組、衝銷呆帳壞帳以及債務重組等方法，「三年脫困」的目標已基本實現。截至1997年年底，國有及國有控股大中型工業企業為16,874戶，其中虧損的為6,599戶，虧損面為39.1%。到2000年，虧損戶減為1,800戶，減少近3/4，國有經濟逐步從許多競爭性行業退出，改變了國有企業數量過多且分散的問題。

如表4.3及圖4.4所示，到2002年，國有企業銷售收入已達85,326億元，銷售利潤率提升到4.4%，國有及國有控股的非金融類企業總資產達到180,219億元。有研究表明，在「抓大放小」期間，國企雖然加總生產率水準低於民營和外資企業，但國企改革使得國企加總全要素生產率增長很快，顯著縮小了同民營和外資的差距。

表4.3　國有企業發展經濟指標

指標	1998年	1999年	2000年	2001年	2002年
國有企業戶數/萬戶	23.8	21.7	19.1	17.4	15.9
銷售收入/億元	64,685	69,137	75,082	76,356	85,326
利潤總額/億元	800				

表4.3(續)

指標	1998年	1999年	2000年	2001年	2002年
銷售利潤率/%	0.3	1.7	3.8	3.7	4.4
職工人數/萬人	6,394	5,998	5,564	5,017	4,446
國有及國有控股的非金融類企業總資產/億元	134,780	145,288	160,068	179,245	180,219
國有及國有控股的非金融類企業淨資產/億元	50,371	53,813	57,976	61,436	66,543

資料來源：中國工商行政管理年鑒。

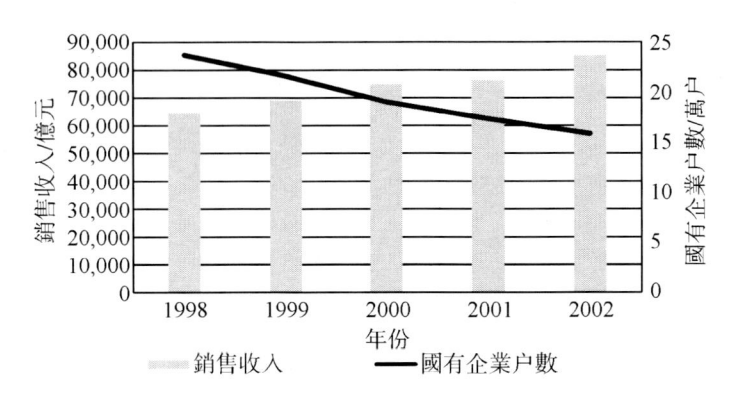

圖4.4　國有企業數量及總銷售收入

資料來源：中國工商行政管理年鑒。

三、改革中存在的問題

(一) 現代企業制度尚不健全

自從黨的十四大以來，國有大中型企業初步改制為有限公司或者股份有限公司，從形式上搭建起現代企業制度的框架，企業建立了股東會、董事會、監事會，並明確各自的權利。但是，不論在企業內部的產權結構、公司治理結構上，還是外部的法律監督和保障上，都未能真正運行起「產權明晰、權責明確、政企分開、管理科學」的現代企業制度，在公司法人財產權、股東

權利、剩餘索取權、剩餘控制權等的明確和保障上，都存在較大的問題。

首先，國有獨資公司仍佔較大比重，股份制企業國有股一股獨大。據統計，2000年國有獨資工商企業仍達14.5萬個，佔國有工商企業總數的3/4左右；股份制企業股權多元化程度低，普遍存在「一股獨大」的局面，2000年，在3.2萬個國有控股工商企業中，國有股佔總股本的平均比重高達63.5%。因此，國企產權改革希望達到的產權制衡，希望降低國有資產多層代理、所有者缺位帶來的代理成本，從而提高企業效率的目的，都沒有得到較好的實現。其次，國有企業的管理者大部分還是由政府委派，管理者在政府工作人員和企業管理者之間轉換，因此管理者決策仍然是向上負責，沒有將企業的利益作為主要的考量，政企不分問題仍然嚴重。再次，控股股東明目張膽地侵佔股份公司資金和財產，或通過「隧道行為」等形式侵害股份公司及其他股東權益的行為時有發生，甚至還打著「國企解困」的旗號。最後，由於缺乏其他股東監督，監事會和獨立董事起到的監管作用也微乎其微。「內部人控制」的程度較為嚴重，違規運作、披露虛假信息、管理層侵犯公司利益等情況時有發生。

這些問題的存在，說明國有企業不僅形式上要改制成現代公司，還應該通過深化內外部的配套改革，使企業在實質上成為真正的現代公司，通過規範的產權安排和公司治理，在制度上保證公司股東、管理層能為企業的經營管理和長遠發展而積極行動。

（二）國有資產流失現象

1992年到2001年，是國有經濟在整體佈局和規模上，國有企業在整體數量上大調整的時期，也是國有企業在產權結構、治理結構、企業制度方面發生較大變化的時期。如此規模和數量的調整與改革，加上轉軌時期沒有成功的改革先例和經驗可循，沒有發達透明的產權和要素市場為基礎，再加上內部人控制、外部環境監督不足等因素，改革中的確存在國有資產流失的情況。

尤其在各地的「放小」過程中，有些國有資產的管理者或經營者利用擁有的控制權和經營權，利用信息不對稱，將國有資產或國有股權賤賣；或者通過關聯交易、暗箱操作等方式，大量侵吞國有資產；或者將國有資產的優

第四章　鄧小平南方談話後至加入世貿組織前的工業企業制度

質部分剝離出來成立股份制公司，卻調降企業利潤，由私人低價收購；等等。

有調查估計，20世紀80年代以來中國國有資產平均每年流失500億元左右，相當於國家財政收入的19.5%；也有調查估計平均每年流失1,000億元左右；還有估計國有資產以每天3.3億元的速度流失。相關機構對全國5萬戶國有工業企業進行抽樣統計，發現截至1992年年末，國有企業中資本金得到保值增值的只占15%，減值的占62%，已全部虧損的占23%。國有資產的流失增加了國有企業改革的成本，敗壞了社會風氣，也損害了改革的聲譽，同時國企改制和「抓大放小」中產生了很多下崗職工，一些下崗職工未得到妥善安置，給個人和社會帶來較大負擔。這些問題的出現給國有企業改革的擴展與深化帶來了阻礙。

（三）上游國有企業壟斷地位加強

「抓大」的過程，國有經濟要掌握國民經濟命脈和安全的指導思想，令國有資本更集中到一些基礎性、關鍵性領域，在這些領域，國有企業的體量不斷增大，通常形成一家壟斷或幾家寡占的結構，民營經濟幾無可能進入這些領域。壟斷的市場結構和極高的進入壁壘，必然會帶來壟斷行為，帶來高價格和低效率。而作為幾乎所有產業都直接或間接需要的石油、電力、金融、電信等基礎和命脈產業，這些行業的盈利不一定來自其自身經營管理能力的提升或其產品成本的下降和質量的提高，而可能來自其壟斷高價和其獨占的廣大的市場需求。但其壟斷行為和低效率會較大地損害下游和相關行業的競爭力，不公平地壓縮下游行業的利潤，對各個產業鏈的競爭力，對中國產業的健康發展和國民經濟高質量增長都會帶來較大損害。這個問題也逐漸被政府認識到，政府也希望通過業務分離、分拆、引入新競爭者等方式來增強這些行業內的競爭力，提升其效率。

參考文獻

［1］陳武明. 破壞公有制主體地位就不會有大局的穩定［J］. 真理的追求，1994（6）：22-23.

［2］鄧偉根. 產權改革：中國邁向市場經濟的第一步［M］. 廣州：廣東經濟出版社，1996.

［3］鄧子基. 深化產權制度改革理順產權關係［J］. 中央財政金融學院學報，1992（4）：8-13.

［4］董輔礽. 論把競爭性國有企業推入市場［J］. 中國社會科學院研究生院學報，1992（1）：9-18.

［5］杜偉立. 中國 GDP 超過 1 萬億［J］. 中國經濟信息，2001（6）：18-19.

［6］高鴻業. 私有制、科斯定理和產權明晰化［J］. 當代思潮，1994（5）：10-16.

［7］何誠穎. 股份制、產權改革和國有企業制度創新［J］. 財經論叢（浙江財經學院報），1994（4）：7-12，38.

［8］賀建平. 關於國有企業改革制度創新的探討［J］. 中央財經大學學報，2004（9）：60-63.

［9］胡鳳斌. 資本結構與治理優化：現代公司理論與國企改制實務［M］. 北京：中國法制出版社，2005：304-305.

［10］胡鈞. 國有企業是社會主義經濟的主導力量［J］. 教學與研究，1995（3）：22-26+42.

［11］黃慧群.「新國企」是怎樣煉成的：中國國有企業改革 40 年回顧［J］，China Economics，2018（1）：58-83.

［12］蔣學模. 論中國社會主義初級階段的私有制經濟［J］. 社會科學，1987（11）：9-14.

第四章　鄧小平南方談話後至加入世貿組織前的工業企業制度

［13］茅於軾，張玉仁.中國民營經濟的發展與前景［J］.國家行政學院學報，2001（6）：43-49.

［14］秦柳方.私營企業主的階級屬性不能含糊［J］.真理的追求，1994（11）：21-23.

［15］邱曉華，鄭京平.90年代中後期國有工業企業改革展望［J］.經濟學動態，1995（2）：9-12.

［16］宋瑞卿.所有制：以結構變革為主，形成「百花齊放、百家爭鳴」的局面［J］.經濟問題，1988（11）：7.10.

［17］汪海波.中國國有企業改革的實踐進程（1979—2003年）［J］.中國經濟史研究，2005（3）

［18］王鶴.產權改革與社會主義所有制的重建［J］.經濟問題探索，1989（4）：3-8.

［19］王珏.建立現代企業制度的幾個問題［J］.市場經濟導報，1994（5）：5-9.

［20］王子軍.產權、競爭與國有大中型企業改革：與高鴻業同志商榷［J］.內部稿，1994（23）：12-15.

［21］高淵.問答邵寧：回看「國企三年脫困」那些日子［N］.解放日報，2016-08-25（6）.

［22］吳敬璉.大中型企業改革：建立現代企業制度［M］.天津：天津人民出版社，1993.

［23］嚴亞明.略論非公有制經濟的負面效應［J］.孝感師專學報，1997（2）：54-57.

［24］楊德明.評西方新自由主義經濟學［J］.當代思潮，1995（5）：31-40.

［25］楊瑞龍，現代企業產權制度［M］.北京：中國人民大學出版社，1996.

［26］葉劉剛，黃靜波.國有企業「抓大放小」改革與加總全要素生產率的變化分解［J］.產經評論，2016，7（5）：100-114.

149

[27] 俞衛國. 對股份制的期望值不可過高 [J]. 內部文稿, 1994 (23): 16-18.

[28] 張同廷. 試論社會主義時期的個體經濟 [J]. 經濟問題, 1980 (9): 51-54.

[29] 張卓元. 中國國有企業改革三十年重大進展、基本經驗和攻堅展望 [J]. 經濟與管理研究, 2008 (10): 5-19.

[30] 鄭紅亮, 王利民, 詹小洪, 等. 中國經濟大論戰 [M]. 經濟管理出版社, 2000.

[31] 中國社會科學院經濟研究所微觀室. 20 世紀 90 年代中國公有企業的民營化演變 [M]. 北京: 社會科學文獻出版社, 2005.

[32] 周叔蓮, 郭克莎. 資源配置方式與中國經濟體制改革 [J]. 中國社會科學, 1993 (3): 19-32.

[33] 朱紹文. 對國有企業全面實行股份制是一種倒退 [J]. 高校理論戰線, 1994 (4): 10.

第五章
加入世貿組織後至「經濟新常態」出現前的工業企業制度

　　2001年11月，中國正式加入世界貿易組織，這是中國經濟自21世紀以來的又一重要歷史轉折，直至2014年5月習近平總書記提出中國進入「經濟新常態」，該時期（2001年11月至2014年5月）中國經濟，特別是工業經濟持續高速增長，為中國完成社會主義新型工業化奠定了基石。本章將首先從外部環境變化、國內經濟發展需求以及上一階段遺留問題三個方面剖析該時期的改革背景，明確階段性的改革思路與政企關係定位，從政企關係、產權變化等多角度剖析國有工業企業的制度變遷，肯定該時期的改革成效並總結改革中的遺留問題。

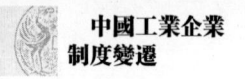

第一節　階段改革背景

（一）外部環境變化對國有工業企業的定位影響

20世紀90年代以來，知識、人才和科技實力與資本相比逐步在投資中佔有更重要的地位，成為國際分工和國際貿易的決定性因素。在發達國家，許多跨國公司為保持技術領先優勢並防止技術外溢，將研發等高附加值環節放在國內。對此，中國國有工業企業必須起到積極的作用。中國在重工業化的過程中，很多領域處於較為低端的產業鏈中，低技術含量、低附加值，並沒有辦法掌握核心的技術，這也是重工業化速度過快帶來的弊端。中國雖然工業化程度高，但是工業化的水準並不高。發達國家在很多領域給我們設置了「技術壁壘」，我們僅僅靠著自發的模仿和吸收，並不能有效地發揮後發優勢，實現彎道超越。而自主研發需要大量各類學科的科研人員與大規模的研發投入，私人部門的資源整合能力沒有國家強大，強行投入還面臨巨大的風險，因而國有工業企業的重要責任則是集中各方力量在關鍵領域進行突破。另外，中國的工業應朝著集約化和高級化的方向發展，這要求國有工業企業能夠在關鍵時刻引領發展戰略新興產業，從而帶動中國其他各類產業部門的轉型升級。世界上許多發達國家都在進行大量的研發投入，佈局戰略新興行業，把爭奪下一輪的技術先機作為發展的目標。而戰略新興產業往往對資本、人力、知識有著很高的要求，並且項目回收期長、風險巨大。這些即將可能發展起來的產業，需要國有工業企業提供引領，帶動整個工業部門的逐步轉型升級。在全球經濟一體化的背景下，國有工業企業是最有可能與國際跨國工業企業相抗衡的力量，這為保障中國的產業發展、企業生存和國民經濟穩定發展起到不可或缺的作用。

（二）國內經濟發展需求對國有工業企業的定位影響

21世紀初期，中國經濟以年均10%左右的速度高速增長，但是經濟週期性較為明顯，起伏較大，同時經濟發展質量不高，技術進步較慢，中國國有

第五章 加入世貿組織後至「經濟新常態」出現前的工業企業制度

工業企業承擔了較大部分經濟發展的重任。

國有工業企業是國家實施宏觀調控的重要手段之一，由於外部性等問題會導致市場失靈，需要國家這個「看得見的手」來進行調控，減少市場逐利的盲目性和自發性。國有工業企業在社會主義市場經濟條件下，實現了生產資料的公有制與生產社會化的統一，使得國家對經濟的宏觀調控更為有效、精確。中國實現穩定宏觀經濟的重要方式之一是實行在工業行業的關鍵領域或部門採取國營或者政府供應。國民經濟中的軍工、能源、信息等重要領域都屬於風險高、作用廣、影響深遠的經濟部門，一旦出現問題將會給社會帶來極大的損失，甚至危及國家的安全。國有工業企業在基礎設施和公用事業的建設以及自然壟斷性行業都發揮著重要的作用。這些領域通常具有以下特徵：第一，投資的規模巨大，且回收期長、盈利較低，私人資本往往無法進入或者不願進入，很多自然壟斷的行業，如電力、鐵路、石油天然氣管道等更是國民經濟的重要命脈，關係到國家安全，這些行業需要國有工業企業來承擔相應的責任。第二，由於私人資本逐利的天性，如果這類壟斷行業由私人部門營運，會導致定價權的喪失，私人資本可以從中謀取巨大的壟斷利潤，危害社會的利益，造成不穩定因素。而國有工業企業會使得此類行業的工業產品和服務達到一個更優的水準，從而保障社會的穩定發展。第三，由於外部性的存在，國有工業企業提供的很多物品屬於公共產品，此類產品的社會效益大於私人效益，私人部門若沒有足夠的補貼則無法產生持續不斷供應的動力，因而這些公共產品應該由國有工業企業來主導，以推動基礎設施建設及公用事業的發展。

（三）上一階段遺留問題對國有工業企業的戰略定位影響

在國有企業改革的突破階段，企業改革都多少留下了現代企業制度不健全、國有資產流失嚴重、上游國有企業壟斷等問題。國有企業在該時期不斷完善。2002 年，有一批國有企業通過規範上市、中外合資和相互參股，實行了公司制改革。2003 年，黨的十六屆三中全會通過了《中共中央關於完善社會主義市場經濟體制若干問題的決定》，表示要建立「歸屬清晰、權責明確、保護嚴格、流轉順暢」的現代產權制度。至此，中國國有企業改革初步實現

了投資主體多元化的格局，中國國家政策的頒布推動國有企業遞推式的發展，在權利和權益方面適當放權，國有企業和民營企業競爭機制不斷調節，顯示出改革過程中的辯證性發展。2003年3月，國務院成立國有資產監督管理委員會，主要完成了規範中央企業負責人薪酬制度、完善央企考評體系和啓動央企人事制度改革等任務。

為了使國有企業在改革過程中能夠達到快速、穩健發展的目標，2004年年初，公司制和董事會制度在部分被選拔的央企建立的獨資公司作為試點迅速展開，之後，公司的董事會制度得到不斷完善，中國的企業發展逐步進入正常的現代化發展軌道。監事會的設立成為國有企業公司治理結構的重要組成部分，根據《公司法》的相關規定，股東大會、董事會和經理以及監事會構成中國有限責任公司和股份有限公司的治理結構，從而實現制度化發展，使企業在發展中實現各種部門相互監督管理、相互制衡，使企業穩健發展。

第二節　改革思路和戰略定位

一、整體佈局的改革思路

自1978年改革開放起，國有工業企業改革至今已進行40餘年。在改革初期，政府採用過放權讓利、把生產責任制同經濟效益結合起來的租賃制以及以「包死基數、確保上交、超收多留、歉收自補」為主要內容的承包制等多種方式來促進國有工業企業市場化。這些措施在改革初期取得了較好的效果，但隨著時間的推移，改革過程中的漏洞逐漸顯現出來，當時的國企改革普遍存在轉變觀念困難、政企關係不清、債務負擔過重等問題。隨後政府又採用了轉換經營機制讓企業自負盈虧、與外資合資、上市以及建立現代企業制度的方式，進一步推動國有工業企業的市場化進程，但並沒有從根本上解

第五章　加入世貿組織後至「經濟新常態」出現前的工業企業制度

決問題。

　　總結歷史經驗教訓，我黨在十五屆四中全會提出，要完善國有資本有進有退、有所為與有所不為，國有經濟必須在關係國民經濟命脈的重要行業、關鍵領域占支配地位。這其中就包括了很多涉及國家安全的領域及高新技術企業中的國有工業企業，而其他行業和領域則需要提高國有經濟素質，鼓勵非公有制經濟發展。我黨提出的上述改革方針，逐步為中國國有工業企業改革找到了自己的道路。

　　2002—2013 年，以黨的十六大為開端，到黨的十八屆三中全會之前，總共經歷了 12 年時間，中國國企改革的「規範治理」得到了深入推進，這是在國有資產管理體制改革帶動下，國有企業改革的重要階段。

　　針對長期制約國有工業企業改革發展的體制性矛盾和問題，2002 年 11 月，黨的十六大提出，除少數必須由國家獨資經營的企業外，國有企業要積極推行股份制，要進一步放開搞活國有中小企業，同時，國家要制定法律法規，建立中央政府和地方政府分別代表國家履行出資人職責，享有所有者權益，權利、義務和責任相統一，管資產和管人、管事相結合的國有資產管理制度。從此，建立符合市場經濟要求的新的國有資產管理體制的改革全面啟動。

　　2003 年 3 月，國務院國有資產監督管理委員會（簡稱國資委）成立，國有企業市場化改革步入在出資人進一步推動和加強監管下實現市場化改革目標的新階段，國有資產管理體制的創新，激發了國有企業活力，國有企業的改革取得了重要的進展。同年 10 月，黨的十六屆三中全會指出要大力發展混合所有制經濟，使股份制成為公有制的主要實現形式，加快調整國有經濟佈局和結構，同時提出建立歸屬清晰、權責明確、保護嚴格、流轉順暢的現代產權制度是構建現代企業制度的重要基礎，進一步推動國有資本投向關係國家安全和國民經濟命脈的重要行業與領域。

　　隨著國有企業的改革逐步取得成效，國有工業企業的社會定位、結構佈局優化、市場競爭力都得到了增強。一些大型的骨幹企業真正成為中國工業發展的支柱，擔負起綜合國力競爭的重任。2007 年 10 月，黨的十七大指出，

要堅持和完善公有制為主體、多種所有制經濟共同發展的基本經濟制度，毫不動搖地鞏固和發展公有制經濟，毫不動搖地鼓勵、支持、引導非公有制經濟，深化國有企業公司制、股份制改革，健全現代企業制度，優化國有經濟佈局和結構，增強國有經濟活力、控制力、影響力。以現代產權制度為基礎，發展混合所有制經濟。2009年9月，黨的十七屆四中全會中提出，改革進入深層次，就是要從整體上實現一個轉變。要想真正實現放權，就必須認識到黨的歷史方位的巨大變化，必須自覺地推動和全面實現從革命黨到執政黨的轉變。2012年11月黨的十八大進一步提出，要推動國有資本更多投向關係國家安全和國民經濟命脈的重要行業與關鍵領域。

　　從這30餘年的政策變化可以看出，國家上層對國有工業企業改革的總體思路依然是下放所有權和經營權。與國企改革第一階段（1978—1992年）、第二階段（1992—2002年）不同，第三階段（2002—2013年）下放權力的對象由國有工業企業的管理層轉向了非國有投資者。這樣的突破源於思想上的變革，國有企業的經營權和管理權是可以適當分離的，這種兩權分離形成的股份制，能在保持國有經濟控制力的前提下，不影響社會主義性質。這項變革有效解決了國有經濟不適應市場經濟的要求，推進了國有工業企業公司制股份制改革。從現實中來看，公司制股份制改革取得了兩個明顯效果：一是完善了基本經濟制度，在增強了國有資本控制力的同時，形成了多種經濟成分共同發展的局面。二是完善了企業體制機制，企業管理上了一個很大的臺階，為企業發展注入活力，使一批在計劃經濟體制中成立的老國有企業煥發出了新的生機。這也是國有經濟實現快速健康發展，國民經濟多年保持中高速增長的一個根本原因。

二、政府定位與政企關係定位再認識

　　在中國，國企改革始終是影響市場經濟建設進程的關鍵因素之一。縱觀中國30餘年的國企改革歷程，改革始終無法離開「政企關係」四個字。2002年，政府對當時國有企業改革中政府定位的現狀進行了反思，並從制度

第五章　加入世貿組織後至「經濟新常態」出現前的工業企業制度

層面上對國有企業與政府之間的權責利關係進行了深刻闡述。

（一）政府定位的困惑

在國有企業改革中，政府同時具有「出資人」「監管者」「經濟人」和「準政治人」的多重身分，這樣的現狀加大了政府合理定位的難度。

就政府而言，一方面它要維護社會穩定，另一方面，它還要推動國有企業完成經濟目標，使國有資產經濟效益最大化。就國有企業而言，其同時具備「公益性」與「企業性」的雙重屬性，一方面，作為企業，其終極目標是追求利潤最大化；另一方面，國有企業作為國有資本的載體，其又承擔著生產提供公共物品的職責。政府的雙重身分以及國有企業的雙重屬性，使得國有企業在經營中迷失方向，也使得政府在面對國有企業時，在「放權」與「收權」間搖擺不定。

同時，國有企業在公共事業領域常常表現出高利潤、低服務的特徵，時常引發民眾對國有企業行為正當性的質疑。為此，政府又希望國有企業明確「準政治人」角色要求，令其提供「質美價廉」的公共服務。政府在處理國有企業關係時時常陷入兩難：放得過多，擔心不能控制國有企業；放得太少，又會限制企業市場化進度的推進。這種窘境可以說是當時政府處理與國有企業關係時的主要難題。

（二）政企關係的重新審視

自黨的十四大提出建立中國特色社會主義市場經濟體制以來，中國政府一直都在致力於探索合適的政府在市場中的角色定位問題。黨的十六大會議又一次提出這一話題，會議的最終定調可以概括為十六個字，即「經濟調節、市場監督、社會管理、公共服務」。

重新審視政府與國有企業的關係，必須圍繞「政企分開」展開。在經濟轉軌時期，國有企業改革的目標是強調國有企業「企業」的性質，弱化其「公共性」特徵，因此，「政企分開」作為一種改革方向毫無疑問是正確的。然而，經過多年的市場化改革，再審視中國政企關係，此時市場經濟主體已基本確立，民營企業快速發展，若繼續堅持以往一味強調市場化的改革方向便會顯得不合時宜。此時「政企分開」需強調分開「度」的把握。

從本質來看，國有企業是經濟與政治的混合物，它一方面有追求利益最大化的動力，另一方面也肩負提供社會產品、保證國有資產增值的責任。正是這種職責的二元性，出現了政府機關工作人員與國有企業領導人之間的交叉，誘發了政府在面對國有企業時「收權」與「放權」間的搖擺不定。

　　在此等背景下，國家借鑑國外的成熟經驗對國有企業進行分類管理。中國依據國有企業所處領域和主要功能的不同，將其分為公益性國有企業與營利性國有企業。公益性國有企業主要是為了解決市場失靈而存在，此種國有企業不以營利為主，目標在於保證經濟安全、國家安全和社會安定。這類國有企業職能的特殊性決定了它們無法做到完全的「政企分開」。而營利性國有企業則不同，這類企業是以經濟效益為指導，基本目標是國有資本整體保值增值。因此，對於此類國有企業政府應放心地放權，給予其最大的自由度。如此一來，不同類型國有企業的功能和定位變得清晰，為真正的「政企分開」打下基礎。

第三節　國有工業企業改革與制度變遷

一、經濟體制的變遷

　　對中國的經濟體制改革歷程進行梳理，可以將其大致分為五個階段：①1979—1982年的思想解放階段。該階段的進入標誌為黨的十一屆三中全會的召開，主要特點是以「實踐是檢驗真理的唯一標準」為指導思想，衝破了「市場經濟是資本主義的產物，計劃經濟才是社會主義的基本特徵」這一錯誤的思想牢籠。②1983—1986年的計劃經濟階段。該階段的進入標誌為黨的十二屆三中全會的順利召開，改革率先在城市中展開，改革範圍逐漸從經濟延伸到政治、生活和文化等方面，黨的十二屆三中全會提出了「中國社會主義

第五章　加入世貿組織後至「經濟新常態」出現前的工業企業制度

經濟是公有制基礎上有計劃的商品經濟」這一新論斷。③1987—1992 年的「國家調節市場，市場引導企業」階段。這一階段的進入的主要標誌是黨的十三大召開，提出了「國家調節市場，市場引導企業」的模式。④1992—2003 年社會主義市場經濟體制形成階段。該階段主要解決了如何構建社會主義市場經濟體制的基本框架和如何結合社會主義與市場這兩大問題。黨的十五大提出了「堅持和完善社會主義公有制為主體，多種所有制經濟共同發展的經濟制度」這一論斷。⑤2003 年至今的社會主義市場經濟體制的完善階段。該階段以黨的十六大召開為進入標誌，主要特點是著手解決體制的深層矛盾，在國有資產管理體制改革和收入分配改革方面重點發力，黨的十八屆三中全會還創造性地提出「令市場在資源配置中起決定性作用」這一改革方向。

本節側重剖析 2002—2013 年這一時段的改革，此階段的改革是以黨的十六大召開為標誌的。黨的十六大提出「21 世紀前二十年改革的主要任務是完善社會主義市場經濟體制，以國有企業為落腳點，進一步探索公有制的有效實現形式，鼓勵在國有企業內部推行股份制，促進混合所有制經濟的發展」。此次會議旨在通過強調集體企業內部的改革，促進企業從壟斷化到競爭化的過渡，最終實現高度市場化。

2003 年，黨的十六屆三中全會通過了《中共中央關於完善社會主義市場經濟體制若干問題的決定》，指明了國企改革的新方向。此次會議有三大貢獻：一是提出了股份制是公有制的主要實現形式這一論斷；二是提出了對公有制和非公有制一視同仁，在市場化背景下更加不能忽視非公有制經濟對國民經濟的重要性；三是深刻詮釋了現代產權制度的重要意義，改革要進一步釋放公有制經濟的活力，同時大力發展集體經濟和其他非公有制經濟，建立和發展混合所有制經濟，爭取實現國有企業投資主體的多元化，最終建立「產權清晰、權責明確、政企分開」的現代產權制度。此外，中共中央也強調了科學發展觀的重要性，這一新時代的觀念為完善社會主義市場經濟體制提供了理論指導。

二、政府與企業關係變遷

1949 年以來政府與企業的關係變遷歷程大致可劃分為五個階段：一是 1949—1978 年的計劃經濟階段。該階段兩者的關係主要體現為國有企業是政府機構的附屬物，沒有獨立的生產經營自主權。二是 1978—1986 年的國有企業改革起點階段。該階段的關係變遷表現形式為政府對企業的「放權讓利」，其間的重大事件是「兩步利改稅」①，但該階段的改革仍然以集中的計劃產權為主。三是 1986—1992 年的雙軌經濟體制階段。該階段的國有企業改革具有濃重的社會主義色彩，此階段深化發展了中國的經濟體制。四是 1992—2002 年的國有企業改革發展階段。這一階段裡，政府與企業的關係由計劃經濟體制下的國家經營逐步轉化為國家出資、企業獨立營運的新模式，將國家對企業的所有權和經營權相互分離。五是 2002 年至今的國有企業改革深化階段。此間重要的事件是國資委的成立，該機構將政府政治管理和經濟管理的職能相分離，作為國家出資的代表，國資委行使普通股東監督建議和享受收益的權利。

通過梳理中國國有企業改革的歷程可以看出，從 1949 年以來中國經歷了計劃經濟時期、放權讓利時期、經濟雙軌制時期、現代企業制度建立時期這四個階段。階段的演進始終伴隨著國家對市場認識的加深，甚至可以說是改革開放推動了政企關係的變遷。改革開放程度越高，中國市場化進度越快。在政府與市場的關係演變中，已經由最初簡單的放權讓利、增加企業自主權逐步擴大到企業與政府分離，所有權與經營權分離，讓市場主導企業經營，政府只負責宏觀把控。

具體看國有企業改革的最近一個階段。2003 年為完成黨的十六屆三中全會提出的「改革國有資產管理體制」的新任務，專門成立了國資委。該機構以核定主業和推進聯合重組為主線，重點推進對國有經濟佈局的調整，進一步使未完成改制的國有企業公司化；而那些已經實現改制的國有控股、參股

---

① 所謂的「利改稅」是指交完規定稅費後，剩下利潤可以由企業自行支配。這種以稅代利的體制改革在中國是通過兩步來進行的。

第五章　加入世貿組織後至「經濟新常態」出現前的工業企業制度

和獨資公司則履行所有者權利，不再直接干預企業的生產經營活動，改變了一直以來職能分散的局面，進一步提高了企業的生產效率。

在 2002—2013 年這一階段，中國主要針對以下三方面進行改革：

（一）調整並優化國有經濟佈局

國有經濟佈局指國有企業和資本在國民經濟中的分佈情況，它涉及多個層面的內容，如國有企業內部資源的分佈以及在各行業、各區域之間的分佈。國有經濟佈局的特徵一方面取決於社會生產方式，同時受自然、人口社會等方面因素的影響，另一方面也取決於國家的宏觀把控。中國國有經濟佈局改革主要圍繞解決「在哪裡分佈」以及「分佈多少」這兩個問題而展開。

改革開放之前，由於中國的社會制度，國有經濟的身影顯現在各行各業。改革開放之後，包括外資在內的多種所有制企業紛紛開始建立，與此同時，國有經濟的比重則在逐漸降低，且逐漸集中於關係國家安全和國民經濟命脈的重要行業和關鍵領域。2003—2013 年，中央企業、國有企業佈局結構調整遵循了「有進有退」的規律，在一些市場化程度高的領域退出，而進入另一些領域進一步拓展和發展，如國資委在 2006 年出抬的《關於推進國有資本調整和國有企業重組的指導意見》指出，中國的改革方向是將國有資本向關鍵行業集中，其中包括電信、能源、軍工以及航運，對於控制國民經濟的領域要重點把控，發揮主導力量。該意見還指出，在機械、汽車、電子、鋼鐵、有色金屬等行業中的中央企業要發揮帶頭作用，做好科研技術的轉化以及創新，帶動整個行業的發展。

一方面，政府在宏觀經濟佈局中要做「加減法」；另一方面也要深入推進國有企業公司制股份制改革，這會使得國有企業自主創新能力進一步提高。與此同時，國家強調整頓中小國有企業，提倡關閉那些資不抵債、無法扭虧為盈的國有企業，也就是現在俗稱的「僵屍企業」。通過這一系列的改革，各地方逐漸發展形成了一批對地方經濟具有影響力和帶動力的優勢企業，中國國有經濟佈局也更加合理。

此外，政府還通過國有中小企業改革和中央企業重組，進一步優化國有經濟佈局。優化方式主要是借助改制、租賃和出售等形式完成。一方面，通

過以上途徑使得國有中小企業退出市場，逐漸集中到大企業層面；另一方面，對於國有大型企業，尤其是關乎國計民生的行業，則實施兼併重組，壓縮大型國企的數量，提高其質量。僅在2002—2012年，大型國有企業的數量就縮減至154家，資產總額從7.13萬億元增加到28萬億元，稅後利潤由3,006億元增加到9,173億元。

(二) 優化國有資本管理機制

國有資本管理①是指實行國有資本的優化配置，健全國有資本支配、調動的功能和建立國有資本的進入退出機制，規範籌資和投資行為及方式。它是完善社會主義市場經濟體制的一項重大制度創新，是深化國有資產管理體制改革，實現政企分開、政資分開的重要舉措。

2002—2013年是建立健全以「出資人監管」為特徵的國有資產管理體制改革的階段，著力解決「政資」不分的問題。

黨的十六大召開以來，國有企業改革的進程發展得如火如荼。為進一步搞活、搞好國有企業，實現國有資產的保值增值，國務院於2003年3月成立了國有資產監督管理委員會（簡稱國資委），該機構由國務院授權，對歸屬中央的國有企業（不含金融業）的資產進行監督，當時國資委直接監管的企業多達196家，這也標誌著中國國有企業改革進入「深水區」。此外，國務院於同年5月頒布了《企業國有資產管理監督暫行條例》，該條例指出，國有資產監督管理機構的主要責任是推進國有資產的合理流動和優化配置，推動國有經濟佈局和結構的調整。此後，各地方政府也相繼成立了與中央國有資產監督管理機構相配套的地方機關，全國範圍內的國有資產監督管理體制開始形成。2008年10月，《中華人民共和國企業國有資產法》（以下簡稱《企業國有資產法》）在全國人大常委會上的通過，標誌著國有資產管理體制在法律層

---

① 國有資本管理主要內容包括核定、佈局、規劃國有資本；參與企業制度改革，負責國有資本的設置，特別是公司制改組中國有資本折股和國有股權的設置與管理；監管國有資本的增加和減少變動事宜；制定國有資本保全和增值的原則；實施國有資產重組中的產權變動及其財務狀況變化、企業合併分立，對外投資、轉讓、質押擔保、國有股減持、關閉破產等國有資本的變動管理；明確籌資和投資的報批程序和執行中的管理原則。

面上被認可。到目前為止，國有資產改革基本實現了國有資產所有權歸國家，對資產的監管權利歸各級政府所有，國有資產的具體使用權歸各企業的目標。

(三) 改革壟斷行業

隨著黨的十六大對國有資產改革目標的定位，即實現資本增值的最大化，國有企業的改革方向也逐漸清晰，即有選擇性地打破壟斷，實現國有企業市場化。此階段，國家始終堅持「有進有退」的原則，在不影響國民經濟的前提下進行國有企業的戰略性重組。在這10多年中，中國壟斷行業國有企業改革在市場化大背景下摸索前進。

此階段，中國打破壟斷的主要方式是引入競爭者，對於由行政原因形成的壟斷行業，政府開始放鬆管制，甚至積極鼓勵私人部門進入該領域，最具代表性的應該是電力行業的改革，在發電端完全放開管制，私人部門只要有獲益空間便會進入該領域，一定程度上倒逼原有壟斷企業提高效率進行競爭。此階段，中國壟斷性國有企業改革有了重大突破，具體表現在如下三方面：

第一，多數壟斷行業實現了政企分開的改革，同時也形成了比較規範的產權結構。如電信、民航和石油等行業都完成了產權治理改革。中石油、四大國有銀行紛紛上市，郵政業和鐵路業開始形成改革的雛形。

第二，電信、石油和電力等行業通過分拆的方式初步打破壟斷，形成弱競爭性的格局，不過此時完善的市場化競爭機制並沒有形成，大部分的壟斷行業繼續保持著一體化壟斷的局面。

第三，一些壟斷性行業進行了價格改革，石油和民航的價格開始逐步放開，定價機制由原來的政府定價轉向企業定價。不過，多數的壟斷行業仍然堅持使用成本加成定價法，使得價格不能完全反應市場真實的供需狀況，這也無法進一步提高市場運行的效率。

三、產權變遷

產權是市場經濟的產物，是市場交易的主體，是所有制的核心和主要內容。國有產權制度改革是從黨的十一屆三中全會提出進行全面經濟體制改革

开始的，发展到 2003 年，现代企业制度也已有了雏形，在国有企业经营取得更大独立性后，2003 年国资委的成立标志着国资管理体系从「五龙治水」①时代的模式平稳过渡到现代化企业形式的出资人模式。国资委以占股形式参与董事会决议进而参与国有企业的管理，这也从侧面体现了国家的意愿。截至 2013 年年底，国资委通过规范国有企业 MBO② 规则和监督国有资产营运使得国有资产的保值增值率达到了 145%。实践证明，不论是完善国有企业产权制度，还是健全出资人制度，对于经济的发展以及国有资本的增值都有积极促进作用。

2003—2013 年，国有企业产权改革的内容可以概括为八个字「全面配套，重点突破」。「全面配套」是指以国有企业改革为中心，对税收、财政、投资、金融和外贸等方面的体制进行全面改革，配套国有企业改革全面实施。「重点突破」是指国有企业改革以产权改革为核心，积极转换企业的经营机制，完善现代企业制度。

在这 10 多年来，国家主要从以下两点对国有企业产权进行了改革：

(一) 建立规范的法人治理结构

一方面，通过建立法人财产权来明确国有企业的产权界限。将多元化的投资主体和企业法人独立开来，有助于明确公司管理者的职责。2008 年，《企业国有资产法》指出，所谓的「国有企业」实质为国家出资而建立的企业，这说明国家已经逐步形成国有企业法人地位的观点。国家作为国有企业的出资人，仅享有企业经营效益的分享权，而不能直接指导和管理企业的正常经营。不论国有资本占比多少（控股抑或是参股），国有企业所有的出资人的市场地位一律平等，均有企业经营效益的分享权。这与之前政府对国有企业的经营大包大揽的状况形成了鲜明的对比。

---

① 五龙治水：国资委掌管资产、财政部掌管产权、国家计委掌管投资权、经贸委掌管日常经营以及企业工委掌管人事权。
② MBO 是指管理层收购，是公司管理层利用高负债融资买断本公司的股权，使公司为私人所有，进而达到控制、重组公司的目的，并获得超常收益的并购交易。它属于杠杆收购的范畴，但其收购主体是管理层。

另一方面，國家在《公司法》中明確了治理層（股東、董事、監事）和管理層（各級職業經理人）的權利和責任，形成了合理的分權制衡機制，有利於現代企業制度的高效運轉。2003年11月國資委發布的《關於規範國有企業改制工作的意見》規定，若國有企業的管理層有意進行企業的併購，則必須由該國有企業產權持有者出面進行，且管理層不得參與整個收購過程，這實際上是為了避免管理者利用信息不對稱對國有資本進行蠶食的不良行為。

(二) 投資主體多元化

黨的十六屆三中全會提出了「大力發展國有資本、集體資本和非公有制資本等參股的混合所有制經濟，實現投資主體多元化，使股份制成為公有制的主要實現形式」。現實中，能夠引入的不同形式的資本形式大致可以分為兩類：一類是企業內部的資本，如國有企業的管理層以及普通職工持股；另一類是企業外部的資本，如外資資本、民營資本以及社會法人資本，這裡的社會法人資本主要指已經經過產權改革，確立了獨立法人地位的企業，此時，就可作為獨立投資人參與國有企業的改制。

第一類的資本是小型國有企業改革的主要依憑，由於企業原有規模較小，內部人員大多彼此熟悉，因此容易通過倡導管理人員和職工持股，形成互相信任、有一致性的管理層。再者，由於小企業的規模有限，員工可通過積極認股達到控股，此時國有企業順利改制成為非國有企業，明確了企業的所有權後更有利於激勵原管理人員積極治理公司，利於企業的長久發展。

第二類的資本更適用於引入到大中型的國有企業中。當然也不排除此時也會有內部人持股，不過其目的不是控制企業，而是使內部人和外部相關者的利益趨同。通過引入外部資本，形成了開放式的股權結構，一定程度上有助於國有企業向市場化方向發展。

四、國有工業企業的內部管理、分配與績效考核

(一) 公司治理改革

2002—2013年這12年間，中國國有企業公司治理改革主要從以下四點展開：

（1）建立一套完善的規章制度。國家要求中央企業在參照《公司法》和《企業國有資產監督管理暫行條例》等法律法規內容的基礎上來制定或修改本公司的章程。在制定企業章程時會以企業自身情況為前提，結合國家法規而確定。

（2）設立職工董事職位。職工董事由公司職工民主選舉產生，在國資委獲批的前提下，代表職工行使董事的權利，並承擔相應的義務。

（3）完善董事會等機構。在國企內部建立董事會和董事會內部專業委員會，同時設立董事會辦事機構——董事會辦公室，其實質是董事會的秘書。此外，完善董事會內部結構，設立常務委員會、戰略委員會、提名委員會、風險控制委員會和審計委員會等多個專業委員部。

（4）實施並建立外部董事制度。外部董事是指本公司以外的人員擔任的董事，外部董事的主要責任是監督，並非執行事務。

(二) 收入分配改革

黨的十八大報告指出：「要毫不動搖鞏固和發展公有制經濟，推行公有制多種實現形式，深化國有企業改革，完善各類國有資本管理體制。」作為國有資本的載體，國有企業的利潤分配方式直接關係著國家和人民的切身利益。回顧中國國有企業改革的歷史，可以看出，中國國有企業內部利潤分配制度是在實踐中逐步探索出的，是一個能順應國有企業改革潮流的利潤分配方式。

計劃經濟初期，國有企業高管的薪酬是完全意義上的按勞分配，此時的國有企業統一實行「統收統支」制度。直到1956年，國有企業高管工資才開始改革。雖然此時的改革力度不算太大，不過通過此次工資調整，形成了以職位級別為基礎的國有企業管理工資制度，這一制度也成為持續了26年之久的國有企業工資制度的主導模式。2003年黨的十六屆三中全會召開以後，不論是企業內部職工還是國有企業本身，在享受利潤分配時，分配所參考的指標更多地表現為個人或者企業的業績。

從國有企業高管角度看，分配方式改革的表現形式是「高管年薪制」[①]。

[①] 高管年薪制是指高管年薪由基本年薪加績效年薪構成，職位決定基本年薪，企業經營業績決定績效年薪。

第五章　加入世貿組織後至「經濟新常態」出現前的工業企業制度

具體來說,就是將企業高管一定時期內的經營業績成果進行匯總評估,並將其分為五個檔次,被歸為 A 類檔次的企業,其高管可獲得相當於其基礎年薪 2~3 倍的績效年薪,而 B 類檔次企業其績效年薪為基礎年薪的 1.5~2 倍,以此類推,C 類檔次企業為 1~1.5 倍,D 類檔次企業為 0~1 倍,而考核結果為 E 類的企業,其高管只能獲得基礎年薪而沒有績效年薪。

將高管薪酬與企業經營所得直接掛鉤,一定程度上使得國有企業高管更有動力去更好地管理和經營國有資產。隨著市場化改革的不斷深入,國有企業高管薪酬改革政策頻繁出抬,如為建立有效的中央企業負責人激勵與約束機制,完善中央企業業績考核體系,2004 年國資委制定了《中央企業負責人薪酬管理暫行辦法》,這一辦法也促進了年薪制發展。不過,也正是由於國有企業高管年薪市場化的改革,在某些領域出現了國有企業高管年薪偏高的現象。此後,為了確定較為合理的國有企業高管薪酬獎勵比例,國家也做了一定的調整。2009 年為了遏制國有企業高管薪酬過快增長的態勢,中央頒發了《政府限薪令》,其主要內容是「高管薪酬增長與分配與經濟整體形勢相關聯,確保國有企業高管薪酬的水準、結構和管理更加合理化」。2013 年中央又發布了《國務院辦公廳關於深化收入分配制度改革重點工作分工的通知》,一方面是為了控制國有企業高管薪酬過高的問題,另一方面也是為了明確國有企業高管薪酬和普通職工薪酬之間的比例,並在一定程度上縮小兩者差距。

國家統計局數據顯示,2002—2013 年,中央企業職工平均工資的平均增長率為 14%,其他類企業職工的平均工資平均增長率為 16%。同時,也顯示出中央企業行業間人員人均工資差異正在逐步縮小。從總體上看,此階段中央企業職工工資與經濟效益呈現相適應的趨勢。

從國有企業自身角度看,分配方式改革的表現形式是「利改稅」的深化。2010 年 12 月,國家頒發了《關於完善中央國有資本經營預算有關事項的通知》,通知規定根據稅後利潤上繳的不同比例,可將國有企業分為四類:①資源壟斷型國有企業,如中石化,其向國家上繳利潤比例為 15%;②壟斷性競爭型國有企業,如一汽和寶鋼企業等,向國家上繳利潤比例為 10%;③軍工類企業,如中國核工業集團,其上繳比例為 5%;④一些特殊行業,如中儲糧

總公司，該類企業可以免交利潤分成。

綜上所述，中國國有企業收入分配制度的改革是以政府為主導，自上而下進行的改革。手段是通過對企業內部人員進行激勵，提高企業效益，在此基礎上通過國家規定來協調國有企業與國家的分享利益關係。

(三) 績效考核改革

中國國有企業經營績效考核是伴隨著中國國有企業管理體制的發展而發展的，中國國有企業的業績考核工作大致經歷三個階段：一是計劃管理和考核期；二是放權讓利期；三是現代企業制度建設期。不同的階段有著與該時期適應的考核重心。計劃經濟時期以任務完成度為考核重點，放權讓利時期以利潤為考核重點，現代企業制度建設期以綜合指標為考核特點。為了避免國有企業為追求短期利潤而導致經營問題，國務院國資委對國有企業考核指標進行了一定的調整，也嘗試通過調整績效指標而完成管理目標的進一步拓展。

1992年，國家計委針對工業國有企業提出了六項考核指標，同時，針對指標的重要性程度賦予不同的權重，最終形成統一的評價體系。分析此階段國有企業業績評價指標，可以看出評價指標已經從重視產值轉為重視企業的經營效益，但是，評價指標無法反應出企業的成長性，計劃經濟色彩依然存在。

伴隨著國有企業改革工作的持續開展，國有企業績效評價由原單一指標考核方式過渡到綜合且全方位的績效評價。為建立中國科學規範的國有企業績效評價體系，1999年財政部聯合國家經貿委、人事部和國家計委等有關部門共同頒布了《國有資本效績評價規則》，這標誌著中國國有企業業績效評價指標首次實現體系化，一套全新的企業績效評價體系開始在中國建立。2002年，財政部會同國家經貿委、中央企業工委和國家計委等部門在原有體系基礎上進行了修訂，新增了技術投入比例率、綜合社會貢獻率和發展創新能力（如產品創新、技術創新和服務創新）等偏向評價企業社會貢獻能力的指標，重新頒布了《企業績效評價操作細則（修訂）》，使原考核指標數由32項調整為28項。不過，此次修訂後的體系也存在一定問題，如指標很多，不利於計算和衡量，且各指標對不同行業的企業重要性不同，不能單一地賦予權重。

第五章　加入世貿組織後至「經濟新常態」出現前的工業企業制度

　　黨的十六大提出要建立權責明確、責任義務相統一、管資產和管人管事相結合的國有資產管理體制。為貫徹十六大精神，中央、省、市（地）三級國家資產監督管理機構相繼出抬了與《企業國有資產監督管理條例》有關的法律法規。

　　為規範中央企業綜合績效評價工作，有效發揮綜合評判的作用，2006年，國務院國有資產監督管理委員會頒布《中央企業綜合績效評價管理暫行辦法》及其實施細則。細則明確指出綜合績效評價的核心是投入產出比，同時也規定了企業綜合績效評價指標由「22+8」的形式構成。22個指標代表定量的財務績效，8個指標代表定性的管理績效。其中，財務績效指標可反應包括企業盈利能力、資產質量狀況、債務風險狀況和經營增長狀況在內的四方面成果。而8個管理績效指標包括基礎管理、戰略管理、經營風險、發展創新、人力資源、行業影響、風險控制和社會貢獻。這30個指標綜合起來反應了企業財務狀況和經營成果。

　　此階段的國有企業績效評價考核指標體系以「綜合」為特色，是在出資人監督管理框架初步建立的背景下，出資人進一步深化財務監督工作的成果。整體來看，此階段的評價指標體系主要體現了如下四個特點：

1. 強調國有企業盈利能力

　　在對國有企業進行四個方位（盈利能力、債務風險狀況、資產質量狀況和經營增長狀況）的財務指標評價時，代表國有企業盈利能力的指標所設定的權重最高，為34%。這說明，國有企業已正確定位，即國有企業不僅是代表國家資產的，更多地也表現為一個自負盈虧的企業。只有企業能自給自足並產生正向收益，此時的國有企業對於國家和人民才是有利的。強調國有企業盈利能力其實也是對國有資產管理的有力保障。

2. 重視國有企業債務風險

　　《中央企業綜合績效評價管理暫行辦法》在原評價指標體系中加入了「帶息負債比率」和「或有負債比率」兩個指標，這兩個指標都能分析國有企業潛在的經營風險。同時，在對國有企業資產質量狀況進行評價的時候，運用了「不良資產比率」這一指標來衡量國有企業的潛在風險。

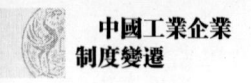

3. 關注國有企業增長潛力

強調國有企業盈利能力的同時,《中央企業綜合績效評價管理暫行辦法》也關注盈利能力增長速度,其採用的指標主要有「主營業務收入」「主營業務成本」,在關注利潤絕對值的前提下,更加關注利潤增長速度以及資產總額的增長情況。

4. 突出財務指標而非會計指標

以往的會計指標採用「權責發生制」,一定程度上反應權利義務的配比,但是財務指標是以「收付實現制」為基礎建立的,相比會計指標,現金流量指標能更好地反應企業的流動性、財務安全性以及一段時間的經營成果。例如,對國有企業盈利能力進行評價時,採用「盈餘現金保障倍數」指標。

五、國有工業企業改革案例——中國中化集團公司改革

中國中化集團是一個跨地域、跨領域、多元化的經營企業集團,在國有企業改革發展的大背景下,中化集團經歷了兩次蛻變:一是1988年的「再造中化」,主要原因是國家在此階段的放權讓利和市場化的不斷深化;二是2008年的金融危機衝擊。2008年的金融危機席捲全球,中化集團也無法幸免,不過基於1998年的改革,中化集團建立了高效的人力資源管理體系,這在一定程度上增強了抵禦2008年經濟危機衝擊的能力,為原有的管理變革注入了新動力。在第二次改革中,中化集團主要圍繞以下三方面展開:

(一)人事管理改革

中化集團始終堅持以人為本的管理理念,強調人才的重要性。在人才引進方面,主張採用市場化手段積極從各方面引入優秀人才,集團始終堅持「唯才是用」的用人原則,有效地充實了人才儲備。在人力資源管理角度,構建了分層級的管理體系,總部只保留對集團關鍵崗位的管理權和薪酬總額的配置權,將招聘、績效管理、薪酬激勵和部門員工管理的權利下放至人力資源管理部,積極推行人才一體化管理。

在梳理中化集團改革實踐事件的基礎上,學者周雪在《國有企業構建人

第五章　加入世貿組織後至「經濟新常態」出現前的工業企業制度

力資源管控模式的有效途徑研究》一文中指出，中化集團的人事改革可以簡單地概括為「三步走」戰略：一是戰略執行為綱；二是模式驅動體系為骨；三是信息化建設為基。按照周雪的思路步驟，可以看出中化集團在人事管理改革方面取得了巨大進步。

（1）在戰略執行方面，中化集團堅持「一體化」戰略，即集團所有二級單位的人力資源經理都歸總部統一任命，定期培訓、集中考核、統一任免，各級單位的人事任命都處於平等地位。為此，中化集團總部成立了一個專門管控人事任命的機構——集團人力資源部，其主要負責集團各層級的人事任命，以及人力資源政策的制定與修改，旨在通過指導和監督各級人力資源管理，促使集團上層政策的快速執行。

（2）在模式驅動方面，中化集團在綜合考慮集團所處戰略發展的階段、經營業務、組織構架以及人力資源管理現狀的基礎上，結合了直管型、監管型和顧問型三種模式的特點，形成了適合集團自身發展的戰略管理模式，即以直管型為主體、以監管型為補充的混合模式，旨在通過較為集權的直管型模式加快決策一致性的達成以及決策執行的速度；同時，以監管的補充方式，保證決策在執行過程中的準確度和規範度。為此，中化集團特意成立了集團人力資源委員會這一決策機構，該機構在人力資源部之上，主要負責對集團重要的人力資源事項進行表決。同時，人力資源部門也會配合該機構執行上層指令。

中化集團的人力資源管理模式體現了高度集權與適度放權相結合的原則。集團人力資源部的職能不再單一化。一方面，其負責執行集團人力資源委員會的指令；另一方面，它也負責集團各級部門的人力資源管理工作。除此以外，它還對其他經營機構進行監督和檢查。在此模式的基礎上，中化集團針對不同經營部門的人事也做了相應調整，以此形成了中化集團特有的人力資源管理體系。

（3）在信息化建設方面，為了適應時代信息化變革的潮流，中化集團以解決管理難題為切入點將信息技術引入集團人力資源管理中來，其對信息技術的運用主要從以下兩個方面展開：

一方面，中化集團將「EHR系統」①引入集團內部，試圖通過引入信息化技術提升企業人力資源管理的效率，從而達到提升集團業務能力的目的。在該系統引入的過程中，中化集團始終強調信息技術人才的重要性，始終將技術人才擺在首要的位置，其認為只有擁有專業的信息技術人才團隊，才能保證方便快捷的EHR信息系統在集團內部的順利使用，也只有人才是技術變革的根本力量。

另一方面，中化集團從企業自身的角度出發，在將信息技術引入集團內部的同時，注重EHR系統在各部門的投資回報率，在投資回報率高的部門，集團引入該信息化系統，對於投資回報率低於市場平均值的部門，集團則不再引入信息化技術，仍舊維持其原有人力資源管理系統，從而達到資本效益最大化的目的。

(二) 收入分配改革

隨著市場化的不斷深化，中化集團在收入分配制度方面的規定也逐步向市場分配靠攏，改革打破了「鐵飯碗」，改革了勞動制度，取消了終身雇傭制，實現全員聘任制；打破了「鐵工資」，改革了薪酬制度，取消待遇終身制，實施市場化薪酬，讓工資能高能低，將員工酬勞和績效聯繫更為緊密。

在工資分配方面，集團的改革強調業績的重要性，按勞分配中的「勞」更多地體現為勞動成果，也就是績效。員工一段時期的績效越高，其個人工資也就越高，反之越低。中化集團的改革以公正績效評價為前提，逐步建立了以投入產出比為基礎，以市場化和按績分酬為原則，崗位職能、個人能力和績效評價相結合的薪酬管理體系，形成了公司業績和員工收入良好互動的格局。

近年來，隨著國有企業主體產權的明晰，以及國有資本管理機制的不斷完善，中化集團也逐漸完成了從「管企業」到「管資本」的平穩過渡。這種轉變既是國有企業產權制度改革的必然趨勢，又是優化國有經濟佈局的內在

---

① EHR系統是建立在先進的軟件系統和高速、大容量的硬件基礎上的新型人力資源管理模式，它通過集中式的人事核心信息庫、自動化的信息處理、員工自助服務桌面、內外業務協同以及服務共享，從而達到降低管理成本、提高管理效率、改進員工服務模式以及提升組織人才管理的戰略地位等目的。

第五章　加入世貿組織後至「經濟新常態」出現前的工業企業制度

要求，旨在通過職能優化和機構調整，使國資監管工作更加聚焦管好資本佈局、規範資本運作、提高資本回報和維護資本安全。

通過明確國有資本的管理權限，一方面，提高了企業管理的靈活性；另一方面，也在集團內部實現了收入分配與績效考核制度的高效連接，這有利於員工價值的充分體現，也利於公司業績與員工收入的協同發展。

（三）績效考核改革

在績效考核改革方面，中化集團始終堅持「能者上、劣者下」的各類管理人員的管理原則，搭建了以績效考核、民主測評、人才盤點為主要手段，定量考核與定性評價相結合的系統化幹部綜合考評體系。其中績效考核採取的是評分等級制，優差強制分類。在此基礎上，企業內部也引入末尾淘汰制，避免企業內部過於慵懶，沒有緊迫性，讓那些得過且過的幹部感到壓力。具體來說，幹部和員工的獎勵、晉升和培訓的機會都直接與績效相掛勾，員工考核由好到壞可以依次分為 A、B、C、D 四個類別，上自集團總經理，下至每個分公司的小職員，每個人都會在入職初期簽訂一份績效合同，合同中明確指出：若員工嚴重違反集團的管理制度，將在當年被評為 D 類，若員工連續兩年都被評為 C 類，則視同在第二年被劃歸為 D 類，對於表現優異的員工會被評為 A 類，此類員工可以獲得更多晉升的機會以及與之相匹配的更高的薪酬，而 D 類員將會面臨降薪降職，甚至離開公司的風險。與此同時，中化集團的人力資源管理部隨時都會對績效評估的過程進行監督，以及對評估結果進行審核，這也保證了評估結果的真實有效性。

中化集團立足於市場化，通過以上三方面的改革，在內部管理上形成了「能上能下、能進能出、能增能減」的「中化模式」，這也使得員工和企業共同成長，形成了國有企業效益與社會效益共同增收的良好局面，同時也給許多國有企業深化內部改革提供了許多可參照的啟示。

第四節　改革成效和遺留問題

一、改革成效

（一）中國工業與國有工業企業發展情況

2002—2013年中國工業增加值呈逐年增長的趨勢。圖5.1反應了中國工業整體發展的情況，從增長速度來看，2002—2013年中國工業增速明顯提高，2014年之後趨於平緩。2008年受金融危機影響工業增加值的增長速度明顯減緩，但並未影響到整體上升趨勢。2013年中國工業增加值為222,337.6億元，較2002年工業增加值47,776.3億元上升3.65倍，年均增長率為13.67%。中國的工業化進程在此期間實現了飛速發展。

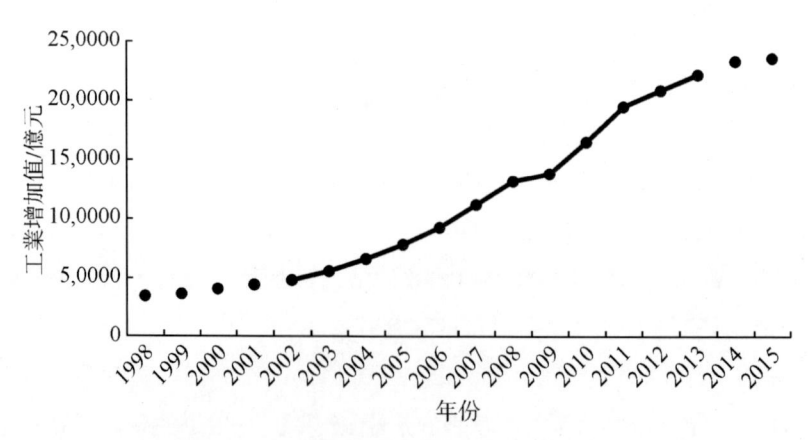

圖5.1　中國工業增加值（1998—2015年）

資料來源：Wind數據庫。

國有工業企業作為中國工業企業的重要組成部分，其對中國工業發展做出了重要的貢獻。如圖5.2所示，可以看出，中國國有工業企業的變化趨勢與中國工業增加值變化趨勢基本一致。2002年中國的國有工業企業工業總產值為45,178.96億元，而其工業增加值為15,935.03億元，占總體工業增加值

第五章　加入世貿組織後至「經濟新常態」出現前的工業企業制度

的 1/3，這一份額在未來 10 餘年裡逐步由 35% 下降至 25% 左右。到 2013 年國有工業企業總產值為 240,315.31 億元，12 年間年均增幅為 14.94%。可見國有工業企業為中國的經濟發展提供了重要支持。

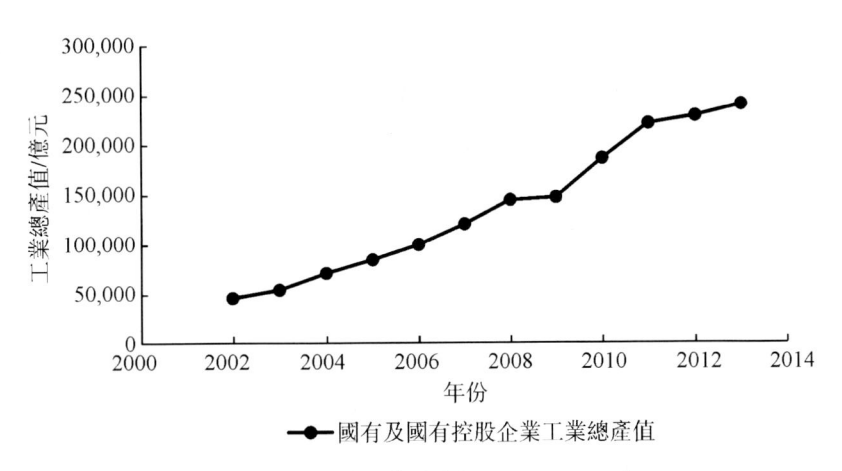

圖 5.2　國有工業企業總產值（2002—2013 年）

資料來源：中國工業經濟統計年鑒（2003—2012 年），中國工業統計年鑒（2013—2014 年）。

黨的十五大之後，儘管國有企業改革的速度不斷加快，國有工業企業的工業總產值依然在持續增長，但是增速有所放緩。整個工業行業的企業規模和國有工業企業的規模都開始縮減。這與中國積極推行公有制的多種有效實現形式，加快調整國有經濟佈局和結構，完善國有資本有進有退、合理流動的機制，進一步推動國有資本更多地投向關係國家安全和國民經濟命脈的重要行業和關鍵領域的政策是密不可分的。數據層面來看，國有工業企業工業總產值從 2002 年的 45,178.96 億元增長到 2012 年的 312,094.37 億元，年均增幅 21.67%。而同期內國有工業企業單位數在不斷減少，從 2002 年的 41,125 戶下降到 2012 年的 17,851 戶，占比從 22.65% 下降到 5.19%。

同時，由圖 5.3 可以看出國有工業企業在 2002—2013 年數量不斷減少，在中國工業企業數量中的占比也不斷降低。結合圖 5.1 與圖 5.2 可以看出，這段時期國有工業企業對第二產業生產總值依然有較高的貢獻，這表明雖然有其他所有制經濟的加入，但國有工業企業在中國第二產業中仍然居於較為

重要的地位。這樣的現象與國有資本戰略調整佈局有較大關係，以公有制為主體，多種所有制經濟共同發展的戰略，推動國有資本更多地投向關係國家安全和國民經濟命脈的重要行業和關鍵領域。總體改革的走向是國家放鬆對國有工業企業的經營權控制和所有權控制，從向管理層釋放經營權不斷過渡到向非國有投資者釋放所有權，導致在這期間國有經濟雖然占比減少，但是控制力和競爭力得到增強，國有工業企業的經濟效益和工業產值也在不斷提升。

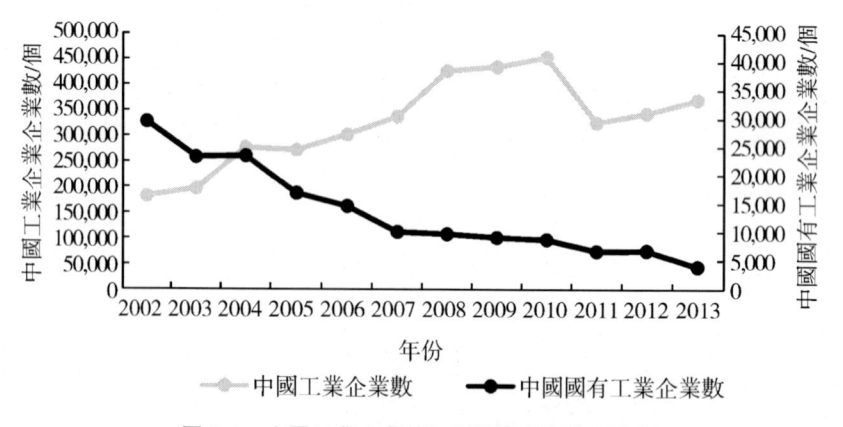

圖 5.3　中國工業企業數和中國國有工業企業數

資料來源：CEIC 數據。

隨著中國所有制結構的不斷優化和經濟體制改革的不斷深化，中國國有工業企業所占比重逐漸下降，同時混合所有制經濟所占比重逐年提升，此間國有工業企業的經濟效益不斷提升。圖 5.4 選取了中國工業企業的利潤總額和國有工業企業的利潤總額對比，兩者都呈明顯的上升趨勢。但國有工業企業的利潤總額的上升幅度小於工業企業利潤總額的上升幅度。

圖 5.4 反應出在 2002 年至 2013 年中國的工業企業與國有工業企業的主要經濟效益情況。工業企業的利潤總額從 2002 年的 5,784.48 億元上升至 2013 年 68,378.91 億元，年均增長率為 25.17%。國有工業企業的利潤總額在工業企業的利潤總額的占比由 2002 年的 45.54% 下降至 2013 年的 17.36%。但國有工業企業的利潤總額在 2002 年到 2011 年總體處於上升趨勢，在 2011 年

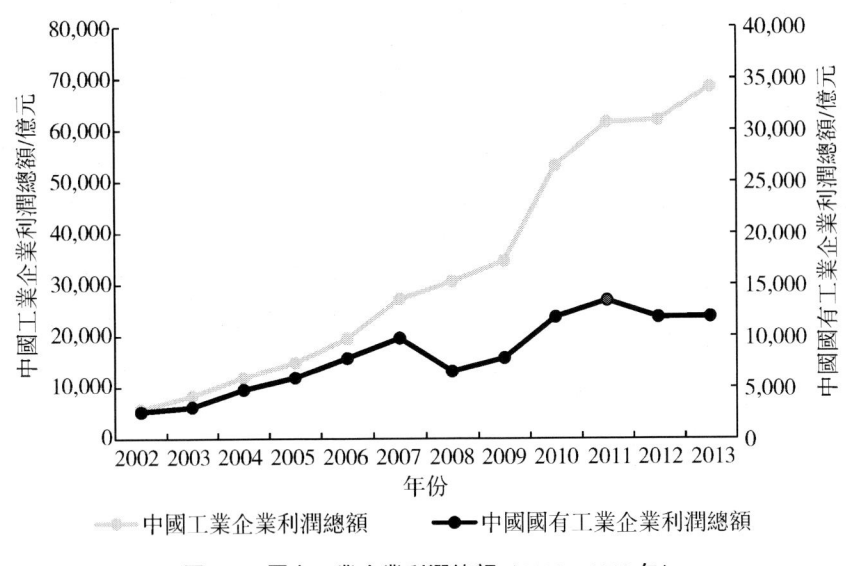

第五章 加入世貿組織後至「經濟新常態」出現前的工業企業制度

圖 5.4 國有工業企業利潤總額（2002—2013 年）

資料來源：Wind 數據庫，CEIC 數據。

達到峰值 13,448.5 億元後在 11,500 億元上下浮動。這與中國優化國有經濟佈局和結構，增強國有經濟活力、控制力、影響力，毫不動搖地鼓勵、支持、引導非公有制經濟發展的政策變化的情形是相符合的，國有經濟不僅僅注重量的大小，更注重質的控制。國有工業企業在數量大量減少的情況下，依然保持著較為穩定的利潤總額。

影響經濟發展的因素主要有勞動要素、資本要素的投入及技術進步。全要素生產率（Total Factor Production，TFP）作為衡量技術進步的重要指標，其變化規律可較好地反應推動中國國有經濟包括工業發展的根本原因。

從圖 5.5 中可以看出，2002 年至 2013 年國有工業企業全要素生產率的增長率除特殊年份外均為正，且年均增長率為 5.23%，全要素生產率總體呈上升趨勢。回看國有工業企業全要素發展歷程，這 12 年處於國有工業企業全要素生產率增長的黃金時期。雖然 2008—2009 年，全要素生產率有小幅下降，2012—2013 年的全要素生產率增長有所停滯，但是其餘時間全要素生產率都保持較為穩定的增長。

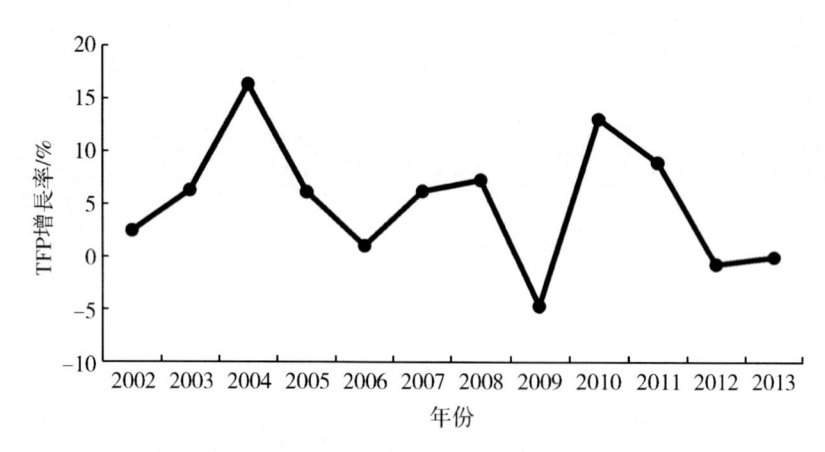

圖 5.5　國有及國有控股工業企業 TFP 增長率（2002—2013 年）

資料來源：馮娜. 國企改革的關鍵在於提升全要素生產率 [D]. 北京：中國財政科學研究院，2016.

這一時期全要素生產率增長的主要驅動因素是國有資產管理體制的改革，2003 年國資委的成立標誌著國企改革進入深水區，為這一時期國有工業企業的發展奠定了基礎。其中，2008—2009 年全要素生產率的下降主要原因是美國次貸危機引發的全球經濟危機，國有工業企業的生產經營受到很大衝擊。而 2012—2013 年全要素生產率的增長停滯的原因，一方面是國企改革中政企分離不徹底，影響國有工業企業的組織管理；另一方面是國有資本在前期沒有合理分配投資結構，導致以製造業為代表的工業企業陷入產能過剩的僵局。

總體來說，這一時期全要素生產率的增長得益於國有企業改革的經濟佈局調整，多種所有制共同發展使得許多企業積極性提高，改革步伐加快，但發展上的許多問題也隨著時間的推移逐漸暴露出來，導致國有工業企業的發展後勁不足，缺乏內生增長的動力，制約了全要素生產率的增長。

（二）輕、重工業調整

在 2002 年到 2013 年，中國的工業結構變化主要呈現兩個特點：其一，重工業產出份額逐步上升，而輕工業的產出份額呈下降趨勢，整體工業結構向重工業化發展。自 2002 年新的一輪經濟高速增長之後，重工業化發展的帶動作用非常明顯，2004 年之後重工業產出份額逐步超過輕工業產出份額，

第五章 加入世貿組織後至「經濟新常態」出現前的工業企業制度

2012年重工業產出份額達到66.66%，輕工業的產出份額僅為33.34%。其二，雖然其間輕重工業產出份額發生了較大的變化，但是勞動與資本的份額變化較小。從數據來看，1998年重工業產出份額為35%，2008年重工業產出份額為68.5%，但是重工業的勞動份額與資本份額都遠高於輕工業，從而相對穩定。

這與輕重工業自身的性質有關，輕工業大多為勞動密集型產業，重工業大多為資本密集型產業。長期來看，技術進步是一個影響工業結構變動的很重要的因素，在技術進步的條件下，重工業的勞動邊際報酬和勞動生產率的提升都強於輕工業。數據顯示，2000年後，重工業技術進步率高於輕工業技術進步率，該時期重工業的產出份額逐步上升，中國的工業結構呈重工業化趨勢。同時，由於重工業產出的增加，帶來例如機器設備等產品的增多和改進，作用於輕工業，帶動輕工業的產出提升。

從圖5.6中可見，從1998年開始，中國霍夫曼系數[①]數值逐年下降，這

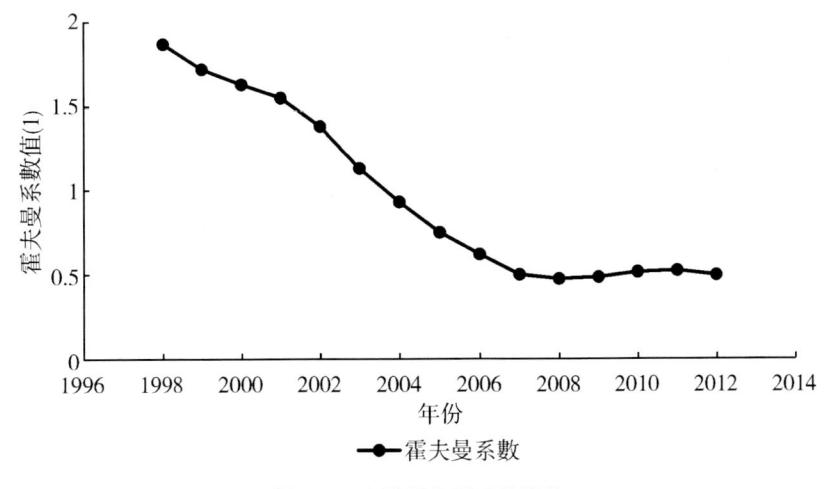

圖5.6 中國霍夫曼系數變化

資料來源：中國工業統計年鑒。

---

① 德國經濟學家霍夫曼在《工業化的階段和類型》中提出霍夫曼系數。霍夫曼系數＝消費資料工業的淨產值/資本資料工業的淨產值。整個工業化過程，就是資本資料工業在製造業中所占比重不斷增加的過程，後者的淨產值將大於前者。隨著工業品的升級，其比率是逐步下降的。

與輕重工業結構的變化剛好相互印證，工業結構向重工業化方向轉變，霍夫曼系數在 2002 年到 2008 年期間下降速度明顯加快，也意味著中國重工業化的速度在此期間逐漸加快。

把中國的資料與發達國家的數據資料比較，英國的霍夫曼系數從 1.12 降到 0.46 花費 102 年的時間，美國的霍夫曼系數從 1.5 下降到 0.522 花費 85 年，而中國的霍夫曼系數從 1.5 降至 0.5 僅用 10 年左右時間。從國際比較中可以看出，中國的輕重工業轉換的週期大大小於很多資本主義國家，可見中國工業結構重工業化超前，輕工業早衰。

（三）地理佈局調整

國有企業改革的政策在很大程度上影響了國有企業的地理佈局。從國家層面來看，隨著黨的十六大的召開，政府採取一系列措施對國有經濟佈局和結構進行調整，使得在不同的區域，不同程度的民營和外資資本進入，同時混合所有制改革的推行，使得國有經濟產業的地理佈局發生了重大變化。從區域層面來看，中國對不同的區域結合實際情況，實行了針對特定區域的改革戰略，如在改革開放後，經濟條件較好的沿海地區優先發展，大量資金和勞動力為東部地區的發展提供了良好的助力。之後東部地區加快產業結構升級，提升第三產業比重，非公有制工業的進入，導致國有工業的比重迅速下降。與之類似，國家的「西部大開發戰略」的提出，西部基礎設施建設投資加大，結合自身自然資源豐富和勞動力價格低的優勢，大量國有重工業企業在此進行發展，同樣「老東北工業基地振興戰略」和「中部崛起戰略」的提出，都對國有企業深化改革、縮小國有工業企業規模、促進傳統工業升級轉型、建立現代製造業基地發揮了積極的作用。

區位的因素對工業企業佈局有著重大的影響，擁有著豐富自然資源、充足勞動力、完善的基礎設施以及配套優惠的產業政策的地區更加吸引工業企業的進入。從四大經濟板塊來看，中國東部地區交通發達、港口眾多，科學技術人才充足，因而傳統工業與新型工業發展水準都較為發達，產業結構比較均衡。西部地區自然資源豐富、勞動力充足，以能源化工工業與冶金工業

第五章　加入世貿組織後至「經濟新常態」出現前的工業企業制度

等產業為主要產業。但是地處內陸，交通較為不便，很大程度上制約了西部地區的工業發展和與區外的經濟聯繫。中部地區是東部和西部地區的紐帶，雖然與東部發達地區連接，交通方便，但是工業化水準較低，多是資源加工型企業，如山西的煤炭產業與武漢的鋼鐵產業。東北地區與西部地區相似，擁有豐富的自然資源，東北地區是中國的重工業基地。但是與西部地區不同的是，東北地區與俄羅斯、韓國等國外市場相互連接，鐵路、管道、航空等運輸系統較為完善，成為東北地區工業產品出口的保證。這為東北地區工業發展提供了極好的條件。

市場化程度的因素對地區發展有著很大的影響。中國的經濟體制改革是以公有制為主體的多種所有制共同發展，隨著外資和民營企業的不斷進入，國民經濟中的非國有經濟所占的比重在逐步上升。如東部地區市場化程度較高，非公有制經濟發展較好，國有工業企業只集中在石化和能源等重要行業，工業其他部門中，私營、外資等佔有較大的份額。相較於東部地區，西部地區的市場化程度不高，國有經濟所占比重大，不僅分佈在一些重要的行業，在一般性的競爭行業，如紡織、橡膠等也是如此，但是總體經濟效益偏低。東北地區是中國傳統的工業基地，計劃經濟的傳統保持導致市場調節較少，市場化程度不高，國有工業總產值長期保持在50%以上，非國有工業企業占比較小。中部地區處於比較居中的位置，有著較為完善的基礎設施，除山西之外大部分省份的國有工業企業的產值占比低於40%，市場化程度高於西部地區，在一定程度上能吸引其他所有制體制企業。

中國經濟在2002—2013年保持穩定增長，三次產業結構也隨之發生變化，但是第二產業占比始終穩定在45%左右，工業產值保持在40%左右。表5.1為中國四大經濟區域的國有工業企業對第二產業總產值貢獻率的統計。

表 5.1　國有工業企業對第二產業總產值的貢獻率　　　　　單位：%

年份	東部	中部	西部	東北
2002	30.09	68.33	78.64	75.93
2003	65.02	87.21	77.47	141.77
2004	—	—	—	—
2005	—	—	—	—
2006	66.49	74.75	115.64	111.33
2007	62.01	128.52	112.96	128.61
2008	82.07	76.28	94.26	93.61
2009	15.94	28.49	45.95	-122.35
2010	102.58	93.29	91.23	100.82
2011	68.07	82	100.97	79.06

資料來源：新中國六十年統計資料匯編。

　　如表 5.1 可見，四個地區的國有工業企業對於第二產業總產值的貢獻率總體較高，且較為穩定。橫向來看，西部地區的國有工業企業對第二產業總產值的貢獻率最高，這與西部地區自然資源豐富、大量國有重工業企業在此進行投資有關。西部大開發戰略提出後，西部地區按照政策調整區域內產業結構，利用自身資源優勢發展重工業部門，導致國有工業企業對第二產業的總產值貢獻率較高，成為第二產業總產值的主要來源。

　　四大經濟區域中國有工業部門的產業結構發生了較大變化，東部地區向資本密集型產業過渡，主要集中在化工、電力等工業部門，中部和東北地區則集中在石化、能源工業部門，而西部地區集中在原料的開採工業上。在四大經濟區域，國有工業企業都為第二產業總產值做出了重要的貢獻。

　　從稅收角度來看，在東、中、西、東北四大經濟板塊的每一個經濟板塊，國有工業企業的稅收都是區域財政收入的重要來源，稅收對地方的建設發展起到重要的作用，為地方經濟建設提供保障。但是由於國有工業企業在中國的不同行業和地區的分佈情況不相同，因而採用國有工業企業在不同地區的

第五章 加入世貿組織後至「經濟新常態」出現前的工業企業制度

稅收占比來衡量國有工業企業對中國不同區域經濟發展的作用情況。表5.2 為四大區域國有工業企業的稅收貢獻。

表 5.2 四大區域國有工業企業的稅收貢獻　　　　單位:%

年份	東部	中部	西部	東北
2002	24	78.98	62.65	55.19
2003	36.23	68.48	51.53	81.23
2004	23.96	49.39	45.69	78.98
2005	16.92	39.27	39.93	55.66
2006	30.97	40.27	35.18	58.90
2007	18.77	65.46	32.88	48.26
2008	22.56	49.49	39.97	27.28
2009	42.94	45.83	91.81	245.35
2010	34.58	55.16	42.88	108.54
2011	13.36	15.09	23.24	27.45
2012	19.01	12.16	34.92	32.05

資料來源：中國財政統計年鑒，中國統計年鑒.

從2002年起，中國的國有工業企業的戶數和規模一直在不斷減少，但從表5.2中我們可以看出，各地區國有工業企業的稅收貢獻卻並未有大幅下降。總體來看，東部地區由於市場化程度較高，稅收貢獻率在四個經濟板塊處於較低地位，中部地區較西部和東北部地區下降速度更快，而西部和東北保持在較高的水準。這與中國國有工業企業的結構分佈有著密切的關係，東北部和西部地區有著中國大部分大中型國有工業企業，是國有工業企業稅收貢獻較大的地區。例如，在2012年中國多數省份的國有大中型工業企業的稅收貢獻率在90%以上，並且保持上升趨勢，遼寧、陝西等地的國有大中型工業企業的稅收占全省國有工業企業稅收的比重甚至達到了97.5%以上。從區域的角度來看，無論在哪個板塊國有工業企業都為地方經濟發展貢獻了巨大的力量，在東北部和西部地區的表現尤為明顯。

（四）一批大規模、國際型工業企業的誕生

20世紀90年代中期起，中國在經歷了輕工業的快速發展之後，「二次重工業化」初步呈現，經濟高速發展的同時國家對能源資源的需求不斷快速擴張，大量聚集在產業上游的資源型國有企業全面簡潔明瞭。2002年，國有企業實現淨利潤3,786億元，相較於1998年增長了18倍。企業效益的恢復，為國有企業的整合提供了較好的市場氛圍。2003年3月，國務院宣布成立國有資產管理委員會，目標是到2010年，將央企調整和重組到80~100家，其中30~50家具有國際競爭力。2003年7月，國資委公布5對中央大企業的合併案：中國科學器材進出口總公司被並入中國生物技術集團，中煤建設集團公司被並入中國中煤能源集團公司，中國藥材集團公司並入中國醫藥集團總公司，中國食品發酵工業研究院被並入中國輕工集團公司，中國華輕實業公司被並入中國工藝美術集團公司。經過一系列的國企調整和重組，中國的大型工業企業規模擴張，企業整理實力有所提升，誕生了一批大規模、國際型工業企業。2002年在世界500強企業名單中僅有11家中國企業上榜，到2013年則有95家中國企業進入世界500強，這些企業中絕大部分屬於鋼鐵、汽車、資源、化工領域的國有企業，中石油、中石化、國家電網三大國有能源巨頭公司則位列前10強。

二、遺留問題

（一）產權與市場化、民營化改革

2004年7月31日，經濟學家郎咸平教授質疑海爾借香港的上市公司海爾中建進行「曲線MBO」，以稀釋海爾的國有股權。同年8月9日，其又在復旦大學中美財經媒體高級研修班的畢業典禮上發表了題為《格林柯爾：在「國退民進」的盛宴中狂歡》的演講，同時不斷痛斥某些國企領導人借產權改革之機侵吞國有資產。但也有包括吳敬璉、張文魁、張維迎和許小年在內的許多經濟學家都表示，產權改革不能停。事實上，中國的國企產權改革是在20餘年探索與實踐之後才定下的基本方針，是理論與實踐的高度結合，如張

第五章　加入世貿組織後至「經濟新常態」出現前的工業企業制度

維迎所說，我們的改革都是在尋求盡量對大家都有益的結果，好多改革措施不是說政府工作人員、經濟學家「拍腦袋」就能出來的，而是各個地方自己在發展時迫於壓力自己摸索、創造出來的路子，是不同地區之間、不同所有制之間競爭的結果。

黨的十六大提出，要積極推行股份制，發展混合所有制，實行投資主體多元化，進一步放開搞活國有中小企業。黨的十六屆三中全會提出要大力發展國有資本、集體資本和非公有制資本等參股的混合所有制經濟，實現投資主體多元化，使股份制成為公有制的主要實現形式。在此類政策的指引下，國有工業企業的改革不斷推進，2002—2013 年，國有工業企業在工業企業產出的比重已經從 35% 降至 25% 左右，政府對產業的干預已經大為減少。同時企業發展壯大，職工收入提升，政府稅收增加也成為國企改革的戰利品。

但是，在國企改革的過程中，還遺留了一些問題需要去解決。如國有資產的流失問題。在國有企業改革的過程中，造成國有資產流失的原因是多方面的：第一，國有資產的內部交易形式。內部交易是指國有企業由內部管理層和職工進行收購。這樣的行為難免會造成競價的不公平，同時，國有資產的帳面價值和公允價值可能存在差距，會計制度在處置時無法有效核算。儘管國資委出抬了如《企業國有產權轉讓暫行辦法》等一系列文件來處理國有資產的清算定價問題，但是效果並不是非常明顯。海爾集團 11 億元的國有資產去向，給我們敲響了國有資產流失的警鐘。第二，改革動力不足。21 世紀以來，中國的所有權改革逐步加快，在 2003 年時已經有許多重化工領域的大型國企通過拆分的方式進行改制或者上市，一般母公司繼續保持國有，而拆分出的子公司進行改制或上市，由此完成混合所有制改革，混合所有制的工業企業已經在工業生產中占據了重要地位。但是，2003 年中國也開始進入重化工業時期，許多大型國有工業企業，尤其是重化工企業利潤持續增加，規模不斷擴大。同時 2003 年國資委創立之後針對國企改革制定了一系列的措施規範，使得許多本身經營壓力不大的國有工業企業失去了產權改革的動力。

（二）製造業產能過剩

產能過剩實際上是因為實際生產能力產出大於社會需求，導致產品積壓、

價格下降以至於企業無法獲得利潤而虧損。根據經驗和大多數研究，通常認為產能利用率的適當範圍在79%~83%。經濟快速發展帶來的製造業產能過剩的負效應也在2012年逐漸顯露。2012年年底，中國鋼鐵、水泥、電解鋁、平板玻璃的產能利用效率分別僅為72%、73.7%、71.9%、73.1%，產能矛盾相對突出。除此之外，光伏電池、風電設備等新興行業也在不同程度上呈現出產能過剩的跡象。

　　一方面，中國的製造業存在較為普遍的設備閒置問題，在2000年，設備閒置率過高的只有家居製造、化學纖維和運輸設備製造這三個行業，但是在2013年，只有橡膠、有色金屬等為數不多的行業不存在設備閒置情況。另一方面，根據統計數據來看，中國製造業整體的產能利用率在2002年到2013年呈先緩慢上升後迅速下降的趨勢。在2008年和2011年出現產能利用率下滑，並且在2011年之後產能過剩的問題變得非常嚴重。

　　從國有工業企業角度來看，其自身的國有屬性會對整個行業的產能水準有很大的影響。一方面，少數行業如石油加工業等關係國家安全與資源的行業，市場化程度較低，國有工業企業壟斷整個行業，其管理者與企業所有者存在「委託-代理」問題，管理者容易為了獲得更高的資源控制力和滿足自身需求，不顧市場真實需求情況，不斷擴大企業規模、生產規模，並不重視對成本和利潤的把控，只求對資源和行業的控制力。這類行業的國有工業企業盲目擴大生產的結果是產能過剩和企業財務逐步陷入困境。另一方面，國有工業企業承擔著社會就業和引導市場的責任，國有工業企業在提供地方就業機會上起到了重要作用，同時在關鍵行業和領域的生產上，別的企業都會以國有工業企業為自身生產的衡量標準。這意味國有工業企業在出現財務等問題時很難破產，必須由政府和銀行不斷地補助，來維持國有工業企業的生存以保證員工的就業問題，同時由於國有工業企業對行業有重要的引導作用，使得國有工業企業很難做出減產的決策，導致產能過剩問題加劇。產能過剩作為2002年到2013年遺留下的重要問題，是中國國有工業企業進一步改革的重點。

第五章　加入世貿組織後至「經濟新常態」出現前的工業企業制度

（三）生態環境變化要求國有工業企業綠色發展

2002年至2013年是中國經濟發展重工業化的重要時期，實現了工業經濟的飛速發展。但是，工業化的水準與環境污染及工業污染排放往往存在「倒U」形關係，環境質量隨著工業化的進程呈先惡化後改善的趨勢。

中國工業化程度由2002年的47%快速上升至2011年的51.89%，在2012年之後又輕微下降至2014年的48.13%。表5.3選取中國工業環境污染指數（Environmental Pollution Index，EPI）來衡量工業對環境污染造成的影響，該指數採用「熵值法」將細顆粒物、可吸入顆粒物、二氧化硫、二氧化氮、臭氧、一氧化碳六項主要污染物指標整合為單一指標計算得出。

表5.3　2002—2013中國工業環境污染指數（EPI）

年份	平均值	最大值	最小值	標準差
2002	3.73	4.41	3.45	0.19
2003	3.72	4.01	3.31	0.16
2004	3.8	4.22	3.35	0.2
2005	3.93	4.51	3.48	0.26
2006	4.01	4.38	3.45	0.25
2007	4.12	4.71	3.55	0.29
2008	4.12	4.52	3.51	0.3
2009	4.18	4.65	3.57	0.31
2010	4.33	5.06	3.5	0.4
2011	4.56	5.07	3.73	0.28
2012	4.48	4.88	3.87	0.24
2013	4.47	4.9	3.85	0.25

資料來源：崔峰. 工業化進程對環境污染的影響研究［D］. 重慶：重慶大學，2017.

從表5.3中可以看出，從2002年至2011年中國工業環境污染指數逐步增加，2012年後輕微下降，這與中國的工業化程度的趨勢相符合，中國整體工業環境污染不斷惡化，工業環境污染排放逐年加重。中國處於大規模工業化

階段，規模效應超過技術進步和結構效應，環境隨著工業化進程逐步惡化。環境的惡化引起了一系列問題，如 2003 年，三門峽大壩上游一些工業企業污水直接排放至黃河，導致黃河發生了有實測以來最嚴重的污染，三門峽水庫的洩水呈「醬油色」，水質惡化為 V 類，市民不得不花錢買運來的山泉水，「守著黃河買水吃」成為三門峽市的一大奇觀；2007 年，太湖、巢湖、滇池爆發藍藻危機。上述類似案例還有許多，紛紛反應了這些年中國在工業化的道路上為環境付出的巨大代價。重工業階段的工業企業的生產不僅加劇了不可再生資源的消耗，還對環境造成了巨大的破壞，工業水準的提升伴隨著環境污染與工業排放超標，日益突出的環境污染問題與經濟增長方式與當前的經濟發展不契合的問題已經不容忽視。綠色國有工業企業①需要將綠色技術創新發展定為新的發展目標，即將環境產出納入國有工業企業的技術創新中，讓綠色技術創新逐漸成為技術創新領域理論的發展趨勢。由此構建新的研究框架，逐步探索國有工業企業如何引領綠色技術創新，引導綠色發展方式轉變，促進經濟與人口、資源、環境和諧發展。

（四）科技與創新競爭對國企的新要求

對每個國家來說，國有資本的主要來源都是財政資金，屬於全社會人民的共同財富，有著明確的社會屬性，因此也決定了國有經濟必須以提供公共產品為基本目的，並且保障國家政治、經濟和國防安全。國有工業企業作為國有經濟在工業行業的代表者，不僅需要完成提供公共物品的責任，還需要從長遠和全局利益出發，支撐中國的社會主義經濟發展：第一，國有工業企業要成為中國對工業經濟運行更為有效的實行宏觀調控的經濟手段。第二，國有工業企業代表了中國在工業行業的先進生產力，是國民經濟的支柱。發展生產力、實現中國工業化和現代化始終需要依靠國有工業企業的重要作用。

---

① 「綠色企業」一詞是中國學者在綠色經濟理論與綠色管理理念風靡全球時，結合中國特色社會主義道路提出的。綠色企業是指實現企業自身可持續發展，提高企業經濟效益的同時，注重保護和改善生態環境，使企業所處的環境同經濟協調發展的企業。與傳統工業企業相比，綠色工業企業對環境資源更加友好，採用綠色生產工藝，生產的廢棄物少，產品一般可以回收利用，並且以服務為最大追求。工業的綠色轉型、綠色發展，需要依靠工業企業的綠色發展，而國有工業企業則是擔起工業綠色轉型的重要角色。

第三，國有工業企業是保障中國經濟獨立和國家安全、應對國際競爭和突發事件，保障國家安全的重要支柱。

前文提及，2002—2013年，中國的國有工業企業在大飛機、核電站等關鍵領域有重要突破，為中國的國家安全和經濟發展都提供了巨大的幫助，但是在其他許多領域中國與發達國家依然有著一定的差距，也因此給國家經濟發展帶來了阻礙。

2018年中美貿易戰的打響為國有工業企業在科技創新方面敲響了警鐘。自改革開放以來，中美貿易保持高速增長勢頭，中國對美國貿易順差巨大也是一個不爭的事實，但是，應該看到，中國出口給美國等發達國家的工業品整體處於低端水準。中國雖然有著產業政策和資金的支持，但是在一些關鍵技術領域的發展與發達國家依然有著較大的差距。這次貿易戰作為警鐘，對國有工業企業提出了引領技術和技術創新發展的要求。

對於科技研發，國有工業企業具有資金雄厚、科研人員齊全、承擔風險能力強的優勢，這些條件是私營工業企業不具備的。國有工業企業應在重要的行業和關鍵領域發揮帶動作用，保證中國政治、經濟、社會有序地發展。

參考文獻

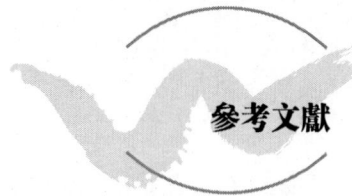

［1］白永秀，王頌吉. 中國經濟體制改革核心重構：政府與市場關係［J］. 改革，2013（7）：14.21.

［2］保羅·A. 薩繆爾森，威廉·D. 諾德豪斯. 經濟學第12版［M］. 高鴻業，等譯. 北京：中國發展出版社，1992：1194.

［3］崔峰. 工業化進程對環境污染的影響研究［D］. 重慶：重慶大學，2017.

［4］邸偉，劉民. 經濟發達國家國有資產管理模式及借鑑意義［J］. 遼寧經濟，2006（5）：130.

［5］馮娜. 國企改革的關鍵在於提升全要素生產率［D］. 北京：中國財政科學研究院，2016.

［6］龔紅，寧向東. 國有企業轉型過程中宏觀與微觀權力關係的漸進式變革［J］. 財經學，2007（1）：81-88.

［7］江劍平. 中國國有企業收入分配制度改革效果評估研究［D］. 湘潭：湘潭大學，2016.

［8］賴寶君. 中國國有企業利潤分配制度的回顧與展望［J］. 福建商業高等專科學校學報，2014（4）：49-54.

［9］厲以寧，林毅夫，周其仁. 讀懂中國改革［M］. 北京：中信出版社，2015.

［10］李鐵倫. 中國製造業產能過剩的測度及其影響因素分析［D］. 濟南：山東大學，2016.

［11］李煜萍. 國企改革若干問題研究［M］. 北京：中國經濟出版社，2017.

［12］林溫環. 中國輕重工業產值比重變遷及國際比較［J］. 現代商業，2010（3）：217，216.

第五章　加入世貿組織後至「經濟新常態」出現前的工業企業制度

［13］呂劍龍. 結構安排與治理效率：關於國企改革中企業所有權問題的思考［J］. 蘭州大學學報，2002（2）：118-123.

［14］盛明泉，金再華. 對當前國有企業改革的幾點認識［J］. 商業研究，2002（17）：37.40.

［15］王天營. 中國工業結構變動的環境影響問題研究［D］. 南京：南京航空航天大學，2015.

［16］文豔豔. 改革開放以來政府與國企關係研究［D］. 太原：山西財經大學，2016.

［17］向梅. 中國國有工業企業地區分佈演變研究［D］. 長春：吉林大學，2015.

［18］謝地，高鶴文. 中國國有經濟角色的演進、反思與前瞻［J］. 國有經濟評論，2010，2（2）：1-25.

［19］徐子棉. 透析中國國企產權制度改革［D］. 南昌：南昌大學，2006.

［20］嚴若森. 政府的治理邊界與中國國有企業改革深化［J］. 人文雜誌，2008（3）：81-85.

［21］張文魁. 解放國企［M］. 中信出版社，2014.

［22］周雪. 國有企業集團構建人力資源管控模式的有效路徑研究：以中化集團為案例［J］. 中國人力資源開發，2014（7）：71-77.

［23］周學東. 中國國有企業產權改革最優路徑研究［D］. 武漢：武漢大學，2013.

［24］ANTHONY E BOARDMAN, AIDAN R. Vining. Ownership and Performance in Competitive Environments: A Comparison of the Performance of Private, Mixed and State-Owned Enterprises［J］. Journal of Law and Economics, 1989, (32): 1.

［25］PETER H. Governance by Mutual Benchmarking in Postal Markets: How State-Owned Enterprises May Induce Private Competitors to Observe Policy Goals［J］. University of Dayton Law Review, 2007, 32.

第六章
集體工業企業制度變遷

集體所有制屬於社會主義公有制經濟的實現形式之一。集體工業企業在中國國民經濟中曾經扮演了重要角色。在中華人民共和國成立初期、改革開放前的計劃經濟時期、改革開放後至鄧小平南方談話前,以及鄧小平南方談話之後等多個歷史時期,集體工業企業經歷了初創、曲折中發展、探索中改革、轉型發展等歷程。本章將首先對中華人民共和國成立以後集體工業的發展歷程進行回顧,然後重點從管理體制、產權制度、組織與管理制度三個方面,論述集體工業企業的制度變遷軌跡。

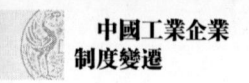

第一節　概念界定及戰略定位的演變

一、概念的演變

與全民所有制一樣，集體所有制也被認為是社會主義公有制經濟的主要實現形式。但是，對集體所有制的認識，無論是在憲法層面，還是在政府層面，都在發生變化。

在憲法層面，集體所有制的含義是不斷發展和完善的。按照1954年制定的《中華人民共和國憲法》第七條的規定，合作社經濟是勞動群眾集體所有制的社會主義經濟，或者是勞動群眾部分集體所有制的半社會主義經濟。在20世紀五六十年代，集體所有制主要指合作社經濟。集體所有制也被認為是公有制的主要形式之一，屬於社會主義或半社會主義的經濟性質。20世紀70年代末以後，隨著經濟體制改革的深入推進，集體所有制概念在其範圍和具體形式規定上發生了一些變化。按照1982年通過的《中華人民共和國憲法》的規定，存在於城鎮中的手工業、工業、服務業等行業的各種類型的合作經濟，都屬於社會主義勞動群眾集體所有制經濟。1999年修訂後的《中華人民共和國憲法》仍然肯定了集體所有制的社會主義經濟性質，其中第八條規定：「農村中的生產、供銷、信用、消費等各種形式的合作經濟，是社會主義勞動群眾集體所有制經濟。」可見，在20世紀80年代後，無論是城鎮集體所有制經濟，還是農村經濟所有制經濟，均被進一步明確為社會主義經濟性質。

在政府層面，對集體所有制的界定以及政策也發生了一些變化。在改革開放以前，判斷是否屬於集體所有制的主要依據是：生產資料是否為集體所有；是否實行按勞分配、共同勞動；是否提取公共累積等。改革開放以後，界定集體所有制的依據逐步發生了變化：生產資料是否共同佔有、按份入股；是否實行按勞分配與按股分紅相結合的分配制度；是否共同勞動，民主管理等。因此，集體所有在傳統意義上是指「共同佔有，實際每人無份」，而新概

念上的共同占用意思為「共同投資入股，每人有份」。因此新的界定認可了在集體所有制中進行投資入股，也允許了按勞分配與按股分紅的結合，這與傳統的集體所有制概念下只能實行按勞分配有所不同（賴少英，2001）。

隨著改革開放的深入，集體企業的產權模式也有了新的突破。傳統上，集體企業主要是合作制，後來允許了股份合作制、股份制等新模式。早在1983年，當年中共中央一號文件允許在合作經濟中存在一定比例的按股分配。該文件規定：「只要遵守勞動者之間自願互利原則，接受國家的計劃指導，有民主管理制度，有公共提留，累積歸集體所有，實行按勞分配，或以按勞分配為主，同時有一定比例的按股分紅，就都屬於社會主義的合作經濟。」至1985年，集體所有制的產權模式又有了新的發展，當年的中央一號文件明確提出，集體所有制也可以實行股份式合作經營。按照該文件的規定，合作經濟可以採用合股經營、股金分紅的方法，資金也可以入股，生產資料和投入基本建設的勞動同樣可計價入股，經營所得利潤的一部分採取按股分紅。這樣一種股份式合作經營，並沒有改變入股者的財產所有權，還避免了合併財產和平調勞力的弊端，可將分散的生產要素組合起來，進而形成新的經營規模。

在1997年，中國共產黨十五大又進一步肯定了集體所有制中的股份合作制，指出：「目前城鄉大量出現的多種多樣的股份合作制經濟，是改革中的新事物，要支持和引導，不斷總結經驗，使之逐步完善。勞動者的勞動聯合和勞動者的資本聯合為主的集體經濟，尤其要提倡和鼓勵。」這一表述繼續認可了集體經濟中勞動者可以擁有個人產權。進一步地，到2002年中國共產黨十六大，政策又進一步放寬，「繼續支持和幫助多種形式的集體經濟的發展」。在政策放寬後，集體企業的組織形式更多樣化，可以是勞動之間的合作，也可以是勞動與資本、實物、土地、技術等的合作。合作範圍更加廣泛和多元化，從而使得生產要素能夠優化組合，有利於調動各方積極性。

隨著集體經濟的快速發展，為了保障集體所有制經濟的鞏固和發展，明確集體所有制企業的權利和義務，維護其合法權益，國家又陸續制定了一些規章制度。按照1990年國務院令第59號發布的《中華人民共和國鄉村集體

所有制企業條例》的規定：「鄉村集體所有制企業是中國社會主義公有制經濟的組成部分，主要是由鄉（含鎮）、村（含村民小組）農民集體舉辦的企業。而且，集體企業財產屬於舉辦該企業的鄉或者村範圍內的全體農民集體所有，由農民大會（農民代表會議）或者代表全體農民的集體經濟組織行使企業財產所有權。」1992 年，《中華人民共和國城鎮集體所有制企業條例》出抬，其第四條規定了：「城鎮集體所有制企業是財產屬於勞動群眾集體所有、實行共同勞動、在分配方式上以按勞分配為主體的社會主義經濟組織。該條例還提出集體企業應當遵循「自願組合、自籌資金，獨立核算、自負盈虧，自主經營、民主管理，集體累積、自主支配，按勞分配、入股分紅」等原則。這些制度的出抬保障了集體企業的權益，促進了集體企業的快速發展。

綜上，目前的集體所有制是指勞動群眾共同投資、享有股份、共同勞動和擁有生產資料，以及共同享有勞動成果的一種公有制形式。現階段的集體所有制實現形式和經營方式呈現多樣化特徵。例如，共同勞動是股份合作制企業、合作制企業的基本特徵，但並非所有的集體所有制企業都具有此特徵，如基金所有制、混合所有制企業並不具備該特徵，但仍然具有生產資料共同佔有的性質，也實現了剩餘價值的共同分享（賴少英，2001）。

市場經濟條件下的集體所有制具有以下四個特點（賴少英，2001）：

第一，在產權關係上，生產資料為集體內所有成員共同所有或集體共有。集體產權可以量化和轉讓。雖然集體所有制和全民所有制一樣，都是勞動者佔有生產資料，但是集體所有制並不是全社會佔有生產資料，而只是集體經濟單位範圍內的那一部分勞動者共同佔有生產資料，因此集體所有制的產權關係明顯不同於全民所有制。

第二，在經營體制上，集體所有制企業為獨立核算、自負盈虧、自主經營的法人，實行政企分開體制。政府對企業依法監督和收稅，但不能干涉集體企業的正常經營活動。

第三，在內部管理上，集體所有制企業由全體職工進行民主管理。集體企業的廠長或經理通過民主選舉產生。集體企業的經營管理採取民主決策制。每個職工對企業承擔共同的義務，執行職工大會或股東代表大會制度。

第六章　集體工業企業制度變遷

第四，在分配方面，集體所有制企業按照按勞分配與按股分配相結合的方式進行分配。職工的勞動收入直接取決於所在單位的生產和經營的成果。集體企業在所有制、分配制度方面的特徵，決定其具有廣泛的群眾性、高度的民主性、較大的靈活性。

二、戰略定位的變化

新中國的集體工業主要由手工業改造而來。中華人民共和國成立以後，集體工業企業從無到有，從弱到強，歷經了多個發展階段，其在國民經濟中的戰略定位也經歷了數次變化和調整。

中華人民共和國成立初期，百廢待興，國家需要大力恢復和發展國民經濟。政府針對手工業的主要措施是幫助手工業勞動者恢復生產，採取的政策包括給予銀行貸款、訂單，幫助成立生產互助組織、合作組織。到1952年年底，全國手工業的生產總值和從業人員已恢復到1936年的水準（季龍，1991）。特別是，當時全國手工業從業人數超過了700萬人，若加上鄉村兼營手工業的1,200多萬人，總計超過2,000萬人。很多中小城市的私營工業中，大部分是手工業。手工業的發展不但吸納了大量就業，而且提供了大量的生產資料和生活資料，以及出口商品，在國民經濟中發揮了重要作用。

在經過短暫的國民經濟恢復時期以後，中國集體工業在手工業的合作化運動中正式誕生了。對手工業進行社會主義改造，是從建立生產資料公有制、解放生產力、加快建設社會主義等要求出發的。對手工業的社會主義改造的目的：一是要改變其私有制，二是要將其納入國家計劃的軌道，三是要將手工業的傳統生產方式改造為現代生產方式，提升其生產能力。當時，國家對手工業的社會主義改造採取的主要方式是合作化，建立起生產資料歸勞動群眾的集體所有制。至1957年，個體手工業的社會主義改造基本完成，集體工業占工業總產值的比重由1953年的3%左右上升到19%，意味著集體工業已成長為工業經濟部門的重要組成部分（黃榮健，2010）。到1958年止，生產合作社和合作工廠等城鎮集體工業組織超過33,700多個，職工人數達46.2萬

人，工業總產值272.56億元（洪遠朋 等，1980）。這一數據僅僅包括了城鎮的集體工業組織，未將鄉村的集體工業組織包括在內。由此可見，中華人民共和國成立不到10年時間裡，集體工業在國民經濟中已占據不容忽視的重要位置，對推動國民經濟恢復和社會主義經濟的成長扮演了重要角色。這一時期，集體工業快速發展，特別是城鎮集體工業不斷壯大，已成為社會主義經濟中的重要組織形式，國家開始探索建立集體工業企業的經濟管理體制。

「大躍進」和「文化大革命」時期，集體工業在國民經濟中的戰略定位雖然出現了反覆變化，但總體上受到的重視程度不夠，發展出現了一些波折。「大躍進」運動開展以後，由於「左」傾思想的干擾，集體經濟被視為社會主義公有制的低級形式，而全民所有制才是公有制的高級形式，這導致集體工業企業被「升級」「過渡」「平調」和「改造」。各地紛紛將手工業合作社轉為地方國營工廠或聯社經營的合作工廠，形成了高度集中的管理體制，並在事實上改變了生產資料由合作社成員集體所有的集體所有制性質。僅至1959年年底，全國範圍内的10萬多個手工業集體經濟組織中出現「轉廠過渡」的占86.7%，其中有37.8%過渡為地方國營企業，還有13.6%轉為合作工廠（黃榮健，2010）。這種不顧實際地推行集體所有制向全民所有制「升級」的做法，在很大程度上並不符合當時的生產力要求，阻礙了集體工業企業的發展，導致小商品普遍減產停產。

「大躍進」以後的國民經濟調整時期（1961—1965年），國家逐步糾正了「大躍進」時期對集體經濟的錯誤認識，重點強調了手工業應堅持集體所有制為主，反對過早地過渡到全民所有制，並從中央到地方各級建立和健全了手工業的管理機構。經過調整，大部分被「轉廠過渡」的原手工業合作社又退回為集體合作組織，手工業合作組織重新焕發了生機。由於手工業經過多年發展已經在某些行業占據了優勢，1965年年初，中央手工業管理總局被撤銷，第二輕工業局成立，並統一管理全國的手工業部門。至1965年年底，全國集體工業產值達到138億元，相比1961年的117億元增長了18%（季龍，1991）。

然而，不久以後，「文化大革命」的爆發又使集體工業的發展受到了一定

第六章　集體工業企業制度變遷

程度的干擾。這一期間，集體經濟往往被視為「資本主義尾巴」，許多地區再次強行對集體工業企業進行「升級過渡」，轉為全民所有制企業。在實際工作中，一些部門採用管理國營企業的辦法來管理集體工業企業，嚴重破壞了集體企業的所有權和自主權，使得集體工業企業變成了所謂的「二國營」企業。並且，集體工業企業往往承擔了較重的稅負，工資偏低，集體福利難以得到保障，挫傷了職工積極性。種種因素導致不少集體工業企業生產停滯，盈利減少，甚至產生了虧損。不過，「文化大革命」後期，由於商品短缺和就業的壓力，各地出現了興辦集體企業的熱潮，使得集體工業企業成為豐富市場商品供應和吸納就業的重要渠道，集體工業企業再度實現了較快發展。據統計，1977 年集體工業企業的數量占全國工業企業總數量的 3/4 左右，其工業總產值占全部工業總產值的 20%左右。相比 1965 年，集體工業在企業數量、職工人數和工業總產值中的比重上均實現了較大幅度提高（戎文佐，1979）。

改革開放以後，通過全面撥亂反正，「左」傾錯誤思想得到糾正。那些認為集體所有制是「資本主義尾巴」的荒謬觀點得到深刻批判。隨著工作重點轉移到經濟建設上來，集體所有制經濟的地位和作用逐漸得到了重新認識與評價，即集體經濟是社會主義公有制的重要組成部分，在國民經濟中佔有重要地位和作用。在生產力水準比較低的階段，盲目追求全民所有制是錯誤的，應當大力發展集體所有制經濟（季龍，1991）。因此，國家逐步調整了對集體工業企業的政策，強調了發展集體企業的重要性，在政策上、法律上不僅明確規定了集體經濟的地位和作用，還制定了一系列鼓勵和扶持措施。各地也從實際出發，制定了促進集體工業發展的政策措施。由於堅持按照集體所有的性質和特點興辦集體企業，集體工業企業得到了蓬勃發展。

特別是在改革開放的前期（1978—1992 年），集體工業發展迅猛，在國民經濟中的地位直追國營工業，成為社會主義現代化建設的重要力量。隨著國家對集體工業企業管理體制的調整，集體工業企業有了更大的經營自主權和更強的經濟活力。隨著承包經營責任制、廠長負責制、股份合作制、租賃制等改革措施的推進，集體工業企業得到了「鬆綁」，發展十分迅速。這一時期，集體工業快速發展的一個顯著特徵是鄉鎮集體工業企業的異軍突起。在

國家政策鼓勵下，從社隊企業演變而來的鄉鎮集體工業企業出現了爆發式增長。至 1992 年年底，集體工業企業超過了 38 萬個，職工超過 1,860 萬人，工業總產值超過了 9,000 億元，分別比 1978 年增長了約 42%、40% 和 590%（黃榮健，2010）。1992 年，集體工業比重由 1990 年的 35.7% 上升為 38%，年均上升幅度超過 1 個百分點，而國有工業比重已經由 54.7% 降為 48.1%，年均下降 3.3 個百分點（戎文佐，1994）。雖然集體工業的比重還趕不上國有工業，但一升一降，使得兩者比重越來越接近。

　　1992 年鄧小平南方談話以後，中國的改革開放進入構建和完善社會主義市場經濟體制的新階段，而經濟體制改革的重點，在於培養和鞏固企業的市場主體地位，讓企業能夠在公平公開的市場環境中競爭。對於集體工業企業來說，在社會主義市場經濟轉軌時期的改革目標，就是在堅持基本經濟制度的前提下，實現其與其他多種所有制企業在市場中的平等競爭，成為真正的市場主體。在計劃經濟時期集體工業企業長期被當作「二國營」對待，導致其產權關係複雜、模糊不清，所有者缺位，存在體制僵化的弊病。不少集體工業企業無法適應市場經濟的要求，難以直面市場競爭，經濟效益不佳，甚至資不抵債，困難重重，其根源在於產權制度不適應市場經濟的要求。為推進集體所有制企業的改革，中共十六屆三中全會明確提出，集體所有制企業改革的重點是明晰產權，鼓勵產權制度創新，發展多種形式的集體所有制，努力改變產權關係模糊的狀況，去除「人人所有，人人沒有」的所有制缺位弊端。這一時期，各地積極推動集體工業企業建立現代企業制度，在理順產權關係、明確產權歸屬的基礎上，採取了股份合作制、股份制和有限責任公司等產權模式，實現了股份合作、共同共有、混合所有、集體資本參股或控股等多樣化的組織形式。集體工業企業在改革中煥發了新的面貌。傳統類型的集體工業企業急遽減少，而以「勞動者的勞動聯合」和「勞動者的資本聯合」為特徵的新型集體工業企業能夠適應生產力發展和市場的需要，得到了快速發展。集體工業企業無論在資本結構、資產形態、管理機制、組織形式上，還是在分配制度上，都發生了深刻的變革，極大地提升了生產者和經營者的積極性，使新型集體工業企業充滿了活力和發展潛能。

第二節　管理體制的變遷

集體工業企業管理體制指的是政府與集體工業企業之間的管理關係，這種關係的演變是與經濟管理體制緊密相連並受其左右的。集體工業企業的管理體制可分為中華人民共和國成立初期、「大躍進」與「調整」時期、「文化大革命」時期、改革開放前期和確立市場經濟體制以來五個歷史時期，這與集體工業企業的發展歷程大致上是相對應的。

一、黨的十一屆三中全會前管理體制的變化

（一）中華人民共和國成立初期集體工業管理體制的形成

1949—1957 年，中國國民經濟逐步恢復，並逐步建立起了高度集中的、統一的計劃經濟體制。在這一階段，城鎮手工業的合作化改造造就了大量的城鎮集體工業企業。在計劃經濟體制下，針對城鎮集體工業企業的經濟管理體制也得以初步建立。

一是垂直的管理系統。1949 年 11 月，根據中央決定，輕工業部、食品工業部與中央合作事業管理局先後分別成立。1952 年 7 月，中央決定將財政部鹽務總局和所轄制鹽業，劃歸輕工業部管理，1954 年 4 月又決定將商業部的中國鹽業公司並入輕工業部。1954 年 11 月成立中央手工業管理局統管全國的手工業合作事業。此後，各級地方政府相繼建立地區的手工業管理局（處），統管地區的手工業合作事業。由此，國家在全國範圍內建立起了統一領導、分級管理的手工業行政管理系統，統一領導和管理全國手工業合作事業的發展。

二是按所有制性質分工管理。1957 年以前的手工業部門由於門類不多，行業分類較少，國家對這類城鎮集體經濟的管理，基本上實行的是按所有制性質進行集中統一管理的方式。在此時期，手工業合作社代表著城鎮集體經濟的多數，因而，國家對手工業合作社的管理具有城鎮集體經濟管理體制的

典型意義。

三是成立了城鎮集體經濟聯合組織。隨著手工業合作組織的壯大，為加強管理，從 1956 年開始，手工業合作社與供銷合作社正式分離，單獨設立了中華全國手工業合作總社，成為全國手工業合作事業的主管部門。在地方層面上，各地也相繼成立了手工業合作聯社。總社和聯社擔負了指導生產、提供服務、開展互助合作、促進共同發展的職責。

四是以間接管理為主。從整體上看，當時的城鎮集體經濟管理機構並不直接組織集體企業的生產和經營，而是採用加工訂貨、收購成品，以及財政和信貸等方法，對集體企業的生產經營進行間接的計劃指導。雖然是「間接管理」，但並不是指集體企業的生產經營完全通過市場來調節。這是因為，集體企業生產所需的外購原材料必須經主管部門批准，而且只有加工訂貨和收購包銷之外的產品，企業才能自行銷售。另外，企業也無法自行決定產品價格。也就是說，城鎮集體企業並不擁有完全的自主經營的權利。因此，中國城鎮集體經濟的管理體制從一開始就帶有高度集中的計劃經濟體制色彩。

這一時期，鄉村集體工業企業尚處於集體副業的形態，主要為農業經濟服務，無論是就業人數規模還是產值均較小，還未成長為工業部門的重要組成部分。因此，這一時期還未形成針對鄉村集體工業企業的單獨的管理體系和制度，副業隊或副業組同其他從事農田作業的生產隊、作業組一樣，一般實行包產到隊或組，超產獎勵。有的合作社採取了統一經營，農業與副業收入統一計算後再分配的辦法，有的合作社則要求副業隊、副業組自負盈虧、單獨計酬，按一定比例上繳合作社公積金、公益金（張薦華，1995）。

（二）「大躍進」與「調整」時期集體工業管理體制的改變

從 1958 年開始，受「左」傾盲進錯誤思想的影響，中國開始了「大躍進」運動，並直接導致了此後三年國民經濟的嚴重困難。在此期間，整個集體企業管理體制也發生了較大變化。

在「一大二公」「集中統一管理」思想的指導下，全國範圍內掀起了對城鎮集體經濟向國營經濟強制性的「升級」「過渡」的運動。在該運動中，超過 86% 的手工業合作社被轉為地方國營企業。城市人民公社工廠、合作工廠由

第六章　集體工業企業制度變遷

自負盈虧改為主管局的統負盈虧。1958年5月，中央手工業管理局與輕工業部合併，地方各級政府的集體經濟管理機構也相繼被撤銷，整個城鎮集體經濟的管理體制遭到了較大的破壞。在「一大二公」思想指導下產生的集體經濟管理體制否定了勞動者個人產權，剝奪了勞動者的勞動要素的收益權，使勞動者喪失了對經營者、企業經營的選擇權，使集體企業喪失了自主經營、自負盈虧的自主權（李長根，2011）。在這樣的企業管理體制下，集體企業失去了活力，這是造成國民經濟運行困難、市場供應日趨緊張、人民生活必需品嚴重缺乏的重要原因。

1961年後，中國進入「國民經濟調整時期」。在「調整、整頓、充實、提高」方針的指引下，國家採取了一系列措施來恢復城鎮整體經濟。例如，將大部分轉為國營企業的集體企業恢復為集體企業；在國家層面上，中央手工業管理局得到恢復，並被劃出輕工業部，成為國務院直屬機構。在地方層面上，地方政府也相繼恢復城鎮集體經濟的管理機構。與1958年以前相比，「調整」時期的城鎮集體經濟管理體制有了一些新的變化。

第一，傾向於按國營化的模式進行管理。1958年後興起的城市街道工業，最初實行的是自負盈虧，在此時期逐漸演變成為街道統負盈虧。由主管局（聯社）根據企業上交的合作基金投資舉辦的合作工廠，也實行了主管局統負盈虧，並統一調度人、財、物，統一工資標準的國營化管理模式。並且，城鎮集體工業的生產和經營逐漸被納入國家和地方的計劃管理，企業生產所需的原材料和生產的產品，除一定的自購自銷外，基本上由各級地方計劃供應和商業部門統購包銷。

第二，由所有制的分工管理向行業管理轉變，逐步形成了第二輕工業體系。隨著城鎮集體企業產量不斷增加，規模不斷擴大，行業逐漸增多，從有利於計劃管理的角度出發，各地將原來按所有制集中的、由手工業管理局管理的部分集體企業，按行業劃分到工業、商業、城市服務等各部門實施行業管理，形成了按行業管生產、按所有制管政策的管理格局。1965年2月，中央手工業管理局被中央撤銷。同時，第二輕工業部成立，與全國手工業合作總社合署辦公（原輕工業部被改為第一輕工業部）。從此，城鎮集體工業企業

被歸入第二輕工業系統。

在社隊企業方面，雖然其在這一時期開始成為獨立的產業形態，但由於經歷了鼓勵發展到限制發展的反覆，其經濟實力較弱，在國民經濟中的地位也較低，因此未被國家納入國民經濟計劃體系中進行管理。因此，在國家層面尚未對社隊企業設立專門的部門進行管理，對社隊企業行使管理職能的是其所屬的人民公社政權。

隨著人民公社管理體制的變動，社隊企業的管理體制也相應地發生變動。最初，人民公社對社隊企業實行統一經營和管理，收入分配實行供給制，但由於經濟效益很差，很快就終止了。1960年至1961年，人民公社實行公社大隊兩級管理，以大隊為基本核算單位，社隊企業也分別由公社、大隊管理。1962年以後，人民公社實行三級所有、隊為基礎，以生產隊為基本核算單位。公社、大隊所有企業在使用生產隊的勞動力時，一般要按勞動力在企業中完成任務及勞動貢獻情況確定工資收入，將這些工資收入轉給生產隊。參加社隊企業工作的社員，回生產隊參加統一分配。此外，社隊企業也分配給生產隊一定量的利潤。

（三）「文化大革命」時期集體工業管理體制的變化

在城鎮集體工業企業的管理體制方面，十年動亂帶來了破壞性的影響。其集中表現為：一是城鎮集體所有制再次向全民所有制的急遽「升級」「過渡」，導致城鎮集體經濟管理體制的基礎被削弱。二是取締城鎮集體經濟的管理機構，將集體企業納入各級政府主管部門的統一管理。1970年，中央決定成立新的輕工業部，該部由原來的第一輕工業部、第二輕工業部和紡織工業部合併而成。這意味著集體所有制企業被納入與國營企業相同的管理機構。

因此，這一時期，受「左」的思想影響，各級政府對城鎮集體企業的管理已基本上套用了國營模式。在高度集中的計劃經濟體制下，城鎮集體企業已經基本喪失了其自身的性質和特點，被稱為「二國營」。原來集體企業享有自主經營權，國家對集體企業的管理僅起指導作用。但是，地方政府的主管部門對城鎮集體工業企業按照國營企業的方式進行管理，破壞了集體企業的自主權。集體企業生產資料的所有權只是在名義上歸屬於集體，而實際支配

第六章 集體工業企業制度變遷

權被各級政府主管部門收走。城鎮集體企業的生產經營活動主要掌握在主管部門手中。集體企業的資產被主管部門任意「平調」；凡是涉及集體企業經營規模擴張或者基本建設等事務，都需報地方主管部門審核批准後才能進行；集體企業的勞動力、工資和福利待遇等均由勞動部門統一分配，幹部也由上級主管部門指定。雖然各集體企業名義上為獨立核算，但實際上是由主管部門統負盈虧，而非自負盈虧；集體企業實現的利潤也要統一上繳，由地方政府及其派出機構統一支配和使用，企業無從過問（李述仁 等，1979）。

然而，城鎮集體工業企業雖然得到了「二國營」的身分，但卻未得到同國營企業平等的待遇。一方面，集體工業企業被各地主管部門按照地方國營工業企業進行管理，而另一方面，集體工業企業又被認為是「小生產」，在各方面都遭受了一些歧視。例如，在政治待遇方面，集體工業企業的幹部往往無法獲得國營企業幹部所能接觸的報告和文件。集體工業企業幹部不能與國營企業幹部互相調換任職。國家幹部調到集體企業任職之後，其國家幹部的政治待遇就被取消了。在經濟待遇方面，城鎮集體工業的原材料供應，大體有1/3沒有納入計劃，只能自行解決；不分配技術人員，對集體企業的招工常常被限定於素質低下的閒散人員或病殘青年；集體企業職工的工資待遇普遍低於同行業的國營企業，連糧食補助也更低。

在社隊企業的管理體制方面，1975年前社隊企業所屬的人民公社仍然是社隊企業的主管單位。在「三級所有、隊為基礎」的人民公社體制下，社隊企業基本上實行的是獨立經營、獨立核算，但在企業的幹部管理、收益分配、資金使用等方面，一般仍由公社或大隊統一管理。與城鎮集體企業不同，社隊企業一直缺乏自上而下的專門管理體系。隨著20世紀70年代社隊企業的發展，為加強對社隊企業的管理，國家農林部於1975年11月向中央提出了成立農村人民公社企業管理局的建議，並為其擬定了基本任務，即調查研究社隊企業發展情況和關於社隊企業的方針政策，總結交流社隊企業發展的經驗，協助有關部委解決社隊企業產供銷問題等。次年4月，農林部人民公社企業管理局正式成立。隨後，全國縣以上層級的人民公社企業管理局陸續成立，由此形成了一個關於社隊企業的垂直的、專門化的管理系統。

二、黨的十一屆三中全會至鄧小平南方談話前管理體制的變遷

改革開放的前期，國家在城鎮集體工業的管理體制方面進行了一些調整。改變集中表現在兩個方面：一是撥亂反正，清除「左」傾思想的干擾，逐步建立適合城鎮集體經濟性質和特點的管理體制；二是各種類型的城鎮集體經濟管理體制模式湧現。

在第一個方面的主要做法是還權於城鎮集體工業企業。國家明確規定，城鎮集體工業企業在計劃指導下有獨立進行經營活動的自主權，任何部門和任何組織不得以任何借口平調、侵吞集體企業的資產。

首先，改變了由部門統負盈虧、統收統支的管理體制，使企業真正享有自主經營、獨立核算、自負盈虧的權利。其中，部分技術水準較高、規模較大的集體工業企業，還實行了車間、班組的分級核算。

其次，嘗試了多種形式的經濟責任制。一些集體所有制企業搞承包主要有兩種方式：一種是企業對主管部門承包，完成或超額完成承包指標者可以獲得獎勵，而完不成者將受到處罰。另一種是企業內部採取多種形式的承包責任制，有的按照個人、班組、車間向廠部逐級承包，有的按照專業專項進行承包。經過改革，城鎮集體企業同國家的關係主要是通過依法納稅來實現。

再次，恢復了民主管理制度，規定集體所有制企業的最高權力機關是職工大會或職工代表大會。凡是涉及企業內部重大問題，都必須經過職工大會或職工代表大會討論決定。企業領導幹部也由主管部門指派改為採用民主選舉、招聘等辦法產生。

最後，改革不合理的工資獎勵辦法。其主要是把固定工資改為計件、分成、浮動工資等多種工資形式，實行按勞分配，實行入股和按股分紅，使職工勞動報酬同企業經營狀況掛勾，克服平均主義傾向。上述改革，使得城鎮集體企業長期受國營化管理的弊端逐步得以糾正和克服（張錫山 等，1986）。

從第二個方面來看，改革開放後，在國家鼓勵、支持大力發展城鎮集體經濟的情況下，各行各業紛紛辦了大量的城鎮集體企業，從而形成了城鎮集體經濟管理體制上的多樣化特徵。這中間，有機關、國營企業和社會團體舉

第六章　集體工業企業制度變遷

辦與管理的集體企業，也有不同的部門與部門之間、地區與地區之間、企業與企業之間合辦並管理的集體企業。還有一些是城鎮群眾集資興辦的集體企業。這類城鎮集體企業雖然占的比重不大，但它是真正由群眾自願組織、自籌資金、自找場地、自謀出路、多勞多得、民主管理的城鎮集體企業，是名副其實的集體經濟。

改革開放以後，在管理體制方面，社隊或鄉鎮集體工業企業也發生了一些與城鎮集體工業企業相似的變化。由於社隊企業絕大多數是在社區政府的直接推動下建立起來的，因此名義上屬農民集體所有的社隊企業，實際上處處受制於社區政府。因此，在原有的管理體制中，社隊企業缺少自主權，經濟核算薄弱，職工收入分配在一定程度上存在平均主義等問題，這些都制約了社隊企業的發展。

在改革開放的新形勢下，隨著人民公社體制的瓦解，社隊企業也相應地改名為鄉鎮企業，其管理體制也出現了一些鬆動。社區政府逐步地改變了過去那種對社隊企業的經營決策和人事、財力、物資的安排調配全部由社區政府決定的狀況，使企業有了一定的經營自主權。此時，鄉鎮企業的主管部門，是各級鄉鎮企業管理局，在中央層面是農業部鄉鎮企業局，在地方縣以上層面有各級鄉鎮企業局，在鄉鎮有企業辦公室。它們是各級政府一個行政管理部門，但卻不同於政府其他各行政管理部門，沒有錢財分配權，並不直接管理企業，而只是制定長期指導性計劃。鄉鎮企業管理機構的主要職能是：引導發展方向，協調發展關係，改善發展環境，規範發展行為。其職責主要為：制定規劃計劃，提供信息服務，嚴格行政執法，指導結構調整，監督企業管理，促進科技進步。換句話說，各級鄉鎮企業局的任務不是管理企業，而是為企業服務。

通過經濟責任制、承包經營責任制、租賃制等體制改革，鄉鎮集體企業的經營自主權得到了增強，在一定程度上限制了基層政府的干預。但是，這些改革措施主要停留在放開企業經營權層面上，未涉及所有權等深層次的改革，因此仍然沒有讓鄉鎮企業成為真正獨立的市場主體。事實上，受限於當時的歷史條件，許多鄉鎮企業主管機構將政府主管部門對國營企業的管理方

式套用於鄉鎮企業，導致僵化的體制模式的影響依然揮之不去。由於主管機構不該管的管得過多過細，而該管的方面未能管住、管好，鄉鎮企業的經營自主權被限制和削弱了，這在很大程度上束縛了鄉鎮企業的手腳。

三、鄧小平南方談話後管理體制的改革

雖然1978年改革開放後至1992年期間，集體工業的管理體制已經相比改革前僵化的體制做出了一些調整，但是仍然停留在計劃經濟的框架下。1992年以後，中國明確經濟體制改革的目標是建設社會主義市場經濟體制，原有的管理體制對於集體工業企業來說已不太適合。在市場經濟體制下，中央政府主要著眼於宏觀調控經濟，而非直接干預微觀經濟主體的活動。

在市場經濟體制下，在處理政府與集體企業的關係和管理架構方面，政府既不能將集體資產交由國資委管理，也沒有必要成立專門的管理機構。這是因為，從產權角度講，集體企業是獨立法人實體，沒有上級主管機構。按照建立社會主義市場經濟的要求，所有企業一視同仁，也沒有必要再按照所有制設置集體企業管理機構，以及採取不同的政策體系（李國強，1999）。

1998年，國家成立了中小企業專門管理機構，標誌著按照社會主義市場經濟要求建立了一個不按行業、部門、所有制分類的全社會中小企業管理體制和統籌協調機構，對中小企業政策的制定與實施統合，有組織地構築新的、更為有效的政策體系。由於集體企業構成了中國中小企業最主要的群體，因此，經貿委中小企業管理機構制定的中小企業政策也應能代表和反應集體企業的政策要求。

在地方層面，一些地方先後撤銷了在政府機構設立的城鎮集體經濟辦公室以及手工業合作聯社組織，把集體企業劃歸負責國民經濟運行的宏觀調控部門實行宏觀管理和指導。還有一些地方雖然保留了手工業合作聯社，但也進行了一些改革。其中重要的變化是，聯社不再是集體企業的主管上級，其主要任務是提供諮詢服務，搞好調查研究，強化政策服務，推進企業改制。其對於鄉鎮企業管理機構也做了一些調整，更名為中小企業局、經濟貿易局等，淡化了所有制屬性。

第三節　產權制度的變遷

產權制度決定了企業財產的組織形式和經營機制，是最為核心的企業制度。中華人民共和國成立以來，集體工業企業的產權制度變遷較為複雜，經歷了產權制度的確立、模糊化、改革探索以及深入改革等時期，才最終確立了建立現代產權制度的改革方向。

一、黨的十一屆三中全會前產權制度的變遷

（一）中華人民共和國成立初期產權制度的確立

如前所述，中華人民共和國成立至1957年完成社會主義改造是中國建立城鎮集體工業企業的初創時期，也是鄉村集體工業企業的萌芽時期。這一時期城鎮集體工業企業的產權制度得以初步建立，而鄉村集體工業企業尚處於集體副業的形態，從屬於農業社，還未獲得獨立的產權。

這一時期城鎮集體工業企業的產權關係比較明晰。此時集體企業主要為若干生產者或經營者聯合或組織起來的手工業合作社，按人繳納股金，或以錢或以物入股，統一經營，統計盈虧，集中生產，共同勞動。其產權特徵表現為所有權、經營權、財產權及其使用權的統一化，與國營企業的產權特徵有本質不同。在這種產權結構下，企業的經營管理表現為民主經營和民主管理的有機結合，在很大程度上實現了勞動者與生產資料的直接結合，體現了勞動者「共有、共治、共享」的合作經濟原則。因此，此階段的產權制度和經營管理制度符合當時生產力發展水準較低的客觀實際。

（二）「大躍進」時期至改革開放前產權的模糊化

1958年至「文化大革命」結束的這一時期，由於受到「左」的錯誤思想的影響，無論是城鎮集體工業企業，還是鄉村集體工業企業，在這段時期都經歷了幾次「過渡」「平調」，產權難以得到保障。集體所有制企業資產變為

「集體共有」，致使產權關係變得模糊（葉新明，2005）。在這段時期，集體企業的資產除通過「低收入、高累積」的勞動共同累積外，還增加了從國家政策扶持、銀行貸款、政府撥入等渠道來的部分資產，致使集體企業投入性質混雜、歸屬模糊，其產權關係變得越來越複雜。

粉碎「四人幫」以後，經濟工作開始全面調整。在此期間，一些主管部門借口恢復實行「行業歸口管理」，將部分經濟效益良好或規模較大的集體企業又收歸「己有」，使之成為部門所屬的「國有」企業。此外還有各種形式的「平調」風也盛極多時。據統計，到黨的十一屆三中全會召開以前，各地「平調」集體企業（主要是工業企業）的資金達4.8億元，無償凍結存款3.2億元。若加上各地方、各部門對集體企業的種種「攤派」（實質上也是「平調」），集體企業被調走的資產就更多了（楊鋼 等，1998）。

總而言之，這段時期由於「左」的錯誤思想，各種「共產風」將集體企業的產權關係攪得十分複雜和混亂。其主要體現為以下四點（楊鋼 等，1998）：第一，不顧集體企業的產權歸於其勞動者共有的性質和特點，多次上收、平調其資產，致使集體企業的產權得不到保障，損害了集體企業勞動者的權益。第二，由集體產權自有性決定的經營自主權被人為地剝奪了。政府及有關部門隨意干預集體企業的生產經營活動，限制甚至剝奪了其經營的自主權。第三，集體企業勞動者應有的民主權被「幹部任命制」剝奪了，且企業應享有的分配自主權也被「平均主義的固定工資制」否定了。第四，集體企業的稅負待遇與國有企業差不多，相當一部分利潤要上交主管部門，留給企業的利潤很少，而且往往還不能自主使用。

二、黨的十一屆三中全會至鄧小平南方談話前產權制度改革的探索

改革開放後至中國共產黨十四大召開以前，集體工業企業贏來了快速發展期。集體所有制產權形式在這段時期出現了多元化發展，表現為在傳統的勞動者合作制基礎上，逐步出現了股份合作制、股份制等新的產權成分。

第六章　集體工業企業制度變遷

　　1983 年的中央一號文件允許在合作經濟中存在一定比例的按股分配。該文件指出：「合作經濟的生產資料公有化程度、按勞分配方式以及合作的內容和形式，均可以根據實際情況而有所區別。集體企業可以實行勞動聯合，也可以實行勞動、資金雙聯合。」該文件擴大了社會主義合作經濟的範疇，規定只要遵守勞動者之間自願互利的原則，並接受國家計劃指導，採取民主管理制度，存在公共提留，累積為集體所有，採取按勞分配制度，或以按勞分配為主，同時有一定比例的股金分紅，都屬於社會主義性質的合作經濟。該文件實際上成為股份合作企業這種新形式的集體企業的政策依據（孔祥智 等，2008）。而 1985 年的中央一號文件更進一步明確了集體所有制企業也可以搞股份合作經營，也就是允許了勞動和資本的結合。地方政府也回應文件精神，制定政策，為新出現的合作企業提供合法性依據。

　　在城鎮集體工業企業方面，20 世紀 80 年代中期以後，為了加大經營自主權，城鎮集體工業企業進行了各種改革，主要有利改稅，推行了廠長、經理負責制，且按責權利相統一的原則建立了多種經濟責任制。從 20 世紀 80 年代後期到 90 年代初期，承包經營責任制又成為分離城鎮集體企業所有權與經營權的主要改革方式。這段時期，改革使得經營者分享了城鎮集體企業的收益，為集體工業企業經營者提供了有效激勵，極大促進了集體工業企業的發展。然而到了 1991 年，停留在變革經營制度層面的企業改制讓城鎮集體工業企業的發展開始徘徊不前。究其原因在於，承包經營責任制模糊了集體工業企業的產權，促使企業注重短期利益。在實行承包之前，集體工業企業產權模糊不清，看似「人人有份」，實則「人人無份」。在承包之後，企業資產的經營使用權的歸屬仍然不清楚，到底歸屬於全體職工，還是歸屬於承包者，並沒有統一的認識。另外，承包制使企業在承包期內既無意願也無權力處置企業資產，這在很大程度上造成企業的短期化行為，也導致企業資產和產權不易在市場上交易，企業既不能被買賣或兼併，也不能破產，在很大程度上妨礙了生產要素的合理流動和優化組合（李德祥，1996）。

　　在鄉村集體工業方面，企業產權結構也開始多元化，表現為企業的資產來源開始分散化。第一部分來自鄉村集體經濟組織以土地、房產、設備、資

金等作為原始投入，並追加投入的資產。第二部分來自部分企業職工投入的資產。第三部分來自國家各種優惠政策形成的資產。第四部分來自企業累積的資產。不過，總體上，鄉村集體企業的資產主要還是來源於鄉、村集體，並未違背集體所有制性質。作為所有者的集體成員，實際上只是集體企業名義上的所有者，無法真正享有其在集體企業中的份額和權利。鄉村集體企業的控制權實際上掌握在作為社區集體代理人的鄉村幹部手裡。這種模糊的產權結構，難以有效地激勵和監督經營者，致使企業缺乏活力和效率。承包經營制使鄉鎮企業經營者獲得了部分的剩餘索取權和控制權，有助於減少產權模糊所導致的弊端。不過，由於承包經營制局限於經營權改革，未觸及更深層次的所有權改革，所以仍難以在根本上解決由於產權模糊所導致的各種問題（郭振宗，2003）。

從20世紀80年代末開始，集體工業企業進入以股份合作制為改革形式的所有權改革探索階段。股份合作制通過清產核資，承認「個人所有制」，鼓勵職工入股等形式，明確了所有權，落實了勞動群眾的所有者地位。股份合作制改革，在承包制改革的基礎上更進一步，使產權改革的方向從經營權轉向所有權，使產權模糊及其產生的問題得到了更大程度的解決。然而，從本質上來講，股份合作制也沒有改變企業「集體所有」的性質。在股份合作制框架下，集體產權的封閉性，以及企業決策機制與產權制度的不相容等問題沒有得到深入討論。此外，企業職工持股制與「勞動力產權制」缺乏配套政策，相當多的改制集體企業沒有建立規範的法人治理結構，等等。因此，股份合作制使集體企業的發展受到自身產權制度的制約而陷入新的困境（褚義景，2007）。

總之，這一階段集體工業企業先後進行的承包制、股份合作制等改革方式，皆源於集體產權制度的內在缺陷，然而無論是承包制，還是股份合作制，均沒有改變「集體所有」的產權特徵，自然也難以從根本上解決集體企業內在的產權制度缺陷。不過，這段時期的改革為下一步的改革提供了必要的制度準備和思想準備，並為以後集體企業產權制度的根本變革探索了有益的經驗（中國工業合作經濟學會「城鎮集體經濟深化改革研究」課題組，2005）。

三、鄧小平南方談話後產權制度的變革

(一) 傳統產權制度的缺陷

從 20 世紀 80 年代開始，集體工業企業進行了一系列改革，主要包括：由統收統支、統負盈虧轉向獨立核算、自負盈虧；由單一的固定工資制改革為按勞分配的多種工資分配形式；採取多種承包經營責任制以及企業內部配套改革；調整政府和企業關係，落實企業經營自主權等。其中一些改革試圖通過分離企業所有權與經營使用權，實現集體企業自主經營和自負盈虧，曾經一度改善了集體企業的經營績效。雖然這些改革已經觸及集體企業的產權問題，然而卻迴避了集體企業所有權問題，沒有完全克服集體產權的內在缺陷，導致集體企業經營績效改善的效果難以持續。

隨著社會主義市場經濟體制的不斷發展和完善，特別是國有大中型企業改革的不斷推進和深化，集體工業企業曾經一度引以為豪的靈活機制在新形勢下已難以適應，而缺陷卻不斷顯現出來，如經營規模小、業務分散、設備落後、技術人員短缺，以及職工整體素質較低等。特別是，部分採取承包經營的集體工業企業只能負盈，不能負虧，並且在分配方面出現福利化傾向，削弱了內部的激勵機制、約束機制。這些問題的根本癥結就在於集體工業企業產權制度的缺陷。在不觸及「產權」這個核心問題的情況下，集體工業企業的改革成效往往難以持續，也不能令人滿意。總結來看，集體工業企業產權制度主要存在以下五個方面的問題（何華梁，2007；楊鋼，1998）：

第一，產權主體模糊不清。集體企業產權主體模糊主要體現為出資主體虛擬、收益主體虛空。按照法律規定，集體企業的產權歸屬於企業內部全體勞動群眾集體所有。但是，「勞動群眾集體」是一個模糊概念，並沒有被人格化。它是指本單位內勞動群眾集體或者聯合經濟組織範圍內的勞動群眾集體，而不是指勞動者個人所有的集合。1992 年 10 月，國家工商行政管理局頒發的《關於經濟類型劃分的暫行規定》指出：「集體經濟是指生產資料歸公民集體所有的一種經濟類型，包括了城鄉所有使用集體投資舉辦的企業，以及部分個人通過集資自願放棄所有權並依法經工商行政管理機關認定為集體所有制

的企業。」這個規定實際上強調了加入集體企業的職工不再擁有個人財產權益，從而剝奪了企業職工對本企業財產的支配權和對企業經營的剩餘索取權，導致了「人人所有，而人人無權處置」的結果。

產權主體的模糊導致集體工業企業產權歸屬不明，容易導致責、權、利不清，以及集體資產流失等問題，既損害了資本所有者的權益，又給企業經營帶來了不利影響。這都與集體工業企業的產權關係不清、產權沒有人格化密切相關。如果集體工業企業產權明晰而且產權界定比較合理，無論是創業者，還是經營者，抑或企業職工，在產權方面都按照各自對企業資產累積所做的貢獻進行界定，而且按各自的產權份額取得相應收入，以及按各自的產權份額表決企業廠長經理人選、企業重大經營決策和收入分配等重大事項，有了這樣一套機制，那麼，集體工業企業的上述矛盾就會得到相應解決。

第二，生產經營權與資產經營權的分離。在實施承包經營制等改革之後，集體工業企業獲得了生產經營自主權，但未能獲得資產經營自主權。凡是涉及企業設立、變更、租賃、兼併等重大處置事項，仍決定於政府管理機構。政府管理機構既承擔國家賦予的行政職能，又是集體產權的實際代表者，不僅掌控了企業資產控制權，而且分享了剩餘利潤分配權。這種雙重身分既有正面效應，也存在負面效應。正面效應在於，集體企業中的政府控制在一定程度上能夠為集體企業提供生產保障。在經濟轉軌時期，市場還未發育成熟，政府仍承擔著對資源進行配置的責任，而且也掌握了大量的經濟資源。集體企業可以通過與政府的密切聯繫，獲得企業發展所需要的各種經濟資源。負面效應在於，企業中的政府控制會帶給企業一系列的成本負擔。當政府目標與企業目標不一致時，集體企業更容易偏離有效經營，造成基本建設攤子過大、利潤上繳過多、忽視企業長期發展等短期行為，從而影響企業的經營績效。這種生產經營權與資產經營權相分離的狀況表明集體企業尚未完全成為獨立的市場主體。

第三，集體產權的封閉性。集體企業的產權制度具有封閉性，這些是集體企業從合作社企業承繼而來的固有制度缺陷。集體企業要求在勞動聯合的基礎上進行集資，而資源投入集體企業後不能自由流通，產權具有封閉性。

封閉性的產權阻礙了集體企業面向社會籌措資金的渠道，不利於集體企業籌措資金，不利於集體企業的發展壯大。集體企業職工對企業資產的封閉式佔有，實質上體現了自然經濟條件下小農的一種實物佔有觀。

第四，集體產權具有非流通性。產權的非流通性不利於資金在不同部門和企業之間的流動，妨礙了產業結構調整和資源配置優化。在非流通性產權下，職工對企業生產資料的佔有過於注重其實物形態，而忽略了其價值形態。即便在本企業產品已經供大於求的情況下，也不允許將本企業生產資源調整到其他企業；反過來也是類似，即便在本企業產品嚴重供不應求的情況下，也不允許其他企業的生產資源注入本企業。由此可見，在非流通產權下，市場機制難以發揮作用，資源配置也難以得到優化調整。

第五，集體產權具有均等性。由於不加區分地強調勞動者「平等佔有」集體資產，「大鍋飯」的意識難以根除。不顧社會生產力發展水準和人們的覺悟程度，一味強調企業內部所有勞動者「平等所有」，是平均主義分配方式得以產生的根源。在實際中，無論職工是否投入過原始資產，也無論投入數量的多少，更不論職工是否對企業發展做出過貢獻或者貢獻的大小，一律平均地佔有企業資產，並以此來杜絕「按資分配」，這是一種極端平均主義，實際上對絕大多數勞動者來說都是難以接受的。均等性的產權使得企業職工、經營者得不到有效激勵。並且，企業的經營決策的做出需要集體職工的普遍參與，導致決策低效、分散，難以構建有效的決策機制（黃婷，2013）。

明晰產權是建立現代企業制度的關鍵。產權制度改革牽一髮而動全身，涉及各方利益，是集體工業企業發展中深層次的矛盾和問題。產權制度改革要破除集體資產「人人有份，人人無份」「人人做主，人人又不能做主」的產權現象。企業、職工和企業所有者形成利益共同體，職工既是勞動者又是所有者，既是收益的受益者又是風險的承擔者。只有明晰產權，才能有效地防止集體資產流失，保障集體資產保值增值。

（二）市場經濟體制下集體工業企業產權制度的改革

進入 20 世紀 90 年代後，集體工業企業於改革開放初期所具有的市場競爭優勢逐漸消失，影響力也不斷下降。為解決低下的企業效率問題，建立現

代產權制度成為這一時期集體工業企業改革的主要目標（牛雷 等，2015）。自 20 世紀 90 年代中後期始，集體企業逐步推進了以明晰產權關係為核心的改革（張軍 等，2000），並向著投資主體多元化等多種實現形式的方向推進，帶來了集體經濟的新發展（中國工業合作經濟學會「城鎮集體經濟深化改革研究」課題組，2005）。

1996 年至 1997 年，為理順集體企業內部複雜的產權關係，中國開展了集體企業的清產核資、產權界定等工作。在這期間，相當部分的集體企業完成了產權界定。不過，傳統的集體企業，特別是原第二輕工業合作聯社下屬的集體企業，由於資產來源複雜，管理體制多次變更，在產權界定上存在不少困難。因而，按照《城鎮集體所有制企業、單位清產核資產權界定暫行辦法》的規定，這部分所有權關係複雜的資產，作為「待界定資產」，待今後由有關部門協商解決。隨後，集體企業改制開始轉變為以股份有限公司、有限責任公司等為形式的產權制度改革，其中還伴隨著大量對集體企業進行拍賣轉私使其私有化的情形。這場改革真正觸及了集體企業的所有權問題，為徹底解決集體企業長期存在的產權模糊難題創造了條件（郭振宗，2003）。

在地方層面進行的集體企業改革實踐得到了中央的肯定。2003 年，中共十六屆三中全會提出了深化集體企業改革的重點在於明晰產權，而且鼓勵發展多種形式的集體經濟，從而更進一步地明確了集體企業的改革思路，包括以產權制度改革為核心，明晰企業產權，推動制度創新，實現產權主體多元化和人格化；建立以現代企業制度為主要特徵，勞動聯合和資本聯合相結合、共同共有與按份共有相結合的新型集體企業，使集體企業自主經營、自負盈虧、自我發展、自我約束，成為真正的經濟實體與市場競爭主體。

產權制度改革使傳統集體工業企業的產權主體逐步得到明晰，推動集體企業由原來單一的產權結構向產權主體多元化的方向轉變。經過改革，傳統的集體工業企業大量減少，投資主體多元化的企業得到了快速發展。在理順產權關係的基礎上，集體企業的制度體系發生了巨大變化：由傳統單一的企業組織形式逐步轉向多種實現形式；由傳統的產權制度逐步轉為現代產權制度；由傳統的企業制度逐步轉向現代企業制度；由傳統的分配方式演變為以

按勞分配為主、多種生產要素相結合的分配方式；由傳統的政企不分的管理體制轉向政企分開的管理體制（中國工業合作經濟學會「城鎮集體經濟深化改革研究」課題組，2005）。

第四節　組織形式與管理制度的變遷

企業制度包括企業產權制度、企業組織形式以及經營管理制度。其中，產權制度是企業制度的核心，而企業組織形式和管理制度均以產權制度為基礎（於立 等，2003）。從上一節可見，中華人民共和國成立以來，集體企業的產權制度幾經變遷，由此也決定了企業的組織形式和管理制度也必然經歷了不斷的變化。

一、組織形式的變化

企業組織形式是企業產權結構的外在表現，而產權結構又是組織形式的基礎（於立 等，2003）。幾十年來，中國的集體工業企業組織形式主要經歷了合作制、股份合作制、股份制等形式（何華梁，2007）。

（一）合作制

一般來說，合作社是勞動群眾通過自願入股聯合起來，從事各種經濟活動的組織，其基本原則體現為職工入社和退社自由、民主管理、互助合作。合作社是由兩個以上社員出資組成、以經營為目的的法人組織，也是一種互助的經濟組織。合作社社員交納股金入股，而且退股時可以返還股金，但不能向他人轉讓。顯然，股份制與此不同。在股份制企業，股東可以轉讓股份，但不能要求返還股份。此外，成立合作社沒有要求總資本額大小，而組建股份制企業則有總資本數量的法定要求。

在管理模式方面,合作社採取的是「民辦、民管」。在決策層面上,合作社採取一人一票的表決機制,每個勞動者的權利相同,明顯不同於股份制企業按股投票的表決機制。合作制企業一人一票的決策機制決定了其決策方式是職工集體決策,這雖然保證了企業內部職工的平等權利,但是可能會因過於注重過程的公平性,導致權利過於平均,進而使決策效率低下和決策成本提高。另外,勞動者並不一定具有專業能力,其決策的科學性、實行的有效性都可能存在問題。再有,隨著企業規模的擴大,職工人數越來越多,再採取每人一票進行表決已經變得非常困難了。反過來說,合作制組織形式實際上限制了企業的規模發展。因此,在社會化大生產背景下,現代企業已經很少採用合作制這種組織形式了。

中國集體工業企業起源於城鎮手工業合作社和農村人民公社企業,因此其最早的組織形式就是合作制。在中國集體工業企業特別是城鎮集體工業企業的誕生之初,合作制曾經貫徹得較好,使得集體工業企業發展較快。但1958年「大躍進」之後,一直到改革開放之前,集體工業企業的產權制度遭到破壞,使集體工業企業喪失了經營自主權,喪失經營的靈活性和主動性,合作制也就名存實亡了。如前所述,集體企業往往被主管機構按照國營企業的方式進行管理,合作制企業要求的職工一人一票、民主管理在這種管理體制下也就無法實行了。

(二)股份合作制

股份合作制企業不同於合作制企業。對於股份合作制企業來說,職工股東共同出資和共同勞動,實行民主管理,也共同承擔風險;全部職工股東對企業承擔的責任以各自所持股份為限,而企業則以全部資產為限承擔責任。股份合作制企業是資本合作、勞動合作相結合的企業組織形式,這與合作社完全為勞動者的合作有所不同,也與股份制完全為資本的聯合不同。股份合作制企業不是單純的合作制,也並非完全的股份制,而是在勞動聯合的基礎上,實行了部分股份制的做法,因而可以視為合作制與股份制的中間形態,但相對更偏向於合作制。

股份合作制企業具有明確的法人地位,是獨立的市場主體。這類企業一

第六章　集體工業企業制度變遷

般具有現代企業的公司治理結構，股東一般為本企業職工，不吸收非本企業職工入股，其組織結構包括了董事會、監事會、高層經理等。在企業管理和決策方面，企業職工主要通過職工股東大會進行民主管理和民主決策，採取一股一票與一人一票相結合的模式。在勞動分配方式上，由於股份合作制企業的職工具有勞動者和股東雙重身分，所以股份合作制企業一般採取按勞分配和按股分紅相結合的分配模式，體現了資本和勞動的有機結合。

20世紀80年代末90年代初，國家曾經一度調整了集體企業（也包括國營企業）的管理體制，先後推行承包制、租賃制等方式，在一定程度上放開了集體企業的自主經營權，取得了提高集體企業經濟效益的效果。但是，這種效果並沒有持續太久。隨著集體企業規模的擴大，企業缺乏資金的問題凸顯。在此背景下，股份合作制形式出現了。實行股份合作制改革的企業，其做法存在多種形式。部分是採取增量擴股的辦法，即首先清理和評估資產，然後將企業淨資產作為集體股，吸收本企業的勞動者入股，或者引入企業外資金入股，進而形成多元化主體；還有部分採取了存量折股的方法，即將集體企業存量資產折算為股份，將部分或者全部股份出售或者無償分配給多個主體，使得股份來源多元化。

雖然採取的股份合作制改革辦法可能存在差異，但最終形成的股份合作制具有共同特點：一方面，企業由集體與企業職工共同所有；另一方面，企業成立了內部治理機構，如股東大會、董事會、監事會等。股份合作制使得集體企業勞動者獲得了剩餘索取權，極大地激勵了勞動者，減少了監督成本，增強了企業活力。因此，股份合作制曾經一度成為集體企業改制的主要形式。股份合作制體現了勞動者的勞動聯合和資本聯合，是大量中小型集體企業進行制度創新的重要方式。股份合作制改革對於集體企業改善經營績效曾經起了較大的積極作用（中國工業合作經濟學會「城鎮集體經濟深化改革研究」課題組，2005）。

然而，理論及實踐已經證明，股份合作制只是一種過渡性質的企業組織形式，其本身具有很大的局限性。首先，股份合作制的產權較為封閉，這一點繼承了合作制的缺點。股份合作制企業股份多數屬於內部職工，內部職工

股只是分紅的依據,不能在社會上流轉,從而限制了外部資金的流入,不利於企業擴大規模。其次,股份合作制企業職工既是股東,又是勞動者,自行管理,難以有效監督。最後,股份合作制採取的一股一票和一人一票混合模式較為複雜,難以平衡股份和人之間的權力關係,從而加大了決策難度。因此,股份合作制雖然觸及了集體企業的所有權,但並沒有真正改變「集體所有」的性質,這使得集體企業制度的進一步改革成為必然。

(三) 股份制

股份制通常包括有限責任公司和股份有限公司,是兩個或兩個以上的利益主體,通過集股經營的方式自願結合的一種現代企業組織形式。股份制適應了社會化大生產的要求,完成了所有權與經營權的兩權分離,強化了企業經營管理職能。股份制企業通過發行股票,將不同類型、形式的資本組合在一起,有利於資本歸集。在股份制企業中,資本的來源可以多種多樣,因此可以存在不同性質的所有制成分。股份制企業通常建立了由股東代表大會、董事會、經理層、監事會等構成的治理結構,代表了所有權、決策權、執行權和監督權的「四權」分立。股份制企業利用委託代理關係管理企業營運,使企業資產所有權與經營權相分離,財產所有權收益或經營風險均按股東的股權份額進行分配或承擔。

20世紀90年代中後期以來,在集體工業企業改革方面,不斷突破了股份合作制的框架。大部分原來的集體企業對集體所有權進行了徹底改革,改革的主要方向是股份制改革,按照現代企業治理結構將集體工業企業改制為有限責任公司或股份有限公司,從而建立了以股份制為主要形式的企業組織形式,實現了企業剩餘索取權和經營控制權的統一。股份制為建立現代企業制度奠定了良好基礎,有利於形成良好的監督和激勵運作機制,使企業可以獨立運用和經營所有者投資形成的資本,依法自主經營,自負盈虧。

第六章　集體工業企業制度變遷

二、內部治理模式的變化

（一）黨的十一屆三中全會前集體工業企業的內部治理模式

改革開放以前，集體工業企業的治理結構類似於國營企業，一般由黨委會、廠務會、工會等內部機構組成。從嚴格意義上講，集體工業企業算不上是獨立的經濟實體，特別是「大躍進」和「文化大革命」期間，受「左」的錯誤思想的影響，集體工業企業幾乎被當成了「二國營」對待，完全喪失了經營自主權。集體工業企業的生產和經營受地方政府與主管部門的直接管轄，無法自主地決定生產和經營的重大事項。並且，集體工業企業的廠長、經理一般由上級主管單位直接任命，招工也受到限制，收入分配方式往往也參照了國營企業。在內部管理機制方面，黨委會、職代會、工會成為集體企業的決策和管理機構。在這種「企業+行政」管理模式下，集體工業企業僅僅是政府管理下的一個生產單位或者車間，而非獨立的經濟主體。

可以說，在傳統計劃經濟條件下，集體工業企業幾乎成了政府行政單位的附屬物，其微觀經營機制和內部治理結構僵化，從而導致集體企業激勵不足、生產效率低下。在這種治理模式下，政府直接干預集體企業的生產經營，使得集體企業無法成為真正獨立的經濟實體。而且，由於「人人所有，而人人沒有」的所有者虛置，企業缺乏有力和有效的監督。另外，由於集體企業喪失了經營自主權，難以建立適宜的激勵機制與約束機制，其管理效率往往較低。

（二）黨的十一屆三中全會後集體工業企業內部治理模式的變遷

改革開放以後，集體工業企業產權制度的改革逐步推進，企業目標和組織形式也發生了相應的變化，這些都促使企業的內部治理模式也進行相應的變革。在集體企業改制為股份合作制、股份制企業時，通常需要按照現代企業制度的要求，建立起內部治理結構。根據集體工業企業內部治理模式的不同，可分為內部監控與股東主權兩種模式（賴少英，2001）。

（1）內部監控模式。內部監控模式兼具合作制和股份制企業的部分特徵，主要由原來的城鎮集體企業、鄉村集體企業改制為股份合作制企業後形成。

完整的內部治理結構應該包括董事會、監事會、職工股東大會等。但是，實踐中往往依據企業的規模大小，由企業自主確定是否設立董事會、監事會。這類企業的主要特點在於：經營層仍然實行廠長（經理）負責制，經營者接受企業內部股東和勞動者的監督。採用內部監控模式的企業，其內部職工的股權份額比較高，而且實行一人一票制度，股東大會與職工大會實際上合二為一，為最高權力機構。比較之下，企業的法人股和外部個人股的份額較少，且通常為優先股，沒有表決和決策的權利。這類企業中的大部分形成了職工自主管理的企業治理結構。從實踐來看，內部監控模式主要適合於規模較小的股份合作制集體企業，而企業規模過大將導致內部監控難以有效，以及監督成本太高。當職工內部意見不一致時，這種治理結構難以產生及時、有效的決策。

（2）股東主權模式。這種治理模式主要是集體企業改制為股份制企業後形成的。集體企業改制為股份制公司後，需要按照《公司法》的要求，組建決策機構、執行機構及監督機構。一般來說，股東大會由股東組成，行使的是所有者對公司的最終所有權。股東大會選舉產生董事會，董事會負責制定重大經營活動決策，並維護出資人的權益。監事會作為企業的監督機構，負責監督企業財務、董事和經營者的行為等；經營層是企業的執行機構，由董事會聘任（董宏宇 等，2015）。改制為股份制的集體企業一般規模較大。經過改制後，在這類企業的股權結構中，集體股的股權比例往往較小，對公司治理結構難以產生重大影響。

三、企業分配制度的變化

對企業來說，內部管理制度眾多，其中收入分配制度佔有重要地位。這是因為，收入分配是否合理，在很大程度上決定了企業員工能否得到足夠的經濟激勵，對員工工作積極性具有重要影響，並最終對企業績效產生作用。收入分配制度還與管理體制和產權制度的變化密切相關，因為後兩者決定了

第六章　集體工業企業制度變遷

由誰掌握剩餘控制權和剩餘索取權。因此，收入分配制度的變化隨管理體制和產權制度的變化而變化。

在集體工業企業創建之初，按照「自願組合、獨立核算、自主經營、自負盈虧、民主管理、集體累積、按勞分配、入股分紅」的原則，各地組建了大量的手工業生產合作社。在早期，手工業生產合作社具備了自主經營的能力，也實行了獨立核算、自負盈虧。勞動者按照按勞分配原則取得勞動報酬。在利潤分配方面，合作社利潤一部分用作擴大集體生產的累積，一部分按照入股數量分配給勞動者。因此，合作社職工不僅能夠獲得勞動收入，還能獲得股份收入，這就將職工個人利益與自身勞動能力、合作社整體收益狀況緊密結合在一起，提高了職工的勞動積極性。

但是，1958年以後，由於「左」的錯誤思想的影響，大批手工業生產合作社被「升級」「過渡」為大集體合作社（市、區、縣所屬），逐步失去了集體企業的特點。在當時高度集中統一的管理體製作用下，逐步用管理國營企業的辦法管理大集體企業。集體企業改自負盈虧為主管部門統負盈虧，除繳所得稅外的利潤全部上繳。這種「繳光拿淨」的辦法使集體企業失去了分配自主權，嚴重抑制了企業的積極性。若集體企業產生了虧損，也由主管部門撥補。「吃大鍋飯」的平均主義使職工收入與企業經營成果之間的聯繫完全被割斷了。

從原則上講，集體企業生產資料屬於企業全體職工集體所有，故而應該獨立核算和自負盈虧。對大集體企業採取的統負盈虧管理方式，使集體企業的生產資料所有權與創造財富的分配權之間出現脫離，從根本上違背了集體企業的性質和特點（梁俊如，1979）。再有，職工的個人物質利益與企業利潤毫無關係的分配制度也不利於調動職工的勞動積極性。

相對大集體企業而言，小集體企業（城鎮街道和公社所屬）的分配制度更符合獨立核算、自負盈虧的原則，更好地兼顧了國家、企業、勞動者三方之間的利益。通常來說，小集體企業實現的利潤中，一部分按規定上繳稅收，剩下的部分除一部分上繳主管部門外，其餘可以留作公積金、公益金，用於

提高職工集體福利，或者獎勵職工個人。若集體企業出現虧損，則由其自行負擔。這樣一來，集體企業經營得越好，創造的利潤越多，不僅對國家有越大的貢獻，而且企業發展越快，職工收入也越高。因而，集體企業的經營績效不僅與國家和企業的利益有關，也與職工個人的利益聯繫緊密，這就能夠發揮調動職工積極性的作用。不過，即使小集體企業能夠做到自負盈虧，但是由於大部分利潤被主管部門拿走，企業自身實際上得不到多少利益。

改革開放以來，在「放開搞活」的政策思路下，集體工業企業也逐漸拋棄了過去較為僵死的分配制度。20世紀80年代，國營和集體工業企業普遍推行了已經在農村改革中取得良好效果的承包責任制。在承包責任制下，集體工業企業有了更大的經營自主權，擴大了收入分配的權限，也有利於採取更為靈活的收入分配方式。例如，在實行承包責任制的集體企業中，一般實行了半浮動、全浮動工資制、超額計件工資等浮動工資制，而不是像以前那樣平均分配。職工個人收入的高低不僅與自身勞動數量、質量有關，還和企業經營狀況的好壞有關。

承包制雖然較之傳統的體制來說，在一定程度上實現了責權利的結合，擴大了企業經營自主權和分配權，但承包制並沒有從根本上改變集體企業產權不明晰的問題，沒有真正使企業成為獨立的市場主體。這是因為，企業承包人與企業主管部門之間僅僅是一種經濟合同關係，主管部門通過調整發包權很容易控制企業的行為。而且，承包制一般都是短期的，這就很容易滋生承包人的短期行為，難以保證集體資產的保值增值。最終的結果很可能是少數個人發財，而集體利益受損。例如，在實踐中就出現過少數承包者收入過高的現象。原因在於，在推行承包制的過程中，不少地方發包者對承包者設定的超承包基數獎勵辦法，通常實行了定額或定比例的死分配，因而一些承包者可能依靠市場調價的機遇，獲得高收入和高額超利潤的獎勵。不過，要是市場不景氣，企業也可能完不成承包任務，而此時承包者一般會強調存在的客觀原因，要求調整承包基數。如此一來，企業實際上只能負盈，而不能負虧。

第六章　集體工業企業制度變遷

在1983年中央一號文件肯定了合作經濟中可以存在一定比例的按股分配之後，大量集體工業企業進行了股份合作制改造。在採取股份合作制後，企業職工既是勞動者，又是股東，職工收入從過去工資收入的單一結構發展為包括工資收入和資本收入的多元化結構。一方面，職工作為勞動者，主要通過按勞分配取得工資收入；另一方面，職工作為企業資本所有者，有權按出資額的多少向企業索取紅利、享有權益，這是將資本要素納入按資分配範疇的結果。這種做法實際上是恢復了手工業合作社早期在分配上採取的按勞分配與按股分紅相結合的方法。另外，涉及股份合作制企業可進行分配的部分稅後利潤，也是採取按勞動分紅和按股分紅相結合的分配方式，這與股份制企業稅後利潤全部按股分紅有所不同。

20世紀90年代中後期以後，許多集體工業企業進行了股份制改造，因此其收入分配方式主要遵循市場調節的原則，也變得更加多樣化。勞動、資本、技術和管理等生產要素均可以按貢獻參與分配。因此，知識、技術、經營才能與勞動、資本一樣，都被當作生產要素，也有權獲取相應的報酬，這事實上是將以前按勞分配和按股分紅相結合的分配模式擴大為按勞分配與按生產要素分配相結合的模式。特別是允許勞動者個人的資本參與企業收益分配，使經營管理者的人力資本能夠參與企業收益分配，極大地改善了對經營管理者的激勵效果。在企業工資收入分配方面，已經改制的企業可以自主決定如何分配，通常採取經營者年薪制、勞動分紅、技術入股、股權和期權激勵、員工持股等多種分配方式（黃曉，2006）。

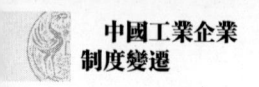

第五節　歷史成就

中華人民共和國成立以來，城鎮和農村的集體工業企業的演變過程主要經歷了初創時期、初步發展時期、快速發展時期和轉型發展時期四個階段（何華梁，2007；黃鵬章，1998），分別對應於中華人民共和國成立初期（1949—1957年）、「大躍進」至改革開放前（1957—1978年）、黨的十一屆三中全會至鄧小平南方談話前（1978—1992年），以及鄧小平南方談話以後（1992年以來）。在不同的歷史時期，集體工業企業經歷了不同的發展過程，在國民經濟中的地位也在不斷變化。

一、中華人民共和國成立初期的初步創建

1949年至1957年為國民經濟恢復和社會主義改造時期，這一期間集體工業企業，特別是城鎮集體工業企業開始登上了歷史舞臺。

（一）城鎮集體工業企業的初創

中華人民共和國成立後的合作化運動推動了集體工業企業的產生。1953年，中國開始推行過渡時期的總路線，實行社會主義改造。至1956年年底，手工業部門的社會主義改造基本上完成，全國90%的手工業者和工人加入合作經濟組織，實現了由個體經濟到集體經濟的變革。至此，中國城鎮集體工業擁有了一支數量龐大的、由手工業組織起來的集體所有制工業企業隊伍，它們主要承擔了城鄉人民日常生活需要的日用工業品、小商品和工藝美術品的生產。在此階段，城鎮集體工業企業（手工業生產合作社）的建立遵循了「自願組合、獨立核算、自主經營、自負盈虧、民主管理、集體累積、按勞分配、入股分紅」的基本原則。在集體工業企業建立的初期，由於產權關係和經營管理體制比較適應當時的生產力要求，集體工業企業發展迅速，促進了中國國民經濟的快速發展。

第六章 集體工業企業制度變遷

(二) 鄉村集體工業企業的萌芽

中國的鄉村集體工業企業的前身是社隊企業，即農村人民公社、生產隊社員集體創辦的企業，而社隊企業的前身為集體副業。1949年至1957年是中華人民共和國成立後國民經濟的恢復時期和「一五」計劃時期，此階段中國鄉鎮（農村）工業開始萌芽，其表現形式為集體副業。

中華人民共和國成立初期，手工業在全國工業生產中佔有相當重要的地位。據統計，中華人民共和國成立初期，個體手工業產值佔工業總產值的23%左右。當時，農民兼營的手工業廣泛存在，如農村手工業、農副產品加工業等，佔據了農村手工業產值的60%以上。1951年12月，中共中央在《關於農業生產互助合作的決議（草案）》中提出：「在適宜於當地的情況下，發展農業和副業相結合的互助。按照農業和副業的需要和個人的專長，實行合理的分工分業。」根據該決議，1,000多萬手工業兼業者和分散於農村的部分專業手工業者，參加了農業合作社。這些手工業社屬於農業社的範圍，因而被稱為集體副業（蔡養軍，2004）。

1955—1957年，全國各地掀起了農業合作化運動。在這場運動中，部分農民和分散的專業手工業者被組建為農業生產合作社的副業隊（組）。1957年，國務院提出，未加入副業生產隊（組）的農村個體手工業者和兼業經營手工業的農民，應該加入進來，並不再建立縣以上手工業聯社的基層組織。據統計，農村集鎮手工業社、農業社和農民家庭的手工業，以及農民自給性手工業和農產品的總產值於1957年達到了160億元（張毅，1990）。可見，此時農村集體副業已初具規模。後來在「大躍進」運動中興起的農村社隊企業，就是脫胎於集體副業。

(三) 集體工業成長為國民經濟的重要組成部分

中華人民共和國成立初期，集體工業在國民經濟中所佔的比重是微不足道的。據統計，1949年全國集體工業產值僅為0.7億元，佔工業總產值的比重約為0.5%（季龍，1991）。隨著個體手工業的社會主義改造的進行，集體工業經濟產值不斷提高，在工業總產值中所佔的比重不斷上升。1957年，集體工業產值達到了137.6億元，相比1949年增長了195.5倍。1953—1957

年，全國集體工業經濟年均增長率達到13.76%，到1957年集體工業總量為137.6億元，占全國工業的19.55%，而個體工業產值的比重由20.6%下降到0.8%（黃榮健，2010）。可見，到1957年，集體工業已經成為國民經濟的重要組成部分。

二、「大躍進」與「文化大革命」時期的曲折發展

（一）城鎮集體工業企業的曲折發展

從1958年到改革開放前的20年間，中國集體工業企業遭受了「大躍進」和「文化大革命」極左路線的破壞，發展相對曲折。「大躍進」開始後，為鼓勵和引導城鎮婦女參加社會主義建設，各地普遍興辦了大量街道工廠和生產組，由此形成了許多的集體所有制街道工廠。但是，從1958年起，由於受「左」傾思想的影響，集體所有制被認為是社會主義公有制的初級形式，必然要過渡到高級的全民所有制。國家多次出現將城鎮集體企業「升級」「過渡」「平調」和「改造」的浪潮。在「大躍進」期間，合作社要麼過渡為地方國營的全民所有制企業，要麼被歸入由合作聯社統負盈虧的合作工廠（大集體），或者被轉為由人民公社管理的社辦企業。到1959年年底，全國範圍內10多萬個手工業合作社，大約86.7%的合作社進行了轉廠過渡，其中過渡為地方國營工廠或轉為聯社經營的分別占到了37.8%和13.6%（黃榮健，2010）。這種強制性的過渡和不適當的下放，挫傷了集體工業企業職工的積極性，使生產遭到破壞，造成了手工業品市場供應的緊張。

1960年年底，中共中央提出了「調整、鞏固、充實、提高」的方針，中國國民經濟進入調整時期。1961年6月，中共中央發布了《關於城鄉手工業若干政策問題的規定（試行草案）》，該文件強調手工業必須堅持以集體為主。按照指示精神，在城鎮集體企業管理體制方面，各地適當恢復了「大躍進」以前一些正確的做法，大部分被「轉社並廠、升級過渡」為大集體甚至地方國營的企業又重新恢復、調整或退回為集體（合作）企業。通過調整，城鎮集體手工業和集體企業煥發了新的生機。

第六章　集體工業企業制度變遷

然而時間不長,「文化大革命」期間,在極左思潮的干擾下,調整時期採取的一系列正確措施又被否定,城鎮集體經濟被誣蔑為「資本主義尾巴」和「舊社會的殘餘」。於是,許多地區刮起割「資本主義尾巴」的「共產風」,否定集體工業企業的固有特點,再次大搞「升級過渡」,使「小集體」(區、街企業)升級為「大集體」(市、局企業),「大集體」升級為國營企業。即使未被「過渡」為「國營」的集體工業企業也必須按國營企業的管理辦法進行管理。這些企業在嚴格監管下完全喪失了獨立自主性,由主管部門安排生產、統負盈虧,稅後利潤大部分要上繳主管部門。並且,在管理上,企業管理幹部的民主選舉制被取消,改為上級任命制。在分配方面,由按勞分配改為固定工資制,而且職工入股分紅、勞動分紅也均被取消。

這些盲目「升級過渡」的行為嚴重違背了生產關係必須適應生產力性質的客觀規律,與集體工業企業自身性質、特點等不相符合,因而不利於調動集體企業職工的積極性,削弱了集體工業企業的活力,影響了集體工業企業的發展。雖然上述過左的做法曾經得到過一定程度的糾正,但總體而言,這一時期的集體工業企業遭受了沉重打擊,發展較為緩慢。特別是由於糾正不夠徹底,集體工業企業按「準國營」方式管理的狀況未得到根本改變,制約了集體工業企業的發展。

(二) 鄉村集體工業企業的起步

1958年,「大躍進」運動開始後,農村掀起了「人民公社化」運動。1958年年底,《關於人民公社若干問題的決議》在中共八屆六中全會上被通過。該決議指出,農村人民公社制度的發展,為中國人民指出了農村逐步工業化的道路,並提出人民公社必須大辦工業,以促進全民所有制的實現。這個決議意味著中央將社隊工業視為農村一種相對獨立的產業,而非農業副業。

由於過分強調以鋼產量為主要指標的重工業增長速度,在「全黨全民大辦工業」的口號下,出現了社辦企業的群眾運動,興辦了各種工廠。另外,原有手工業聯社領導的手工業社中有35,000多個劃歸人民公社,成為公社企業(季龍,1991)。據統計,到1958年年底,公社工業的從業人員達1,800多萬人,產值達62.5億元。據對17個省的調查,僅1958年就興辦農具製造廠、

修理廠 8 萬多個，煤窯 5.9 萬個，煉鋼、煉鐵廠 60 餘萬個。到 1959 年 6 月，全國已有社辦企業 70 萬個左右，產值達到了 71 億元，約占全國工業總產值的 10%（於馳前 等，1991）。

但是，由於在興辦社隊企業過程中受「左」的思想的影響和缺乏統一規劃，發生了對集體和社員家庭資產的「平調」錯誤和盲目過渡，使社隊企業生產效率低下，經濟效益差，產銷脫節，特別是不顧中國農村的實際情況，創辦了如「土高爐」等企業，浪費了大量的人力物力。根據當時的「指示」，有些地方將農戶家裡的鐵制廚具、鎖具等都強行投入「土高爐」。然而，這種盲目發展社隊企業的行為嚴重破壞了國民經濟發展的比例關係，耽誤了農業生產，可謂勞民又傷財，造成了極為嚴重的生產損失，成為導致 1958—1961 年的「三年困難時期」的三大重要原因之一。

在人民公社整頓過程中，國家逐漸改變了 1958 年提出的「人民公社必須大辦工業」的政策，對社隊工業進行清理、收縮和嚴格限制。1960 年 11 月 25 日，中共中央批轉了《關於城鄉人民公社工業的情況和整頓意見的報告》，該報告提出社辦企業應主要生產經營為農業生產服務的生產資料產品加工業、農副產品加工業、傳統的手工業產品和出口商品，並根據具體條件確定是否開展採掘、冶煉、建材等業務，而禁止社隊企業生產紡織、皮革、日用化工等行業的輕工產品。1962 年下半年，中共中央八屆十中全會通過了《農村人民公社工作條例（修正草案）》，要求農村人民公社和生產大隊一般不辦企業，已經舉辦的企業視情況停辦，或轉給手工業者經營，或下放給生產隊經營，或改為個體工業和家庭副業。以上措施實質是不允許社隊辦企業，把農村集體工業退到附屬於農業社的副業地位。從 1961 年開始，大批社隊企業關停下馬，在短時間內由 1959 年的 70 多萬個減少到 1.1 萬個。1961 年，全國社辦工業產值下降至 19.8 億元，1963 年又下降到 4.2 億元。

1966 年「文化大革命」開始後，由於城市大量工廠停產「鬧革命」，使生產大幅度萎縮，造成大批物資短缺。國家重新提出「公社也要由集體辦些小工廠」後，農村社隊企業又逐步地發展起來，其產品緩解了市場供應的緊缺。其間，在大批「資本主義」的風潮下，社隊企業常被當作「資本主義尾

巴」來割，因此，社隊企業整體上發展仍十分緩慢。

進入 20 世紀 70 年代以後，在實現農業機械化、「農業學大寨」的任務和方針指導下，國家允許在社隊發展農業機械以及為農業機械服務的「五小」工業，目的是建立縣、社、隊三級農機修造網（譚秋成，1999）。按照 1975 年全國農業學大寨會議的要求，發展社隊企業，主要是為農業生產服務，有條件的，為大工業、為出口服務。

1976 年「文化大革命」結束後，農村興辦和發展社隊企業的積極性也進一步高漲起來。據 1978 年年底的統計，全國已有 94.7% 的公社和 78.7% 的大隊辦起社隊企業，社隊企業總數已達 152.4 萬個，比 1976 年的 111.5 萬個增加了 40.9 萬個，社隊工業產值達 385.3 億元，比 1976 年增長 58.2%；安置農村勞動力 2,826.5 萬人，占農村總勞動力的 9.5%（於馳前 等，1991）。社隊企業的發展對於促進農業發展起到了積極作用。但是，由於「左」的思想路線的影響，開辦社隊企業往往被視為「走資本主義道路」，而且社隊企業的經營範圍也受到了限制，使得社隊企業發展頗為艱難。此外，這一階段的產權制度是人民公社制度的翻版：單一的社有、隊有等公有產權結構，否定了產權的個人所有，將社員入股的資金強行退還甚至沒收歸社隊所有，社隊企業的財產被任意平調，經營自主權更得不到尊重，阻礙了社隊企業經濟效益的提高。

三、黨的十一屆三中全會至鄧小平南方談話前的快速發展

1978 年至 1992 年鄧小平南方談話前為中國改革開放的前期，這一時期國家工作重心開始轉移到社會主義現代化建設上來，國民經濟逐步走出了困境，集體工業企業在這一時期也獲得了快速發展，在國民經濟中的地位顯著增強。

（一）城鎮集體工業企業的快速發展

這一時期集體工業企業得到快速發展。「文化大革命」結束後，為解決上千萬返城知識青年的就業問題，在國家號召和稅收優惠等政策支持下，國營廠礦、機關、事業單位以及社區、社團創辦了大量的、各種形式的生產合作

社。從原始資金來源來看，資金主要來自上述主辦單位，也有部分來自回城待業青年。從管理來看，扶持單位或主辦單位對其所扶持或主辦的集體工業企業（稱「大集體」）一般都有直接的人事、分配等管理權限。

除上述「大集體」企業外，20世紀80年代中後期還產生了一些「民辦」集體工業企業，這類企業的原始資金主要來源於創辦者，以及創辦者所在單位或企業所在地的地方政府。在管理上，這類企業沒有明確的上級主管單位，多為創辦人自主管理。

1988年年底，全國城鎮集體工業企業大約16萬個，職工人數達到1,850萬人左右，產值高達2,293億元。城鎮集體工業企業的數量在全國工業企業的比重超過1/3，職工占比也在30%左右，而產值占比約為19%。

（二）鄉村集體工業企業的快速發展

黨的十一屆三中全會召開後，思想上實現了撥亂反正，黨的工作中心由階級鬥爭向經濟建設轉變，極大地推動了農業的恢復和發展。國務院於1979年7月頒布了《關於社隊企業若干問題的規定》，為社隊企業存在的一些問題指出了方向，規定了應遵循的政策，使社隊企業的發展有章可循。同年9月，《中共中央關於加快農業發展若干問題的決定》在黨的十一屆四中全會通過。該決定明確要求大力發展社隊企業，特別是發展適於農村的農副產品加工社隊企業。在稅收方面，國家對社隊企業也按不同情況給予某種程度的優惠。這些政策使社隊企業得到迅速恢復和發展。1980年，社隊企業增加到142.4萬多個，職工人數達到3,000萬人，總產值達到656.7億元。同時，社隊企業不僅涉足農機方面，還涉及化工、煤炭、絲綢等工業行業，以及建材、運輸、商業服務等服務業（黃鵬章，1998）。

到1981年，國務院又頒布了《關於社隊企業貫徹國民經濟調整方針的若干規定》（簡稱《十六條》）。《十六條》明確指出社隊企業已成為農村經濟的重要部分，對社隊企業在國民經濟中的地位做了充分的肯定。1983年1月，中共中央發布一號文件《當前農村經濟政策的若干問題》進一步指出，在體制改革中要認真保護社隊企業，不能削弱，更不允許隨意破壞社隊企業；社隊企業是合作經濟，必須辦好，要繼續發展；可以建立多種形式的責任制等。

第六章　集體工業企業制度變遷

1984年，中共中央又頒布了《中共中央關於1984年農村工作通知》，進一步指出，社隊企業是農村經濟的重要支柱，是城市大工業不可缺少的助手；農村工業應充分利用本地資源，面向國內和國外兩個市場，特別是面向廣大農村市場，發揮自身優勢，與城市工業協調發展；社隊企業發展的重點應該是飼料工業、食品工業、建築工業和小能源工業等與人民生活密切相關的行業；各部門要積極指導和扶持，並提出要鼓勵農民投資入股，興辦各種企業。

1984年3月，中共中央、國務院轉發了農牧漁業部和部黨組《關於開創社隊企業新局面的報告》的通知，指出：「鑒於公社、大隊將逐步轉化為鄉、村合作經濟組織，近年來又出現許多聯戶合辦、跨區聯辦等形式的合作性企業和各種聯營、自營企業，並將逐步向小集鎮集中。因此，以往所使用的『社隊企業』這個名稱已經不能反應此類企業新的發展狀況，建議改稱『鄉鎮企業』，各級管理機構的名稱也應作相應改變。」該通知還要求各級黨委和政府「對鄉鎮企業要和國營企業一樣，一視同仁，給予必要的扶持」。至此，農村社隊企業的名稱不僅被改為鄉鎮企業，而且其內涵也得到了擴大。更重要的是，鄉鎮集體工業的重要地位得以確立，這對開創鄉鎮企業發展的新局面具有戰略意義，使中國鄉鎮企業的發展進入一個快速發展時期。據統計，1984年全國鄉鎮企業總產值比1983年增長了68%，其中，鄉鎮工業產值增長了66%，鄉鎮企業安置農村剩餘勞動力5,208萬人，新增1,974萬人（張神根 等，2008）。

1985年9月，中共中央在《關於制定國民經濟和社會發展第七個五年計劃的建議》中，又進一步指出「發展鄉鎮企業是振興中國農村經濟的必由之路」，確立了「積極扶持，合理規劃，正確引導，加強管理」的發展方針，提出「興辦鄉鎮企業要立足於農業、服務於農業，重點發展農產品加工業，發展農產品的儲藏、包裝、運輸、供銷等產前產後服務業」。該建議還指出，有條件的地方，要在遵守國家規定和保護資源的前提下，積極發展小型採礦業、小水電工業和建築材料工業。在經濟發達地區的農村，可以根據實際需要和自身的條件，發展為大工業配套和為出口服務的加工工業。各地興辦鄉鎮企業，應當主要依靠自身的資金累積，量力而行，穩步前進，減少盲目性。

1986年1月中共中央、國務院又頒布了《關於1986年農村工作的部署》。以上這些決定、規定使中國鄉鎮集體企業得到了進一步的政策鼓勵和扶持，對鄉鎮企業發展成為國民經濟的重要組成部分起到了極大的促進作用。據統計，1990年，鄉鎮企業吸納了9,200萬農民就業，年創產值9,500億元，占全國社會總產值的1/4，占農村社會總產值的2/3。

四、鄧小平南方談話後的轉型發展

1992年，在鄧小平南方談話和中共十四大召開之後，國家明確了建設社會主義市場經濟的目標。從此，中國進入構建和逐步完善社會主義市場經濟體制的階段。

計劃經濟時代，集體經濟，特別是城鎮集體經濟被稱為「二國營」經濟，其產權關係相當模糊，基本上違背了集體經濟應該具備的合作經濟原則，存在與國營企業類似的體制弊端。在市場經濟的洗禮下，集體工業企業逐漸出現了經濟效益不佳的狀況，更有一些企業資不抵債，難以為繼。為適應市場經濟體制的要求，集體企業進行了大規模的改革，試圖建立現代企業制度。

改革的重點在於產權制度方面的創新，改變傳統集體工業企業「人人有份、人人無份」的產權狀況，按照「尊重歷史、面對現實、依法劃分、合理確認」的原則，普遍開展了理順產權關係、明確產權歸屬的改制工作，形成了產權多元化、形式多樣化的局面，如股份制、股份合作制、合作制、承包制、公司制等。對不同類型的集體企業，採取的改制方式也有所不同（楊智峰，2005）。

第一，為建立現代企業制度，採取股份制形式改造了規模較大、效益較好的集體工業企業，建立股份有限公司或有限責任公司。

第二，採取了股份合作制、合作制等形式改造規模較小、基礎較差的集體工業企業。通過資產量化或購買股份等辦法，改革使職工成為集體企業的真正所有者，而政府則退出了集體企業。

第三，部分集體工業企業採取了基金、社團法人制，其操作辦法主要是

第六章　集體工業企業制度變遷

通過資本市場，吸收社會個人閒散資金，將個人財產過渡為社會財產。

第四，還有部分瀕臨破產的集體工業企業，在各方不願意購買股份，以及企業因故難以實施破產、兼併、重組的情況下，主要採用承包或租賃的辦法繼續經營。

在不斷推進的改革中，集體工業企業的組織形式發生了深刻變化，出現了多樣性的新形態。首先，經過產權制度改革，超過70%的集體企業成為資產歸職工個人所有、企業集體佔有、產權明晰的市場競爭主體，進而導致資本結構、資產形態以及分配制度方面也都發生了深刻變革，激發了企業活力。其次，集體企業組織形式多樣化，包括了共同共有、股份合作、混合所有、集體資本參、控股，以及勞動者新辦的合作企業等，能夠適應於不同層次生產力的需要。最後，改革帶來新變化，使以「勞動者的勞動聯合」和「勞動者的資本聯合」為重要特徵的多種類型的新型集體經濟充滿了活力和發展潛力（黃榮健，2010）。

當然，不可否認的是，經過改制，傳統的集體工業經濟在國民經濟中的地位下降了，無論是從企業數量、職工人數，還是從工業總產值來看，都出現了急遽下降。1997年的集體工業企業數量只與1984年持平。按照1998年調整後的統計口徑計算，1998—2007年，集體工業企業數量從4.77萬家銳減至1.3萬家，企業數量僅為工業企業總數量的3.9%，遠遠低於最高峰的80.6%（1987年）。無論是從業人員的絕對數，還是相對比重，集體工業企業的下降幅度均較為嚴重。從業人員從1999年的超過1,000萬人降至2007年的不到250萬人，而比重從1999年的17.3%降至3.1%。在總產值方面，1999年集體工業企業達到了最高峰的15,131.3億元，之後出現了斷崖式下降，至2004年僅為2,476.5億元，不及最高峰的17%。集體工業總產值占工業總產值的比重從最高峰的39.6%（1996年），降至2007年的2.51%，在國民經濟中的地位已大不如前（李清彬，2011）。

參考文獻

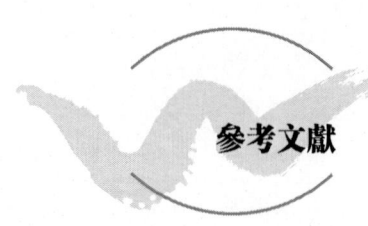

[1] 蔡養軍. 中國鄉村集體企業經驗的制度考察 [M]. 北京：中國法制出版社, 2004.

[2] 褚義景. 集體企業產權制度改革研究 [D]. 武漢：武漢理工大學, 2007.

[3] 董宏宇, 郝靈豔. 基於產權與治理的集體企業監管形式創新 [J]. 中國集體經濟, 2015（9）：30-31.

[4] 郭振宗. 鄉村集體企業制度變遷：一個所有權視角的系統考察 [J]. 農村經濟, 2003, 20（11）：53-55.

[5] 何華梁. 中國集體企業產權制度改革研究 [D]. 武漢：武漢理工大學, 2007.

[6] 洪遠朋, 翁其荃. 試論城市集體所有制工業 [J]. 經濟研究, 1980（1）：62-67.

[7] 黃鵬章. 中國鄉鎮企業運行機制與發展研究 [M]. 北京：中國財政經濟出版社, 1998.

[8] 黃榮健. 集體工業經濟的昨天 今天 明天 [J]. 中國集體經濟, 2010（1）：9-13.

[9] 黃婷. 城鎮集體企業產權制度改革的法律分析 [D]. 成都：西南財經大學, 2013.

[10] 黃曉. 中國股份制企業分配制度的改革與完善 [D]. 南寧：廣西大學, 2006.

[11] 季龍. 當代中國的集體工業 [M]. 北京：當代中國出版社, 1991.

[12] 孔祥智, 史冰清. 中國農民專業合作經濟組織發展的制度變遷和政策評價 [J]. 農村經營管理, 2008（11）：28-32.

[13] 賴少英. 中國集體所有制產權變革研究 [D]. 廈門：廈門大

學,2001.

[14] 李德祥. 論產權交易在企業制度變革中的作用 [J]. 吉首大學學報 (社會科學版), 1996 (3): 65-66.

[15] 李國強. 試論城鎮集體企業管理體制改革 [J]. 上海集體經濟, 2000 (2): 17-20.

[16] 李清彬. 中國的集體工業: 規模、效率及其影響因素 [J]. 財經論叢 (浙江財經大學學報), 2011, 159 (4): 3-9.

[17] 李述仁, 黃銀柱. 發展城鎮集體所有制工業急需解決的幾個問題 [J]. 經濟研究, 1979 (9): 27-32.

[18] 李長根. 福建城鎮集體工業史研究 (1949—1992) [D]. 福州: 福建師範大學, 2011.

[19] 梁俊如. 搞好集體企業利潤分配制度改革 [J]. 社會科學輯刊, 1979 (5): 57-61.

[20] 牛雷, 王玉華, 陳琛. 中國農村工業集體企業空間結構演變特徵 [J]. 世界地理研究, 2015 (3): 134-142.

[21] 戎文佐. 積極發展集體所有制工業 [J]. 經濟管理, 1979 (8): 9-12.

[22] 戎文佐. 對工業所有制結構的回顧、展望與探索 [J]. 學術月刊, 1994 (1): 49-50.

[23] 譚秋成. 鄉鎮集體企業在中國的歷史起源: 一個經濟組織與產權制度相關的案例 [J]. 中國經濟史研究, 1999 (2): 88-98.

[24] 楊鋼. 產權制度改革: 城鎮集體企業刻不容緩的選擇 [J]. 經濟體制改革, 1998 (3): 74-83.

[25] 楊鋼, 藍定香. 集體企業產權制度改革與股份合作制 [M]. 成都: 四川人民出版社, 1998.

[26] 楊智峰. 城鎮集體所有制企業改制問題研究 [D]. 上海: 上海財經大學, 2005.

[27] 葉新明. 城鎮集體企業存在的主要問題與產權制度改革 [J]. 特區

經濟, 2005 (8).

[28] 於馳前, 黃海光. 當代中國的鄉鎮企業 [M]. 北京: 當代中國出版社, 1991.

[29] 於立, 孟韜. 鄉鎮企業組織形式演變的規律與問題 [J]. 中國經濟問題, 2003 (4): 29-37.

[30] 張薦華. 鄉鎮企業的崛起與發展模式 [M]. 武漢: 湖北教育出版社, 1995.

[31] 張軍, 馮曲. 集體所有制鄉鎮企業改制的一個分析框架 [J]. 經濟研究, 2000 (8): 12-20.

[32] 張神根, 端木清華. 改革開放30年重大決策始末, 1978—2008 [M]. 成都: 四川人民出版社, 2008.

[33] 張錫山, 揭益壽, 韓永夫. 城鎮集體企業經營管理 [M]. 北京: 勞動人事出版社, 1986.

[34] 張毅. 中國鄉鎮企業歷史的必然 [M]. 北京: 法律出版社, 1990.

[35] 中國工業合作經濟學會「城鎮集體經濟深化改革研究」課題組. 城鎮集體經濟深化改革研究 [J]. 經濟研究參考, 2005 (3): 23-48.

第七章
民營企業制度變遷

2018年是中國實行改革開放40週年,無論是政府實踐界還是學術研究界都對40年來中國取得的發展成就進行總結,其中最引人矚目的是民營經濟在改革開放之後的發展壯大。在現有的工業總產出中,非國有經濟所占比重已經超過75%。習近平總書記在2018年民營企業座談會上也指出,中國發展能夠創造中國奇跡,民營經濟功不可沒。民營經濟不僅對經濟增長有重要貢獻,而且也是穩定就業、實現技術創新的重要主體。

然而,近期社會上卻出現了一些對民營經濟發展不利的言論。有人提出民營經濟的使命已經完成,必須退出市場。也有人對現階段的混合所有制改革進行曲解,認為這是新時期的公私合營。這些言論違背了中國對民營經濟的方針政策,淡化了民營經濟在改革發展過程中取得的重大成就,嚴重抑制了民營企業的發展積極性,是極其不正確的。在不同的經濟發展時期,民營

經濟的管理體制、發展模式和內部治理結構存在差異，這會對民營經濟發展產生不同程度的影響。此外，政府對民營經濟的戰略定位也會隨著國民經濟的發展狀況而有所調整。研究民營企業的制度變遷，對於總結民營經濟的發展成就和不足具有重要意義。因此，本章以民營企業制度變遷為研究內容，深入分析各時期制度變遷的歷史背景，明確民營企業制度變遷歷程，從而為民營經濟在全面建成小康社會中更好地發揮主體作用提供理論支持。本章結構安排如下：第一節對民營經濟的概念進行界定，並闡述其戰略定位和發展成就；第二節對民營企業管理體制的變遷進行分析；第三節探討民營企業的發展模式；第四節分析民營企業產權制度及管理制度的變化；第五節總結改革開放40年來民營企業的發展成就，進一步對民營經濟在發展過程中存在的問題進行思考，在此基礎上提出更具針對性的措施，為民營經濟實現高質量發展提供有益參考。

第一節　民營經濟的概念界定、戰略定位及發展成就

研究民營經濟問題，首先要明確民營經濟的概念和範圍。以往研究者對民營經濟的概念存在不同的界定方法，最終也使得研究結論存在差異。本節首先對民營經濟的概念進行界定，其次闡述現階段中國政府對民營經濟的戰略定位，最後從市場主體、就業、稅收貢獻等角度全面地分析民營企業的發展狀況。

一、民營企業的概念界定

雖然民營企業對於中國經濟發展的重要作用已經得到學術研究界和政府

實踐界的普遍認可，但是對於民營企業的具體界定標準，目前還沒有形成一致的意見。民營企業是中國特有的經濟學詞彙。1931年王春圃在《經濟救國論》中首次提出「民營」的概念，將民間私人經營的企業界定為民營企業（單東，1998）。之後，1942年毛澤東在《抗日時期的經濟問題和財政問題》中提出「只有實事求是地發展公營和民營的經濟，才能保障財政的供給」（毛澤東，1946）。由此可見最早的民營經濟是相對於國營經濟的一種經濟形態。還有學者從生產資料所有制、資產經營方式以及將兩者有機結合起來等多個角度，對民營企業的相關概念進行了系統梳理（孫林杰，2018）。此外，也有學者從廣義、內資、狹義三個層次來定義民營企業，最後從狹義層面（把個體私營企業作為民營企業）對中國的民營企業發展狀況進行了概括總結（林家彬 等，2014）。通過對以往關於民營企業研究的梳理，本章認為民營企業與國營企業相比，其核心特徵在於由民間建立和經營，並且以利潤最大化為根本目標，而國營企業往往會弱化盈利目標，在更多情況下會承擔政策性負擔，企業管理者也比較熱衷於追求政治目標。中華人民共和國成立以後，隨著中國經濟改革的不斷深化，民營經濟的內涵也在不斷變化。廣義的民營企業包含除國有和國有控股企業以外的其他所有經濟成分，如集體經濟、個體私營經濟、外商投資經濟等；狹義的民營企業專指個體和私營企業（李清亮，2013）。本章對民營企業的分析是基於狹義的民營企業的概念，即只包含個體和私營企業。

二、民營經濟的戰略定位

2019年3月5日，李克強總理在所做的政府工作報告中再次強調要構建新型政商關係，激發企業家精神，促進民營經濟發展升級，同時他也指出要靈活運用多種貨幣政策工具，保持流動性合理充裕，有效解決民營、小微企業融資難、融資貴的問題。這一舉措充分體現了中國對民營經濟發展的重視，其戰略地位不容忽視。自1978年改革開放以來，中國經濟體制改革取得了舉世矚目的成就。民營經濟是改革和發展過程中一道亮麗的風景線，對經濟發

展起到了重要的推動作用。民營經濟在現如今能夠取得輝煌成就與中國政府的支持密不可分。黨和政府高度關注民營經濟的發展，在頂層設計方面也給予大力支持。過去40餘年，中國憲法中有關民營經濟的內容修改共有5次，從法律層面確定了民營經濟與國營經濟共同發展、公平競爭的地位，再加上有關民營經濟發展政策的日益完善，使得民營經濟經歷了從無到有、從小到大的發展歷程，由國有經濟的「輔助部分」逐步成為推動國民經濟發展的生力軍。截至2016年年底，中國實際擁有企業數量2,596.11萬戶，其中私營企業達到2,309.20萬戶，占比88.95%，民營企業註冊資金為134.94萬億元，民營企業數量同比增長了4倍。改革開放以來，民營經濟發展迅速，在國民經濟中的比重不斷提高，在一些沿海省市，民營經濟已經占據了主體地位（龔曉菊，2005）。此外，民營企業數量眾多，覆蓋面廣，已經成為中國經濟持續健康發展的重要基礎，在推進中國市場化改革、加快產業結構調整和擴大就業等方面也做出了巨大貢獻。

民營經濟在推動國家經濟增長方面發揮著重要作用。2016年中國民營企業對GDP的貢獻超過60%，投資高達27萬億元，占比達到62%（孫林杰，2018）。我們通過對歷年《中國統計年鑒》《中國科技統計年鑒》以及其他相關資料的整理，還可以發現：2017年中國民營經濟稅收額為2.58萬億元，在全部稅收中所占比重為16%，對中國財富增長發揮著重要作用；就業是民生之本，而現如今民營企業已經成為就業崗位的主要提供者，2017年民營企業就業人員34,107萬人，其中鄉村就業11,432.3萬人，城鎮就業22,674.7萬人；1980年中國個體私營投資占比為13%，而到了2017年中國民營投資占比為33.57%。在各大行業，民營企業投資也有著類似的特徵。創新是帶動經濟增長的第一動力，也是企業快速發展的根本保證。進入21世紀以來，大量的民營企業把技術創新作為提升企業競爭力的根本途徑，中國80%的專利申請是由民營企業完成的，其中發明專利為60%以上，新產品的提供約為70%（大成企業研究院，2018）。

基於以上經濟事實描述，不難發現民營企業已經成為中國主要的市場主體以及技術創新的主要承擔者，民營經濟也成為中國社會主義市場經濟的重

要組成部分、國民經濟發展的積極貢獻者。民營經濟發展為何如此迅速？它的發展歷程如何？民營企業如何獲得合法的地位從「資本主義尾巴」轉變為「社會主義市場經濟的重要組成部分」？本章基於制度變遷的視角描述民營經濟的發展歷程，探討如何通過改善制度環境和經營環境來促進民營經濟的發展。

三、民營企業的發展成就

（一）市場主體發育情況

改革開放以來，中國民營企業的發展雖然走過一段曲折的歷程，但總量在不斷上升。表7.1的數據顯示，1992年中國民營企業的數量為1,547.87萬戶，註冊資本僅為0.08萬億元，到2016年民營企業的數量上升至8,239.15萬戶，註冊資本增加至134.94萬億元，註冊戶數和註冊資本年均增長率分別為42.24%、22.67%。其中私營企業註冊戶數和註冊資金年均增長率分別為34.67%、20.61%，個體工商戶戶數和註冊資本的年均增長率也分別達到了38.08%、5.85%。由此可以看出，1992—2016年中國民營企業市場主體發展迅猛，在所有的微觀市場主體中佔有相當大的比重。同時，個體工商戶戶數無論是絕對量還是增長速度都高於私營企業，但是其註冊資金遠小於私營企業。

表 7.1　1992—2016 年中國民營企業註冊數量和註冊資金

年份	民營企業戶數/萬戶	民營企業註冊資金/萬億元	私營企業戶數/萬戶	私營企業註冊資金/萬億元	個體工商戶戶數/萬戶	個體工商戶註冊資金/萬億元
1992	1,547.87	0.08	13.96	0.02	1,533.91	0.06
1993	1,790.79	0.16	23.92	0.07	1,766.87	0.09
1994	2,229.82	0.27	43.22	0.14	2,186.60	0.13
1995	2,593.95	0.44	65.45	0.26	2,528.50	0.18
1996	2,785.61	0.6	81.93	0.38	2,703.68	0.22
1997	2,946.93	0.77	96.07	0.51	2,850.86	0.26
1998	3,240.3	1.03	120.10	0.72	3,120.20	0.31
1999	3,310.95	1.37	150.89	1.03	3,160.06	0.34

表7.1(续)

年份	民营企业户数/万户	民营企业注册资金/万亿元	私营企业户数/万户	私营企业注册资金/万亿元	个体工商户户数/万户	个体工商户注册资金/万亿元
2000	2,747.54	1.66	176.18	1.33	2,571.36	0.33
2001	2,635.84	2.16	202.85	1.82	2,432.99	0.34
2002	2,721.02	2.86	243.53	2.48	2,477.49	0.38
2003	2,653.74	3.95	300.55	3.53	2,353.19	0.42
2004	2,715.56	5.3	365.07	4.79	2,350.49	0.51
2005	2,893.98	6.71	430.09	6.13	2,463.89	0.58
2006	3,093.68	8.25	498.08	7.60	2,595.60	0.65
2007	3,292.84	10.13	551.31	9.39	2,741.53	0.74
2008	3,574.75	12.64	657.42	11.74	2,917.33	0.90
2009	3,937.52	15.73	740.15	14.64	3,197.37	1.09
2010	4,271.41	20.55	845.52	19.21	3,425.89	1.34
2011	4,724.15	27.41	967.68	25.79	3,756.47	1.62
2012	5,144.99	33.08	1,085.72	31.1	4,059.27	1.98
2013	5,754.74	41.71	1,318.45	39.28	4,436.29	2.43
2014	6,530.43	62.14	1,546.37	59.21	4,984.06	2.93
2015	7,316.17	94.25	1,908.23	90.55	5,407.94	3.70
2016	8,239.15	134.94	2,309.20	130.50	5,929.95	4.44

资料来源：1993—2017年《中国工商行政管理年鉴》。

(二) 民营企业就业状况

实现充分就业有助于维护社会安定，同时，它也是政府宏观管理的重要目标。民营企业在经历了从无到有、由弱到强的发展过程之后，对就业方面所发挥的作用也不容小觑。现如今民营企业提供了大量的就业岗位，详细结果如表7.2所示。1992年民营企业的从业人员为2,699.8万人，2017年全国大约3.4亿人就职于民营企业。城镇和乡村私营企业就业人数分别从1992年的97.78万人、134.06万人增长至2017年的13,327.2万人和6,554.5万人，分别增长了约135倍和47倍。城镇个体和乡村个体就业人数的年均增长率也分别达到了43.68%、38.02%。2002年之前，乡村个体就业人数多于城镇个

體就業人數，但是在此之後，鄉村個體就業人數開始下降，並且與城鎮個體就業人數差距日益擴大，出現這種現象的原因可能是中國城市化進程的不斷加快，吸引了大量的農民工到城市尋找工作。

表 7.2　1992—2016 年中國民營企業就業人數

單位：萬人

年份	民營企業就業人數	城鎮私營企業就業人數	鄉村私營企業就業人數	城鎮個體就業人數	鄉村個體就業人數
1992	2,699.8	97.78	134.06	740.17	1,727.54
1993	3,311.6	186.14	186.48	929.52	2,009.78
1994	4,424.3	332.4	316.0	1,225.0	2,550.9
1995	5,570	485.4	470.6	1,559.6	3,054.0
1996	6,188.1	620.0	551.1	1,708.8	3,308.3
1997	6,791.3	749.6	599.7	1,919.4	3,522.4
1998	7,823.1	972.6	736.5	2,259.3	3,855.1
1999	8,262.5	1,052.6	968.9	2,414.2	3,826.7
2000	7,476.5	1,267.9	1,138.5	2,136.1	2,933.9
2001	7,473.9	1,526.8	1,187.1	2,131.2	2,629.1
2002	8,151.3	1,998.7	1,410.6	2,268.8	2,474.1
2003	8,598.1	2,545.2	1,754.0	2,377.0	2,259.6
2004	9,604.3	2,993.7	2,023.5	2,521.2	2,065.9
2005	10,724.1	3,458.4	2,365.6	2,777.7	2,122.8
2006	11,745.3	3,954.3	2,632.0	3,012.5	2,147.2
2007	12,749.1	4,581.0	2,672.1	3,309.5	2,186.6
2008	13,680	5,123.69	2,780.29	3,609.44	2,166.97
2009	15,239	5,544.33	3,062.64	4,244.55	2,340.83
2010	16,424.6	6,070.9	3,346.7	4,467.5	2,540.1
2011	18,298.6	6,911.9	3,441.7	5,226.9	2,718.4
2012	19,924.1	7,557.4	3,738.7	5,642.7	2,985.6
2013	21,856.6	8,242.3	4,279.2	6,142.3	3,193.5
2014	24,974.4	9,857.4	4,533.0	7,009.3	3,575.2
2015	28,076.9	11,179.7	5,215.2	7,799.9	3,882.3
2016	30,859.2	12,083.4	5,913.7	8,627.0	4,235.0
2017	34,107	13,327.2	6,554.5	9,347.5	4,877.8

(三) 民營企業稅收情況

穩定的財政收入是中國政府進行宏觀調控的重要基礎，而稅收是政府財政收入的主要來源，企業又是中國稅收的主要貢獻者。經過改革開放40多年來的快速發展，民營企業對增加中國稅收所發揮的作用日益突出，截至2017年，中國民營企業的稅收達到25,807.1億元，所佔比重達16%以上。這與1999年民營企業稅收所佔比重相比，增長了1倍左右。詳細結果如表7.3所示。

表7.3 1999—2017年中國民營企業稅收情況

年份	稅收收入合計/億元	私營企業稅收/億元	個體經營稅收/億元	民營企業稅收/億元	民營企業稅收所佔比重/%
1999	9,687.9	255.0	575.8	830.8	8.58
2000	11,855.8	414.4	762.7	1,177.1	9.93
2001	14,910.7	660.9	917.6	1,578.5	10.59
2002	16,633.0	945.6	1,005.0	1,950.6	11.73
2003	19,991.8	1,388.3	1,047.5	2,435.8	12.18
2004	25,188.8	1,994.8	1,211.6	3,206.4	12.73
2005	30,308.8	2,716.0	1,385.7	4,101.7	13.53
2006	36,949.6	3,505.2	1,663.5	5,168.7	13.99
2007	48,574.9	4,789.9	1,950.6	6,740.5	13.88
2008	57,861.8	5,899.7	2,790.6	8,690.3	15.02
2009	63,103.6	6,402.3	2,635.1	9,037.4	14.32
2010	77,394.5	8,237.3	3,396.1	11,633.4	15.03
2011	95,729.5	10,152.4	4,051.5	14,203.9	14.84
2012	110,764.0	10,807.8	5,522.2	16,330	14.74
2013	119,959.9	11,684.5	6,781.6	18,466.1	15.39
2014	129,541.1	12,545.5	6,838.0	19,383.5	14.96
2015	136,021.8	13,012.2	6,846.7	19,858.9	14.60
2016	140,504.0	15,195.4	7,125.5	22,320.9	15.89
2017	155,734.7	20,121.3	5,680.4	25,801.7	16.57

註：1999年之前，中國稅收的所有制類型與1999年之後有所差異，所以本章只匯報1999年之後的稅收所有制分佈情況。

資料來源：1. 2000—2018年《中國稅務年鑒》；2. 大成企業研究院（2018）發布的《民營經濟改變中國——改革開放40年民營經濟主要數據簡明分析》。

（四）工業總產值變化

改革開放 40 多年以來，民營企業從國有經濟的輔助逐步發展成為國民經濟的重要組成部分。表 7.4 對比了 2000 年到 2016 年期間國有企業和民營企業工業銷售產值的變化趨勢。由表 7.4 可見，這期間國有和民營企業的工業銷售產值都有了大幅增加，國有企業的工業銷售產值從 2000 年的 19,855.44 億元，增加到了 2016 年的 38,986.83 億元，翻了一番；民營企業 2016 年實現了工業銷售產值 415,238.28 億元，約為 2000 年工業銷售產值的 80 倍，民企的增幅遠遠超過國有企業。由於民營企業的發展速度快於國有企業，從表 7.4 我們可以看到，2000 年，民企的工業銷售產值不到國企的 1/3，但 2016 年民企的工業銷售產值已經超過了國企。就民營企業內部而言，私營企業工業銷售產值的占比遠高於個體企業，2000—2016 年，個體和私營企業的工業銷售產值均出現了大幅增加。

表 7.4　國有企業和民營企業的工業銷售產值對比

單位：億元

年份	國有工業企業工業銷售產值（現價）	私營工業企業工業銷售產值（現價）	個體工業企業工業銷售產值（現價）	民營企業工業銷售產值
2000	19,855.44	4,977.25	107.68	5,084.93
2001	16,946.64	8,403.82	101.91	8,505.73
2002	17,086.27	12,494.53	138.63	12,633.16
2003	18,330.6	20,372.91	191.63	20,564.54
2004	23,194.73	34,128.06	144.93	34,272.99
2005	27,326.4	46,484.25	652.43	47,136.68
2006	30,484.81	65,549.38	557.51	66,106.89
2007	36,149.38	91,651.92	1,306.66	92,958.58
2008	45,122.77	132,571.15	1,702.85	134,274
2009	45,114.45	157,755.79	2,133.35	159,889.14
2010	56,460.12	208,223.82	2,795.51	211,019.33
2011	65,802.25	246,609.74	10,136.98	256,746.72
2012	72,674.23	285,331.77	13,463.39	298,795.16

表7.4(續)

年份	國有工業企業工業銷售產值（現價）	私營工業企業工業銷售產值（現價）	個體工業企業工業銷售產值（現價）	民營企業工業銷售產值
2013	50,358.04	341,836.32	3,813.59	345,649.91
2014	46,285.81	375,088.65	3,126.93	378,215.58
2015	43,594.48	391,618.21	2,817.76	394,435.97
2016	38,986.83	413,614.49	1,623.79	415,238.28

資料來源：國家統計局數據。

（五）民營企業固定資產投資

表7.5描述了全社會、個體企業和私營企業固定資產投資變化。2006年到2017年，全社會固定資產投資大約增加了5倍，從109,998.2億元增加至641,238.4億元；相對於全社會的固定資產投資的增幅而言，私營企業的增幅更快，從19,267.18億元增加到了203,474.9億元；個體企業的固定資產投資規模增加相對較慢，僅擴大了1倍。民營企業全社會固定資產投資由2006年的24,431.05億元增長至2017年的215,278.9億元，所占比重的年均增長率為24.72%。

表7.5　2006—2017年民營企業全社會固定資產投資

年份	全社會固定資產投資/億元	私營企業全社會固定資產投資/億元	個體全社會固定資產投資/億元	民營企業全社會固定資產投資/億元	民營企業全社會固定資產投資佔比/%
2006	109,998.2	19,267.18	5,163.87	24,431.05	22.21
2007	137,323.94	27,055.59	6,058.67	33,114.26	24.11
2008	172,828.4	35,575.62	7,190.8	42,766.42	24.75
2009	224,598.77	46,903.21	8,891.72	55,794.93	24.84
2010	251,683.77	60,572.3	9,506.7	70,079	27.84
2011	311,485.13	71,337.98	10,483.23	81,821.21	26.27
2012	374,694.74	91,422.35	11,588.67	103,011	27.49
2013	446,294.09	121,217.12	12,420.13	133,637.3	29.94
2014	512,020.65	149,539.31	12,602.54	162,141.9	31.67
2015	561,999.83	171,345.37	12,439.26	183,784.6	32.70

表7.5(續)

年份	全社會固定資產投資/億元	私營企業全社會固定資產投資/億元	個體全社會固定資產投資/億元	民營企業全社會固定資產投資/億元	民營企業全社會固定資產投資占比/%
2016	606,465.66	187,214.06	12,110.46	199,324.5	32.87
2017	641,238.4	203,474.9	11,804.0	215,278.9	33.57

資料來源：2007—2018年《中國統計年鑒》。

(六) 民營經濟的三大產業分佈

改革開放以來，民營企業在發展壯大的過程中，其產業結構也在變化。表7.6描述了1978年到2006年民營經濟增加值中三大產業構成的變化情況。由表7.6可見，1978年改革開放之初，民營經濟增加值中第一產業占比最高，占69.77%，其次是第二產業，占24.25%，第三產業僅占5.97%。隨著民營經濟的不斷發展，第一產業的占比逐漸降低，到2006年，降至22.01%。與此同時，第二產業的占比從1978年的24.25%增加至2006年的41.21%；第三產業增幅最大，從5.97%增加至36.78%。另外，表7.6的數據顯示，1997年之後，第二產業占比出現了大幅度的下滑，主要是因為1998年國家統計局對統計口徑進行了調整，原先的工業統計只包含獨立核算工業企業，調整後涵蓋了所有主營業務收入在500萬元以上的規模以上企業。

表7.6 1978—2006年中國民營經濟增加值的三次產業構成

年份	民營經濟增長值/億元	第一產業 增長值/億元	第一產業 增長率/%	第二產業 增長值/億元	第二產業 增長率/%	第三產業 增長值/億元	第三產業 增長率/%
1978	1,377.46	961.11	69.77	334.07	24.25	82.28	5.97
1979	1,665.79	1,195.18	71.75	382.42	22.96	88.19	5.29
1980	1,854.28	1,286.37	69.37	469.87	25.34	98.04	5.29
1981	2,104.62	1,471.05	69.90	512.87	24.37	120.70	5.73
1982	2,355.73	1,673.12	71.02	561.65	23.84	120.97	5.13
1983	2,670.35	1,862.76	69.76	664.51	24.88	143.08	5.36
1984	3,365.72	2,188.19	65.01	825.80	24.54	351.73	10.45
1985	4,122.57	2,438.42	59.15	1,079.89	26.19	604.26	14.66
1986	4,706.29	2,649.79	56.30	1,346.19	28.60	710.31	15.09
1987	5,554.55	3,021.20	54.39	1,650.93	29.72	882.42	15.89

表7.6(續)

年份	民營經濟增長值/億元	第一產業 增長值/億元	第一產業 增長率/%	第二產業 增長值/億元	第二產業 增長率/%	第三產業 增長值/億元	第三產業 增長率/%
1988	6,897.48	3,588.59	52.03	2,152.16	31.20	1,156.74	16.77
1989	7,612.38	3,941.93	51.78	2,380.84	31.28	1,289.61	16.94
1990	8,407.59	4,698.05	55.88	2,499.52	29.73	1,210.02	14.39
1991	9,729.98	4,967.07	51.05	3,135.22	32.22	1,627.70	16.73
1992	11,706.24	5,430.72	46.39	4,118.13	35.18	2,157.39	18.43
1993	16,000.97	6,661.64	41.63	6,369.57	39.81	2,969.76	18.56
1994	21,500.1	9,130.76	42.47	8,627.67	40.13	3,741.67	17.4
1995	26,029.94	10,986.96	42.21	9,616.62	36.94	5,426.36	20.85
1996	32,855.59	12,758.08	38.83	13,268.62	40.38	6,828.89	20.78
1997	35,139.83	13,060.49	37.17	14,678.35	41.77	7,401	21.06
1998	32,836.12	13,473.46	41.03	10,785.07	32.85	8,577.59	26.12
1999	34,475.01	13,452.54	39.02	11,077.97	32.13	9,944.5	28.85
2000	37,519.84	13,630	36.33	12,516.99	33.36	11,372.85	30.31
2001	43,558.88	14,497.83	33.28	14,364.88	32.98	14,696.17	33.74
2002	49,502.34	15,128.32	30.56	16,645.44	33.63	17,728.58	35.81
2003	59,180.9	15,759.97	26.63	20,559.53	34.74	22,861.4	38.63
2004	72,596.11	19,563.82	26.95	25,853.97	35.61	27,178.32	37.44
2005	88,029.06	21,152.69	24.03	33,793.94	38.39	33,082.46	37.58
2006	102,156.73	22,482.07	22.01	42,101.4	41.21	37,573.26	36.78

資料來源：張志民. 中國民營經濟產業結構演進研究 [D]. 廈門：廈門大學，2009.

(七) 民營企業對外貿易

隨著國家對民營企業市場准入的放寬，民營企業在國際貿易中發揮著越來越重要的作用（表7.7）。2006年到2017年民營企業的進出口額只有在2015年、2016年有所回落，其他年份都一直保持高速增長，2013年以後由於國內和國際經濟形勢的變化，出口額的增長出現回落，2016年甚至出現了負增長，2017年又繼續保持快速增長的態勢，增長速度達到9.3%。進口額在2013年以後也出現了下降，之後在2016年小幅反彈。從進出口額的比較而言，民營企業對中國長期保持的貿易順差貢獻顯著，2006年至2017年期間，民營企業的出口額一直遠遠高於進口額。

表 7.7　2006—2017 年中國民營企業的對外貿易

年份	出口額 /億美元	出口額增長率 /%	進口額 /億美元	進口額增長率 /%	進出口總額 /億美元
2006	2,139.01	43.6	937.58	24.3	3,076.59
2007	2,976.8	39.2	1,266.9	35.1	4,243.7
2008	3,806.98	27.9	1,593.2	25.8	5,400.18
2009	3,384.4	−11.6	1,718.8	7.9	5,103.2
2010	4,812.7	42.2	2,692.8	56.6	7,505.5
2011	6,360.5	32.2	3,852.3	42.9	10,212.8
2012	7,699.1	21.1	4,511.1	17.2	12,210.2
2013	9,167.7	19.1	5,764.8	27.8	14,932.5
2014	10,115.2	10.4	5,599.3	−2.9	15,714.5
2015	10,278.3	1.6	4,442.2	−20.5	14,720.5
2016	9,650.9	−6.1	4,554.8	3	14,205.7
2017	10,547.2	9.3	5,419.7	19	15,966.9

資料來源：中國海關信息網、中華人民共和國商務部綜合司發布的歷年中國對外貿易發展情況。

(八) 民企上市公司

一個行業上市公司的數量在一定程度上反應了該行業的發展狀況，因為上市往往要求有較好的盈利能力和發展潛力。為了更加全面地分析民營企業發展狀況，本章對 1992—2018 年滬深 A 股所有上市公司中的民營企業的數量、營業收入等指標進行了深入分析與刻畫（表 7.8）。1992 年中國累計的上市公司僅有 48 家，其中民營企業就有 17 家，所占比重為 35.42%。到了 2018 年，民營企業上市數量達到 2,221 家，占全部上市公司的比重為 62.27%，年均增長速度高達 34.46%。此外，我們從表 7.8 還可以發現，民營企業的營業總收入和淨利潤都保持穩定的增長趨勢，與 1992 年相比，2018 年民營企業的營業總收入和淨利潤分別增長了 810 倍和 553 倍。這進一步說明了民營企業在整個上市公司中無論是數量占比還是營業總收入、淨利潤都表現良好，逐漸成為推動行業發展的主導力量。

表 7.8　1992—2018 年中國民營企業上市狀況分佈

時間	累計全部上市數量/家	累計民企上市數量/家	民企上市數量佔比/%	民企上市營業總收入/億元	民企上市的淨利潤/億元
1992	48	17	35.42	40.83	5.65
1993	154	41	26.62	114.80	18.95
1994	253	73	28.85	218.48	32.59
1995	274	82	29.93	75.22	7.51
1996	456	148	32.46	458.13	42.50
1997	650	209	32.15	743.67	73.92
1998	748	237	31.68	887.96	58.21
1999	840	262	31.19	1,110.67	89.59
2000	972	315	32.41	1,566.25	117.26
2001	1,051	341	32.45	1,829.44	41.81
2002	1,119	362	32.35	2,229.10	61.51
2003	1,185	388	32.74	2,968.88	78.02
2004	1,284	432	33.64	4,024.49	80.30
2005	1,298	440	33.90	4,685.25	5.96
2006	1,363	472	34.63	5,706.70	161.54
2007	1,489	542	36.40	7,878.88	538.28
2008	1,566	597	38.12	9,492.35	428.00
2009	1,664	672	40.38	10,365.12	812.55
2010	2,012	952	47.32	16,727.80	1,427.78
2011	2,293	1,198	52.25	25,825.22	2,029.85
2012	2,448	1,315	53.72	29,482.29	2,033.58
2013	2,450	1,316	53.71	35,530.90	2,429.81
2014	2,574	1,416	55.01	41,117.70	2,980.43
2015	2,797	1,593	56.95	49,645.13	3,597.92
2016	3,024	1,776	58.73	63,813.43	5,066.45
2017	3,462	2,146	61.99	84,687.41	6,183.67
2018	3,567	2,221	62.27	33,142.84	3,134.84

註：上市公司中民營企業的選取是根據證監會對企業性質的定義分類，這與本章對民營企業的定義有所差別，但是並不會影響整體的分析結果。

資料來源：依據 Wind 數據庫、同花順數據庫整理。

第七章　民營企業制度變遷

(九) 民企 500 強

民企 500 強既是中國民營企業的標杆，又是推動中國經濟發展的重要力量。隨著改革開放的不斷深入和加強，中國民營企業發展越來越迅速，核心競爭力不斷提高。全國工商聯每年公布的民企 500 強名單以及調研分析報告包含十分豐富的內容，包括民營企業的營業收入、資產總額、淨利潤、員工人數等指標，因此，它已經成為研究民營企業問題所必須重點關注的內容。本章著重從民企 500 強入圍門檻的變化、營業收入、資產總額三個方面來分析。如表 7.9 所示，民企 500 強入圍門檻不斷提高，由 2001 年的 2.95 億元上升至 2017 年 156.84 億元，平均每年增長 37%，意味著中國民營企業發展潛力巨大，經營規模不斷擴大，從而導致 500 強入圍門檻不斷提高。民營 500 強的營業收入從 2001 年的 4,947 億元增長至 2017 年的 244,793.82 億元，增長了 48 倍。2017 年民企 500 強資產總額為 281,932.21 億元，相比於 2001 年增長了 63 倍，而對於 2016 年來說增長了近 1/5。

表 7.9　2001—2017 年中國民企 500 強情況

單位：億元

時間	民企 500 強入圍門檻	民企 500 強營業收入	民企 500 強資產總額
2001	2.95	4,947	4,346
2002	4.00	7,052	6,441
2003	6.08	10,767	9,259
2004	9.72	15,382	12,011
2005	13.36	20,807	15,157
2006	18.27	26,997	18,550
2007	25.83	35,523	25,130
2008	29.70	41,099.01	28,250.07
2009	36.60	47,363	38,982
2010	50.60	69,884	58,825
2011	65.69	93,072.37	77,703.52
2012	77.72	105,774.97	90,887.15
2013	91.22	132,122.46	110,227.03

表7.9(續)

時間	民企500強入圍門檻	民企500強營業收入	民企500強資產總額
2014	95.09	146,915.71	138,227.40
2015	101.75	161,568.57	173,004.87
2016	120.52	193,616.14	233,926.22
2017	156.84	244,793.82	281,932.21

數據來源：1. 全國工商聯經濟部歷年發布的中國民營企業500強調研分析報告；2. 根據大成企業研究院（2018）發布的《民營經濟改變中國——改革開放40年民營經濟主要數據簡明分析》進行整理所得。

第二節　民營企業管理體制的變遷

中華人民共和國成立以來，中國民營經濟的發展道路曲折，總體上呈「V」形先下降後上升軌跡。從中華人民共和國成立到1978年改革開放期間，代表民族資本的個體工商業經濟和私營經濟基本被消滅。1978年改革開放以後，民營經濟重新崛起，不斷發展壯大，逐漸成為國民經濟發展的重要基礎，民營經濟發展進入新階段。然而究竟是什麼因素推動民營經濟發展如此之快？本節按時間順序回顧民營經濟的發展歷程，從而對上述問題做出嘗試性探討。

一、改革開放前早期發展階段（1949—1977年）

中華人民共和國成立之初，黨和國家的政策是允許和鼓勵個體私營經濟的發展的。1949年中國人民政治協商會議通過的《共同綱領》和1954年第一屆全國人大第一次會議通過的新中國第一部《中華人民共和國憲法》（以下簡稱《憲法》）都明確規定了私營經濟的合法地位以及對其採取鼓勵扶持的方針政策。如《共同綱領》第三十條規定「凡有利於國計民生的私營經濟事業，

人民政府應鼓勵其經營的積極性，並扶助其發展」；《憲法》第十條規定「國家依照法律保護資本家的生產資料所有權和其他資本所有權」。在這樣的歷史背景下，私營經濟在中華人民共和國成立初期呈現了短暫的繁榮。1952年的工業總產值中個體和私營經濟占到了51.2%（林毅夫 等，1998）。

從1953年開始，國家開始對私人資本採取大規模的社會主義改造，主要方式包括加工訂貨、統購統銷、公私合營等。到1956年年底，97.3%的私營企業實現了全國全行業公私合營（李清亮，2013）。公私合營以後，原私營企業事實上轉變為國營經濟，中國基本上消除了個體經濟和私營經濟。1954年的《憲法》承認個體和私營經濟的合法性，但第二部《憲法》（1975年《憲法》）只承認全民所有制和集體所有制兩種所有制形式，否定了私有企業的合法性，如第二部《憲法》第五條規定「生產資料所有制現階段主要有兩種：社會主義全民所有制和社會主義勞動群眾集體所有制。國家允許非農業的個體勞動者在城鎮街道組織、農村人民公社的生產隊統一安排下，從事在法律許可範圍內的，不剝削他人的個體勞動。同時，要引導他們逐步走上社會主義集體化的道路」。1978年《憲法》對私有經濟的規定和1975年《憲法》基本一致。新民主主義革命時期個體和私營經濟經歷了短暫的發展，但很快淪為被消滅的對象，沒有合法地位，不受法律保護。表7.10的數據顯示1949—1952年個體和私營企業的產值大約翻了一番，但社會主義改造完成以後各類非公有制經濟已經不復存在。

表7.10　1949—1978年不同所有制企業工業產值對比

單位：億元

年份	全民所有	集體所有	公私合營	私營企業	個體企業
1949	36.8	0.7	2.2	68.3	32.3
1952	142.6	11.2	13.7	105.2	70.6
1957	421.5	149.2	206.3	0.4	6.5
1965	1,255.5	138.4	0	0	0
1978	3,416.4	814.4	0	0	0

資料來源：國家統計局. 中國統計摘要1985 [M]. 北京：中國統計出版社，1985.

二、改革開放初期復興階段（1978—1984 年）

1978 年黨的十一屆三中全會以後，黨和國家的工作重點從以階級鬥爭為綱轉移到了以經濟建設為中心。黨的十一屆三中全會做出了改革開放的重大決策，明確指出「社員自留地、家庭副業和集市貿易是社會主義經濟的必要補充部分，任何人不得亂加干涉」（中共中央文獻研究室，1997）。1980 年中共中央通過了《關於進一步做好城鎮勞動就業工作》的文件，鼓勵待業人員自謀職業和個體經營。1981 年黨的十一屆六中全會通過了《關於建國以來黨的若干歷史問題的決議》，明確提出「國營經濟和集體經濟是中國基本的經濟形式，一定範圍的勞動者個體經濟是公有制經濟的必要補充。必須實行適合於各種經濟成分的具體管理制度和分配制度。必須在公有制基礎上實行計劃經濟，同時發揮市場調節的輔助作用」。同年，國務院發布了《關於城鎮非農業個體經濟若干政策性規定》，鼓勵個體經濟的發展。這一系列方針政策為個體和私營經濟的發展消除了思想障礙。

（一）個體經濟的簡潔明瞭

1978 年，安徽鳳陽小崗村 20 戶農民自發承包土地，促進了農業生產效率的提高。這一制度創新後演變為在全國農村普遍推廣的家庭聯產承包責任制。家庭聯產承包責任制就是「在基本核算單位（通常是生產隊）內，將土地、耕畜、農具、機械等主要生產資料，以人口（或人口與勞動占一定比例）為單位平均分包到戶。同時，將農戶應該承擔的國家徵購任務與集體提留，也以同樣的單位平均分攤到戶」（張厚義 等，1999）。家庭聯產承包責任制的實行極大地促進了農村經濟面貌的改變，為個體經濟的簡潔明瞭創造了條件。一方面，家庭聯產承包責任制調動了廣大農民的生產積極性，極大地提高了農業的生產效率；另一方面，實行聯產承包責任制後農民「交夠國家的，留足集體的，剩下都是自己的」。農村剩餘資金和勞動的出現，為個體經濟的簡潔明瞭提供了條件。

家庭聯產承包責任制的實行改變了農村原有集體資產的佔有方式和分配方式。如土地，作為農業生產最基本的生產資料，實行所有權和經營權相分

離。土地歸集體所有，但農戶擁有經營權。社隊的固定資產很多也承包或折價變賣給個人。隨著農戶資金累積的增加，個人購買生產資料的農村家庭逐漸增多。截至1985年，很多重要的生產資料，農戶私有的占比超過了公有的數量，如私有的大中型拖拉機占61.8%，小型和手扶拖拉機占89%（張厚義等，1999）。家庭聯產承包責任制取代人民公社管理體制以後，農民由單純的勞動者變為獨立的市場主體，擁有經營決策權、產品所有權等等。這一階段，農村個體經濟快速發展，1981年到1983年期間，農村個體工商業的戶數增加了3.38倍，從業人數增加了3.42倍，營業額增加了12.58倍（張厚義等，1999）。有些個體工商戶的規模不斷擴大，發展為私營企業。

個體經濟在城市得以發展的一種重要原因是城市面臨嚴重的就業壓力。在計劃經濟體制下城鎮勞動力的就業是由國家統一安排的。1977年恢復高考以後，大量知青返城，使得城市面臨的就業壓力進一步加重。1980年，中央《關於進一步做好城鎮勞動就業工作》的文件提出「解決城鎮就業問題，必須實行勞動部門介紹就業、自願組織起來就業和自謀職業相結合的方針」。之後，中央又頒布了一系列文件，承認個體工商戶的合法地位，明確了對個體經濟的扶持政策。這樣，個體經濟在城鎮也迅速發展起來。1981—1984年，全國個體工商戶的數量從182.9萬戶增加到了930.4萬戶；從業人員從227.4萬人增加到了1,303.1萬人（王克忠，2003）。

（二）私營經濟的萌芽

私營經濟是在個體經濟的基礎上發展起來的。《中華人民共和國私營企業暫行條例》規定，「私營企業是指企業資產屬於私人所有、雇工8人以上的盈利型經濟組織」（龔曉菊，2005）。由於國家對個體經濟採取了支持和鼓勵的政策，一部分個體戶的經營規模不斷擴大，資金累積也日益增多。將雇工限制在7人以下的規定已經無法適應生產經營的需要，於是出現了雇工超過7人的大型個體戶。這一時期，黨和國家還沒有出抬相應的政策明確私營經濟的合法地位，私營企業絕大部分掛靠在國營企業的名下，即所謂的「紅帽子」。儘管如此，私營企業在解決就業、活躍城鄉市場等方面作用日益顯現。

三、快速成長階段（1985—1988 年）

1984 年 10 月，中國共產黨十二屆三中全會通過了《中共中央關於經濟體制改革的決定》，標誌著經濟改革的重心由農村全面轉向城市。在此背景下個體工商業發展迅速，中國第一批城市民營經濟也開始創業並快速發展。1987 年 10 月，黨的十三大明確提出「我們已進行的改革包括以公有制為主體發展多種所有制經濟，以至允許私營經濟的存在和發展，都是由社會主義初級階段生產力的實際狀況決定的，只有這樣，才能促進生產力的發展」。大會還指出「目前全民所有制以外的其他經濟成分，不是發展得太多了，而是很不夠。對城鄉個體經濟和私營經濟，都要鼓勵它們發展」。黨的十三大首次使用了「私營經濟」的概念，肯定了私營企業存在的必要性。1988 年通過的憲法修正案在《憲法》第十一條中增加了「國家允許私營經濟在法律規定的範圍內存在和發展。私營經濟是社會主義公有制經濟的補充。國家保護私營經濟的合法權利和利益，對私營經濟實行引導、監督和管理」。至此，國家確立了私營經濟的合法地位以及發展私營經濟的基本政策。私營企業的合法地位確立之前，私營企業不能稱為私營企業，而是採用集體企業、個體大戶、專業大戶等名稱代替。合法地位確定以後，大量的私營企業去工商行政管理機關辦理登記。截至 1988 年年底，全國（除山西、黑龍江等少數還沒開展私營企業登記註冊的省份外）已註冊的私營企業達到 40,634 家，從業人員 723,782 人，註冊資金 328,575.47 萬元（何金泉，2001）。

這一階段中央出台了一系列有利於民營經濟發展的政策，推動了個體和私營經濟的快速發展。體制內一批高素質的人才選擇下海加入民營企業，提高了民營企業從業人員的整體素質。此外，民營經濟的區域模式開始形成，如集體經濟的「蘇南模式」和個體私營經濟的「溫州模式」，成為區域經濟的亮點。

四、調整階段（1989—1991 年）

自 1978 年改革開放以來，中國社會經濟活力日益增強，市場日趨繁榮。進入 20 世紀 80 年代以後，經濟增速加快的同時價格扭曲的問題也愈發嚴重。1988 年 5 月，鄧小平提出要進行價格改革。1988 年 8 月，中央政治局討論並原則通過了《關於價格、工資改革的初步方案》。人民日報刊登了《關於價格、工資改革的初步方案》的公報。公報指出「價格改革的總體方向是少數重要商品和勞務價格由國家管理，絕大多數商品價格放開，由市場調節，以轉換價格形成機制，逐步實現國家調控市場、市場引導企業的格局」。但決策層對當時已經出現的通貨膨脹分析不足，公報發表以後很快出現了全國範圍的擠提銀行存款和搶購商品的風潮。於是，國家暫停物價改革方案，整頓經濟秩序。另外，1989 年政治風波之後，政治環境、輿論環境也發生了一些變化。社會上出現了對「資產階級自由化」「全盤西化」和「私有化」的批判，在這個過程中也產生了認為「民營經濟的發展衝擊了公有制的地位，不利於社會穩定」的錯誤的認識。一些部門採取了不利於民營經濟生存發展的措施，如對個體和私營業主稅收懲罰過重等。在這種不利的政治經濟環境下，個體和私營經濟的發展出現了回落。1988 年個體工商業的戶數為 1,453 萬戶，從業人員為 2,305 萬人，1989 年個體工商業的戶數下降為 1,247 萬戶，從業人員下降為 1,941 萬人（王克忠，2003）。

1989 年政治風波平息以後，黨和國家調整了私營經濟的發展方針，江澤民同志在講話中明確指出，「對於私營經濟我們的方針，一是要鼓勵它們在國家允許的範圍內積極發展；二是要利用經濟的、行政的、法律的手段，加強管理和引導，做到既發揮它們的積極作用，又限制其不利於社會主義的消極作用」。「在中國現階段，發展從屬於社會主義的個體經濟、私營經濟，對於發展社會生產、方便人民生活、擴大勞動就業，具有重要的不可缺少的作用」。江澤民同志的講話肯定了個體私營經濟存在和發展的必要性，明確了黨和國家對發展民營經濟的方針，增強了人們對民營經濟發展前景的信心。此後，個體和私營經濟出現了緩慢回升。1991 年個體工商業的戶數回升至

1,417 萬戶，從業人員增加至 2,258 萬人（王克忠，2003）。全國登記的私營企業從 1989 年的 91,000 戶增加至 1991 年的 107,843 戶；1989 年私營企業的註冊資金為 84.5 億元，1991 年增加至 123 億元（王克忠，2003）。這一階段，受政治經濟環境的影響，民營經濟的發展呈現出先下降後上升的發展趨勢。

五、全面發展階段（1992 年至今）

1992 年鄧小平南方談話是中國改革開放的又一個重要轉折點。鄧小平同志指出，「計劃多一點還是市場多一點，不是社會主義與資本主義的本質區別。計劃經濟不等於社會主義，資本主義也有計劃；市場經濟不等於資本主義，社會主義也有市場」。此外，鄧小平提出了「三個有利於」的著名論斷：有利於發展社會主義社會生產力，有利於增強社會主義國家的綜合國力，有利於提高人民的生活水準，把它確立為判斷是不是社會主義的標準。鄧小平的講話消除了姓「資」姓「社」的意識形態障礙，激發了民眾的經商熱情，民營經濟的發展進入一個突飛猛進的時期。

同年，黨的十四大報告指出「經濟體制改革的目標，是在堅持公有制和按勞分配為主體、其他經濟成分和分配方式為補充的基礎上，建立和完善社會主義市場經濟體制」。黨的十四大將民營經濟從公有制的「必要和有益補充」推進為「多種經濟成分長期共同發展，不同經濟成分還可以自願實行多種形式的聯合經營」。1993 年憲法修正案明確了「國家實行社會主義市場經濟」，標誌著計劃經濟時代的終結，為民營經濟的發展開闢了更加廣闊的道路。1997 年黨的第十五次全國代表大會第一次把私營經濟納入社會主義的基本經濟制度，黨的十五大報告強調「公有制為主體、多種所有制經濟共同發展，是中國社會主義初級階段的一項基本經濟制度」，至此民營經濟實現了從社會主義經濟的「必要補充」到「重要組成部分」的飛躍。

1992—1997 年，在一系列鼓勵民營經濟發展的政策的指導下，民營經濟迎來了第二次發展高潮。這期間個體工商戶、私營企業和外資企業的數量分別增長了 85.8%、309.1% 和 180.6%（陽小華 等，2000）。民營經濟從傳統

的勞動密集型產業逐步進入技術密集型行業，產權結構也逐漸多元化。與此同時，國有企業因效率低下，紛紛破產。在國有企業改制的過程中，兼併收購中小國有企業也極大地促進了民營企業的擴張。

2001年中國加入世界貿易組織（WTO），標誌著中國的改革開放進入一個新的階段，這也給中國經濟發展帶來了很多機遇，對於民營企業，亦是如此。董輔礽（2002）從產業分佈、市場准入兩個層面分析認為，中國加入WTO，給民營經濟帶來了更大的發展空間。到了2002年，民營企業的工業總產值所占比重已經超過了國有經濟，且增速很快，但民營企業的市場准入等方面仍存在諸多的限制，如民營企業不能進入基礎設施、金融、教育等領域。針對民營企業的市場准入問題，黨的十六大報告明確指出「放寬國內民間資本的市場准入領域，在投融資、稅收、土地使用和對外貿易等方面採取措施，實現公平競爭」。黨的十六大還提出「在社會變革中出現的民營科技企業的創業人員和技術人員、自由職業人員等社會階層，都是中國特色社會主義事業的建設者」。至此，國家對民營經濟的性質、法律地位，以及從業人員的身分都有了明確的界定。2003年10月，黨的十六屆三中全會通過了《中共中央關於完善社會主義市場經濟體制若干問題的決議》，再次明確要「大力發展國有資本、集團資本和非國有資本等參股的混合所有制經濟，實現投資主體多元化，使股份制成為公有制的重要實現形式」；要「清理和修訂限制非公有制經濟發展的法律法規和政策，消除體制性障礙。放寬市場准入，允許非公有資本進入法律法規未禁止的基礎設施、公用事業及其他行業和領域」。此後，2005年國務院發布了中國第一部關於非公有制經濟發展的系統的政策性文件《關於鼓勵支持和引導個體私營等非公有制經濟發展的若干意見》（簡稱「非公經濟36條」）。這些政策的制定消除了民營經濟發展的制度障礙，為民營經濟的發展開闢了廣闊的道路。但是「非公經濟36條」在實際的執行過程中還存在一些問題和不足，政策效果不佳，對民營經濟的支持仍然有完善的空間。

2007年，黨的十七大報告指出「毫不動搖地鞏固和發展公有制經濟，毫不動搖地鼓勵、支持、引導非公有制經濟發展，形成各種所有制經濟平等競

爭、相互促進新格局」。報告還強調「推進公平准入，改善融資條件，破除體制障礙，促進個體、私營經濟和中小企業發展。以現代產權制度為基礎，發展混合所有制經濟」。黨的十七大報告把促進民營經濟和中小企業發展放到了同等重要的地位。之後，中央又從政策層面改善中小企業的經營環境，加大了財稅、信貸的扶持力度。由於政策支持，市場准入放寬，民營經濟開始進入重化工業、基礎設施、公用事業等領域。隨著國有資產管理體制的改革，民營經濟積極參與國有資產的改造重組，跨地區的聯合重組和混合所有制經濟發展迅速。此外，私營企業的進出口經營權逐步放開，民營企業的進出口業務快速增加。

2008年隨著美國次貸危機的影響蔓延，國際經濟增速放緩，與此同時，國內經濟工作的重點是宏觀調控和抑制通貨膨脹，民營企業的發展面臨重大挑戰。在嚴峻的國際國內經濟形勢下，政府出抬了一系列政策促進民營經濟的發展。2009年12月和2010年6月，國務院分別出抬了《關於小型微利企業有關企業所得稅政策的通知》和《關於進一步做好中小企業金融服務工作的若干意見》。進一步地，政府為了激發經濟活力，實施了4萬億的投資刺激計劃。該計劃在短期內起到了拉動投資的作用，有利於經濟的短期簡潔明瞭，但是由於是向某些重點行業開放，造成行業間投資分佈極不均衡，最終也為日後部分行業出現產能過剩埋下了隱患。政府實施4萬億投資計劃也使得國有資本在一些行業嚴重擠占了民間資本投資。政府和學界普遍開始關注這一問題，引發了對「國進民退」的廣泛討論。為了打消人們對「國進民退」的顧慮，國務院於2010年5月頒布了《關於鼓勵和引導民間投資健康發展的若干意見》（又稱為「非公經濟新36條」），明確「鼓勵民間資本進入基礎產業和基礎設施、市政公用事業和政策性住房建設、社會事業、金融服務、商貿服務、商貿流通、國防科技工業六大領域」，切實放寬市場准入，促進民營企業和國有企業的公平競爭。2011年11月1日起，財政部和國家稅務總局提高了增值稅和營業稅的起徵點。這一舉措在很大程度上減輕了民營企業的稅負壓力，為民營經濟的快速發展注入了新的動力。2012年11月，黨的十八大報告提出，要「毫不動搖鼓勵、支持、引導非公有制經濟發展，保證各種所

有制經濟依法平等使用生產要素，公平參與市場競爭、同等受到法律保護」。黨的十八大報告進一步消除了民營企業發展的制度障礙，促進了市場的公平性和競爭性。至此之後，國家更高頻率地出抬了一系列扶持民營企業發展的政策措施，民營經濟進入改革推動發展新階段。

2014年11月國務院出抬了「鼓勵社會投資39條」，進一步打破行業壟斷和市場壁壘，切實降低准入門檻，創造平等投資機會，鼓勵社會投資特別是民間投資。2016年3月習近平在民建、工商聯界委員聯組會發表了關於「鼓勵、支持和引導非公有制經濟發展」的講話，強調非公有制經濟「在穩定增長、促進創新、增加就業、改善民生等方面發揮了重要作用。非公有制經濟是穩定經濟的重要基礎，是國家稅收的重要來源，是技術創新的重要主體，是金融發展的重要依託，是經濟持續健康發展的重要力量」，「任何想把公有制經濟否定掉或者想把非公有制經濟否定掉的觀點都不符合最廣大人民根本利益的，都是不符合中國改革發展要求的，因此也都是錯誤的」。習總書記的講話釋放出了支持非公有制經濟發展的重要信號。2016年11月，中國首次以中央名義出抬的產權保護頂層設計《中共中央國務院關於完善產權保護制度依法保護產權的意見》正式對外公布，提出了完善產權保護的制度思路和基本原則。2017年10月黨的十九大報告進一步為民營經濟明確了發展方向，報告提出「要支持民營企業發展，激發各類市場主體活力，要努力實現更高質量、更有效率、更加公平、更可持續的發展」，要「深化科技體制改革，建立以企業為主體、市場為導向、產學研深度融合的技術創新體系，加強對中小企業創新的支持」。此外，黨的十九大報告再一次強調了完善產權保護制度。黨的十九大充分肯定了民營企業對社會主義經濟建設的貢獻，同時也為民營企業的發展創造了更為有利的制度環境。

民營經濟的發展質量與中國的政策導向密切相關。中國政府在制定促進民營企業發展的政策方面體現出日趨細化、可操作性不斷增強、對民營企業可進入的經濟領域逐步放寬等特點，從而促進了民營經濟蓬勃發展，增強了民營企業的市場主體地位，使民營企業的經營管理水準不斷提高。但是民營企業在實際發展過程中仍然存在很多困難。宏觀政策方面：市場准入壁壘，

部分行業仍沒有完全對民營企業開放；存在所有制歧視，民營企業融資渠道受阻，融資難、融資貴仍然是民營企業發展的主要瓶頸；各部門出抬的政策實施效果與預期目標還存在一定的差距。企業主體方面：一些民營企業在發展中遇到了轉型難題，缺乏創新能力，陷入競爭能力低下的困境（辛勝阻，2018）；民營企業自身管理能力薄弱、民營經濟缺乏有效的監督機制（李新春等，2008）。為此，在實施拓展民營企業投資空間、放寬市場准入門檻等相關政策的同時，民營企業自身也要順應時代發展趨勢，進行自我革新，順利實現轉型升級，建立現代化的管理制度，不斷提高自身的市場競爭力。

　　黨的十八屆三中全會對混合所有制經濟的性質進行了明確界定①。依據該分類標準，本節通過分析相關的經濟統計數據，發現混合所有制經濟總體上約占整個國民經濟的1/3。還有研究者預計到2020年，混合所有制經濟占整個國民經濟的比重將達到50%以上（陳永杰 等，2016）。在未來的經濟發展過程中，中國經濟將呈現出多元化的混合經濟體系（孫林杰，2018）。對民營企業而言，實行混合所有制經濟改革也是勢在必行。民營企業參與混合所有制經濟改革有內在的驅動力量，主要體現在：①民營企業參與混合所有制經濟改革可以與國有企業實現優勢互補、互利共贏；②民營企業通過混合所有制經濟的形式進入到部分壟斷性行業，可以滿足企業發展、戰略投資的需要等方面。然而民營企業參與混合所有制經濟改革並不是一帆風順的，會遇到一些難題。所有制歧視在部分國有企業以及社會中仍然存在，對民營企業的經營方式缺乏信任，常常擔心民營企業會侵吞國家資產；國有企業有著強烈的行政干預色彩，這種氛圍甚至蔓延到混合所有制經濟中，國有企業管理者過多地追求以晉升為主的政治目標，而民營企業領導在乎的是企業的經濟效益，兩者所追求的目標存在差異，這會嚴重制約混合所有制經營效率的提高。因此，在民營企業參與混合所有制經濟發展的過程中，政府要針對相應問題出抬有效性措施，保證民營企業能夠成功參與混合所有制經濟改革，共享經

---

① 根據黨的十八屆三中全會決定的論斷，只要是「國有資本、集體資本、非公有資本等交叉持股、相互融合」的經濟都是混合所有制經濟。

濟發展成果。首先，政府要嚴格私有財產保護制度，在實際的執法過程中堅持司法公正，保障民營經濟的合法權益不受侵犯，為民營經濟發展創造穩定的環境；其次，解放思想，破除傳統觀念的束縛，尤其是一些金融信貸機構，更是要消除所有制信貸歧視觀念，做到一視同仁，疏通民營企業融資渠道，解決融資難題；再次，混合所有制經濟中的國有、民營主體要培養共同的發展理念，把握共同的價值取向，實現「國進民進」；最後，對於混合所有制企業而言，不僅僅是投資主體發生了變化，其內在的經營治理機制也應該隨著企業產權性質改變做出相應的變化，建立科學完善的治理機構和監督機制，將決策權、執行權、監督權相分離。

第三節　民營企業的發展模式

在改革開放的過程中，不同時期和不同地區民營經濟的發展出現了不同特色的發展模式。這裡的發展模式是指「在特定的地域和特定的歷史條件下，具有特色的發展經濟的方法」（陳建軍，2000）。由於不同的歷史背景、資源稟賦和制度約束，民營經濟在各地的發展程度和發展方式不盡相同，典型的模式包括蘇南模式、溫州模式和珠江模式。

一、蘇南模式

蘇南模式產生在江蘇省長江以南的地區，主要特徵是在農村發展集體所有制非農產業，鄉政府主導鄉鎮企業的發展、決定生產要素的配置。在工業化初期，政府能夠有效調動社會資源，蘇南鄉鎮企業的發展在全國處於領先水準。蘇南模式在20世紀80年代發展最盛，1984年江蘇省鄉村工業產值達到了226.24億元，占全省工業總產值的1/3；1989年江蘇省鄉鎮企業總產值

在全國首先突破千億元大關（陽小華 等，2000）。20世紀90年代以後，隨著市場化改革的深入，鄉鎮企業的體制和機制優勢逐漸減弱。一方面，市場競爭日益加劇，從賣方市場向買方市場轉變；另一方面，隨著企業規模的增大，以集體產權為主體的蘇南鄉鎮企業產權模糊，導致了企業內部治理成本上升。經濟環境變化以後，傳統的蘇南模式顯示出一定的局限性，許多鄉鎮企業陷入困境，大量企業虧損。20世紀90年代中期，蘇南鄉鎮企業相繼進行了產權改革，企業的控制權逐漸從地方政府轉向經營者。地方政府的撤出和現代企業制度的建立標誌著傳統蘇南模式的終結和新蘇南模式的誕生。

二、溫州模式

　　溫州位於浙江省東南部山區，改革開放前，溫州農村集體經濟薄弱，但溫州人有從事家庭手工業的傳統。改革開放以後，溫州形成了其獨具特色的家庭手工業和專業市場相結合的非農產業的發展模式。溫州模式以私營經濟為主體，其發展經歷了三個階段：最初是前店後廠的單個家庭手工業；然後出現了多個家庭企業聯合的股份制合作企業；最後是建立了現代企業制度的公司制企業（孫明高，2005）。溫州的企業是民營企業，企業主擁有決策權，可以根據市場的需求進行生產決策。由於溫州模式起步於家庭手工業，溫州的優勢產品主要是服裝、打火機、皮具等小商品。溫州的多種小商品在全國佔有較高的市場份額，充分體現了小商品大市場的經營理念。溫州模式的另一特色就是專業化生產，形成了「一村一品」「一鄉一業」的專業化加工群和專業市場。很多產品，如汽車配件、燈具等，在溫州的專業化分工程度很高，每家企業只專做一項。社會化分工和專業化合作，把分散的民營企業聚集起來，形成了產業集群和有地方特色的區域性市場。溫州的民營企業是在個體工商戶的基礎上發展起來的，具有較強的家族企業的色彩。隨著企業規模的擴大，大批的家族企業建立現代企業制度，轉變為公司制企業。

三、珠江模式

珠江三角洲模式（以下簡稱「珠江模式」）主要指珠江經濟開發區以外向型經濟帶動鄉鎮企業快速發展的一種模式。珠江三角洲毗鄰港澳，交通便利，華僑和港澳同胞人數眾多，具備發展外向型經濟的有利條件。20世紀80年代中期，得益於國家的開放政策，珠江三角洲的東莞、寶安等地承接了東南亞製造業產業的東移，「三來一補」成為其鄉鎮企業發展的重要形式。珠江模式以鄉（鎮）村兩級集體經濟為主，主要採取「三來一補」、合資、合作等經營模式。隨著產業升級，珠三角的民營企業逐漸從傳統的服裝、家電、玩具等生產加工業擴大到電子信息、生物制藥、軟件、通信等高新科技領域，創建了一批中國知名品牌。改革開放以來，珠三角自然形成了很多中小產業集群，如順德樂從鎮的家具、佛山張槎鎮的針織品等。珠三角的經濟是外向型經濟，對國際市場的依存度很高，受國際經濟波動的影響較大。此外，珠三角的大多數民營企業在國際分工中從事低附加值的生產環節，傳統的民營企業產權模糊不清以及家族經營導致的管理體制落後，也在一定程度上制約了企業的發展。

受歷史、文化、地理位置、社會經濟等各種因素的影響，蘇南模式、溫州模式和珠江模式都有各自鮮明的特徵。蘇南模式以集體經濟為主，地方政府對於蘇南模式的形成起了重要的推動作用。蘇南模式主要展示的是自上而下的制度變遷；溫州模式以個體經濟為主，是民眾自我選擇的結果，主要展示的是自下而上的制度變遷；珠江模式以集體經濟為主，展示的是發展外向型經濟的制度變遷。三種模式都是中國改革開放過程中經濟發展的亮點，對於社會主義市場經濟體制的建立貢獻顯著。

第四節　民營企業的　權及管理制度

民營企業不同的產權形式對其內部治理模式有決定性的影響，完善的管理制度對提高企業的經營效率具有重要意義。因此，本節重點從產權制度、管理制度兩個方面對民營企業的重要制度進行分析。

一、民營企業的產權制度

中國的民營企業是在市場經濟不完善的時代背景下產生並逐漸發展壯大的。關於民營企業產權的界定，有學者給出了較為系統的研究，將民營企業產權界定概括為兩類：一類是遵循「誰投資，誰所有，誰受益」的原則，不支持全要素股本化；另一類主張對於民營企業產權界定應堅持兼顧性原則，提倡全要素股本化（謝小軍，2007）。馬金平（2011）將民營企業初始形態概括為鄉鎮背景民營企業、部門背景民營企業和家族式民營企業。本章在借鑑馬金平（2011）對民營企業初始形態分類的基礎上，將民營企業形成過程分為有背景和無背景兩種類型，進而研究民營企業產權變化特徵。

（一）有背景的民營企業

（1）鄉鎮背景民營企業。鄉鎮背景民營企業又分為兩類：一類是產生於中國經濟轉軌的早期，由鄉鎮政府設立的集體企業；另外一類是私營企業所有者為了追求更快的發展，尋求與地方政府合作，共同註冊為具有「集體性質」的企業。鄉鎮集體企業名義上是集體企業，所有權應該歸鄉鎮全體成員所有，然而在當時的條件下還沒有形成完善的村民代表大會制度，這就使得本屬於全體成員所有的產權並未真正得到實施。在經濟發展現實中，鄉鎮集體企業大多由地方政府領導，負責企業的投資方向、制訂利潤分配方案等，即便如此，也不能簡單地理解為地方政府是鄉鎮企業的所有者，因為政府並沒有承擔應有的投資風險。鄉鎮集體企業包含了政府、企業以及當地居民的

第七章　民營企業制度變遷

利益，這就容易造成鄉鎮集體企業所有者缺失，產權界定不清晰。第二類企業的產生具有很強的時代背景。20世紀70年代，中國民營企業開始出現，但是在市場經濟還不發達的情況下，民營企業為了克服惡劣的生存環境，往往會與政府合作，獲得政府支持和金融機構信貸資助，以尋求有利的發展條件，最終實現較快發展。對比兩類企業可以發現，後者僅僅是依靠政府名義，但是企業的實際所有權和控制權仍然歸私人所有，它們可以獨自決定企業的投資決策以及利潤分配。

(2) 部門背景民營企業。按照馬金平 (2011) 的分析，部門背景的民營企業是指在20世紀80年代後期發展起來的民營高科技企業。該類企業往往是由多個所有人共同設立的，企業產權和控制權共同所有。隨著企業的不斷發展，這種產權不確定性的弊端表現得更為明顯，企業所有者對建立企業時所投入的無形資產界定不清，企業與主管部門之間也沒有確定清晰的權責關係，最終勢必會阻礙企業利潤最大化目標的實現。

(二) 無背景的民營企業——家族企業

家族企業是指「基於血緣關係的家族或個人全部擁有、控股擁有或相對控股擁有企業產權的企業」(孫明高，2005)。從家族企業的內涵可以看出，創業者在整個企業股份中佔有絕對的數量，以獲得企業的控制權，其他家族成員擁有少部分的股權。中國大多數民營企業都呈現出以「家族制」為核心特徵的產權制度，主要是基於以下三方面因素考慮：①受中國傳統文化的薰陶，家庭關係是最基本的社會關係，在整個社會中處於核心地位。家庭成員之間擁有濃厚的責任意識和很強的信任程度，最終這種意識觀念也滲入到對企業的所有權控制中。②中國的民營企業在20世紀70年代開始建立，在政府沒有出抬完善的鼓勵、保護民營企業發展政策的背景下，民營企業發展缺乏必要的要素和資本累積，此時採取「家族制」的產權制度，最大限度集合家族成員的物質資本、人力資本對促進企業發展具有很強的現實意義。③中國民營企業設立初期，採用「家族制」管理可以減少管理成本。目前，中國家族企業組合主要有父（母）子型、夫妻型、兄弟姐妹型和以朋友為核心的組合類型。每一種組合代表了不同的產權配置類型，然而通過對家族企業運

行機制的分析可以發現,家族企業的財產通常是共同所有,並不能確定具體的所有者,這使家族企業產權具有不確定性、公共性的特徵。經濟發展事實表明:家族企業產權不清晰容易使企業內部監督機制缺失,增加交易費用,造成企業經營效率低下,嚴重影響民營企業融資能力的提高,進而制約企業的長遠發展。當家族企業發展到一定規模時,必須打破家族治理的束縛,引入社會治理模式,並建立清晰的產權制度和規範的管理制度,從而使企業的經營水準、管理效率有質的提高。

二、民營企業的管理制度

(一) 民營企業的內部治理模式

規範的內部治理機制對民營企業的發展有重要影響,其中最重要的是決策機制、激勵機制和約束機制(李亞,2006)。因此,研究民營企業的治理模式以及治理機制變遷,能為現代的民營企業治理提供一定的思路和方法借鑑,具有很強的現實意義。中國民營企業主要是通過國有企業的民營化改革、社會民間投資兩種途徑產生,產生方式的不同也會使民營企業產權性質存在差異。產權性質與產權結構分佈是企業治理的基礎,進而會決定民營企業的治理模式。中國民營企業產權制度具有產權集中、結構單一等核心特徵。從註冊角度來看,現階段中國的民營企業主要有三種法律形式,包括個人獨資、合夥企業、公司制企業,公司制企業又分為有限責任公司和股份有限公司。有限責任公司和非上市的股份有限公司內部治理以家族治理模式為主,上市的股份有限公司主要採用社會法人治理模式即現代公司管理制度(戰頌,2006)。在中國,有限責任公司和股份有限公司是中國民營企業的主要法律形式,所以本節主要針對這兩種形式的民營企業的治理模式進行分析和討論。

1. 家族治理模式

家族治理模式和社會法人治理模式是中國民營企業廣泛採用的兩種治理模式。這兩種治理模式又分別被稱為非正式制度管理和正式制度管理,兩者的產權結構演變路徑與特徵也存在顯著差異(李新春 等,2008)。民營企業

很多是家族企業，創業之初，企業的資金主要來自家庭財產或者小範圍內籌集的資金。家族治理模式是指在家族企業中，所有權與經營權為一體，企業的全部或主要管理職位都由家族成員掌控，「家長」擁有最終的決策權，企業內部實行集權化的專斷領導方式。

就治理結構而言，實行家族治理模式的企業的股東會、董事會以及經理層都由家族成員組成，董事長和總經理的職務一般由家族中的權威成員兼任。家族治理的企業缺少來自企業外部的監督和約束，沒有標準化的決策程序，「家長」擁有最高決策權。這種集權式的決策機制可以提高決策的效率，但決策的質量取決於決策者的能力和水準。家族治理模式的企業在用人方面呈現出任人唯親的特點。企業的重要職位由家族成員擔任，且家族中地位越高的成員擔任的職位越重要。此外，家族治理模式還具有以實現家族利益為根本目標、企業文化很大程度上會受到經營者家族意識的影響等特徵。

家族治理的優勢表現在以下四個方面：首先，家族成員把企業視為家族的延伸，容易把家族內的情感融入企業，更可能為家族的利益團結奮鬥，從而在企業內部形成較強的凝聚力；其次，家族治理模式下，家族成員擁有企業的所有權和經營權，企業的穩定性程度相對較高；再次，家族企業所特有的人際關係會逐漸發展成為企業之間的聯繫，更容易實現企業間的優勢互補、共同發展；最後，家族治理的企業的最高決策權屬於家族中威望最高的成員，其所做出的決策更容易被家族中其他人員接受，有助於提高決策效率。但隨著企業的發展，家族管理的弊端也逐漸顯現：一方面，大多數家族企業的資金來自家族成員，這種籌資方式限制了資金最大限度、最大優勢的集合，制約了企業規模的擴大。另一方面，任人唯親的用人機制使得企業的成敗取決於家族成員的能力，企業難以從家族以外引進和留住真正的人才，且會削弱家族以外的員工的積極性，無法滿足企業在更高的發展階段對人才的需求；家族治理模式重人治、輕法治的特點會嚴重抑制整個企業的創新積極性。另外，企業規模擴大後，越來越多的非家族成員加入企業，需要建立科學的管理制度和監督激勵機制，對家族企業的集權式的管理提出了挑戰。

民營企業的家族治理模式既具有優勢，也有不可避免的弊端，對待家族

治理模式的態度也不能一概而論。在民營企業創立之初，市場外部環境不完善的情況下，家族治理模式有利於降低企業的經營風險，但是隨著企業的發展壯大和社會環境的不斷改善，家族治理模式的弊端就會大於優勢。此時，就應該採用現代化公司管理制度，逐漸引入職業經理人，建立新的激勵和約束機制，否則就會限制民營企業的發展空間。

2. 社會法人治理模式

改革開放 40 多年來，中國民營經濟取得了突飛猛進的發展，也出現了很多經營規模大、資產狀況良好的民營企業。對於這些民營企業而言，家族治理模式已經不能滿足自身發展的需要，需要從家族以外招聘優秀人才來經營管理企業，那麼企業的所有權與經營權就會分離，此時為了解決經營者的激勵和約束問題，建立社會法人治理模式很有必要。

中國民營企業中有很大一部分已經建立了現代企業制度，實行社會法人治理模式（也稱作現代公司治理制度）。社會法人治理就是「通過一系列的制度和機制安排，實現企業內部的權利均衡和科學決策，最終達到高效運行、穩定發展，實現利潤最大化的目標」（孫明高，2005）。社會法人治理模式一般實行「三會一經理」的組織機制，按公司法的要求設立股東會、董事會、監事會，實行所有權和經營權相分離，企業的日常營運由職業經理人負責。股東大會是公司的最高權力機構，享有知情權和監察權，擁有選擇經營者和公司重大經營管理的決策權；董事會是公司的法定代表和最高決策機構，代表股東對經理人員進行監督；監事會是公司內部的專職監督機構，對股東大會負責，監督公司的一切經營活動。社會法人治理模式下的民營企業實現了所有權和經營權的分離，用人機制上採用職業經理人聘用制度，通過有效的監督、激勵和約束機制解決委託代理關係所產生的一系列問題，促使經理人最大限度地為公司所有者謀利。常見的激勵機制包括報酬激勵、經營控制權激勵、聲譽激勵、聘用與解聘激勵等。

隨著民營企業的發展，其內部治理機制也在不斷改進，但仍需進一步完善。如對企業的內部產權進行清晰界定；股東大會、董事會和經理層的責、權、利的邊界需要更加明確，提高公司治理效率；企業內部應建立科學的人

才選拔、績效考評和獎懲機制，從而對經理層和員工實行更為有效的監督和激勵。

公司治理模式和企業所處的政治、經濟、文化和法律環境緊密相關。社會經濟水準的變化以及企業成長階段的不同對企業的治理模式提出了不同的要求。因此，民營企業治理模式的選擇和完善應因時因地制宜，基於民營企業的歷史和現階段的發展狀況，結合中國的政治經濟環境，建立科學的決策、監督和激勵機制，以提高企業的營運效率，實現長期穩定發展。本節通過對家族民營企業發展的研究，發現其大致會經歷三個階段：從剛開始企業帶有家族化性質，管理以人治化為主，發展到家族企業化，管理趨向制度化，最終企業會體現社會化、管理會以職業經理人為主（馬金平，2011）。這就要求民營企業在發展的不同階段，採取與之相適應的內部治理模式。若要實現民營企業做大做強的目標，就必須消除家族治理的弊端。然而針對中國民營企業所獨有的特徵，完全讓職業經理人治理也不太現實，所以，由民營企業家族成員和職業經理人共同管理的模式日漸成為民營企業內部治理的發展趨勢。

(二) 民營企業的激勵機制

激勵機制是為了解決委託人與代理人之間信息不對稱問題、增強代理人工作動力的機制。家族治理模式主要依靠家族內部成員進行治理，而社會法人治理模式將所有權與經營權相分離，引入社會經理人來行使企業的日常經營權。因此，激勵機制在兩種治理模式中所發揮的作用也有所差異。

中國民營企業能夠取得巨大成就，實現快速發展的重要原因在於建立了有效的激勵機制，使委託人與代理人利益共享、風險共擔。但是，目前中國民營企業的激勵機制仍存在一些缺陷：①過度強調報酬激勵，而忽視了精神激勵。根據馬斯洛的需求理論，人有五個層次的需要：生理需要、安全需要、情感需要、地位和尊重需要、自我價值實現的需要。企業員工在獲得物質滿足後，會有更大的慾望追求精神層次的需要，如職務晉升、技能培訓、學習深造等，而許多民營企業缺少相應的精神激勵措施。②相關激勵制度還不夠完善。民營企業若要實現長期健康發展，明確的激勵制度必不可少。在企業激勵制度面前，所有員工一律平等，不能因為領導的偏好而在激勵措施的具

體實施上存在差異。一些民營企業在落實激勵制度時，對家族成員和非家族成員採取差異化處理，這就使得激勵機制的作用大打折扣，容易使優秀的企業管理人才流失。③實行家族治理模式的企業，常見的弊端在於容易忽視對家族內部成員的激勵。在該種治理模式的主導下，家族內部成員工作的動力是出於對企業家族的家庭責任以及企業的利潤分成。企業容易忽視後者的激勵作用，主要利用家庭血緣、親緣關係來調動家庭內部成員工作的積極性，然而給予企業員工的物質和精神激勵對提升員工的工作效率有更大的激勵作用。

在努力實現民營企業快速發展的時代背景下，面對民營企業激勵機制存在的缺陷，創新民營企業的激勵機制勢在必行。首先，在豐富報酬激勵的同時，也要注重精神激勵。報酬激勵不僅在於提高員工的基本工資、獎金等，更重要的是可以實行經營者股權激勵。這對於職業經理人有很強的激勵作用，股權激勵將經營者的利益與企業利益緊密地聯繫在一起。同樣，也可以給企業普通員工實行分紅制度，根據企業的經營狀況讓員工獲得額外收入。此外，精神激勵也不容忽視。具體而言，精神激勵包括兩方面：一是職務晉升激勵。民營企業將自身的企業發展戰略、發展目標與員工的晉升機制有機結合起來，明確企業員工的工作方向和晉升路徑，調動員工的工作積極性。二是聲譽或榮譽激勵。榮譽激勵是指對企業做出重大貢獻的企業員工給予表彰，使其獲得被認同感。聲譽激勵對於企業高層管理者尤為重要，良好的聲譽是社會上對經理人經營管理能力的一種肯定，同時這也意味著未來的貨幣收入。其次，建立完善的聘用與解聘機制。對經理人的物質和精神激勵儘管重要，但並非唯一的手段。企業所有者可以通過市場來自由選擇經理人。已經被聘用的經理人在面對外部市場其他經理人競爭的同時，也面臨企業內部員工晉升的威脅。完善的聘用與解聘機制能夠在一定程度上解決委託-代理問題，提高經理人的工作效率。最後，激勵機制應該制度化和透明化。民營企業的激勵制度確定之後，就應該嚴格按照規章制度執行，使激勵制度得到企業員工甚至社會的廣泛認可。在對任何一個員工實行獎勵或懲罰時，必須做到透明化，這對其他員工有很好的激勵或警示作用。如果激勵機制沒有實現制度化和透明化，那麼它就很難發揮應有的作用。

第五節　改革開放 40 餘年來民營企業發展的總結和思考

一、改革開放 40 餘年來民營企業發展的總結

改革開放 40 餘年以來民營企業的發展取得了輝煌的成就，從中華人民共和國成立初期的沒有合法地位不受法律保護，發展成為現階段國民經濟的生力軍。1956 年社會主義改造之後，個體和私營經濟幾乎不復存在，隨後民營經濟伴隨著思想解放和社會主義市場經濟體制的確立，經歷了一個由限制到允許再到鼓勵的發展歷程。國家發改委的數據顯示，截至 2017 年，中國民營企業超過了 2,700 萬家，民營經濟占 GDP 的比重超過了 60%。民營企業解決了超過 80% 的城鎮就業，對新增就業的貢獻率超過了 90%。在投資方面，2012—2017 年，民間投資占全國固定資產投資的比重每年均在 60% 以上，民間投資在製造業的占比甚至超過了 80%。國家統計局的數據顯示，2016 年私營企業實現了工業銷售產值 413,614.49 億元，同年國有企業工業銷售產值僅為 38,986.83 億元。2016 年民營企業的固定資產投資為 199,324.52 億元，超過了國有固定資產的投資（129,038.46 億元）。此外，民營企業的固定資產投資增速、工業企業增加值增速、進出口增速等均高於國有企業。

回顧民營企業的發展歷程，民營企業發展制度環境的完善遵從「社會壓力—民營經濟貢獻—意識形態突破—法律地位上升—制度環境改善」的發展模式（李清亮，2013），展示的是「自上而下」的誘致性制度變遷。歷次民營企業制度環境的改善均是因為民營企業在解決特定歷史階段政府和國企面臨的難以解決的社會問題時發揮了重要作用。因此，改善民營企業制度環境的主要推動力實際上是民營企業的歷史貢獻。民營企業的制度環境呈現出明顯的階段性特徵：改革開放初期，民營企業制度環境改善的焦點是獲得基本的產權保障，擺脫被限制、被消滅的命運，同時爭取民營企業從業人員的合法地位。社會主義市場經濟初步建立時期，隨著社會主義市場經濟框架的基

本確定，民營企業的合法地位得到確認，來自產權方面的擔憂日益嚴重。此外，民營企業需要應對國有企業的壟斷，拓展民營企業的發展空間。現階段民營企業的主要訴求是公平權，如何爭取與國企同等的社會地位和發展機會。

二、民營企業發展的思考

民營企業對中國經濟的持續發展至關重要，要掃除民營企業發展過程中的制度障礙，才能保證民營經濟的長遠發展。民營企業的發展中出現了制度不均衡，即民營企業的制度供給不能滿足民營企業的制度需求。政治、經濟、社會領域與民營企業發展相關的制度配套不夠，變化較快，落實不力，已經成為制約民營企業發展的障礙。改善民營企業的制度安排是促進民營企業持續、穩定、快速發展的治本之策。

（一）產權制度安排

對民營企業而言，產權制度是最重要的制度，產權不明晰會影響企業的未來發展。民營企業產權不清晰是普遍現象。很多民營企業由家庭成員共同創辦，但企業發展到一定階段以後，家庭成員之間的產權不清，會引起產權糾紛。另外，有些家族企業在發展過程中通過產權的模糊性來獲得政策支持，導致了家族企業與外界產權界定不清。因此，進一步釐清民營企業產權關係勢在必行。中國的民營企業大部分處於家族式或準家族式的個人業主制或合夥制階段，少部分實行公司制。對於家族企業而言，採用家族式管理有其合理性和必然性。實行家族式管理的企業也需要對家族成員的產權加以明確的界定，避免因產權不清晰而影響企業的未來發展。此外，對於單一私人產權的企業，當其發展到一定階段以後，必然會出現重建產權結構的需求。這類企業達到一定規模以後，應通過吸收其他產權主體的股權，建立股份制企業。民營企業的發展壯大，必然要求實行兩權分離，建立現代企業制度，實行科學管理，而現代企業制度的建立要求產權明晰。儘管民營企業的產權獲得了憲法層面的保障，改革開放以後中國也引進了合同法、公司法等法律，但中國保護民營企業產權的法律體系仍不健全，有待進一步完善。

(二) 改善內部治理

現階段不少民營企業以公司制的組織形式存在，但實踐中有些企業不按照公司制的要求建立相應的法人治理結構，沒有健全的管理規範，沒有真正建立現代企業制度。公司制民營企業內部治理中存在的問題主要包括：①股權結構不合理，股權過分集中，導致股東大會流於形式。②很多民營企業雖然設立有股東會、董事會、監事會，但這些機構的成員通常是家族成員，企業仍然採用集權式管理。即使經過董事會討論，也往往是走形式，沒有嚴格遵照公司制企業的決策程序和機制。③民營企業的監事會不能發揮有效作用：一方面，監事會成員受制於公司管理層，難以真正履行監事會的職能；另一方面，企業可能缺乏對監事的激勵，導致監事會不能有效發揮作用。④技術創新無論是對民營企業還是對其他企業而言，都是實現轉型升級、提升市場競爭力的關鍵因素，技術創新大致可以分為四個階段，而當前民營企業的治理機制並沒有與技術創新的階段特徵相匹配。這些內部治理中存在的問題制約了民營企業的持續發展。本節提出以下措施，希望可以完善民營企業的內部治理結構，促進民營企業發展壯大，以便更好地發揮民營經濟在整個國民經濟中的重要作用：①建立多元化的股權結構，避免「一權獨大」局面的出現；②企業要強化激勵機制，包括所有權激勵、職位晉升激勵等，以此引入職業經理人的經營模式，利用外部職業經理人的優勢來彌補內部成員的劣勢，並賦予職業經理人一定的權限，建立一套科學合理的決策和監督機制，確保公司各項決議都能依照規章制度執行；③針對監事會作用缺失問題，在利用公司的制度強化監事會獨立監管地位的同時，也要完善內部審計制度，內部審計有助於修正公司治理缺陷，提高治理質量；④民營企業技術創新所處的不同階段，面臨的市場外部環境存在很大差異，這需要公司治理機制與之相配合，最終實現激發創新活力和轉型升級的目標；⑤對於一個成功的企業而言，僅僅有健全的治理機構、完善的公司制度是不夠的，融洽的企業文化氛圍也必不可少，這有助於改變企業員工被動的管理地位，以主人公的身分參與到企業的經營活動中。所以，企業也要努力塑造良好的企業文化，充分發揮其導向、約束以及激勵功能。以上著重從企業內部考慮，與此同時，充分

發揮市場競爭的作用、加快完善相關法律制度進程等外部性約束對於提高企業的治理能力也具有顯著影響。另外，值得關注的是民營企業產權多元化是其發展趨勢，產權結構的改善有益於公司治理優化，而資本營運是促使企業產權結構變化的重要實現方式，因此，在完善企業內部治理模式，提升治理質量時，也要關注企業資本營運狀況，對其進行動態調整。

參考文獻

［1］陳建軍. 中國高速增長地域的經濟發展：關於江浙模式的研究［M］. 上海：上海人民出版社，2000.

［2］陳永杰，等. 民營企業發展與混合經濟改革［M］. 杭州：浙江大學出版社，2016.

［3］大成企業研究院. 民營經濟改變中國：改革開放40年民營經濟主要數據簡明分析［M］. 北京：社會科學文獻出版社，2018.

［4］單東. 民營經濟論［J］. 浙江社會科學，1998（2）：47-52.

［5］董輔礽. 星星點點：中外名家系列講座演講集萃1：加入WTO與民營經濟發展［M］. 北京：中國經濟出版社，2002.

［6］龔曉菊. 制度變遷與民營經濟發展研究［M］. 武漢：武漢大學出版社，2005.

［7］辜勝阻. 民營經濟轉型與新時代新動能［M］. 北京：人民出版社，2018.

［8］何金泉. 中國民營經濟研究［M］. 成都：西南財經大學出版社，2001.

［9］李國榮，彭松建. 民營經濟概論［M］. 北京：北京大學出版社，2008.

[10] 李清亮. 中國民營經濟發展研究：從制度變遷角度看民營經濟合法性地位的確定和制度環境的改善 [D]. 上海：復旦大學, 2013.

[11] 李新春, 儲小平, 朱沆. 民營企業成長研究報告：基於廣東省民營企業的調研分析 [M]. 北京：經濟科學出版社, 2008.

[12] 李亞. 民營企業公司治理 [M] 北京：機械工業出版社, 2006.

[13] 林家彬, 劉潔, 項安波等. 中國民營企業發展報告 [M]. 北京：社會科學文獻出版社, 2014.

[14] 盛洪, 張宇燕. 從計劃經濟到市場經濟 [M]. 北京：中國財政經濟出版社, 1998.

[15] 馬金平. 權力之殤：民營企業公司治理 [M]. 天津：天津大學出版社, 2011.

[16] 毛澤東. 毛澤東選集 [M]. 北京：人民出版社, 1990.

[17] 孫林杰. 民營企業的技術能力、創新績效與商業模式 [M]. 北京：中央編譯出版社, 2018.

[18] 孫明高. 民營經濟與民營企業理論及創新研究 [D]. 天津：天津大學, 2005.

[19] 王克忠. 非公有制經濟論 [M]. 上海：上海人民出版社, 2003.

[20] 王欽敏. 中國民營經濟發展報告 No.13, 2015—2016 [M]. 北京：中華工商聯合出版社, 2016.

[21] 謝小軍. 民營企業產權制度創新研究 [M]. 長沙：湖南大學出版社, 2007.

[22] 陽小華, 曾建明. 民營經濟發展研究 [M]. 武漢：湖北人民出版社, 2000.

[23] 戰頌. 中國民營企業治理模式研究 [D] 沈陽：沈陽理工大學, 2006.

[24] 張厚義, 明立志. 中國私營企業發展報告（1978—1998）[M]. 北京：社會科學文獻出版社, 1999.

[25] 張志民. 中國民營經濟產業結構演進研究 [D]. 廈門：廈門大

學，2009.

[26] 張志勇. 民營企業四十年 [M]. 北京：經濟日報出版社，2018.

[27] 中共中央文獻研究室. 十一屆三中全會以來黨的歷次全國代表大會中央文件選編（上）[J]. 中央文獻出版社，1997.

[28] 中國工商行政管理年鑒（歷年）[M]. 北京：中國工商出版社.

[29] 中國勞動統計年鑒（歷年）[M]. 北京：中國統計出版社.

[30] 中國民營企業500強調研分析報告（歷年）[R]. 北京：全國工商聯經濟部.

[31] 中國稅務年鑒（歷年）[M]. 北京：中國稅務出版社.

[32] 中國統計年鑒（歷年）[M]. 北京：中國統計出版社.

[33] 國家統計局. 中國統計摘要1985 [M]. 北京：中國統計出版社，1985.

第八章
外資與合資企業制度變遷

利用外資是中國改革開放政策的重要內容，外資與合資企業在中國經濟發展中起到顯著作用。從法律意義上說，「外資企業」專指全部由外國資本投資的企業，「合資企業」則是由國內和國外資本共同投資，兩者並不完全相同。但由於兩者具有很多共性，在實踐中往往將外資企業和合資企業放在一起討論。因此，本章的大部分表述中也不明確區分外資和合資企業，將兩者並稱「外資與合資企業」。外資與合資企業分為三類：中外合資經營企業、中外合作經營企業、外商獨資企業，統稱為「三資企業」。

中華人民共和國成立以來，外資與合資企業的發展大致可以分為以下四個階段。①改革開放之前，這是外資與合資企業在前期的曲折發展階段，由於受國內外政治經濟整體環境的制約，並未有十分重大的發展。②1978—1991年，這是改革開放初期的初步發展階段，國家開始意識到利用外資的重要性，並

採取措施試圖引進外資，該階段取得了一些重要成果，但是整體前景不明朗。③1992—2007 年，外資與合資企業進入快速發展階段，取得了顯著效果，雖然其間經歷了兩次國際金融危機的衝擊，但在中國的外資與合資企業數量仍不斷上升，達到了前所未有的規模。④2008 年至今，可以視為外資與合資企業發展成熟階段，改革開放的成果十分明顯，同外資與合資企業發展相關的一系列制度基本完善，並且中國對外投資規模逐漸超過外資流入中國規模。

綜合來看，隨著時代發展，中國引進和利用外資的政策與實踐經歷了從量到質的重大轉變。早期只重視彌補國內資金缺口，後來越來越強調對境外先進技術和管理經驗的引進；早期純粹是「引進來」以期利用外資發展國內經濟，後來越來越注重「引進來」和「走出去」雙向發展以實現和外商互利共贏（巫雲仙，2019）。外資與合資企業的發展歷程，正體現了中國對外開放程度不斷增大的過程：從單方面為主的自我開放，逐漸擴大到與世界各國之間的互相開放；從有限地域和有限產業領域的開放，逐漸擴大到全方位各方面的開放；從以小規模試點為特徵的政策性開放，逐漸擴大到完整法律體系下的制度性開放（張志民，2009）。

關於外資與合資企業發展的一系列思想和實踐的變遷，與相應的時代背景和現實條件緊密相關，本章就試圖對外資與合資企業發展的變遷歷程進行梳理。本章第一節首先概述外資與合資企業的歷史成就和發展現狀，接下來在第二節探討引導外資與合資企業管理體制的變遷，在第三節對外資與合資企業產權與公司治理制度的變遷進行分析。

第八章 外資與合資企業制度變遷

第一節 外資與合資企業的歷史成就和發展現狀

首先我們對改革開放以來外資與合資企業的歷史成就和發展現狀做一個概覽。

一、外資與合資企業的歷史成就

外資與合資企業發展的歷史成就十分明顯，我們可以從投資規模、企業數量、投資行業、投資來源與流向這幾個維度進行考察。

（一）投資規模持續擴大

外資與合資企業發展成就的最直接表現是投資規模的持續擴大。自1979年開始，進入中國的外商投資金額逐年上升。1993年以來，中國利用外資流量長期位居發展中國家之首、世界第二的位置。中國在創造經濟增長的世界奇跡的同時，也創造了利用外資的世界奇跡。

表8.1列出了改革開放以來歷年的外商直接投資金額，從中很明顯地可以觀察到投資規模的動態變化趨勢。在1991年之前外資與合資企業處於探索和初步發展階段，1979—1991年外商對華直接投資保持平穩增長。1992年鄧小平同志南方談話，明確指出大膽利用外資是中國發展經濟和對外開放的一項重要事業，之後全國掀起一股吸收外商直接投資的熱潮。從1992年開始，一直到1997年，外商對華直接投資額增長很快。在1996年，中國實際利用外商直接投資金額突破了400億美元。

1997年之後的幾年內，受亞洲金融危機和國際局勢不穩定的影響，外商在華投資的增長趨勢有所減緩。但進入21世紀後，隨著中國正式加入WTO更加融入世界經濟，外商直接投資的規模又大幅增加。在2001年到2008年金融危機之間的時期裡，每年的外商直接投資金額增速平均保持在10%以上，與中國的GDP增長率程度相當。2008年發生了全球金融危機，許多國家和地

區的經濟遭受重創，受此影響，2009年外商對華直接投資較2008年有所下降。但伴隨著中國經濟發展速度引領全球的良好勢頭，2010年之後的外商投資規模仍繼續擴大，並分別在2010年、2011年、2015年、2017年突破了1,000億、1,100億、1,200億、1,300億美元。

表8.1 1979—2017年中國實際使用外商直接投資金額

年份	實際使用外商直接投資金額 規模/億美元	年增長率/%	年份	實際使用外商直接投資金額 規模/億美元	年增長率/%
1979—1984	41.0	—	2001	468.8	15.1
1985	19.6	—	2002	527.4	12.5
1986	22.4	14.7	2003	535.1	1.4
1987	23.1	3.1	2004	606.3	13.3
1988	31.9	38.0	2005	603.3	-0.5
1989	33.9	6.2	2006	630.2	4.5
1990	34.9	2.8	2007	747.7	18.6
1991	43.7	25.2	2008	952.5	27.4
1992	110.1	152.1	2009	918.0	-3.6
1993	275.2	150.0	2010	1,088.2	18.5
1994	337.3	22.6	2011	1,160.1	6.6
1995	375.2	11.3	2012	1,117.2	-3.7
1996	417.3	11.2	2013	1,175.9	5.3
1997	452.6	8.5	2014	1,195.6	1.7
1998	454.6	0.5	2015	1,262.7	5.6
1999	403.2	-11.3	2016	1,260.0	-0.2
2000	407.2	1.0	2017	1,310.4	4.0

資料來源：根據中經網統計數據庫資料整理。

（二）企業數量不斷增多

在早期發展階段，外商進行投資時主要採用組建合資企業的方式。1979年全國人大頒布了《中華人民共和國中外合資經營企業法》（以下簡稱《中外合資經營企業法》），允許外國投資者與國外企業組建合資企業，標誌著

第八章　外資與合資企業制度變遷

中外合資企業在中國正式得到法律的認可。1979 年到 1980 年，中央先後批准廣東、福建兩省在對外經濟活動中實行特殊政策和靈活措施，並在深圳、珠海、汕頭、廈門試辦經濟特區。1980 年 5 月，中國第一家中外合資企業——北京航空食品有限公司成立。1984 年和 1985 年，國務院先後決定進一步開放上海、廣州等 14 個沿海港口城市，長江三角洲、珠江三角洲和閩南廈漳泉（廈門、漳州、泉州）三角地區開闢為沿海經濟開發區，並對這些城市和地區在利用外資方面實行優惠政策。1986 年 4 月，第六屆全國人大第四次會議通過並頒布了《中華人民共和國外資企業法》（以下簡稱《外資企業法》）；1988 年 4 月，第七屆全國人大第一次會議通過了《中華人民共和國中外合作經營企業法》（以下簡稱《中外合作經營企業法》），至此中國直接吸收外商投資舉辦企業的主要三項法律齊備。截至 1991 年年底，中國累計批准成立 36,799 家合資企業，以及 7,672 家外資企業（表 8.2）。

表 8.2　1979—2017 年中國外資與合資企業批准建立個數

單位：家

年份	合資企業	外資企業	年份	合資企業	外資企業
1979—1982	12,198	1,525	2000	8,378	12,196
1983	107	15	2001	8,893	15,643
1984	741	26	2002	10,380	22,173
1985	1,412	46	2003	12,521	26,943
1986	892	18	2004	11,570	30,708
1987	1,395	46	2005	10,480	32,308
1988	3,909	410	2006	10,223	30,164
1989	3,659	931	2007	7,649	29,543
1990	4,091	1,860	2008	4,612	22,396
1991	8,395	2,795	2009	4,283	18,741
1992	34,354	8,692	2010	4,970	22,085
1993	54,003	18,975	2011	5,005	22,388
1994	27,890	13,007	2012	4,355	20,352
1995	20,455	11,761	2013	4,476	18,125

表8.2(續)

年份	合資企業	外資企業	年份	合資企業	外資企業
1996	12,628	9,062	2014	4,824	18,809
1997	9,001	9,602	2015	5,989	20,398
1998	8,107	9,673	2016	6,662	21,024
1999	7,050	8,201	2017	8,364	27,001

資料來源：根據歷年《中國統計年鑒》整理。

1992年，鄧小平同志視察南方的重要談話發表後，中國對外開放出現了嶄新局面，隨後黨的十四大做出了中國實行社會主義市場經濟體制的決策，加快了中國改革的步伐。國務院進一步開放6個沿海港口城市、13個內陸城市和18個內陸省會城市，在全國範圍內全面推進對外開放，使得中國投資環境得到很大改善，外資與合資企業快速發展。1994年到進入新世紀之前，中國外資與合資企業的發展伴隨著改革開放的深入繼續調整，具體表現為兩個特徵：一是1994年到1999年之間每年新批外資與合資企業總數比上年減少，但實際利用外資金額增加，這表明入境投資的企業平均規模越來越大；二是外商進行投資時主要採用的方式逐漸向外資企業傾斜，新增企業中外資企業比例上升，1997年批准建立外資企業9,602家，數量正式超過該年批准建立的合資企業9,001家（表8.2）。

2000年之後，從投資方式上看，最顯著的特徵是外資企業數量飛速擴大，合資企業的相對比重隨之減少。2007年開始，全球金融危機的影響開始顯現，在2007年到2009年這三年中新增外資與合資企業有所下降。但其主要原因在於世界經濟的動蕩而非中國經濟本身的問題，並且實際利用的外資金額平穩上升也表明了外商對華投資的信心較高。這一時期外商獨資企業的繼續發展與中國的日益開放深切相關，外商對中國市場的加深瞭解加速了外商成立獨資企業的進程。並且，出於保護自身企業的核心資源和技術的考慮，成立獨資企業也成了外商的良好選擇。外商直接投資的投資方式演變至今，基本形成了外資獨資企業為主，中外合資企業、中外合作企業等為輔的局面。中國的外資與合資企業伴隨改革開放政策逐漸建立並不斷發展，至今已形成了

較為龐大的企業規模。在中國經濟新常態下，外商長期持續對中國經濟的投資促進經濟發展的同時，一系列問題也不斷凸顯出來，外資與合資企業在中國的投資結構的轉換是一個長期持續的過程。

(三) 投資行業愈益多元

在改革開放早期，外商投資的行業分佈集中在製造業，這種偏向有多方面的原因。一方面，由於製造業產品流程化程度高，生產和銷售相對風險較低；另一方面，中國較為廉價的勞動力和豐富的自然資源有助於製造業的發展，在中國投資於製造業可以利用比較優勢產生利潤。此外，早期對外商投資產業的許可範圍這一政策限制也是重要原因。1992年鄧小平同志南方談話發表和黨的十四大召開之後，全國各地紛紛加大招商引資力度，改善投資環境。對外商投資產業範圍的政策限制也逐漸放寬，外資與合資企業的活動領域進一步拓寬，逐步擴展到金融、貿易、商業等第三產業。

隨著時代發展，外商投資的行業愈益多元，對第三產業的外商投資額度與對製造業的投資差距逐漸縮小。例如，2008年外資投資製造業的金額為498.95億美元，投資第三產業的金額為413.09億美元。第三產業投資金額逐漸接近製造業並呈現趕超態勢，其原因在於中國經濟的高速發展伴隨著產業不斷優化升級的進程。在早期階段製造業的快速發展為服務業的發展提供了良好的基礎設施和資源，再加上國人教育和人力資本水準的提高，服務行業的不斷擴大也客觀上吸引了外來投資。

2008年金融危機之後，隨著中國國內產業結構的調整和升級，外商直接投資的行業分佈也發生了重大變化。如表8.3所示，2009年製造業實際使用的外商直接投資金額為467億美元，投資第三產業各行業的金額較少且分散。但是經過幾年的發展，到2017年製造業的實際使用金額下降為334億美元，而在第三產業中「信息傳輸、計算機服務和軟件業」「房地產業」「租賃和商務服務業」，以及「批發和零售業」發展迅速，以億美元計的實際使用金額均超過三位數；其中金額最多的「信息傳輸、計算機服務和軟件業」使用金額超過200億美元。總體來看，第三產業投資使用金額已遠超製造業。

表 8.3　2009—2017 年分行業實際使用外商直接投資金額（不含銀行、證券、保險）

行業	2009 年 企業數/個	2009 年 實際使用金額/億美元	2011 年 企業數/個	2011 年 實際使用金額/億美元	2013 年 企業數/個	2013 年 實際使用金額/億美元	2015 年 企業數/個	2015 年 實際使用金額/億美元	2017 年 企業數/個	2017 年 實際使用金額/億美元
製造業	9,767	467	11,114	521	6,504	455	4,507	393	4,986	334
電力、燃氣及水的生產和供應	238	21	214	21.2	200	24	264	22	372	34
交通運輸、倉儲和郵政業	395	25	413	31.9	401	42	449	41	517	55
信息傳輸、計算機服務和軟件業	1,081	23	993	27	796	28	1,311	38	3,169	205
批發和零售業	5,100	54	7,259	84.2	7,349	115	9,156	119	12,283	114
房地產業	569	26	466	268	530	288	387	287	737	167
租賃和商務服務業	2,864	61	3,518	83	3,359	103	4,465	100	5,087	167
居民服務和其他服務業	207	16	212	18	166	6	217	7	349	5.6

資料來源：2009—2017 年《國民經濟和社會發展統計公報》。

（四）投資來源與流向日益廣泛

在改革開放前 20 年，入境投資的外商主要來自亞洲地區，如中國香港地區、臺灣地區以及新加坡、韓國等。外商投資的流向主要集中在東部地區，中西部的比例較小。外資與合資企業集中在東部地區，一方面受政策因素的影響，東部沿海地區對外開放較早，因此必然比中西部地區更早地受到投資；另一方面，受人文因素影響，許多入境投資的是華人華僑，其中很多人的祖籍是大陸東部沿海省份，因此這些外商自然更傾向於選擇投資於該地區。

1997 年，亞洲許多國家經濟遭受重創，因此入境投資增速減緩，而來自其他國家的外商投資占比有所上升。但總體而言，在 1997 年到 2008 年，與早期階段相比，外商投資的來源仍然以亞洲的國家和地區為主。中國香港地區是在大陸投資的主要區域，日本、韓國、新加坡、臺灣地區緊隨其後。美國和歐洲國家對華直接投資的金額數占總比例沒有明顯變化。投資流向的區域在此階段主要還是以東部地區為主，中西部隨後。不過從 2005 年開始東部地區的比重出現下降，中部地區和西部地區的比重上升。中西部地區投資比

重上升的原因可能有以下三點：一是中西部交通設施不斷完善，人員之間流動性加快；二是隨著西部大開發戰略的實行，中央政府和內陸地區的地方政府都出抬措施，為外資企業提供更加優惠的條件；三是東部地區在吸引外資方面凸顯了各種問題，如環境污染、資源濫用等，導致了一些產業轉移。

2008年之後，中國經濟增長引領全球，外資來源與投資區域也日益廣泛。近些年中國吸引外資的來源地已經遍布全球，接近200個國家和地區。不過總體而言，實際投入外資金額靠前的國家和地區仍然與前一階段相似，主要來源地仍是中國香港地區，其次是臺灣地區、新加坡、韓國等地。投資分佈區域仍然以東部沿海省份為主，中西部地區在企業數占比和投資額占比中仍處於劣勢。不過近幾年中部地區湖北，西部地區重慶、四川占比有上升趨勢，這與這些地區自身經濟發展程度密切相關。

二、外資與合資企業的發展現狀

（一）外商投資來源地分佈

2017年，外商直接投資前十位國家和地區分別是：中國香港地區、新加坡、韓國、日本、美國、荷蘭、臺灣地區、德國、英國、丹麥。前十位國家和地區外商直接投資總額共計1,163億美元，占全部國家和地區外商直接投資總額的88.8%。在前十位國家和地區中，資金來自中國香港地區的約占81.3%，其次是新加坡，占4.1%，臺灣地區占1.5%，日韓合計占6.1%，美國占2.2%，歐洲四國合計占4.8%。圖8.1給出了2017年在中國大陸外商直接投資額居前十位的國家和地區的投資額情況。

單位/億美元

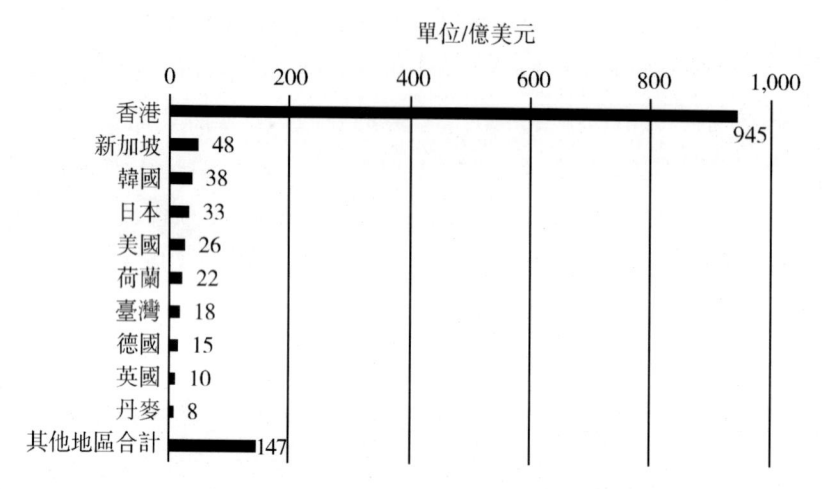

```
香港          945
新加坡    48
韓國      38
日本      33
美國      26
荷蘭      22
臺灣      18
德國      15
英國      10
丹麥       8
其他地區合計  147
```

圖 8.1　2017 年在中國大陸外商直接投資額居前十位的國家和地區

資料來源：國家統計局. 2018 中國統計年鑒 [M]. 北京：中國統計出版社, 2018.

（二）外資與合資企業的地區分佈

從改革開放初期外資與合資企業出現在中國伊始，東部沿海地區就是主要集中地。其中，廣東省一直居於前列，例如 1997 年，廣東省吸引外商直接投資額占全國總額的 25.88%，江蘇省僅占 12.01%。但隨著其他東部沿海地區的發展，外資與合資企業分佈的地區範圍逐漸擴大，廣東省外商投資額占比逐漸下降，至 2016 年下降為 15.25%，而江蘇省保持著平穩的增長趨勢，在 2016 年，江蘇省外商投資額占比為 17.17%。

從企業個數、投資總額方面來看，2016 年外資與合資企業在中國各省份的分佈如表 8.4 所示。由表中可以看出，在地區分佈上，外資與合資企業主要還是集中分佈在廣東、上海、江蘇、浙江、北京和福建等地區。

表 8.4　2016 年中國各省份外資與合資企業數和外資使用占比

地區	企業數占比/%	投資額占比/%	地區	企業數占比/%	投資額占比/%
全國	100	100	陝西	1.18	1.09
廣東	23.69	15.25	安徽	1.1	1.31
上海	15.72	14.33	重慶	1.1	1.72

表8.4(續)

地區	企業數占比/%	投資額占比/%	地區	企業數占比/%	投資額占比/%
江蘇	11.07	17.17	廣西	0.89	0.85
浙江	6.82	6.24	黑龍江	0.84	0.55
北京	6.02	8.34	雲南	0.81	0.64
山東	5.65	4.92	吉林	0.76	0.69
福建	5.61	4.42	山西	0.73	0.82
遼寧	3.36	4.16	內蒙古	0.67	0.8
天津	2.64	4.34	海南	0.53	1.48
四川	2.05	1.84	甘肅	0.41	0.15
湖北	1.78	1.94	貴州	0.3	0.46
河南	1.6	1.6	新疆	0.29	0.19
河北	1.44	1.65	寧夏	0.13	0.17
江西	1.37	1.52	青海	0.09	0.15
湖南	1.32	1.13	西藏	0.05	0.04

資料來源：中華人民共和國國家統計局. 中國統計年鑒—2017［M］. 北京：中國統計出版社, 2017.

(三) 外資與合資企業產業結構

外商投資行業分佈較廣，在農、林、牧、漁業，製造業，鐵路運輸業，信息技術業及其他的國民經濟許多部門都有外資與合資企業的存在。細分行業來看，改革開放以來，製造業實際使用外資金額占比一直居於首位，但下降趨勢明顯。1998年製造業實際使用外資金額占比56.27%，2011年該比例下降為44.91%，到2016年該比例繼續下降至39.47%。而「批發和零售業」「租賃和商務服務業」「信息傳輸、計算機服務和軟件業」增長趨勢一直保持著強勁的勢頭。以2017年批准的外商投資企業為例，產業結構分佈大致如下：

表 8.5 2017 年外商直接投資（不含銀行、證券、保險）行業結構

行　業	企業數/個	企業數比重/%	實際使用金額/億元	金額比重/%
總計	35,652	100	1,201.00	100
農、林、牧、漁業	706	1.98	9.85	0.82
製造業	4,986	13.99	309.15	25.74
電力、燃氣及水生產和供應業	372	1.04	32.16	2.68
交通運輸、倉儲和郵政業	517	1.45	51.18	4.26
信息傳輸、計算機服務和軟件業	3,169	8.89	190.09	15.83
批發和零售業	12,283	34.45	105.37	8.77
房地產業	737	2.07	155.05	12.91
租賃和商務服務業	5,087	14.27	153.96	12.82
居民服務和其他服務業	349	0.98	5.20	0.43

資料來源：《中華人民共和國 2017 年國民經濟和社會發展統計公報》數據。

繼前幾年吸收外資的良好勢頭，2018 年 1—6 月，全國新設立外商投資企業 29,591 家，同比增長 96.6%；實際使用外資金額 683.2 億美元，同比增長 4.1%（折合 4,462.9 億元人民幣，同比增長 1.1%，統計中未含銀行、證券、保險領域），11 個自貿試驗區新設外商投資企業 4,281 家，實際使用外資 578.4 億元，同比增長 32.6%。「一帶一路」沿線國家入境投資新設立企業 1,921 家，同比下降 3%，實際投入外資金額 36 億美元，同比增長 30.3%。長江經濟帶區域新設立外商投資企業 6,653 家，同比增長 7.5%，實際使用外資 324.1 億美元，同比增長 8.1%。2018 年 1—6 月，前十位國家/地區實際投入外資總額 652.8 億美元，占全國實際使用外資金額的 95.5%，同比增長 4.5%。入境投資前十位國家/地區依次為：中國香港地區（494 億美元）、新加坡（31.3 億美元）、臺灣地區（28.4 億美元）、韓國（23.1 億美元）、美國（19.5 億美元）、日本（18.2 億美元）、英國（15.8 億美元）、澳門（8.6 億美元）、荷蘭（7.3 億美元）、德國（6.6 億美元）。2018 年上半年中國在實際使用外資上不僅實現了平穩上升，而且吸收外資的結構也實現了進一步的優化。上半年，農、林、牧、漁業新設立外商投資企業 338 家，同比增長

58.7%；實際使用外資金額 4 億美元，同比增長 19.6%。製造業新設立外商投資企業 3,066 家，同比增長 42.6%；實際使用外資金額 206.9 億美元，同比增長 8.9%。高技術製造業實際使用外資 433.7 億元，同比增長 25.3%，高技術服務業實際使用外資 500.3 億元，其中科技成果轉化服務同比增長 22.2%。服務業新設立外商投資企業 26,169 家，同比增長 106.4%；實際使用外資金額 467.4 億美元，同比增長 1.2%。在中國，外資與合資企業仍然正在蓬勃發展中。

第二節 外資與合資企業管理體制變遷

接下來我們根據之前劃分的外資與合資企業發展的四個階段，對外資與合資企業管理體制的變遷進行梳理。

一、改革開放前曲折發展階段（改革開放之前）

中華人民共和國成立之初，國內外經濟政治環境十分複雜，中國與西方資本國家的矛盾十分尖銳，因此僅在相當有限的程度上引進外資。在此階段，引進外資的指導思想主要來源於馬列主義的世界歷史觀和利用資本主義文明成果發展社會主義的思想，並且借鑑了蘇聯引進外資的實踐經驗。由於歷史環境的不同，在馬克思、恩格斯的經典著作中，「對未來社會主義條件下利用外資問題沒有明確而系統的闡述，但卻始終強調社會主義應吸收人類一切優秀文明成果的思想」（尹永純，2006）。而到了蘇聯成立之後的時代，社會主義國家與外國資本的關係，就成為現實的問題。從 20 世紀 20 年代開始，蘇聯與西方資本主義國家合作成立了一定數量的合資企業，並在生產中取得了一定成效。這些經驗也為新中國所借鑑。在 20 世紀 50 年代前期，中國引進

的外資主要來自兩個方面：一是和蘇聯及東歐社會主義國家合作成立企業，二是來自海外華僑的投資。但是隨著政治形勢的變化，進入20世紀60年代之後，政府對於引進外資的思想有了極大轉變，主張自力更生、不依賴外援。中華人民共和國成立初期的外資與合資企業也逐漸退出歷史舞臺。一直到「文化大革命」結束之後，利用外資的指導思想仍沒有發生顯著變化。例如1977年年初，《人民日報》發文指出，中國決不同外國搞聯合經營，也決不接受外國貸款。直到1978年4月的廣交會上，當時的對外貿易部仍強調相同觀點。整體上看，在改革開放之前，由於在指導思想上對社會主義經濟發展的理解有誤，單一的公有制和計劃經濟被視為社會主義經濟的核心特徵，因此外資與合資企業的存在和發展長期受到排斥。

二、初步發展階段(1978—1991年)

（一）利用外資政策方向的確立

「文化大革命」結束之後，在對中華人民共和國成立前30年的歷史教訓進行深刻反思的基礎上，國家決定進行改革，以經濟建設為中心。中國的經濟建設是在貧窮、落後的基礎上進行的，能用於大規模建設的資金和技術極其有限，因此實施對外開放、利用外資，成為新時期的必然選擇。在1978年3月召開的全國科學技術大會的開幕式講話上，鄧小平同志就明確指出：「獨立自主不是閉關自守，自力更生不是盲目排外。」1978年12月，黨的十一屆三中全會召開後，改革開放拉開序幕，外資與合資企業的發展進入新的探索階段。改革開放要求對內改革、對外開放，因此外資進入中國市場，就成為改革開放基本國策的重要內容。

在中華人民共和國成立的前30年經濟發展緩慢的同時，世界上很多國家和地區都通過利用外國資金和技術實現了經濟騰飛。例如，到20世紀70年代，實行外向型經濟模式的日本已經成為世界第二大經濟體。而中國香港及臺灣地區、新加坡、韓國，利用西方發達國家向發展中國家轉移勞動密集型產業的機會，吸引外國大量資金和技術，經濟發展水準迅猛提升，被稱為

「亞洲四小龍」。這些地區和國家的經濟發展情況，與封閉的中國大陸形成了鮮明對比；它們的成功經驗也為中國未來的發展道路提供了借鑑。

黨的十一屆三中全會明確了改革開放的基本方向，在會上討論並原則通過的《一九七九、一九八〇兩年國民經濟計劃的安排》，明確提出「要從那種不同資本主義國家進行經濟技術交流的閉關自守或半閉關自守狀態，轉到積極地引進國外先進技術，利用國外資金，大膽地進入國際市場上來」（尹永純，2006）。自此，積極利用外資的政策方向確立。

（二）構建涉及外資的法律框架

1979年，《中外合資經營企業法》正式頒布，這是新中國第一部規範的涉外經濟法律，將中國對待外資與合資企業的基本政策正式法制化。1982年，全面修改後的新《憲法》正式通過，其中第十二條規定：「中華人民共和國允許外國的企業和其他經濟組織或者個人依照中華人民共和國法律的規定在中國投資，同中國的企業或者其他經濟組織進行各種形式的經濟合作。」這就從根本大法上確立了外資與合資企業在中國的合法地位。

1986年《外資企業法》頒布；1988年《中外合作經營企業法》頒布。這兩部法律和之前1979年頒布、1990年修改的《中外合資經營企業法》構成了規範外資與合資企業活動的主要法律依據。此外，國務院分別在1986年、1988年、1990年頒布了《國務院關於鼓勵外商投資的規定》《國務院關於鼓勵臺灣同胞投資的規定》《國務院關於鼓勵華僑和香港澳門同胞投資的規定》，進一步對相關法律進行了補充。一系列法律法規的頒布，對外資投資企業的法律環境進行了進一步完善，標誌著中國的外資與合資企業制度建設突破了改革開放初期重點不明確、前景不明朗的探索階段，進入有重點、有計劃的初步發展階段。

（三）設立利用外資的管理機構

1979年，隸屬於國務院的外國投資管理委員會成立，其作為中國利用外資的歸口管理機構，對外資工作統一進行監管和控制。1982年，該委員會和對外貿易部、對外經濟聯絡部、國家進出口管理委員會合併為對外經濟貿易部。相關管理機構的設立，為外資與合資企業的發展提供了便利。

為了更好地管理外資與合資企業、改善投資環境、引導外資流向，1986年國務院成立了外國投資工作領導小組，負責外資政策的協調和指導。在地方層面，各地對外資的審批和行政管理效率也有了一定程度的改進。例如，之前外商要在上海成立一個投資項目，需要蓋近百個章；1988年上海率先試行「一站式」服務，讓外商在同一個窗口就能完成相關手續辦理。之後，天津、廈門、青島等地區也實行同樣的「一站式」服務。

三、快速發展階段（1992—2007年）

（一）衝破「姓社姓資」的思想束縛

　　改革開放初期，「姓社姓資」的問題曾長期困擾許多人，使得改革邁不開步伐，在一定程度上給外資與合資企業的發展造成了負面影響。在1992年南方談話中，鄧小平同志深刻指出：「改革開放邁不開步子，不敢闖，說來說去就是怕資本主義的東西多了，走了資本主義道路。要害是姓『資』還是姓『社』的問題。判斷的標準，應該主要看是否有利於發展社會主義生產力，是否有利於增強社會主義國家的綜合國力，是否有利於提高人民的生活水準。」這就是著名的「三個有利於」標準。因此，根據這樣的標準，如果利用外資和引進先進技術是有利於發展社會生產力的，就可以採用。1992年江澤民同志在黨的十四大報告中指出：「加快中國經濟發展，必須進一步解放思想，加快改革開放的步伐，不要被一些姓『社』姓『資』的抽象爭論束縛自己的思想和手腳。」1992年之後，通過衝破「姓社姓資」的思想束縛，外資與合資企業發展的理論和思想障礙被進一步掃除。

　　20世紀90年代後期，中國利用外資呈現出新的特點，在中國境內投資的大型跨國公司顯著增多，一些產業規模大的外資與合資企業開始占領中國市場。一些本土企業，試圖通過合資擴大生產，但卻最終演變成被外方所控制的局面。這些情況在飲料、啤酒、化妝品、服裝、食品等行業比較突出。針對此類情況，圍繞利用外資利弊問題在社會上產生了一系列爭論。例如一些人認為外商會擠占中國市場，甚至會擠垮民族企業，應該限制。另一些人認

為在某些領域，外資與合資企業的產品主導市場，是市場競爭的正常現象，無須擔心；如果針對這種正常情況對外資與合資企業施加限制，會阻礙中國的經濟發展與進步。在這些爭論中，很多專家學者既不迴避中國利用外資中存在的問題，同時也提出了完善外資政策的建議。對利用外資利弊問題的一系列討論使得人們對外資與合資企業的認識更加明確：無論是外資的質量還是數量都應當繼續受到重視。

（二）開始實施「走出去」戰略

早期的外資政策專注於「引進來」，但隨著中國經濟發展水準和對外開放程度的不斷提高，「走出去」就成為參與國際競爭的必然選擇。1997年黨的十五大報告明確指出：「鼓勵能夠發揮中國比較優勢的對外投資。更好地利用國內國外兩個市場、兩種資源。」2001年，朱鎔基同志在全國人大會議上所做的《關於國民經濟和社會發展第十個五年計劃綱要的報告》中指出，要「鼓勵有比較優勢的企業到境外投資，開展加工貿易，合作開發資源，發展國際工程承包，擴大勞務出口等」。2002年，黨的十六大報告指出，要堅持「引進來」和「走出去」相結合，全面提高對外開放水準。

四、成熟階段（2008年至今）

（一）繼續營造便利化的管理體制

改革開放以來，對外資與合資企業的管理體制不斷地改革創新，從早期較為嚴格的管控逐漸轉變為注重營造便利化的營商環境。2008年之後，進入外資與合資企業發展的新階段，中國對外資與合資企業的態度愈益自信和開放。新階段中一個重要的事件是2016年9月全國人大常委會通過了《關於修改〈中華人民共和國外資企業法〉等四部法律的決定》，將不涉及國家規定實施准入特別管理措施的外商投資企業設立及變更事項，由審批改為備案管理。這改變了自改革開放以來運行了30多年的外商投資「逐案審批」的管理模式。採取這一改革措施，外商投資企業設立及變更審批將減少95%以上。2016年10月，商務部發布了《外商投資企業設立及變更備案管理暫行辦

法》，將備案管理制度具體化，推進此項制度改革。

（二）繼續完善涉外法律體系

2019年3月，全國人大表決通過了《中華人民共和國外商投資法》（以下簡稱《外商投資法》），其自2020年1月1日起施行。該法律總則第一條明確指出，制定該法的目的是進一步擴大對外開放，積極促進外商投資，保護外商投資合法權益，規範外商投資管理。《外商投資法》施行之後，之前的《外資企業法》《中外合資經營企業法》《中外合作經營企業法》將同時廢止。《外商投資法》和之前已施行多年的一系列相關法律法規共同構成了保障外資與合資企業合法權益、擴大對外開放和促進外商投資的法律體系。表8.6列出了改革開放以來涉及外資與合資企業的一系列重要法律法規情況，從中可以很明顯看出，隨著時代的前進，中國的涉外法律體系愈益完善。

表8.6 改革開放以來涉及外資與合資企業的重要法律法規一覽表

頒布年份	法律法規名稱	後續修訂年份	廢止/失效年份
1979	中外合資經營企業法	1990、2001、2016	2020年《外商投資法》施行之後將廢止
1980	中外合資經營企業所得稅法		1991年廢止
1980	中外合資經營企業勞動管理規定		2001年宣布失效
1981	外國企業所得稅法		1991年廢止
1985	國務院關於華僑投資優惠的暫行規定		1990年廢止
1986	外資企業法	2000、2016	2020年《外商投資法》施行之後將廢止
1986	國務院關於鼓勵外商投資的規定		
1988	中外合作經營企業法	2000、2016(2次)、2017	2020年《外商投資法》施行之後將廢止
1988	國務院關於鼓勵臺灣同胞投資的規定		
1988	國務院關於進一步擴大沿海經濟開放區範圍的通知		2016年宣布失效

表8.6(續)

頒布年份	法律法規名稱	後續修訂年份	廢止/失效年份
1990	國務院關於鼓勵華僑和香港澳門同胞投資的規定		
1991	外商投資企業和外國企業所得稅法		2008年廢止
1994	臺灣同胞投資保護法	2016	
1994	對外貿易法	2004	
1995	指導外商投資方向暫行規定		2002年廢止
1995	外商投資產業指導目錄	1997、2002、2004、2007、2011、2015、2017	
1999	關於當前進一步鼓勵外商投資的意見		
2000	中西部地區外商投資優勢產業目錄	2004、2008、2013	
2001	關於外商投資企業合併與分立的規定	2015	
2002	指導外商投資方向規定		
2006	關於外國投資者併購境內企業的規定	2009	
2010	國務院關於進一步做好利用外資工作的若干意見		
2015	自由貿易試驗區外商投資准入特別管理措施（負面清單）	2017、2018	
2018	外商投資准入特別管理措施（負面清單）		
2019	外商投資法		

註：《憲法》《公司法》《反壟斷法》等法律也同樣有涉及外資與合資企業的條款，但外資與合資企業並不是其涉及的核心對象，因此未列在此表中。

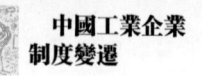

第三節　外資、合資企業產權及公司治理制度變遷

在本節，我們按照之前劃分的外資與合資企業發展的四個時期，對外資、合資企業產權及公司治理制度變遷的歷史做簡要總結。隨著時代的發展，外資與合資企業能夠進入的地區範圍不斷擴大、產業門類不斷增長；外資與合資企業逐漸享有與國內企業相同的「國民待遇」，在公司治理上日益與國內企業靠攏。

一、改革開放前曲折發展階段（改革開放之前）

中華人民共和國成立之初，中國引進的外資十分有限，但是在發展方向上總體較為積極。例如和蘇聯、東歐社會主義國家共同成立合作企業，並且鼓勵海外華僑到國內投資。但是並沒有對這些積極方面進行有效的制度化、體系化，隨著幾年之後社會和政治體制的急遽變化，之前累積的一些成果也很快消耗殆盡。一直到改革開放之前的時期，關於外資與合資企業的法律法規不完善，政策不穩定，外資與合資企業長期受到約束和排斥，與外資與合資企業有關的制度並沒有發展起來。

二、初步發展階段（1978—1991年）

（一）擴大對外開放區域

為了對改革開放實行試點，1979年7月，中央決定在深圳、珠海、汕頭、廈門四個城市試辦出口特區。1980年5月，這四個出口特區改稱為經濟特區。為吸引外資，中央在經濟特區實行了一系列特殊優惠政策，包括土地使用、稅收等方面。經濟特區建立後很快地就吸引了大量外資，成為改革開放初期外資與合資企業最集中的地區。

1988年年初，中央召開沿海地區對外開放工作會議，提出沿海經濟發展戰略，意圖將對外開放的深度和廣度不斷擴大。國務院發布《國務院關於進一步擴大沿海經濟開放區範圍的通知》，決定將更多區域對外開放。之後，國務院又發布《國務院關於投資開發海南島的規定》，設立海南經濟特區。1990年，中央又做出了開發上海浦東新區的決定。經過多年的發展，中國的對外開放形成了經濟特區—沿海開放城市—沿海經濟開放區—內地這樣一個多層次、有重點的格局。

(二) 利用產業政策，引導投資流向

改革開放伊始，經濟迅速發展，外資蜂擁而至，1984年開始出現經濟過熱的跡象，1985年的經濟增長率超過了16%。為了避免經濟過熱，1986年國家實施了一系列緊縮和調整的宏觀經濟政策，這使得從1979年開始以來的外資流入勢頭猛然降溫。複雜的形勢要求有關部門重新審視外資政策。改革開放初期，很多外商投資集中在非迫切需要外資的產業領域，對國民經濟的益處十分有限。經過研究，國家決定對外資政策進行調整，在進一步改善投資環境、鼓勵外商投資的同時，要注意正確引導外資流向、改善投資結構，例如1986年通過的《國民經濟和社會發展第七個五年計劃》中就要求，要加強利用外資的綜合平衡，正確引導利用外資的使用方向，大力提高經濟效益。1987年有關部門制定了《指導吸收外商投資方向暫行規定》。1989年公布的《國務院關於當前產業政策要點的決定》提出重點鼓勵的投資領域在於：產品適應國內外市場需要，而國內不能生產者；可以擴大出口者；經濟效益高，技術先進者；能源、交通運輸和原材料工業急需者。

海峽兩岸關係對於中國經濟發展有著潛在影響。一直到1987年之前，兩岸關係仍處於尖銳矛盾狀態，因此臺商到大陸投資極其有限。1987年年底，臺灣當局放寬民眾赴大陸探親限制。1988年，國務院頒布《國務院關於鼓勵臺灣同胞投資的規定》。在兩岸關係緩和的大背景下，臺商對大陸的投資開始蓬勃發展，臺資企業也逐漸成為外資與合資企業的重要組成部分之一。

三、快速發展階段（1992—2007 年）

（一）逐步實行外資與合資企業的國民待遇

在整個 20 世紀 80 年代，中國實行的是通過提供各種優惠政策吸引外資與合資企業的戰略。一方面，外資與合資企業享有「超國民待遇」，例如有稅收減免、進出口經營權等。另一方面，在經營管理、投資領域等方面又受到很多限制，遇到的是歧視性「非國民待遇」。如何解決外資與合資企業的國民待遇問題，協調外資與本地經濟發展的關係，促進外資與合資企業和本土企業的平等競爭，成了影響經濟發展的重要問題。進入 20 世紀 90 年代之後，中國政府逐步確立了對外資與合資企業實行國民待遇的政策目標，並通過稅制和外匯管理制度的改革逐步完善。

國家主要從稅收和外匯管理兩方面逐步實行外資與合資企業的國民待遇。首先，通過稅制改革，分階段取消對外資與合資企業的稅收減免政策，逐步統一了對內外稅收的徵管制度和稅負。例如，1992 年頒布的《中華人民共和國稅收徵收管理法》基本上實現了對內對外稅法的統一；1994 年進行的稅制改革，使內資企業和涉外企業適用統一的增值稅、消費稅和營業稅條例。其次，逐步建立了對內外企業統一的外匯管理制度，避免外資與合資企業的涉外經營活動受到結售匯制度的束縛，為外商的投資和貿易活動創造了寬鬆的環境。例如，從 1996 年 7 月 1 日開始，對外商投資企業實行銀行結售匯制度，去除了早期規定的外資與合資企業不能在銀行結售匯的限制。

1997 年亞洲金融危機對中國也造成了較大影響，中國利用外資的主要來源地區普遍受到金融危機的嚴重衝擊，外資與合資企業的發展受到了重大挑戰。亞洲金融危機的教訓表明，為了保持經濟發展的穩定性，有必要擴大外資來源，實施利用外資多元化戰略。另外，臨近新世紀，中國加入世界貿易組織（WTO）的進程加快，這也要求中國加緊修改有關外資與合資企業的制度法規，以適應未來與國際接軌的需要。這也要求在實行外資與合資企業的國民待遇上加緊步伐。

（二）擴大利用外資產業領域，繼續引導外資流向

1992 年鄧小平同志南方談話發表和中共十四大召開之後，各地紛紛加大吸收外資的力度，改善投資環境。根據中央的部署，外資與合資企業的活動領域進一步拓寬，逐步擴展到金融、貿易、商業等第三產業。例如，1994 年《關於外商投資民用航空業有關政策的通知》《關於設立外商投資廣告企業的若干規定》，1995 年《外商投資國際貨物運輸代理企業審批規定》《關於在計算機軟件業設立外商投資企業執行外商企業產業指導目錄的通知》《關於外國船公司在華設立獨資船務公司有關問題的通知》等相繼發布。1996 年，有關部門向外資銀行有條件開放人民幣銀行業務，允許設立在上海浦東的外資銀行率先開辦人民幣業務。這一系列舉措，顯著擴大了外資與合資企業能涉及的產業領域。

在 20 世紀 90 年代以前，中國對外資基本上採取了大規模開放的方針，對產業的篩選不太重視，結果使外商投資主要集中於工業生產領域，重複建設嚴重，而基礎設施和基礎產業領域較為薄弱。20 世紀 80 年代後期逐步意識到這個問題，嘗試進行引導，但收效不夠顯著。1992 年黨的十四大提出：「按照產業政策，積極吸引外商投資，引導外資主要投向基礎設施、基礎產業和企業的技術改造，投向資金、技術密集型產業，適當投向金融、商業、旅遊、房地產等領域。」1994 年，國務院通過了《九十年代國家產業政策綱要》。1995 年國家頒布第一版《外商投資產業指導目錄》和《指導外商投資方向暫行規定》，重新劃分了對外商投資實施鼓勵、限制和禁止政策的產業範圍，將產業目錄分為「鼓勵、允許、限制、禁止」四大類，並制定了相應的配套措施和政策。

1997 年年底，國務院召開全國利用外資工作會議。會議提出，在繼續保持利用外資相當規模的同時，吸收外資工作將與國民經濟整體發展更緊密地結合，更加注重改善吸收外資的產業、地區結構，對中國產業結構調整和技術進步做出更多的貢獻。同年，有關部門對 1995 年發布的《外商投資產業指導目錄》進行修改，重新修訂後的目錄於 1998 年 1 月 1 日開始執行。加入 WTO 之後，為了適應新形勢，又重新對目錄進行了修訂，新版本於 2002 年

4月1日開始實施。新版目錄與以往相比,除了開放的領域有很大擴展之外,還表現出三個方面的特點:一是對高新技術的關注,幾乎所有的高科技領域都列入「鼓勵」類對境外投資者開放,包括一些過去保密的領域;二是一些歷來由國家壟斷經營的電信、鐵路運輸、商品批發等行業將對外資開放;三是注意與中國加入WTO的開放承諾相配合,對一些產業的開放程度做了隨時間發展的動態規定(尹永純,2006)。在2004年和2007年,國家又分別對目錄進行了修訂。

中西部地區的整體經濟發展水準長期和東部地區有顯著差異,在外資與合資企業的發展水準上也同樣有很大差距。為改善外商投資地區分佈不合理的情況,政府積極採取措施引導和鼓勵外資投向中西部地區,以推動西部大開發戰略的實施。2000年,有關部門制定了《中西部地區外商投資優勢產業目錄》,對於向中西部投資的國外投資者,在進口關稅、設立條件、准入的行業和所得稅減免等方面,給予更加優惠的政策。在同年發布的《國務院關於實施西部大開發若干政策措施的通知》中,又明確規定對投資西部地區的外資企業實行稅收優惠政策。2004年,有關部門又重新修訂了《中西部地區外商投資優勢產業目錄》,以適應加入WTO之後的新環境。

(三)推進外資與合資企業黨建工作

對外資與合資企業黨建工作的摸索有著較長的歷史。早在1984年,中組部印發《關於加強中外合資經營企業黨的工作的幾點意見》,提出應當防止埋頭經濟工作、忽視思想工作的傾向,對在合資企業中設立黨組織和開展黨建工作提出了原則性要求。但受到思想、理論條件等因素的制約,早期的外資與合資企業黨建工作以初步探索、局部開展為主,進度較為緩慢。1997年,黨的十五大提出了「進一步鼓勵、引導非公有制經濟健康發展」的要求,明確指出非公有制經濟對增加就業、促進經濟良性發展具有重大意義。各地通過借鑑個體、私營等經濟組織開展黨建工作的實踐經驗,普遍加快了對外資與合資企業黨建工作的探索步伐。1998年,蘇州工業園區的第一家外企三星電子(蘇州)半導體公司成立黨支部,成為外資與合資企業黨建工作的經典案例。2002年,在黨的十六大上,非公有制企業中黨組織的職責及任務首次

被寫入《中國共產黨章程》。2005 年，重新修訂的《公司法》進一步規定黨組織的組建和開展黨的活動等工作要在所有企業中推進，各企業要為黨組織的活動提供必要的工作支持。該規定從法律層面保障了黨建工作能在外資與合資企業中正常開展。2007 年黨的十七大進一步提出落實黨建工作責任制和全面推進企業黨組織建設的目標。

四、成熟階段（2008 年至今）

（一）繼續引導外資與合資企業資本流向

在發展的新階段，中國繼續堅持引導外資與合資企業產業方向。2008 年之後，《外商投資產業指導目錄（2011 年修訂）》《外商投資產業指導目錄（2015 年修訂）》《外商投資產業指導目錄（2017 年修訂）》這三個版本的新目錄陸續發布。2016 年，對外商投資企業由審批改為備案管理的改革，也同引導產業方向結合起來。備案管理改革大大便利了目錄中納入鼓勵類產業的諸多外資與合資企業。但是對於涉及目錄限制類和禁止類以及鼓勵類中有股權要求、高管要求的領域，不論金額大小或投資方式（新設、併購）均將繼續實行審批管理。為了支持自貿區的發展，2015 年有關部門公布了《自由貿易試驗區外商投資准入特別管理措施（負面清單）》，並且在 2017 年和 2018 年又對負面清單進行了調整。2018 年，發改委和商務部聯合公布了《外商投資准入特別管理措施（負面清單）（2018 年版）》，以取代先前《外商投資產業指導目錄（2017 年修訂）》中的外商投資准入特別管理措施（外商投資准入負面清單）。

2013 年至今，國務院先後批復成立了上海、廣東、天津、福建、遼寧、浙江、河南、湖北、重慶、四川、陝西、海南自由貿易試驗區。建設自貿區「不僅是中國順應全球經貿發展新趨勢，更加積極主動對外開放的重大舉措；而且有利於培育中國面向全球的競爭新優勢，構建與各國合作發展的新平臺，拓展經濟增長的新空間」（趙蓓文，2018）。自貿區建立了准入前國民待遇加負面清單的外商投資管理制度，不斷加強投資環境建設，憑借制度優勢在吸

引外資方面發揮重要作用,並且形成招商引資的溢出效應。

(二)大規模「走出去」

2008年全球金融危機發生前,中國就已經將「走出去」提升至國家戰略高度,走出去的步伐逐漸加快。2008年金融危機的爆發,使得許多海外資產的估值大幅下跌,與以往相比,能夠以更低的成本進行海外投資,這就為中國企業大規模「走出去」提供了獨特的契機。從2008年開始,中國進入大規模海外投資階段。2008年單獨一年的對外投資規模,就比1980年到2005年的總和還多。目前中國對外直接投資遍布全球近200個國家和地區。當前,中國對企業「走出去」提供了相關的政策支持,主要表現在以下三個方面:ODI(對外直接投資)匯兌管理便利化程度大幅提高;取消ODI匯兌限制,實行登記管理,可兌換程度與FDI(外商直接投資)相當;國企、民企公平對待,一視同仁(易綱,2012)。2013年習近平同志提出「一帶一路」合作倡議,得到「一帶一路」沿線國家的熱切回應。「一帶一路」發展倡議,借用古代絲綢之路的歷史符號,積極發展與沿線國家的經濟合作夥伴關係,追求共同和平發展,為中國企業大規模走出去開啟了發展的新篇章。2015年年底,亞洲基礎設施投資銀行正式成立,迄今亞投行成員已達到100個。

(三)外資與合資企業黨建工作卓有成效

在外資與合資企業發展的新時期,黨建工作的成效也逐漸明顯。例如在蘇州工業園區,經過多年努力,在2011年基本實現了外資企業黨組織的全覆蓋(齊方勝,2014)。2012年,中央辦公廳印發《關於加強和改進非公有制企業黨的建設工作的意見(試行)》,意見中,非公有制企業黨組織的定位、領導機制、組建覆蓋等一系列問題得到了全面系統的明確。同時,意見在如何強化黨建保障力量、引導出資人、發展黨務骨幹隊伍等方面做出了明晰的要求(胡佳黎,2017)。截至2016年年底,全國共有7.5萬個外資企業建立了黨組織,占外資企業總數的70.8%(葉曉楠 等,2018)。

參考文獻

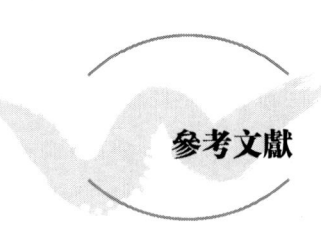

[1] 崔新健. 中國利用外資30年：歷程、成效與挑戰 [J]. 經濟與管理研究, 2009 (1)：35-38.

[2] 戴志穎. 論中國外資利用對國內制度變遷的影響：以長江三角洲為例 [D]. 上海：復旦大學, 2009.

[3] 杜賢中, 許望武. 中國外資企業管理 [M]. 北京：北京大學出版社, 2003.

[4] 郝潔. 外資併購的相關制度研究 [M]. 北京：人民出版社, 2012.

[5] 胡佳黎. 外資企業黨建工作研究：以張家港保稅區為例 [D]. 咸陽：西北農林科技大學, 2017.

[6] 李自杰. 中國合資企業控制權的動態演進研究 [M]. 北京：中國經濟出版社, 2010.

[7] 齊方勝. 當前中國外資企業黨建工作的問題與對策研究：以蘇州工業園區為例 [D]. 蘇州：蘇州大學, 2014.

[8] 孫效敏. 外資併購境內企業監管研究 [M]. 北京：北京大學出版社, 2010.

[9] 王世勇. 新時期非公有制經濟政策的歷史考察 (1978—2003) [D]. 中共中央黨校, 2004.

[10] 巫雲仙. 改革開放以來中國引進和利用外資政策的歷史演進 [J]. 中共黨史研究, 2019 (7)：24-32.

[11] 葉曉楠, 郭超凱.「黨建+外企」釋放「紅色生產力」「掛紅牌的都OK！」[N]. 人民日報 (海外版), 2018-01-18.

[12] 易綱, 中國企業走出去的機遇、風險與政策支持 [J]. 中國市場, 2012 (37)：31-37.

[13] 尹永純. 改革開放以來中國利用外資的歷史考察 (1978—2005)

［D］.北京：中共中央黨校，2006.

［14］張建剛.外商直接投資與中國經濟增長［M］.北京：經濟日報出版社，2007.

［15］張亦舒.中國外商獨資化趨勢研究：基於「潛規則演化」的視角［D］.廣州：廣東外語外貿大學，2017.

［16］張志民.歷史觀照下的中國外商投資法研究［D］.哈爾濱：黑龍江大學，2009.

［17］趙蓓文.中國引進外資與對外投資演變40年［M］.上海：上海人民出版社，2018.

第九章
新時代工業企業制度的新趨勢新發展

　　在上一階段的工業企業制度改革中，國企經營困境、下崗員工安置等問題得到了一定的改善，國家資本監管體制改革穩妥推進，國有企業戰略佈局基本完成。黨的十八大特別是黨的十八屆三中全會之後，中國經濟發展步入新常態，中國特色社會主義進入新時代。在新的發展階段，中國工業經濟和工業企業面臨新的發展要求和發展問題，新一輪國有企業改革需要進一步完善國有資產監管體制和現代企業制度，進一步解決黨的領導與企業制度相統一的問題。

　　新一輪國企改革將在總結歷史經驗的基礎上全面深化。一是進一步強調國有企業和國有資本的市場地位，要在「三個有利於」等原則指導下，通過改革「做強做優做大」國有企業和國有資本；二是強化黨在國有企業中的政治領導地位，將黨的領導與現代企業制度建設相統一；三是在國有企業分類改革的基礎上，深入推進混合所有制改革和「以管資本為主」的國有資本監督和管理制度改革，防範國有資產流失。

本章將梳理在新時代發展形勢背景下，中國工業企業制度改革面臨的亟待解決的問題，以及為了解決這些問題，中國進行的工業企業制度改革的頂層設計和出抬的落地配套政策。同時，將對新一輪工業企業制度的改革成效和在改革過程中出現的新問題進行總結與分析。

第一節　新時代下的發展形勢

一、工業企業發展新的歷史背景與趨勢

（一）中國經濟社會發展步入新階段

黨的十八大以來，中國經濟發展進入新常態，面臨「經濟增速換擋期，結構調整陣痛期，前期刺激政策消化期的『三期疊加』」。2014年中央經濟工作會議從消費需求、投資需求、出口和國際收支、生產能力和產業組織方式、生產要素相對優勢、市場競爭特點、資源環境約束、經濟風險累積和化解、資源配置模式和宏觀調控方式全面總結了中國經濟發展的階段性特徵，並指出，「中國經濟正在向形態更高級、分工更複雜、結構更合理的階段演化，經濟發展進入新常態，正從高速增長轉向中高速增長，經濟發展方式正從規模速度型粗放增長轉向質量效率型集約增長，經濟結構正從增量擴能為主轉向調整存量、做優增量並存的深度調整，經濟發展動力正從傳統增長點轉向新的增長點」。

面對波詭雲譎的國際形勢和改革步入「深水區」的國內形勢，以習近平同志為領導核心的黨中央提出「五位一體」①總體發展戰略，深入推進「四個

---

① 五位一體：經濟建設、政治建設、文化建設、社會建設、生態文明建設五位一體。

第九章　新時代工業企業制度的新趨勢新發展

全面」① 總體戰略佈局，始終堅持「四個自信」②，帶領全國各族人民砥礪奮進，取得了新的歷史性成就：經濟發展質量和效益不斷提升，供給側結構性改革深入推進，經濟結構不斷優化；全面深化改革取得重大突破，中國特色社會主義制度更加完善；思想理論建設取得重大進展，以習近平新時代中國特色社會主義思想為代表的黨的指導思想更加完善，更加契合時代發展要求，更加代表人民的根本利益。由此，黨的十九大報告指出，「中國發展進入了新的歷史方位，中國特色社會主義進入了新時代」。這意味著中國發展實現了「從站起來、富起來到強起來的偉大飛躍」，意味著中國步入「決勝全面建成小康社會，開啟全面建設社會主義現代化國家新徵程」階段。在新時代下，「中國社會主要矛盾已經轉化為人民日益增長的美好生活需要和不平衡不充分的發展之間的矛盾。」但同樣應該認識到，中國「仍處於並將長期處於社會主義初級階段的基本國情沒有變」，中國經濟發展仍然面臨著下行壓力，國內改革進程仍然道阻且長。

（二）新時代下工業企業發展的新要求

工業部門作為國民經濟中的重要組成部分，是經濟增長的引擎。習近平總書記指出「工業是立國之本」，工業在國民經濟和民族復興中具有重要的戰略地位。黨的十九大報告指出，「中國經濟已經由高速增長階段轉向高質量發展階段」，新時代對中國工業發展提出了新的要求。

一是高質量發展。在高質量發展階段，增強發展的質量優勢成為新時代經濟發展的關鍵，因此一方面產業結構體系要實現從以要素密集型為主到以知識和技術密集型為主的轉變，從而提升中國在全球價值鏈分工的地位和作用。另一方面要更加注重可持續性發展，在加強生態環境保護的基礎上，提高資源利用效率，走綠色工業化發展道路。

二是創新驅動發展。黨的十九大報告指出，「創新是引領發展的第一動力」。一方面，工業高質量發展需要培育新動能，這就要求工業發展更加依靠

---

① 四個全面：全面建成小康社會、全面深化改革、全面依法治國、全面從嚴治黨。
② 四個自信：中國特色社會主義道路自信、理論自信、制度自信、文化自信。

創新驅動。這不僅是中國產業升級的內在要求，更是把握未來科技變革和產業變革，獲取未來競爭優勢，為經濟發展注入新的動力的未來發展要求。另一方面，創新發展離不開人才資源支持。習近平強調，「要著眼國家戰略需求，主動承接國家重大科技項目，引進國內外頂尖科技人才，加強對中小企業創新支持，培育更多具有自主知識產權和核心競爭力的創新型企業」。

三是做強做優做大國有企業。習近平曾多次對國企改革做出重要指示，「國有企業是壯大國家綜合實力、保障人民共同利益的重要力量，必須理直氣壯做強做優做大，不斷增強活力、影響力、抗風險能力，實現國有資產保值增值。」這意味著新時代下的國有企業面臨的挑戰更大，要承擔的責任更重。從國內看，國有企業要成為深入推進供給側改革的實踐者，成為解決人民日益增長的美好生活需要和不平衡不充分的發展之間的這一新時代社會主要矛盾的排頭兵，成為推動中國經濟向高質量發展階段邁進的驅動力。從國際看，面臨日趨激烈的國際競爭環境，國有企業要提高自身核心競爭力，在國際行業競爭中從跨越式追趕者成為並行者到最終成為領跑者。

(三) 新世界格局下工業企業面臨的發展新機遇與新趨勢

國際金融危機之後，全球經濟一體化不斷加深，區域經濟合作進程不斷推進。面對正在發生深刻變化的國際國內環境，中國提出「一帶一路」倡議，以「促進經濟要素有序自由流動、資源高效配置和市場深度融合，推動沿線各國實現經濟政策協調，開展更大範圍、更高水準、更深層次的區域合作，共同打造開放、包容、均衡、普惠的區域經濟合作架構」。「一帶一路」倡議的提出，在基礎設施建設、產能合作、貿易互補、金融支持等方面為中國工業企業「走出去」帶來了新的發展機遇，同時也為中國化解產能過剩、推動傳統產業轉型升級帶來了重要機遇。不過也同樣需要看到的是，「一帶一路」倡議的提出，對中國工業企業國際化水準、對外投資水準、跨文化環境適應能力以及地緣政治風險和社會風險的抵禦能力提出了新的挑戰。

此外，隨著世界經濟秩序的加速變革，發達經濟體和新興經濟體都力圖在新一輪產業變革和新一輪貿易規則制定中占據先機。一方面，在經濟全球化深入發展的今天，以美國為首的單邊主義和貿易保護主義勢力有所抬頭，

對全球價值鏈和自由貿易體制帶來了衝擊，國際貿易規則和貿易秩序正在加速重建。另一方面，在當前的國際分工中，發達經濟體在全球價值鏈體系中仍然占據著頂端位置，在新一輪科技革命中，依然具有資金和技術上的競爭優勢。由此，在新的世界格局下，中國工業企業不僅要進一步深入拓展對外經濟合作，更要加大研發投入，提升專業化水準，在專利保護制度日趨完善的今天，培育核心技術，增強自身的核心競爭力。

二、新發展階段下工業企業制度改革需要解決的問題

（一）國有資產監督管理體制尚待完善

在國有企業發展歷程中，由政企不分導致的效率低下一直是國企改革所重點關注和難以解決的問題，只有真正實現了政企分開，國有企業才能真正作為市場主體參與競爭。但是由於國有資產是全民所有，需要由國家代表人民行使資產管理權，這就決定了政企不能徹底地「分開」，政府需要通過干預企業生產經營決策來保護所有者權益，否則將會導致國有資產所有者缺位。因此，政企分開的關鍵在於將國家在企業中的所有者職能與其他職能分開，國家所有者的職能地位要以《公司法》中關於股東權利的界定為限，國有企業在市場競爭中要與普通企業受到國家同等監督。為此，2003年國有資產監督管理委員會建立，將國家在國有企業中的所有者職能與其他職能進行分離，推進國有企業董事會建設、國有企業績效考核、公開招聘置業經理人，以保障國有資產保值增值，提高了國有企業的市場化運作水準。

但是，目前國有資產監督和管理體制仍然存在問題。具體表現為以下三方面：一是政企不分、政資不分問題依然存在，政府通過國資委干預企業經營決策現象依然存在。二是數量眾多的國有企業在層級繁多的母子公司持股結構框架下，存在較大的管理難度，使得在國企股份制、公司制改革過程中，國有資產的內部交易現象依然存在，造成較為嚴重的國有資產流失。三是隨著國有資產監管體制進入「以管資本為主」的職能轉變階段，部分機構把「管資本為主」簡單理解為「只管資本」，將國有資產產權授權到不具備所有

者資格的國有資本投資運行公司，加重國有資產所有者缺位程度，導致全民財產被侵吞的危險後果①。因此，新時代下，國有資產監管體制有待完善，需要進一步提高國有資本運行效率，防止國有資產流失。

（二）國有資本佈局與改革定位問題尚待釐清

中國多種所有制並存的基本經濟制度，決定了需要對國有資本進行合理定位和佈局，既要最大限度地發揮國有資本在經濟發展中的作用，又要充分保障市場在資源配置中的決定作用。這就要求國有資本不僅要在市場資本總量中佔合理份額，還要在不同行業中進行合理分配。目前，中國國有資本佈局合理性還存在較大的提升空間。從產業分佈看，國有企業主要還是分佈在傳統產業，戰略性新興產業和現代服務業所佔比重相對較低。從行業集中度看，一些行業的集中度較低，缺乏核心競爭力，重複建設、惡性競爭問題嚴重，導致資源配置效率低下。

此外，隨著國企改革的開展，大量國企從競爭性行業退出，但是對於眾多涉及國家命脈的戰略性行業以及壟斷性基礎行業，國有企業仍然佔有絕對份額。雖然國有企業能夠迅速將有限的資源集中投放到國家為實現某種特定的戰略目標而必須優先發展的部門和地區，但此種模式排斥市場和價值規律對資源配置的自動調節作用，容易造成資源配置不合理，生產和需求脫節等問題。尤其是壟斷性行業中的國有工業企業，容易為了獲取更高的資源控制力和滿足自身需求，盲目擴大生產規模，從而出現產能過剩和財務困難。而為了避免造成大量失業，政府和銀行對這一類國有企業所採取的補救措施又會加劇這一問題。因此，國有資本該從哪些行業退出、如何退出以及在關乎國家經濟命脈和國家安全領域的國有企業，如何提高生產運行效率成為當前國有企業改革亟待解決的問題。

（三）現代企業制度有待健全

黨的十四屆三中全會把現代企業制度的基本特徵概括為「產權清晰、權

---

① 宋方敏. 中國國有企業產權制度改革的探索與風險 [J]. 政治經濟學評論，2019，10（1）：126-150.

責明確、政企分開、管理科學」十六個字。隨著國有企業改革的深入推進，絕大部分國有企業通過公司制股份制改革建立起了現代公司制度，但是目前國有企業制度仍然存在一定的問題。其具體表現為：一是國有產權所有者和代理人關係還不夠清晰。中國的社會主義性質決定了國有企業的產權制度改革要在馬克思主義所有制理論下探索建立中國特色社會主義國有企業產權制度。馬克思主義所有制理論指出，「生產資料的全國性集中將成為自由平等的生產者的各聯合體所構成全國性基礎」[①]。國有資產的所有者是全體人民，目前全民所有制的實現形式一直處於模糊狀態，國有企業改革關注的重點不應當是產權是否清晰，而是全民財產由誰代表的問題。二是法人治理結構不規範，導致企業活力不足。一方面股權結構不合理。現代企業制度的股權結構，通常是相對平衡的，是為了實現權力的相互制約，同時又體現分工協作，實現取長補短共同發展。然而中國國有企業存在國有股「一股獨大」的普遍現象，這樣的股權結構在一定程度上降低了國有企業的企業活力。黨的十八屆三中全會在《中共中央關於全面深化改革若干重大問題的決定》中提出的混合所有制改革，其中的改革目的之一就是要消除這種由國有股「一股獨大」所帶來的弊端，將社會資本引入國有經濟，充分發揮監事會監督作用，實現「國民共進」。另一方面，企業內部制約機制不完善。目前中國國有企業的經理層還是基本採用行政任命的手段，經理層缺乏激勵和約束機制。公開招聘的職業經理人在國有企業中的所占比例相對較低，缺乏市場退出機制。

（四）部分國有企業內部黨組織虛置問題

習近平總書記在全國國有企業黨的建設工作會議上提出「堅持黨對國有企業的領導是重大政治原則，必須一以貫之」。但在目前，部分國有企業內部出現黨的領導弱化現象，中央企業黨建工作弱化、淡化、虛化和黨組織地位作用邊緣化的問題顯現，具體表現在以下四個方面：一是國有企業重業務輕黨建的現象凸顯。部分國企領導人思想上不重視黨建工作，認為黨建工作不

---

① 馬克思恩格斯列寧斯大林著作編譯局. 馬克思恩格斯選集：第3卷 [M]. 2版. 北京：人民出版社，1995.

直接創造經濟效益，因此將黨建工作與經營管理工作人為分離，導致企業內部黨建工作形同虛設。二是對黨建工作與企業發展之間的協調關係認識不清。部分國企領導人沒有意識到黨建工作與企業發展之間具有協調共進的關係，沒能充分將黨組織的政治優勢作為企業的重要資源進行整合配置，也沒有把促進企業改革發展和提高生產經營成效作為黨建工作的出發點與落腳點，沒有建立起同企業發展改革、經營方式相協調的黨建工作機制。三是黨建工作流於形式。部分國企黨組織缺乏創新意識，組織開展黨的知識學習教育的形式單調，僅僅停留在讀報紙、學文件層面，導致黨員缺乏學習興趣，黨建工作沒有起到實質性的作用，黨建成效落後於企業發展需要。四是黨務幹部隊伍建設相對滯後。部分國企缺乏對黨務幹部的激勵機制，在待遇上不能對優秀的黨務人才形成吸引力，嚴重影響黨務幹部隊伍結構的改善和素質的提升。

第二節　新時代下的發展定位和改革思路

一、國有工業企業制度改革的重要意義

（一）國有經濟和國有企業的重要地位

國有企業是國民經濟的主導力量，也是社會責任的主要履行者。黨的十八大以來，習近平多次強調「必須毫不動搖鞏固和發展公有制經濟，堅持公有制主體地位，發揮國有經濟主導作用，不斷增強國有經濟活力、控制力、影響力」。由此可以看出，國有企業在中國經濟發展過程中的重要地位和作用。一方面，國有企業是國民經濟的主導力量，在基礎能源提供、公共產品生產、基礎設施建設中承擔了重要的職責，同時在創新科技、推動產業結構優化升級、帶動其他所有制經濟健康發展等方面也發揮著不可替代的作用。另一方面，國有企業是推動改革開放的主要力量，是社會責任的主要履行者。

第九章　新時代工業企業制度的新趨勢新發展

從實行承包責任制到實行股份制，再到如今形成以「管資本」為主和混合所有制的新管理體制和新所有制的改革形勢，國有企業是中國改革開放事業的主要推動力量。此外，國有企業還承擔著眾多發展公益事業、提供對外援助等方面的重要社會責任，在提供就業崗位、維護社會穩定方面發揮著重要作用。因此，在新的歷史方位下，「必須理直氣壯做強做優做大」國有企業，這是歷史唯物主義和人類社會發展規律的要求，也是實現共同富裕的保證。

（二）基本經濟制度的重要實現形式

作為新一輪國企改革中的重要改革方向和重要突破口，混合所有制改革是現階段中國基本經濟制度的重要實現形式。中國的基本經濟制度要求以公有制為主體，多種所有制經濟共同發展。黨的十八屆三中全會在《中共中央關於全面深化改革若干重大問題的決定》中指出：「國有資本、集體資本、非公有資本等交叉持股、相互融合的混合所有制經濟，是基本經濟制度的重要實現形式。」混合所有制經濟體現在微觀層面上就是由不同所有制性質的投資主體所組建的多元化產權所有制企業。推進國有企業混合所有制改革，不僅是「新形勢下堅持公有制主體地位，增強國有經濟活力、控制力、影響力的一個有效途徑和必然選擇」，更是「實現各種所有制資本取長補短、相互促進、共同發展」的重要舉措。但是在推進國有企業混合所有制改革的過程中需要注意的是，不能將混合所有制改革當作簡單地引入社會資本，更不能簡單地認為混合所有制改革可以解決當前國有企業存在的一切問題。

二、國有工業企業制度的改革思路

（一）戰略定位

在新的歷史方位下，中國國有企業改革面臨的最重要的任務是讓國有企業適應市場經濟的資源配置方式，成為真正的市場主體。當前中國國有企業還存在許多問題，《中共中央、國務院關於深化國有企業改革的指導意見》指出，一些國企市場主體地位未真正確立，現代企業制度尚不健全，國資監管體制需要完善，國有資本運行效率有待進一步提高，內部人控制、利益輸送、

國有資產流失嚴重,企業辦社會職能和歷史遺留問題還很多。因此,本著「解決問題」的出發點和著眼點,習近平提出「六個力量」為國有企業做出了新的歷史定位:「讓國有企業成為黨和國家最可信賴的依靠力量;成為堅決貫徹執行黨中央決策部署的重要力量;成為貫徹新發展理念、全面深化改革的重要力量;成為實施『走出去』戰略、『一帶一路』建設等重大戰略的重要力量;成為壯大綜合國力、促進經濟社會發展、保障和改善民生的重要力量;成為我們黨贏得具有許多新的歷史特點的偉大鬥爭勝利的重要力量。」

(二) 改革目標

在新的歷史方位下,國有企業改革的總目標可以概括為在習近平新時代中國特色社會主義思想指導下,以深化國有企業改革為動力,以發展混合所有制經濟為路徑,做強做優做大國有企業,實現中國特色的社會主義偉大事業、偉大夢想。黨的十九大報告指出,要「深化國有企業改革,發展混合所有制經濟,培育具有全球競爭力的世界一流企業」。習近平也多次強調「必須理直氣壯做強做優做大,不斷增強活力、影響力、抗風險能力,實現國有資產保值增值」。具體來看,《中共中央、國務院關於深化國有企業改革的指導意見》指出,到2020年,在國有企業改革重要領域和關鍵環節取得決定性成果,國有企業公司制改革基本完成,國有資產監管制度更加成熟,國有資本配置效率顯著提高,企業黨的建設全面加強。

(三) 基本原則

(1) 堅持基本經濟制度和社會主義市場經濟改革方向。《中共中央、國務院關於深化國有企業改革的指導意見》指出,「堅持和完善基本經濟制度,是深化國有企業改革必須把握的根本要求。」「堅持社會主義市場經濟改革方向,是深化國有企業改革必須遵循的基本規律。」這是在辯證歷史唯物主義下,保障中國國有企業制度改革始終在中國特色社會主義理論框架中進行。

(2) 將「底線思維」作為國企改革的風險防範原則。黨的十八大以來,習近平多次強調,要運用「底線思維」的方法,凡事從壞處準備,努力爭取最好的結果。習近平用「底線思維」規範國企改革,防止出現不可逆轉的顛覆性失誤,一方面是確保國有企業改革始終在黨的領導下進行,另一方面是

確保國有資產保值增值，加強對國有資產的監督，防範國有資產流失。

（3）將「三個有利於」作為指導方針和檢驗標準。習近平在全國國企黨建工作會議上指出，「推進國有企業改革，要有利於國有資本保值增值，有利於提高國有經濟競爭力，有利於放大國有資本功能。」「三個有利於」是國企改革必須把握的原則，是國企改革成功與否的判別標準，必須用「三個有利於」標準衡量國有企業在適應市場經濟過程中的改革形式和實現路徑。

（四）實現路徑

進入新時代，黨中央、國務院更加注重國企改革頂層設計，國有企業進入全面深化改革的新階段，以分類改革為基礎，推進國有資產監管體制、混合所有制改革，形成了「1+N」國有企業改革政策體系。總體來看，中國國企改革有兩條主線：一是在宏觀層面構建國資管理體制，以探索適應市場經濟的國有資產管理和經營的形式，達到政資分開、政企分開的目的。二是在微觀層面完善國有企業的現代企業制度，以實現企業的所有權和經營權分離，成為公平參與市場競爭的市場主體。

具體來看，一是推進國有企業分類改革。根據國有資本在不同行業中的戰略定位、發展要求和發展作用來對國有企業進行分類。二是完善現代企業制度。推進公司制股份制改革，完善企業股權治理結構和薪酬績效管理制度，充分調動國有企業人才的積極性和創造性。三是完善國有資產管理體制。推動國有資產監督管理機構職能向「以管資本為主」轉變，強化企業內外部監督，防止國有資產流失。四是發展混合所有制經濟。在國企分類改革的基礎上，推進混合所有制改革，引入非公資本，提高國有資本市場化運作水準，提升國有企業活力。五是加強黨在國有企業中的領導核心地位。將黨的建設與現代企業制度建設有機統一，深入推進反腐倡廉，切實落實從嚴治黨。

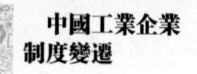

第三節　改革及制度走向

新時期，中國工業體制改革進入以市場取向改革為重點的全面深化改革階段。在此階段，國家重點通過完善國有資產監管體制、健全現代企業制度、加強國有企業黨的建設等途徑解決難以從根本上擺脫傳統計劃經濟體制下國家對工業企業監管思路的問題，進而打破中國工業企業在新時期的發展瓶頸，增強創新活力，進一步提升中國工業和經濟實力。

一、完善國有資產監管體制

中國國有資產監管體制在改革開放之後受到高度重視，在確保國有資產保值增值、防止國有資產流失、壯大國有經濟等方面取得一定的進展，但國有資產監管機制不健全，監管越位、錯位、缺位以及政企不分、政資不分等問題依然存在。

完善國有資產監管體制是新時期中國深化國有企業改革的重要著力點，黨在2013年召開的十八屆三中全會上做出了全面深化改革的決定，首次提出以管資本為主加強資產監管，黨的十九大報告更是明確提出要做強做優做大國有資本。《關於推動中央企業結構調整與重組的指導意見》和《國務院國資委以管資本為主推進職能轉變方案》等政策文件明確了優化國資監管職能、提高國資運行效率、增強國企經營活力的途徑。《國務院改革和完善國有資產管理體制的若干意見》和《改革國有資本授權經營體制方案》等文件加大了授權放權與監督監管的力度，體現了「放活與管好」相統一的改革思路。

（一）加快國有資產監管機構職能轉變

國有資產監管機構的職責定位發生轉變，將從「管企業」為主逐步過渡到「管資本」為主。國有資產監管機構根據授權代表本級人民政府對被監管企業依法履行出資人職責，在監管過程中不再同過去一樣干預企業的自主經

營，而逐步轉變為以管資本為主，並將投資計劃、部分產權管理和重大事項決策等出資人權利授權給國有資本投資、營運公司和其他直接監管的企業行使，將企業自主經營決策事項以及延伸到子企業的管理事項分別依法交由企業自身和一級企業行使。由此可見，國有資產監管架構由過去的兩級架構轉變為了「國資監管機構—國有資本投資營運公司—經營性國資」這樣的三級架構，放鬆了國資監管機構直接對具體資產經營的管理，其對資本的管理主要體現為股東權利的行使，通過「一企一策」制定公司章程和董事會運作規範以及股東代表和董監事選派管理制度，將國有出資人的意志體現在公司治理結構當中。國有資產監管重點主要集中在對國有資本營運質量和企業財務狀況監測方面，通過企業績效的提升增加所有者權益，進而實現國有資本的保值增值。

(二) 推進國有資本授權經營體制改革

改革國有資本授權經營體制是國資監管機構由「管企業」轉向「管資本」過程中的重要進展。國有資本授權經營體制改革旨在通過股權關係對國家出資企業開展授權放權，切實減少對國有企業的行政干預，讓企業擁有更多的經營自主權，從而有效增強國有企業的活力、創造力、市場競爭力和抗風險能力。為確保對國有資本營運公司在戰略規劃和主業管理、選人用人和股權激勵、工資總額和重大財務事項等方面進行有效授權，確保被授權企業能夠把握和行使好權力，國有資本授權經營體制改革明確界定了出資人代表機構和國家出資企業的權利與責任邊界，提出分類開展授權放權、加強企業行權能力建設、完善監督管理體系、通過監管信息系統全覆蓋和在線監管堅持並加強黨的領導等改革實施措施。

以上改革舉措一方面將不斷提升國有企業的活力，另一方面也將不斷提高企業的規範化運行水準和自我約束能力。國有資本授權體制改革中，出資人代表主要起戰略引領的作用，國有資本投資、營運公司在發展規劃以及年度投資計劃方面具有自主權。國有創業投資企業、創業投資管理企業等新產業、新業態和新商業模式類企業的核心團隊可以持股和跟投，員工持股將對團隊研發和經營帶來正向激勵，有助於提升國企的競爭力。國有資本授權經

營制度改革雖然增強了企業活力，但也帶來了放權後國有企業容易流失等問題。不斷完善的監督管理體系將會有利於國有資本投資、營運公司的權責明確化以及規範化程度的提高。

(三) 提高國有資本配置和運行效率

國有資本配置和運行效率的提高是「管資本」成效的重要體現，能夠優化國資佈局結構和促進國企轉型升級，充分發揮國有資本運作作用。中國國有企業受過去計劃經濟的影響較大，產業分佈領域較為廣泛，不僅涉及自然壟斷行業、公益類行業，而且在競爭性領域各細分行業也遍布了不同規模的國有企業。國有企業具有較大的體量，但相當一部分存在企業規模不經濟、層級過多、產能過剩等問題。國有資產監管體制的改革為解決歷史遺留問題提出了新的思路。

一是調整和優化國有資本佈局結構。通過為國有資本構建一個健全的進退機制，制定投資的負面清單來讓國有資本的投資方向更加符合政府宏觀政策要求，在關係國家安全、國民經濟命脈和國計民生的行業和領域充分發揮作用，在前瞻性戰略性行業以及產業鏈關鍵環節和價值鏈高端領域加大國有資本投入，引導產業升級。二是促進資源配置更加合理。主要是通過鞏固加強一批、創新發展一批、重組整合一批、清理退出一批等手段來促進國企間的兼併重組、創新合作、化解過剩產能、淘汰落後產能並處置低效無效資產，從而順應新時期的供給側結構性改革，讓國有資本所在企業能夠實現從產業鏈中低端向中高端邁進，提升核心競爭力和資本運行效率及質量。三是健全資本收益管理制度。一方面要建立覆蓋全部國有企業的國有資本經營預算管理制度並實行分級管理，制定出同國家宏觀調控和國有資本結構相協調的國有資本收益上繳比例。另一方面，在改組組建國有資本投資、營運公司以及實施國有企業重組過程中，國家需要考慮養老等社會保障的資金缺口問題，按需將部分國有股權劃轉社會保障管理機構持有。

二、健全現代企業制度

中國國有企業在前期改革的推動下，大部分已建立起現代企業制度的基本框架，但是公司制股份制改造在部分行業和層級還尚未成功推行，公司的法人治理結構沒有得到完善，同市場經濟要求相適應的企業勞動、人事和分配制度等尚未形成。

健全現代企業制度是新時期推動國企深化改革的重要手段。《國務院辦公廳關於印發中央企業公司制改制工作實施方案的通知》《國務院辦公廳關於進一步完善國有企業法人治理結構的指導意見》等政策有助於加快落實國有企業整體改制，為「管資本」為主的國資管理體制改革的全面推行奠定基礎。《關於開展市場化選聘和管理國有企業經營管理者試點工作的意見》和《關於深化中央管理企業負責人薪酬制度改革的意見》等政策進一步加強了國有企業在選人用人、薪酬分配等方面制度的改進和優化。

（一）健全公司法人治理結構

在新時期政策推動下，中國國企公司制和股份制改革加大力度推進，在劃撥土地處置、稅收優惠支持、工商變更登記、資質資格承繼等方面都給予政策支持。2017年中央企業層面已完成公司制改造，國有企業產權多元化迅速普及。新時期國企的改制要求不能僅僅只是形式上的轉變，而應該徹底地轉變機制體制，重點推進董事會建設，健全公司的法人治理結構。

國有企業法人治理結構的建立健全需要明確出資人機構、股東、董事會、經理層、監事會的權責。

出資人機構的權責界定主要依據於法律法規及公司章程中規定的股東權利和義務。由於國有獨資公司不設置董事會，出資人機構則全權管理國有資本，但強調以「管資本」而非「管企業」為主。國有全資公司和國有控股公司中存在多個股東，出資人機構要依據其各自的持股份額通過參加股東會議來履行出資人職責。

股東會的權責行使主要表現為依據法律法規及公司章程委派或更換董事、監事，監督和評價董事會、監事會是否按要求履行職責。

董事會作為公司的決策機構，要在組織結構和隊伍建設方面進一步加強。國有獨資、全資公司的董事長、總經理原則上應當分別設立。國有獨資公司的董事在行權過程中應接受出資人機構指導，出資人機構有權提名並依法定程序任命外部董事長。國有全資公司、國有控股企業中，股權份額決定了相關股東是否有權推薦派出董事，其中國有股東派出的董事要表現國有資本的意志。國有企業要建立完善的外部董事選聘和管理制度，選聘一批現職國有企業負責人轉任專職外部董事，並加強其與出資人機構的溝通和交流。

經理層作為公司的執行機構，應當建立起規範的經理層授權管理制度，降低委託代理成本。國有獨資公司要對經理層實行任期制和契約化管理，主要措施包括建設職業經理人制度、實行市場化薪酬、採用中長期激勵機制等，職業經理人可以通過內部培養與外部引進相結合的方式選取，並打通其與企業經理層成員的身分轉換通道。

監事會作為公司的監督機構，應當增強其獨立性和權威性。一方面，政府要對國有資產監管機構出資的企業依法實行外派監事會制度，重點監督企業財務、重大決策、關鍵環節以及高管層履職情況，但要避免外派監事對企業的經營管理活動的參與和干預。另一方面，公司要健全企業民主管理制度，建立職工代表大會，設立職工董事和職工監事負責國有獨資和全資公司中職工的民主管理與監督，保障職工合法權益能夠得到有效維護。

（二）建立市場化內部經營機制

新時期，國有企業為克服追求短期利益、缺乏自主研發激勵、企業和職工缺少獨立性的經濟激勵及市場競爭壓力的弊病，開始不斷探索市場化的內部經營機制，在選人用人、薪酬分配等方面都做了大量的改進。

一是推行職業經理人制度，人員選聘和管理趨向市場化。「推進職業經理人制度」改革已被國資委列入「十項改革試點」之一，並成為《關於進一步深化中央企業勞動用工和收入分配制度改革的指導意見》的重要內容。國有企業用人用工機制趨於市場化，企業加快推進職業經理人制度，採用內部培養和外部引進雙管齊下的方法，既要促進現有企業管理者與職業經理人的身分轉換，又要加大通過市場化選聘職業經理人的比重。此外，職業經理人制

度有望通過加強日常監督和綜合考核評價，創新靈活多樣的激勵方式，加快建立退出機制，逐步實現「選聘市場化、管理市場化、退出制度化」。

二是打破工資總額的固有管理模式，薪酬與市場化接軌。2018年5月，國務院發布《關於改革國有企業工資決定機制的意見》，強調國有企業工資分配要堅持市場化機制。首先，在匹配勞動力市場方面，國有企業工資水準要反應某一類人才、崗位勞動的市場價格。其次，在匹配企業經濟效益方面，國有企業要強化與經濟效益、投資回報緊密掛勾的工資決定機制。最後，在匹配勞動生產率方面，國有企業的工資水準要充分反應勞動者在本企業的勞動成果。該意見有利於打破以往國企工資總額的固有管理模式下「吃大鍋飯」的低效困局，充分調動國有企業職工的積極性、主動性、創造性，激勵職工努力為提高企業經濟效益和勞動生產率做貢獻，促進國企發展和國有資產的保值增值。

三是推進中長期激勵機制，積極探索股權激勵模式。「1+N」國企改革政策體系基本形成後，混改和員工持股成為國務院國資委明確的國企「十項改革試點」中的亮點內容。國企改革背景下，公司股權激勵制度作為最重要的長期激勵機制受到廣泛重視。國有企業通過股權激勵，建立起企業和員工的利益共同體，從而將員工的個人利益同企業的長期利益捆綁在一起，有助於促進企業長期、可持續性地發展；同時，員工的股東身分使得個人與企業的「風險共擔、利益共享」，將提升員工對公司長期發展的關注，推動個人利益和企業價值實現「雙贏」。通過探索和推行員工持股等中長期激勵方式，有利於引導企業員工為企業長遠發展服務，實現員工同企業的目標一致性。

三、創新企業股權和管理制度

為順應新時期的發展要求，提升國企管理水準，提高國企的活力、控制力和抗風險能力，實現各種所有制資本取長補短、相互促進、共同發展的目標，解決國企內部黨的領導弱化、虛化、淡化與黨組織地位作用邊緣化的問題，改善對企業文化建設認識不深的現象，中國在企業股權和管理體制方面

提出推進新一輪混合所有制改革、加強企業內黨建工作、打造企業管理文化等多項創新舉措。

(一) 新一輪混改

新一輪的混合所有制改革將通過在社會多領域引入非公資本、深化國有企業改革等方式作用於各種社會利益關係的協調，為促進社會體制改革和創新提供新的思路。混合所有的思想於1993年黨的十四屆三中全會被首次提出，經過20多年的發展和試驗，雖取得了一定的成效，但仍未解決國有企業競爭不足，國有產權單一、一股獨大以及國有資產等問題。黨的十八屆三中全會提出新一輪混合所有制改革，會議通過的《中共中央關於全面深化改革若干重大問題的決定》把混改提升到新的高度，並將混改與完善產權保護制度、推動國企完善現代企業制度、支持非公有制經濟健康發展同時作為中國堅持和完善基本經濟制度的四項具體改革措施。2015年，有序實施國企混改被寫入政府工作報告，新一輪的混改逐漸落地，成為新常態下推動國資國企改革的「重頭戲」。

從新一輪混改的改革方向上看，混合所有制改革不單是產權的簡單混合，而更是治理機制的規範①。新一輪混合所有制改革要求分類實施改革，建立起與現代企業制度相適應的產權制度，並且加強國有資本參與市場化運作的程度和能力。

首先，發展混合所有制應當依據國有企業功能的差異分類實施改革。國家發布的推進新一輪混合所有制改革的多項政策意見中數次強調混改應該宜改則改，穩妥推進。處於充分競爭行業和領域的商業類國有企業的混改應當支持其他國有資本或者多種社會資本的注入，實現股權多元化；處於關係國家安全及國民經濟命脈的重要行業和關鍵領域、主要承擔重大專項任務的商業類國有企業，由於其承擔有保障性的特殊責任，國有股東應保持控股股東地位，非國有股東可以進行參股；處於自然壟斷行業的國有企業在混改過程中要重視政企分開、政資分開，同時支持在競爭性環節引入不同性質的資本；

---

① 於國平. 國有企業混合所有制改革發展方向分析 [J]. 商業會計，2016，3 (5)：12-15.

第九章　新時代工業企業制度的新趨勢新發展

處於公益類行業的國有企業，應當鼓勵非國有資本通過購買服務、特許經營、委託代理等方式參與經營。

其次，發展混合所有制經濟必須確保產權權屬明晰，並能得到嚴格的保護。一方面，產權保護有助於為國有企業混改提供良好的改革環境，消減非公經濟對產權被侵害的擔憂。中國國有資本的產權依託國家信用能夠得到充分的保障，而非公經濟的產權保護卻面臨較大的不確定性，使得民營資本不敢參與混合所有制改革。《國務院關於國有企業發展混合所有制經濟的意見》強調要依法保護混合所有制企業各類出資人的產權，對各種所有制經濟產權和合法利益給予同等的法律保護。新一輪混改在產權保護方面的強化有助於改革的落地和順利推進。另一方面，產權權屬明晰化有助於確定各方權責。混合所有制改革則要求將國有企業產權多元化後，遵循現代企業制度的規則來實現產權所有者風險共擔、利益共享。中國民營企業資本來源主要有個人獨資、合夥籌資、外商投資和集體籌集等，其內部產權關係和利益關係較國有企業而言相對清晰。而國有企業在發展過程中較多地顯露出政企不分、政資不分、所有權與經營權不分等問題，通過混改讓民營資本注入國企，有望厘清企業內資本權屬，明確各方權責，從而推動國資國企監管通過產權管理實現由管資產向管資本轉變，建立起明晰的國企產權管理制度。

最後，發展混合所有制要讓國有資本充分參與市場化運作，給予國有資本和非國有資本同等的地位與待遇。國有企業及其員工由於缺少經濟激勵和來自市場的競爭壓力，長期處於低效營運狀態。而非公有制經濟雖然擁有活力，但在市場主體權益、機會和規則不平等的營商環境中，發展空間、產業准入和資源獲取等方面存在較多限制，並且參股國有企業常常缺乏話語權，合法權益得不到保護。新一輪的混合所有制改革必須充分推行市場化的運作機制，切實給予非公資本同國有資本同等的合法保障，才能通過混改充分發揮非公有制經濟在改革開放40多年的歷程中所形成的「自主經營、自負盈虧」的市場化機制作用，帶動國企體制機制實現改革和創新，激發國企經營活力，提高國企的競爭意識和危機意識，提升內部管理水準，充分促進國有資本參與市場競爭，帶動國民經濟更好發展。另外，近年來中國越來越多的

非國有企業在高新技術、生態環保、戰略性產業等重點領域表現出較大的發展潛力，混改為國有資本參與優質非國有企業的市場化投資提供了機會。

從新一輪混改的改革路徑上看，國有企業推進混合所有制改革主要有五條路徑，包括開放式重組、整體或核心資產上市、員工持股、引入基金、引入戰略投資者（德勤，2015）。

開放式重組將企業的業務、資產以及債務等要素進行重新組合，使得業務和資源配置更加合理、減少冗餘、提高國企競爭力。國企實施開放式重組首先要明確發展戰略，整合組織架構、資產負債和人員等營運平臺，採取資產剝離、人員分流、掛牌轉讓及債務重組等多種手段。

整體或核心資產上市使企業資產可以在證券市場上進行交易。國有企業的上市過程中，資本市場會對財務、股東等提出較為嚴格的要求，為滿足上市要求，企業將積極優化股權結構以及內部治理結構，並在管理上加強規範。

國有企業員工持股可以調動人才積極性和創造性。中國國有企業實施員工持股計劃符合國家政策方向，但為防止國有資產流失、利益輸出等問題，國務院國有資產監督管理委員會、中華人民共和國財政部、中國證券監督管理委員會三部委聯合印發的《國有控股混合所有制企業員工持股試點意見》明確了員工持股在持股主體和操作模式上的限制。員工持股並非福利性質的全員持股，而是為激發企業活力實施的核心人才和高管的持股計劃，盡量要在增量上操作，避免存量，最大限度地避免國有資產流失問題。混合所有制企業實施員工持股計劃要將對象範圍、激勵額度、購股價格、股權授予和退出機制等多個關鍵要素納入綜合考量範圍。

引入基金是混改的一種創新形式，政府引導基金將政府財政的一部分資金作為槓桿，進而撬動更多的社會資本注入戰略性新興產業以及進行混改的企業中。政府引導基金的設立既能利用社會資金滿足國企改革和產業升級的資金需求，又能使地方政府免於陷入高債務境況。

引入戰略投資者有利於協助被投資企業在資本市場上實現更大的價值。戰略投資者一般是指國內外專業的行業或財務投資者，其特點是擁有豐富的投資經驗及整合經驗，能夠在行業、市場、商業模式上給企業提供參考，在

資金、管理人才、管理方法、資本市場等方面給企業提供資源。

(二) 加強黨建工作

堅持和加強黨的領導是國有企業改革的根本前提。黨的建設直接影響到國有企業的發展能力，國有企業改革路徑的謀劃以及工作機構的設置必須加強黨的建設，增強黨組織的參與，充分發揮黨組織的領導核心和政治核心作用，做好體制和工作的對接，促使國有企業改革平穩開展。

首先，將黨組織嵌入治理結構。為加強全國國有企業黨的建設，中國提出「中國特色現代國有企業制度」，其特色則體現在把黨組織嵌入公司治理結構當中，肯定黨組織在公司法人治理結構中的法定地位，保證做到組織落實、幹部到位、職責明確、監督嚴格。當前中國國有企業現代企業制度下黨的領導是一種「嵌入式領導」[1]，國有企業黨組織參與公司治理的方式主要有以下兩種：

一是採用「雙向進入、交叉任職」的領導制度。該項制度依據《中國共產黨章程》按合法合規程序讓符合條件的企業董事會、監事會和經理層成員進入企業黨委會，符合條件的企業黨委會成員則進入企業董事會、監事會和經理層。「雙向進入、交叉任職」是當前絕大多數國有企業或國有控股公司的黨組織參與國有企業治理的方式和途徑，將黨的領導權與法人治理的決策權交叉起來，有助於黨委通過轉換身分保障其決策落實。

二是採用「黨管幹部，黨管人才」的人事制度。此項制度使得黨組織能夠參與公司選人用人機制，依照法律法規在國企領導人員和各個層次管理人員的培養、選拔、教育、管理、考核和獎懲環節發揮監督和約束作用，從而防止國有資產流失，加強從嚴治黨力度。黨組織參與公司選人用人機制的權責主要體現在兩方面：一是黨的組織部門和政府人事部門有權對國有企業董事長、企業高管和黨委書記實行絕對任免；二是國企黨組織在參與企業人事工作時要對企業中高層幹部和管理人員的提名、考察、任免、獎懲等工作進行全過程的監督管理。

---

[1] 李德強. 現代企業制度下的國有企業黨的建設研究 [D]. 北京：中國社會科學院研究生院，2016.

其次，讓黨組織參與決策機制。在公司治理中貫徹黨的領導則必須讓黨組織能夠參與到公司重大問題的決策中來，從而保證重大決策不偏離黨的理論和方針政策，符合國家政治、改革和發展方向。重大決策必須先由黨委研究提出意見或建議，對於涉及國家宏觀調控、國家戰略、國家安全等重大經營管理的事項，要先由黨委研究討論後，再由董事會和經理層做出決策。「三重一大」決策制度是黨組織參與重大問題決策的重要保證，明確重大事項決策、重要幹部人事任免、重大項目投資決策、大額資金使用事項必須依照規定程序，嚴格實施集體決策，確保決策的科學性、民主性，減少決策失誤，保證國有資產安全，維護職工權益。

最後，實現黨委成員與管理層的身分轉換。黨委成員與管理人員身分的轉換是黨委成員參與到公司治理中的新路徑，既可以落實黨委意圖，又可以推進落實國企職業管理人制度。

一方面，通過黨委成員個人身分的轉換，在公司法人治理結構的各環節中體現和落實黨委的意圖。國有企業黨組織通過讓符合條件的黨委成員參與到董事會和管理層，使其決策權從自身的黨務工作擴展到企業的經營管理。在決策環節，符合條件的黨委成員可按照法人治理規則，以董事會成員的身分促使董事會的決策體現黨委意圖；在執行環節，符合條件的黨委成員可通過經理層成員的身分落實決策的執行，各級黨組織和黨員職工在帶頭執行公司決策的過程中應發揮表率作用；在監督環節，公司監事會應吸納職工代表、紀檢委員等實行對決策和經營管理的監督工作。

另一方面，轉換經營管理者身分是國有企業職業經理人制度建設的一項重點工作。2015年出抬的《中共中央、國務院關於深化國有企業改革的指導意見》要求能夠實現國有企業經營管理者與職業經理人之間的身分轉換。在國企推行職業經理人制度，則要求將企業管理人員的身分由國家幹部轉變為職業經理人，將任命方式由上級幹部部門任命轉變為企業董事會選聘。因此，獲得經理職務的管理人員應當與董事會簽訂履職契約，並取消原先的幹部級別，實行任期制。此外，應當在國企職業經理人制度中明確身分轉換的人員

第九章　新時代工業企業制度的新趨勢新發展

類別，對其薪酬待遇、考核機制等實行差別化管理①。

(三) 打造管理文化

新時期企業管理文化強調人在企業生產和管理中的作用，要求員工對企業文化能有正確的認識。現代企業制度重視對員工傳遞企業核心價值理念，加深員工對企業文化的感知和認同，從而增強企業的凝聚力、創新力和競爭力。優秀的管理文化能夠以低成本和高效率的方式激發員工工作的積極性和創造性，有助於員工充分發揮才能，企業充分展現活力。企業管理文化的創新主要表現為以下三方面：

一是加強黨組織思想政治工作的開展，傳遞企業核心價值理念。將國有企業管理文化創新同企業思想政治工作統一起來，一方面能夠充分發揮思想政治工作對企業管理文化創新的導向作用，加強對企業核心價值理念的引導和傳遞；另一方面，能夠加強企業管理層同職工間的聯繫，增強職工的工作積極性，從而提升企業的凝聚能力，進一步激發企業的創新動力和發展活力。

二是建立現代企業文化機制，深化企業文化同企業管理的融合。新時期，現代企業愈發重視通過提高企業文化軟實力推動自身轉型升級，不斷通過加強企業文化機制的建立和完善來推動企業文化創新工作的開展。企業文化機制的建立要求堅持以人為本的原則，提高全體員工的文化意識，從而形成企業文化品牌，有利於企業經營管理的長足發展，打造企業在管理文化上的獨特優勢。

三是弘揚「大國工匠」精神，加強職工文化建設。黨的十九大報告中習近平總書記強調要「深化國有企業改革，發展混合所有制經濟，培育具有全球競爭力的世界一流企業」。企業在新時代的文化建設要把廣大職工對美好生活的向往作為奮鬥目標，加強職工文化建設，激發廣大職工工作的積極性、主動性和創造性，將弘揚「大國工匠」精神作為完善國企管理文化建設、培育具有全球競爭力的世界一流企業的有效抓手。

---

① 周景勤. 國有企業推行職業經理人制度的若干問題 [J]. 北京經濟管理職業學院學報, 2016, 31 (2): 30-33.

第四節　改革成效及新問題

一、改革成效

　　新時代，國有企業改革進一步推進了國有企業與市場經濟體制的接軌，自中共十八屆三中全會通過《中共中央關於全面深化改革若干重大問題的決定》以來，企業制度改革的理論成果得到了極大的豐富。2015 年 8 月，黨中央、國務院頒布了《關於深化國有企業改革的指導意見》，伴隨著若干配套文件的出抬，「1+N」系列改革指導文件逐漸形成，標誌著國企改革頂層設計基本完成。改革的理論進展主要體現在五個方面：一是關於國有資產監管體制，應當以管資本為主，實現原有的國有資產管理架構由兩級變為國資監管機構、國有資本投資營運公司和經營性國企三級架構（汪海波，2018）[①]。二是關於國有經濟的功能定位和佈局，中國必須堅持以公有制經濟為主體，準確界定不同國企的功能，保證國有資本營運要服務於國家戰略目標。三是關於國有經濟實現形式，要積極推動產權多元化，加快推進股份制改造，分行業穩妥推進混合所有制改革。四是關於現代企業制度，要建立健全有效的法人治理結構，落實好選人用人、薪酬分配等方面的市場化機制。五是關於加強黨的建設，要將中國共產黨的領導與完善公司法人治理結構統一起來，探索和建立具有中國特色的現代國有企業制度[②]。

　　從實踐探索來看，在完善國有資產監管體制、健全現代企業制度、創新企業股權和管理制度方面，不少國有企業都取得了顯著的進展和不錯的成績。

　　（一）國有資產監管體制改革成效

　　一是組建國有資本投資、營運公司是國務院國資委監管職能轉向以管資

[①] 汪海波. 對國有經濟改革的歷史考察：紀念改革開放 40 週年 [J]. 中國浦東幹部學院學報，2018，12（3）：102–118.

[②] 王志剛，董貴成. 中國特色現代國有企業制度「特」在哪裡 [N]. 光明日報，2017-08-28.

第九章　新時代工業企業制度的新趨勢新發展

本為主的重要抓手。截至 2018 年年底，包括國投、誠通、航空工業集團、國家電投、中遠海運、新興際華集團等 21 家中央企業已被國務院國資委納入國有資本投資營運公司試點，其中，19 家為國有資本投資公司，2 家為國有資本營運公司。上海、重慶、山西、廣東等省市組建的國有資本投資、營運公司共 122 家。此外，國務院國資委在信息化監管和違規責任追究工作上取得重要進步。2018 年，國務院國資委初步建成國資國企在線監管系統，在線監管央企集團層面「三重一大」事項決策制度、規則、清單和程序，動態監測和展示投資以及考核分配等工作。國務院國資委對 7 家違規經營投資事項的央企集團負責人問責，查處違規開展融資性貿易問題的央企 3 家，督促 36 家存在審計問題的央企進行整改，損失挽回及節約開支共近 160 億元。

二是以「三去一降一補」為重點內容的供給側結構性改革成為多地國有企業化解過剩產能的契機。2018 年，作為「三煤一鋼」工業大省的河南省全年共處置「僵屍企業」1,124 家，盤活資產 185.3 億元，化解國企債務 139.8 億元；江蘇省全年完成「僵屍企業」清理 56 戶，退出劣勢企業和低效無效參股投資 200 餘戶（王倩倩，2019）。

三是重組整合的規模優勢和協調效應逐漸顯現。2018 年年底，國資委監管企業戶數調整至 96 家，央企累積實現營業收入 29.1 萬億元，利潤總額 1.7 萬億元，達歷史最高[1]。國家能源集團、國機集團、中國寶武、中國遠洋海運、中儲糧集團、招商局集團等企業在重組後經營業績均穩步提升。

（二）現代企業制度改革成效

一是公司制的改制全面完成，法人治理結構得到優化。目前，國有企業公司制改制面已實現全面覆蓋，83 家中央企業以及 15,035 戶中央企業所屬的二、三級單位都建立了規範的董事會，90% 的省屬國資委企業也建立起規範的董事會。

二是國企加快推進「三項制度」改革，人才活力增強。東航物流建立起

---

[1] 趙碧. 國企重組整合成效顯現，2019 年國資國企改革繼續向縱深推進 [N]. 中國產經新聞，2019-01-25.

完全市場化的薪酬管理體系、激勵機制和約束機制，在中高管理層中推行職業經理人制度，按照「一人一薪、易崗易薪」的目標，對選聘的職業經理人和全體員工實行完全市場化的薪酬分配與業績考核機制。中電系統建立以歸母公司淨利潤為核心的「強激勵、硬約束」業績考核機制，把職業經理人收入與企業當期經營效益和長遠發展目標以及重點工作任務結合起來。中廣核建立起科研人員薪酬與科研績效聯動的科技成果轉化激勵機制，並實施集團首席專家選聘制度，打通科研人員晉升渠道。

三是國企員工持股試點範圍逐步擴大，成為國企混改的重要途徑。目前，已有近200家國企開展混合所有制企業員工持股試點。中國聯通於2018年2月實施首期擬向激勵對象授予不超過84,788萬股的限制性股票激勵機會，員工持股比例達2.7%，激勵對象包括公司董事、高管以及對公司發展具有重大影響的技術骨幹（李有華 等，2019）。東航集團對旗下東航物流實施混改，成為國家民航領域混合所有制改革的首家試點單位，公司將引入45%非國有資本和10%核心員工持股作為股權多元化改革的有效途徑（王雪青，2018）。

（三）企業股權和管制制度創新成效

一是混改各項試點逐漸鋪開，企業活力不斷增強。目前，上市公司已成為中央企業的營運主體，2013—2018年，中央企業在產權市場上進行的部分股權轉讓和增資擴股超過700項，逾2,600億元的社會資本流入，在證券市場開展IPO、控股上市公司增發以及資產重組等超400項，引入超1萬億元的社會資本（王希，2019）。地方國企混改覆蓋面逐漸擴大，截至2017年年底，省級國企混合所有制戶數占比達56%（溫源，2018）。

二是七個重要領域國企混改穩步推進，重點領域核心業務混改的障礙正逐漸消除。

（1）電力領域。國家電網全面推進混合所有制改革，宣布將在十大領域中引入非國有資本，具體包括特高壓直流工程、增量配電改革、交易機構股份制改造、綜合能源服務、抽水蓄能、裝備製造企業、電動汽車公司、信息通信產業、通航業務和金融業務。國網公司重視引入追求長期回報的財務投資者和戰略投資者，並期望通過多產業的投資者參與來發揮戰略協同作用。

（2）石油領域。由於石油企業規模龐大，利益關係錯綜複雜，混改難度較大。2017 年，中石油資本首次進入深證成指、深證 100 指數樣本股，中油資本、中油工程重組上市標誌著中國石油混合所有制改革的實質性開端。中石油在 2018 年為了突破瓶頸，實施管理體制改革和專業化重組整合，促進提質增效，著力推進混合所有制改革和瘦身健體。

（3）天然氣領域。混改以輸氣管道作為突破口，取得了實質性進展。2015 年年底，中石油擬公告以全資子公司中油管道為平臺整合旗下管道業務，東部管道、管道聯合、西北聯合 3 家公司將全部被置入該平臺公司，實現多元化股權結構。2016 年年底，中石油將油氣管道首次向民企開放，中石油油氣管道業務的市場化操作取得重大突破。2016 年年底，中石化引入中國人壽和國投交通作為新投資，將中國石化全資子公司天然氣公司對管道有限公司的持股比例削減至 50%（劉楊，2016）。2017 年中石化表示將在天然氣領域加大混改力度，當下正在地熱、管道等具體業務板塊推進混改。

（4）鐵路領域。鐵路運輸行業的資本結構和利潤水準相對較優，利潤增長有望持續，鐵路設計施工行業和鐵路裝備製造行業開展行業重組的可能性較大。中鐵總公司在 2017 年提出要推進鐵路資產資本化經營，確立和推進國鐵企業改革「三步走」的目標，並於當年年底將 18 個鐵路局改制為集團有限公司。現階段，中鐵總公司著眼於鐵路領域混改三年工作計劃，將擇優推進混改試點、市場化債轉股和上市公司再融資工作，推動重點項目股改上市。

（5）民航領域。在引入外來資本方面已有多次嘗試，混改迎來更大的政策空間。目前，南航、東航、海航、中航均上市 A 股，實現了多元化的股權結構。2018 年開始施行的《國內投資民用航空業規定》為放寬民航領域投資帶來政策利好。第一，允許國有資本對三大航相對控股；第二，對主要機場的國有股權比重要求下降；第三，進一步減少了行業內各主體之間的投資約束。

（6）電信領域。《信息通信行業十三五規劃》明確指出要積極推動電信領域混合所有制改革進程，電信行業的混改自 2016 年以來取得了明顯進展。2017 年，中國聯通成為中國三大電信營運商中第一個落地混改的公司，引入

了 BAT 和京東等戰略投資者，實現對下滑盈利能力的逆轉。中國電信也邁出混改的關鍵一步，2019 年中國電信翼支付引入前海母基金、中信建投、東興證券和中廣核資本四家戰略投資者，並獲得央行審批通過。

（7）軍工領域。資產證券化成為實現混合所有制的重要方式，軍工企業可利用該趨勢支撐新一輪軍品科研生產結構能力調整。中國軍工資產證券化率不足 30%，相比海外軍工市場差距較大（閆妮，2018）。推動軍工領域的混改，第一要結合軍品科研生產能力上市工作，第二要結合軍工單位專業化重組，第三要結合針對民營企業軍工能力建設的國家投資改革工作。

三是中央企業集團的黨建工作取得實質性成效。第一，在央企集團層面，黨建要求已全部被寫入公司章程，公司重大問題決策之前都必須經過黨組織研究討論，黨委（黨組）書記和董事長由一人擔任，確保企業的改革發展能夠被黨組織有效監管。第二，央企均已配備黨委（黨組）專職副書記，均已設置黨建工作機構，並且機構部門編製不低於同級部門平均水準，基層黨組織已落實「應建盡建、應換盡換」的原則（劉青山，2019）。

四是各個國有企業不僅積極推進黨建工作，並且還在此基礎上創新了黨建引領公司發展的方式。國網長治供電公司黨委堅持將黨建融入中心工作，通過建立一個考核平臺，開展多指標黨建績效考核，從而構建「1+N」黨建績效考核評價指標，實現黨建工作可量化的監管評價。中鐵置業北京公司自 2018 年 3 月在其所屬各項目黨組織推行「黨建+」管控模式，具體包括「黨建+強管理保目標」「黨建+助力行銷」「黨建+營運速度」等管控模式，圍繞年度經營目標更加緊密地開展黨建工作。

二、新問題

新時期的企業制度和體制改革解決了許多歷史遺留問題，並在重點、難點環節取得了不少實質性的突破。但同時，在改革探索的過程中也不可避免地出現了一些新的問題。堅持問題導向，鼓勵探索創新一直是國資國企改革的原則，對於新問題的梳理將有助於改革路上攻堅克難，開創國有企業發展

的新局面。

（一）對新一輪混改認識不清

中國國有企業混合所有制改革自中共十八屆三中全會提出「積極發展混合所有制經濟」以來，取得了穩妥的進展，不僅構建出逐漸完善的政策體系，並且在實踐探索上也有所深化。但在推進的過程中，仍然存在對新一輪混改認識不清造成的誤區和爭議（黃群慧，2017）。

一是對混改的含義認識不清。部分人將混合所有制改革等同於股權多元化改革，雖然兩者均是多元股權的股份制改革，但是混改強調產權分屬於不同性質的所有者，包括國有股份或集體股份與外資股份或民營資本或個人資本聯合組成的混合所有制，即多元股份的持股方必須是由國有與非國有兩種性質組成。

二是對混改的範圍認識不清。混改並非要推及全部的國有企業，它必須以國有企業的功能分類和企業分層為前提。2015 年發布的《關於國有企業功能界定與分類的指導意見》將國有企業界定為商業類和公益類，其中商業類的主要目標是實現國有資本的保值增值，而公益類的主要目標是提供公共服務產品，保障民生。不同類型的國企將面臨是否進行混改、混改中國資占比多少、混改推進快慢等方面的不同抉擇。

三是對混改的目標認識不清。部分企業重點關注公司股權重構，卻忽視了公司治理結構的建立健全，導致出現較為嚴重的光「混」不「改」的現象。混合所有制改革的目標是要提高國有企業經營效率和國有資本的運行效率，實現國有資本最大限度的保值增值以及充分發揮各類國有企業的功能。

四是對混改的作用認識不清。部分觀點認為混改涉及將國有股權出售給非國有方，必然會導致國有資產流失，由此對混改持有較大的質疑。這一觀點沒有考慮到混改的積極作用以及國有資產監管體制的作用。目前中國已出抬多項有關國有資產監管的政策制度來確保國有和非國有產權具有同等地位，保證在股權轉讓、增資擴股過程中，市場信息是公開透明的，市場交易過程被嚴格監管，並且第三方機構作用能夠有效發揮。通過完善的制度建設可以守住國有資產不流失的底線以及保護非國有股東及混合所有制利益相關者的

合法利益，從而實現國有資本和非國有資本的互利共贏。

（二）對黨組織與國企現代企業制度的關係認識不清

新時代，為加強國企黨的建設，習近平總書記提出：「建立中國特色現代企業制度，『特』就特在將黨的領導融入公司治理各個環節，把企業黨組織內嵌到公司治理結構當中。」（張弛，2017）但在加強國有企業黨建的過程中，部分人由於對黨組織的重要作用缺乏全面準確的認識進而對黨組織與國企現代企業制度的關係存在誤解。

一是對黨組織保障中國國有企業社會性質的作用認識不到位。部分觀點認為黨組織應當隨著改革的深入推進而逐步退出，但中國國有企業是社會主義制度的重要經濟基礎，承擔一定的社會功能，需要黨組織通過長期監督國家方針政策在企業中的貫徹執行才能保障國有企業對社會性質和經濟發展的支撐作用。

二是對黨組織改善國有企業公司治理的作用認識不到位。部分觀點認為黨組織內嵌入公司治理結構，是「政企不分」的另一種表現。但國有企業的黨建目的是發揮黨組織的監督約束機制而並非對企業的經營管理進行干預。黨組織與公司治理結構相融合的企業制度模式能防止國有資產流失，保證國有企業經營目標順利實現。

三是對黨組織提升國有企業人才質量的作用認識不到位。部分觀點認為黨組織參與企業領導人的選拔和任命是一種行政干預，不利於國企發掘真正優秀的管理人才。但黨委主要是進行政治方向和用人導向把關，行使否決權和監督權，並不干預公司治理層級的具體用人權。「黨管幹部」與市場化選拔相結合的選人用人方式更加適合中國國有企業分佈範圍廣、發展規模差異大、企業定位不同的特點。

（三）國企改革的試點尚未系統化

自2016年2月，國資委宣布十項國企改革試點全面展開後，包括落實職業經理人制度、市場化選聘制度、薪酬分配差異化制度、國有資本投資營運公司、重要領域混合所有制改革、混合所有制企業員工持股、中央企業兼併重組試點、剝離企業辦社會職能和解決歷史遺留問題在內的多項試點工作逐

漸展開，中國國資國企改革進入「分項試點推進階段」。但在這一階段中，每個試點企業都以一項改革為主進行試點，再由不同的政府部門主導具體的改革試點審批和推進（黃群慧，2018），導致各項改革任務的內在聯繫被切割，這將在一定程度上影響改革的實際效果。因此，「分項改革」應當更多地考慮如何「協同發展」。國資委主任肖亞慶也對試點工作做出了新的指導，「目前開展的『雙百行動』要從以往的單項試點方式轉變為以『1+N』政策體系為指導，並在前期試點成果的基礎上，對改革政策及試點經驗進行全面的拓展和應用，形成梯次展開、縱深推進、全面落地的國企改革新局面」[①]。

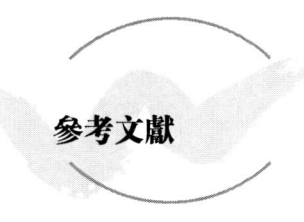

參考文獻

［1］黃群慧. 破除混合所有制改革的八個誤區［N］. 經濟日報，2017-08-04.

［2］黃群慧. 更加重視國企改革的系統性整體性和協同性［N］. 學習時報，2018-08-24.

［3］李德強. 現代企業制度下的國有企業黨的建設研究［D］. 北京：中國社會科學院研究生院，2016.

［4］李有華，馬忠，張冰石. 國有集團企業混合所有制改革的模式創新：以中國聯通為例［J］. 財會通訊，2019（11）：63-66.

［5］劉青山. 國企改革一年間，勇作表率譜新篇［J］. 國資報告，2019（3）：6-11.

［6］劉楊，中國人壽國投交通增資中石化管道公司［N］. 中國證券報，

---

① 肖亞慶. 堅持問題導向 鼓勵探索創新 深入推進國企改革「雙百行動」［J］. 國資報告，2018（9）：6-12.

2016-12-13.

［7］馬克思恩格斯列寧斯大林著作編譯局. 馬克思恩格斯選集：第 3 卷［M］. 2 版. 北京：人民出版社，1995.

［8］閆妮. 軍工資產 資產證券化的最後一塊蛋糕［N］. 華夏時報，2018-08-06.

［9］18 個鐵路局改制為集團有限公司［N］. 經濟日版，2017-11-20.

［10］宋方敏. 中國國有企業產權制度改革的探索與風險［J］. 政治經濟學評論，2019，10（1）：126-150.

［11］汪海波. 對國有經濟改革的歷史考察：紀念改革開放 40 週年［J］. 中國浦東幹部學院學報，2018，12（3）：102-118.

［12］王希. 以「混」促「改」，國企改革向深層次挺進［N］. 新華社，2019-03-27.

［13］王雪青. 國資委正抓緊完善相關方案 第二批國有資本投資營運公司試點力度將加大［N］. 上海證券報，2018-08-30.

［14］溫源. 混改為國企改革帶來哪些變化［N］. 光明日報，2018-11-15.

［15］王志剛，董貴成. 中國特色現代國有企業制度「特」在哪裡［N］. 光明日報，2017-08-28.

［16］肖亞慶. 堅持問題導向 鼓勵探索創新 深入推進國企改革「雙百行動」［J］. 國資報告，2018（9）：6-12.

［17］於國平. 國有企業混合所有制改革發展方向分析［J］. 商業會計，2016，03（5）：12-15.

［18］張弛. 為什麼中國特色現代國有企業制度「特」在黨組織？［J］. 紅旗文稿，2017（6）：22-23.

［19］趙碧. 國企重組整合成效顯現，2019 年國資國企改革繼續向縱深推進［N］. 中國產經新聞，2019-01-25.

［20］周景勤. 國有企業推行職業經理人制度的若干問題［J］. 北京經濟管理職業學院學報，2016，31（2）：30-33.

國家圖書館出版品預行編目（CIP）資料

中國工業企業制度變遷 / 寇綱 等 編著. -- 第一版.
-- 臺北市：財經錢線文化，2020.05
　　面；　公分
POD版

ISBN 978-957-680-395-6(平裝)

1.經濟發展 2.經濟史 3.中國

552.29　　　　　　　　　　　　　109005343

書　　名：中國工業企業制度變遷

作　　者：寇綱,楊石磊,劉忠,胡國平,劉暢 編著

發 行 人：黃振庭

出 版 者：財經錢線文化事業有限公司

發 行 者：財經錢線文化事業有限公司

E-mail：sonbookservice@gmail.com

粉 絲 頁：　　　　　　網　址：

地　　址：台北市中正區重慶南路一段六十一號八樓815室
8F.-815, No.61, Sec. 1, Chongqing S. Rd., Zhongzheng Dist., Taipei City 100, Taiwan (R.O.C.)

電　　話：(02)2370-3310　傳　真：(02) 2388-1990

總 經 銷：紅螞蟻圖書有限公司

地　　址：台北市內湖區舊宗路二段121巷19號

電　　話:02-2795-3656 傳真:02-2795-4100　網址：

印　　刷：京峯彩色印刷有限公司（京峰數位）

本書版權為西南財經大學出版社所有授權崧博出版事業股份有限公司獨家發行電子書及繁體書繁體字版。若有其他相關權利及授權需求請與本公司聯繫。

定　　價：650元

發行日期：2020年05月第一版

◎ 本書以POD印製發行

獨家贈品

親愛的讀者歡迎您選購到您喜愛的書，為了感謝您，我們提供了一份禮品，爽讀 app 的電子書無償使用三個月，近萬本書免費提供您享受閱讀的樂趣。

iOS 系統	安卓系統	讀者贈品

優惠碼（兌換期限2025/12/30）
READERKUTRA86NWK

請先依照自己的手機型號掃描安裝 APP 註冊，再掃描「讀者贈品」，複製優惠碼至 APP 內兌換

爽讀 APP

- 多元書種、萬卷書籍，電子書飽讀服務引領閱讀新浪潮！
- AI 語音助您閱讀，萬本好書任您挑選
- 領取限時優惠碼，三個月沉浸在書海中
- 固定月費無限暢讀，輕鬆打造專屬閱讀時光

不用留下個人資料，只需行動電話認證，不會有任何騷擾或詐騙電話。